CONCEPTS

Grammaire française et textes choisis

Deborah Aish Metford
Docteur de l'université (U. de Paris)

John Seymour Metford
Docteur du troisième cycle (U. de Nice)

Prentice-Hall Canada Inc., Scarborough, Ontario

Canadian Cataloguing in Publication Data

Metford, Deborah Aish
    Concepts : grammaire française et textes choisis
Includes index.
ISBN 0-13-168303-9

1. French language — Textbooks for second language learners — English speakers.★ 2. French language — Grammar — 1950-   . 3. French language — Grammar — 1950-   — Problems, exercises, etc.
I. Metford, John Seymour   II. Title.

PC2129.E5M48   1990   448.2'421   C89-093258-1

© 1990- Prentice-Hall Canada Inc., Scarborough, Ontario

Prentice-Hall, Inc., Englewood Cliffs, New Jersey
Prentice-Hall International, Inc., London
Prentice-Hall of Australia, Pty., Ltd., Sydney
Prentice-Hall of India Pvt., Ltd., New Delhi
Prentice-Hall of Japan, Inc., Tokyo
Prentice-Hall of Southeast Asia (Pte.) Ltd., Singapore
Editora Prentice-Hall do Brasil Ltda., Rio de Janeiro
Prentice-Hall Hispanoamericana, S.A., Mexico

ISBN 0-13-168303-9

Production Editors: Catherine Leatherdale/Linda Gorman/Doris Wolf
Production Coordinators: Sandra Paige/Jan Coughtrey
Designer: Deborah-Anne Bailey
Typesetting: Howarth & Smith Limited

2   3   4   5   IG   94   93   92   91   90
Printed and bound in Canada by Gagné Printing

Every reasonable effort has been made to find copyright holders. The publishers would be pleased to have any errors or omissions brought to their attention.

TABLE DES MATIÈRES

4 Vivre un conflit au travail — 76

5 Décisions à prendre — 100

14   L'individu et la société   328

15   Bien manger   356

Préface

▌Overview

Concepts is a programme designed for Canadian students who already have a working knowledge of French and who wish to become more fluent in the language. Each chapter includes two major sections: a student-oriented grammar study, and participation activities related to the grammar but focussed on a reading passage.

▌Flexible use

Chapter components

Concepts allows easy matching of content and approach to the needs of classes and the preferences of instructors. Some instructors may feel it best to start their classes with a grammar review; others may prefer to begin with the reading passage; still others may wish to assign the grammar sections for home study and concentrate in class on the exercises and activities. This flexibility allows "textbook-teaching" to be eliminated to the extent desired by the instructor. It frees more class time to address individual student or class needs and to allow appropriate student participation in interactive learning.

Chapter order

The chapters are presented in an order which has been found to be effective in many classrooms. Each chapter, however, is a self-contained unit. Instructors who wish, for example, to change the order and work on adjectives (Chapter 20) before starting a review of the subjunctive (Chapter 9) may easily do so.

Activities

In general, exercises and activities are written as contextual passages, not disconnected sentences. Frequently they are open-ended to let students draw on their personal experience. Most activities are designed for use in pairs or small groups, although they work well at the individual level as well. These factors permit students to become more involved with the context provided for them or created by them. The activities encourage students to forget their inhibitions and use French freely to express their own ideas.

▌Grammar approach

Meaningful language study

Explanations of grammatical structures are designed to reveal the concepts underlying the structures or the purposes they serve in communicating ideas. The imperative, for example, is explained as one of several methods of expressing commands. Students are shown which form to select in various circumstances. The uses of the present participle are clearly analyzed but as part of a variety of ways students can choose to express simultaneity or anteriority. Students are told when and why certain forms are preferable to others.

Grammatical explanations

Language explanations in any given chapter are presented sequentially and are not broken up by blocks of exercises or notes. Keys, placed at intervals in the explanations, indicate when it is appropriate to do certain self-correcting exercises. These are grouped in the activities section under the title *Allez-y!*

Variants

Concepts stresses the role of language variants to give students more options for successful self-expression. Students need to know that there are often several ways to express any one idea, and that they can choose the structure to match the situation or the style they prefer. In some situations, a clause can be replaced by a noun or an infinitive. A condition does not always have to be introduced by a si-clause. The options are given and explained.

Examples

Grammar points are illustrated with numerous examples which have accompanying English translations. This approach helps students see more readily the thrust of the preceding explanation and the many nuances of the French language. In order to make the explanations as relevant and attractive as possible to students of different sexes, ages and social backgrounds, a concerted effort has been made to provide examples free of stereotypes.

Readings

Function

The reading passage provides vocabulary and subject material used in the grammar examples and exercises. It serves as a springboard for activities such as discussions, sketches, dialogues, problem solving and compositions. And of course in its own right, the passage provides practice in reading and comprehension, vocabulary expansion, and language use.

Characteristics

The passages have been chosen to let students see how francophone writers use the French language. Most were written in the last few years, although some were written earlier. Regardless of the date they were published, the readings present situations and problems (moral, social or personal) that are relevant today and that experience has shown interest students.

The readings afford a balanced representation of Canadian and French authors and of males and females. Sources are both literary and "non-literary." The selections have been taken from novels, short stories, essays, articles, interviews, plays and poems. Most have been slightly abridged to meet length requirements; not one has been simplified.

▌Participation activities

The many activities of the second part of each chapter, **Maintenant, c'est à vous!**, provide realistic situations leading to a natural interchange of ideas. Mechanical transformations are present but have been kept to a minimum. Students are given progressively more challenging opportunities to express their own ideas. Exercises and activities range from relatively structured, to semi-structured, to free expression.

Allez-y!: self-correcting exercises/diagnostic tests

Keyed to particular points in the grammar explanations, these straightforward exercises are grouped after the grammar section. The *Corrigés* are found in Appendix F at the back of the book.

Travaux: more advanced exercises and short-answer questions

These exploit the language and content of the reading passage and the grammatical material of the chapter. Most of the exercises are partially open-ended to give students freedom to speak from their own experience.

Thèmes: optional translation on two levels

Thème 1 employs straightforward English sentences based on the grammatical structures and vocabulary under study. *Thème 2* is a more complex passage on a subject allied to that of the reading passage.

La parole est à vous: free discussion, pair/group work, research projects

Suggestions for these activities are grouped under the following headings.

Vocabulaire supplémentaire: Additional terms and expressions useful in dealing with the topics under consideration.

Dialogues: Impromptu short dialogues based on material in the reading passage.

Décisions: Present-day dilemmas, related to the main theme of the reading passage. Students are to confront the problem as if in real life and come to a decision on how they would react.

Discussions: Free discussion of up-to-date topics generated by the reading passage. Students should prepare material (vocabulary, ideas and notes but not speeches) before coming to class.

Compositions: Subjects for written composition, based on the reading passage or on related subjects which often require research.

▌Additional material

Appendices offer additional detailed information on formation of verb tenses, conjugations, use of numbers and rules of versification. A comprehensive index provides help in locating grammatical material.

A language laboratory manual and audio cassette tapes are available. These include lessons and exercises in pronunciation and intonation, plus dictations or comprehension passages. Each chapter of the text has a corresponding laboratory session with exercises covering the relevant grammatical points, vocabulary and subject material. Phonetic symbols (International System) are used. Students are not asked to transcribe sentences or paragraphs. All taped voices are francophone.

▌Our thanks

We would like to thank the students we have taught over the years for their feedback in developing the *Concepts* approach, our colleagues at Huron College and the University of Western Ontario for their interest and suggestions, and especially Claude Tatilon, a former colleague now Professor at Glendon College, for his careful reading of the manuscript. For their painstaking and valuable comments, we thank the reviewers of the *Concepts* draft manuscripts: Vivien Bosley, University of Alberta; Georges J. Joyaux, Michigan State University; Robert Kehler, Acadia University; John Klee, Foothill College, California; James Panter, University of British Columbia; Anthony R. Pugh, University of New Brunswick; Ian Richmond, University of Western Ontario; Mireille Thomas, Memorial University of Newfoundland. We would also like to thank the staff at Prentice-Hall Canada for their long-term assistance with this project, in particular Cliff Newman, Marta Tomins, Rich Ludlow, David Jolliffe, Ed O'Connor, Linda Gorman, Catherine Leatherdale and Doris Wolf. Finally, our families certainly deserve special thanks for their understanding and unfailing support over the course of this project.

DM   JM   January 1990 Toronto, Ontario

1 Coup de feu!

Éléments de langue
Catégories de la phrase française
    Phrases énonciatives
    Phrases impératives
    Phrases exclamatives
    Phrases interrogatives
Style direct, style indirect

Situation
Une histoire de chasse
Texte: **Coup de feu!** — extrait de *Le Trappeur du Kabi* de Doric Germain

Activités de communication
S'exprimer par des affirmations, des commandes, des exclamations, des questions
Employer le style direct, le style indirect

Parler des plaisirs de la chasse et de la pêche
Juger des dangers et des problèmes de ces sports
Discuter des droits des animaux et des êtres humains
Exprimer des opinions personnelles sur la conservation des ressources naturelles au Canada

Catégories de la phrase française

Savez-vous poser des questions? Ou donner un ordre? Savez-vous répondre à une question? Affirmativement? Au négatif? Et qu'est-ce qu'une phrase exclamative?

> Le piège les y attendait, solidement retenu par une chaîne.
> *"On le fait sauter?"*
> C'était le second des trois hommes qui venait de parler. Le premier haussa les épaules.
> *"Laisse-le tranquille."*
>
> **Doric Germain**

La phrase française peut servir à indiquer des faits, à donner des ordres, à marquer des exclamations, à poser des questions. En tout, il existe quatre catégories ayant chacune des formules caractéristiques: des phrases énonciatives, impératives, exclamatives et interrogatives. Dans ce chapitre, nous allons considérer la phrase telle qu'on la voit écrite ou imprimée sur la page, avec la ponctuation qui lui est propre.

Les phrases énonciatives

Les phrases énonciatives donnent des renseignements. Elles présentent des faits (positifs ou négatifs), marquent des conditions et des hypothèses, expriment des opinions et des émotions. Elles peuvent être très courtes (deux ou trois mots seulement) ou très longues (une centaine de mots). Le trait caractéristique de ces phrases, c'est que le sujet précède toujours le verbe.

Le chalet est là-bas.
The cabin is over there.

Le chalet, qui a de très grandes fenêtres donnant sur l'est, **ne se trouve pas** près du lac.
The cabin, which has very big windows looking out to the east, isn't close to the lake.

S'il y a un orage, **nous pourrons** nous réfugier dans le chalet.
If there is a storm, we'll be able to take refuge in the cabin.

▌Les phrases impératives

▌Les phrases impératives donnent un ordre ou expriment un souhait. Mettez le verbe à l'impératif (voir Appendice A). Normalement, à l'écrit, les phrases impératives se terminent par un point. Mais si vous voulez renforcer le sens de la volonté exprimée par l'impératif, mettez un point d'exclamation à la fin de la phrase.

Revenez vite.	**Pars!**
Come back quickly.	*Leave!*
Allons nager.	**Asseyez**-vous!
Let's go for a swim.	*Sit down!*
N'ayez aucune crainte.	
Don't be afraid.	

Attention! Il n'y a pas de **s** à la deuxième personne du singulier des verbes réguliers en **-er,** de certains verbes en **-ir** (tels que **découvrir, offrir, ouvrir, souffrir**) et de certains verbes irréguliers (tels que **aller, savoir**).

Regarde!	**Offre**-lui du café.
Look!	*Offer her some coffee.*

Mais pour faciliter la prononciation, ajoutez **s** devant les pronoms **y** et **en.**

Vas-y!	**Donnes-en** à tes camarades.
Go on!	*Give some to your friends.*

▌Variantes

Certaines formules vous permettent de nuancer le ton autoritaire du mode impératif. D'autres remplacent l'impératif dans les avis impersonnels.

Le présent ou le futur de l'indicatif

Ces temps vous permettent d'adoucir le ton brusque de l'impératif. Comparez les phrases suivantes.

Verbe à l'impératif	**Faites** la vaisselle, tout de suite. (Ordre brusque, où la mère, à bout de patience, ordonne à ses enfants de faire la vaisselle.)

Verbe au présent ou au futur

Vous faites la vaisselle, tout de suite.
Vous ferez la vaisselle, tout de suite.
(Ordres beaucoup moins brusques. La mère indique à ses enfants qu'ils doivent faire la vaisselle avant de sortir.)

La périphrase de politesse

Employez une périphrase telle que **avoir la bonté de, avoir la gentillesse de** ou même **vouloir**. Faites-la suivre d'un infinitif. Mettez le verbe au présent, au conditionnel ou même à l'impératif. L'emploi de **bien** est facultatif. Il sert à adoucir encore plus le verbe **vouloir**. N'oubliez pas que **veuillez** est cérémonieux.

Veux-tu (bien) me donner un coup de main?
Do you mind giving me a hand?

Voudriez-vous (bien) m'expliquer comment le faire.
Would you please tell me how to do that.

Auriez-vous la gentillesse de répondre tout de suite à ces questions.
Would you please answer these questions immediately.

Veuillez dire à Mme la Comtesse que M. l'Ambassadeur l'attend.
Please tell the Countess that the Ambassador is waiting for her.

L'infinitif

Mettez le verbe à l'infinitif si vous donnez un avis impersonnel ou un ordre général. L'infinitif remplace souvent le verbe à l'impératif sur les écriteaux et les affiches. Il s'emploie aussi dans les recettes culinaires et dans les instructions pour l'assemblage de jouets ou de meubles. On ne s'en sert *jamais* dans la conversation.

Ne pas se pencher en dehors.   **Faire cuire** à petit feu.
Don't lean out.   *Cook on low heat.*

Le substantif

Un substantif suivi de l'infinitif peut remplacer l'impératif, surtout dans la langue administrative.

Défense de stationner.   **Prière** de faire suivre.
No parking.   *Please forward.*

ALLEZ-Y, exercice 1

Les phrases exclamatives

Les phrases exclamatives présentent des faits en nous faisant comprendre l'émotion ressentie par celui ou celle qui parle — la joie, l'angoisse, le désespoir. Ces phrases-ci ressemblent aux phrases énonciatives par la forme mais elles se terminent par un *point d'exclamation*.

> Elle est résolue! Ce pays est beau!
> *She's determined!* *This country is beautiful!*

1. Un mot exclamatif (**que** ou **comme**) peut introduire chaque phrase exclamative. L'ordre normal de la phrase énonciative (sujet + verbe + adjectif/adverbe) est observé.

> **Que** ce pays est beau! **Comme** vous travaillez bien!
> *How beautiful this country is!* *How well you work!*

2. Si l'exclamation porte sur la *quantité*, mettez **que de . . .** ou **combien** au commencement de la phrase.

> **Que de** questions elle pose! **Combien** il vous a détestée!
> *What a lot of questions she asks!* *How he detested you!*

> ALLEZ-Y, exercice 2

Les phrases interrogatives

Les phrases interrogatives posent des questions. À l'écrit, on les reconnaît facilement au point d'interrogation qui les termine. À l'oral, l'intonation les distingue des phrases énonciatives, impératives ou exclamatives. Il existe *deux types de questions*:

1. questions auxquelles on répond par **oui** ou **non**;

2. celles auxquelles on répond autrement que par **oui** ou **non**.

L'intonation accordée à chaque phrase interrogative est déterminée par le type de la phrase.

Questions où la réponse prévue est *oui* ou *non*

Dans ces questions on ne cherche pas à obtenir des renseignements précis. On pose une question simple; on s'attend à une réponse simple: **oui** ou **non**.

Nous invite-t-il à visiter la scierie?
Is he inviting us to visit the sawmill?
Oui (il nous invite à le faire).
Non (il ne nous invite pas à le faire).
Yes./No.

Pour poser une telle question, il faut employer une des formules suivantes. L'intonation de ces phrases est montante.

Le point d'interrogation seul

L'addition d'un point d'interrogation à une phrase énonciative suffit à transformer celle-ci en phrase interrogative. À l'oral, l'intonation montante indique qu'on est en train de poser une question. Cette formule s'emploie régulièrement dans le style familier.

Votre ami est artiste?   Il n'est pas pêcheur?
Your friend is an artist?   *He isn't a fisherman?*

N'est-ce pas

Cette locution invariable est très employée dans le style familier. Mise à la fin d'une phrase énonciative, elle vous permet de poser une question. Mais **n'est-ce pas** ajoute aussi un élément subjectif à l'interrogation. Vous voulez que la personne à qui vous parlez se mette d'accord avec vous ou qu'elle vous confirme dans une opinion.

Robert Bateman aime peindre les animaux et les oiseaux, **n'est-ce pas?**
Robert Bateman likes painting animals and birds, doesn't he?

N'est-ce pas, invariable en français, se traduit de plusieurs façons. Il faut tenir compte en anglais du sujet et du temps du verbe principal.

Vous avez pris beaucoup de photos, **n'est-ce pas?**
You took a lot of pictures, didn't you?

Nous irons de l'autre côté du ruisseau, **n'est-ce pas?**
We'll be going to the other side of the stream, won't we?

Elle a de l'argent, **n'est-ce pas?**
She has money, hasn't she?

Est-ce que

Mettez cette locution invariable au commencement de la phrase, devant le sujet (nom ou pronom). Cette formule s'emploie dans le style familier. Vous avez alors une phrase énonciative précédée de **est-ce que**.

Est-ce que vous avez traqué l'ours blanc?
Have you hunted the polar bear?

Est-ce que les chasseurs ont tué beaucoup de perdrix?
Did the hunters shoot many pheasants?

L'inversion simple du sujet et du verbe

Ce tour s'emploie si le sujet du verbe est un pronom. À un *temps simple*, le verbe précède le pronom sujet. Reliez les deux par un trait d'union.

Aimez-vous la pêche?
Do you like fishing?

• À un *temps composé*, c'est l'auxiliaire qui précède le sujet. Reliez le pronom à l'auxiliaire par un trait d'union.

Avez-vous trouvé votre canne à pêche?
Did you find your fishing rod?

• À la troisième personne du singulier, si le verbe ou l'auxiliaire se termine en **e** ou en **a**, il faut ajouter **t** pour faciliter la prononciation.

Vous **donne-t-il** des conseils?
Is he giving you advice?

N'a-t-elle pas acheté ce canot?
Didn't she buy that canoe?

A-t-on entendu parler de lui?
Have you heard of him?

L'inversion complexe

Si le sujet est un nom, mettez le nom au début de la phrase et reprenez-le par un pronom mis après le verbe.

• À un *temps simple*, mettez le pronom après le verbe.

Le trappeur revient-il ici tous les ans?
Does the trapper comme back here every year?

• À un *temps composé*, mettez le pronom après l'auxiliaire.

Le chasseur est-il revenu?
Has the hunter come back?

Le propriétaire vous a-t-il loué le châlet?
Did the owner rent you the cottage?

N'oubliez pas le trait d'union qui relie le pronom au verbe ou à l'auxiliaire.

▌Questions où la réponse prévue n'est pas *oui* ou *non*

En posant ces questions-ci, on veut se documenter; on cherche des renseignements. On demande: Qui? Quand? Pourquoi? Comment? Où? et ainsi de suite. Pour poser une question de ce genre, commencez la phrase par une expression interrogative. Faites-la suivre de l'inversion du verbe (simple ou complexe) ou de la locution **est-ce que**. Choisissez une des formules suivantes. Notez que l'intonation de ces phrases-ci est descendante.

Un pronom interrogatif

Le pronom peut être précédé d'une préposition. Vous pouvez utiliser le pronom simple (**qui, que, quoi**) ou un pronom composé (**lequel, lesquelles**) (voir Chapitre 12).

> **Que** faites-vous?
> **Qu'est-ce que** vous faites?
> *What are you doing?*

> **Laquelle** de ces deux photos le photographe préfère-t-il?
> **Laquelle** de ces deux photos **est-ce que** le photographe préfère?
> *Which of these two photos does the photographer prefer?*

> **À quoi** pensez-vous en regardant les tableaux de A.Y. Jackson?
> **À quoi est-ce que** vous pensez en regardant les tableaux de A.Y. Jackson?
> *What do you think about when you look at A.Y. Jackson's paintings?*

Une expression où se trouve un adjectif interrogatif

> **Quelles** provinces ont-elles visitées?
> **Quelles** provinces **est-ce qu'**elles ont visitées?
> *Which provinces did they visit?*

> **De quelle façon** l'artiste a-t-il présenté les scènes de la vie au Canada?
> **De quelle façon est-ce que** l'artiste a présenté les scènes de la vie au Canada?
> *How did the artist present scenes dealing with life in Canada?*

Un adverbe interrogatif ou une expression adverbiale interrogative

Les locutions les plus courantes sont:

> comment, combien, depuis combien de temps, depuis quand, d'où, jusqu'à quand, jusqu'où, par où,
> pendant combien de temps, pourquoi, quand

Par où entre-t-on dans cette ville?
Par où est-ce qu'on entre dans cette ville?
How do you get into this town?

Pourquoi tant de gens vont-ils à la chasse en automne?
Pourquoi est-ce que tant de gens vont à la chasse en automne?
Why do so many people go hunting in the fall?

Dans des phrases très courtes introduites par **où, quand, combien,** si le sujet est un nom, on le met après le verbe.

Où se trouve **l'église paroissiale?**
Where is the parish church?

Un adverbe interrogatif suivi d'un infinitif

Notez que cette tournure est plus concise que ses équivalents anglais. En anglais, il faut toujours trouver le sujet et le temps de verbe qui conviennent au sens de la phrase et au contexte.

Que faire?
What am I to do?
What are we going to do?
What was she going to do?
What should you do? etc.

ALLEZ-Y,   exercices 3, 4

Style direct, style indirect

Qu'est-ce que le style direct? Savez-vous mettre des ordres et des questions au style indirect?

"C'est probablement le chemin de charroyage," **songea-t-il.**

Doric Germain

Pour bien vous exprimer, vous disposez du style direct et du style indirect. Dans le style direct, vous rapportez, telles quelles, vos propres paroles ou celles d'une autre personne. En effet, vous citez les paroles. Dans le style indirect, vous donnez non pas les paroles originelles, mais l'essentiel de ce qui a été dit.

▌Le style direct

Dans le style direct, à l'écrit, vous mettez les paroles citées entre guillemets: «. . .» ou ". . .". Un verbe déclaratif peut introduire la citation. Placez le verbe au début de la phrase et mettez deux points avant de donner la citation.

"Je veux le voir."   ⟶ Elle a dit: **"Je veux le voir."**
"I want to see him."   *She said: "I want to see him."*

Vous pouvez également insérer le verbe déclaratif dans les paroles que vous rapportez, ou bien le mettre après la citation. Dans les deux cas, il y a inversion simple du sujet et du verbe.

"Je n'ai pas l'intention, **a-t-elle dit**, de partir sans le voir."
"I don't intend," she said, "to leave without seeing him."

"Je veux le voir tout de suite", **a insisté l'agent.**
"I want to see him right away," the officer insisted.

▌Le style indirect

Quand vous rapportez des paroles dans le style indirect, il vous faut un verbe qui situe l'idée ou qui explique pourquoi vous vous y intéressez. Ce verbe devient le *verbe principal*; les idées rapportées se transforment en *proposition subordonnée* (phrases énonciatives, exclamatives et interrogatives)[1] ou en *infinitif complément du verbe* (phrases impératives).

> Il dit: **"Elle veut revenir demain."**
> *He says: "She wants to come back tomorrow."*
>
> Il dit **qu'elle veut revenir demain.**
> *He says she wants to come back tomorrow.*

> Elle me dit: **"Rappelle-moi ce soir."**
> *She says to me: "Call me back this evening."*
>
> Elle me dit **de la rappeler ce soir.**
> *She tells me to call her back this evening.*

▥ Changements à noter

1. Dans le style indirect, les expressions indiquant l'interrogation (**est-ce que**) ou l'exclamation (**comme**) disparaissent.

> **"Est-ce qu'**elle est partie?"
> Je ne sais pas si elle est partie.
>
> **"Comme** il est bon!"
> Elle dit qu'il est très bon.

2. À l'ecrit, les guillemets disparaissent, ainsi que les deux points. Le point d'interrogation ou d'exclamation est remplacé par un simple point.

> Je vais vous demander: "Voyagez-vous souvent en été?"
> Je vais vous demander si vous voyagez beaucoup en été.

3. Il faut vérifier le choix de pronoms et de personnes dans la subordonnée. Ceux-ci doivent toujours obéir à la logique de la phrase.

> "Toutes ces cartes sont à **moi.**"
> *"All these maps are **mine**."*
>
> Il admet que toutes ces cartes sont à **lui.**
> *He admits that all these maps are **his**.*

> "Voulez-**vous nous** parler?"
> *"Do you want to speak to **us**?"*
>
> Ils **nous** demandent si **nous** voulons **leur** parler.
> *They ask us if we want to speak to **them**.*

---

[1] Pour l'instant, le choix du temps du verbe subordonné ne pose pas de problèmes. Pour des explications plus détaillées sur la concordance des temps à l'indicatif, voir Chapitre 4.

▌L'élément de subordination

Il existe plusieurs moyens d'introduire la subordonnée dans les quatre catégories de phrases.

Phrases énonciatives

La conjonction **que** sert à introduire la phrase énonciative transformée en subordonnée.

> "Elle veut faire du camping."
> Elle dit **qu'**elle veut faire du camping.

Phrases impératives

Il vous faut un verbe principal indiquant le commandement. Un tel verbe est suivi en général d'un infinitif (précédé d'une préposition) ou d'une proposition subordonnée. Employez de préférence l'infinitif. (La liste de verbes suivis de l'infinitif se trouve à la page 214.)

> "Montrez-moi ça!"
> Il m'**a ordonné** de lui montrer ça.
>
> "Venez nous voir."
> Vous nous **avez priés** de venir vous voir.

Phrases exclamatives

Introduisez la subordonnée par la conjonction **que**. Vous pouvez, si vous le voulez, ajouter un adverbe pour renforcer le sens émotif de la phrase.

> "Comme c'est beau!"
> Elle nous dit **que** c'est **très, très** beau.

Phrases interrogatives

Le type de question détermine le choix de l'élément de subordination.

1. La réponse prévue est **oui** ou **non**. Introduisez la subordonnée par **si** (= *if, whether*).

> "Viendra-t-elle demain?"
> Je me demande **si** elle viendra demain.

2. La réponse prévue n'est pas **oui** ou **non**. Relevez l'expression interrogative. Mettez cette expression au début de la subordonnée.

• Pronom interrogatif[2]

Si le pronom se rapporte à une *personne*, aucun problème.

> **"Qui** avez-vous vu?"
> Je vous demande **qui** vous avez vu.
> **"À qui** a-t-il parlé?"
> Je vous demande **à qui** il a parlé.

Si le pronom se rapporte à une *chose* ou à une *idée*, mettez **ce** devant le pronom: **ce qui** (sujet du verbe) ou **ce que** (complément d'objet).

> **"Que** faites-vous?"
> Elle vous demande **ce que** vous faites.

Si le pronom est complément d'une préposition, n'employez pas **ce**.

> **"À quoi** pense-t-il?"
> Nous ne savons pas **à quoi** il pense.

• Locution contenant un adjectif interrogatif

> **"À quelle heure** vous levez-vous?"
> Il vous demande **à quelle heure** vous vous levez.

• Adverbe interrogatif

> **"Pourquoi** suit-il ce chemin?"
> Nous voulons savoir **pourquoi** il suit ce chemin.

TABLEAU 1-1 La phrase interrogative: style indirect

type de question	élément de subordination
réponse <u>oui/non</u>	<u>si</u>
autres réponses	⎰ **pronom interrogatif** ⎱ **ce** + **pronom interrogatif** **adjectif interrogatif** **adverbe interrogatif**

ALLEZ-Y, exercice 5

---

[2] Nous donnons ici le modèle général de la phrase interrogative. Pour des détails plus complets, voir le pronom interrogatif, Chapitre 12, et l'adjectif interrogatif, Chapitre 19.

Maintenant, c'est à vous!

▌Allez-y![3]

1. Vous essayez d'organiser un groupe de jeunes, un peu indécis, qui veulent visiter la ville. Vous les encouragez à faire ce qu'ils désirent en leur donnant des ordres.

   Modèle: Nous voulons aller au port? Eh bien, . . .
   Eh bien, **allons au port**.

   a. Vous voulez visiter les musées? Eh bien, . . .
   b. Toi, tu veux faire le guide? Eh bien, . . .
   c. Nous voulons prendre l'autobus? Eh bien, . . .
   d. Vous voulez parler au chauffeur? Eh bien, . . .
   e. Nous voulons aller jusqu'au terminus? Eh bien, . . .
   f. Vous voulez descendre ici? Eh bien, . . .
   g. Tu veux entrer dans le parc? Eh bien, . . .
   h. Vous voulez visiter les monuments historiques? Eh bien, . . .
   i. Tu veux regarder les passants? Eh bien, . . .
   j. Tu veux partir tout de suite? Eh bien, . . .
   k. Vous voulez rentrer tout de suite? Eh bien, . . .

2. Mettez les phrases suivantes sous forme d'exclamation en vous servant de **que/comme** et de **que de**.

   Modèle: La ville est bruyante.
   Comme la ville est bruyante!

   Nous verrons beaucoup de touristes.
   Que de touristes nous verrons!

   a. Le pays est grand.
   b. Les lacs sont beaux.
   c. Nous descendons beaucoup de rivières.
   d. Nous avons admiré les montagnes bien des fois.
   e. Elles sont magnifiques.
   f. Nous allons visiter beaucoup de villes.

---

[3] Le corrigé se trouve à la page 631.

g. Les villes anciennes nous plaisent.

h. On y voit tant de gens.

i. La vie y est très animée.

3. Mettez les phrases suivantes à la forme interrogative. Suivez les indications qu'on vous donne.

Modèle: Vous aimez la musique.
   Est-ce que vous aimez la musique?
   Aimez-vous la musique?
   Vous aimez la musique, **n'est-ce-pas?**

Employez **est-ce que.**

a. Georges et ses amis aiment le jazz.

b. Annette préfère la chanson country.

c. On dit que sa voix et sa façon de chanter ressemblent à celles de k.d. lang.

d. Elle admet qu'elle imite cette vedette.

Employez **l'inversion.**

e. Les jeunes passent des heures à écouter le rock.

f. Mais Yvonne aime mieux la chanson d'amour.

g. Elle compose elle-même de très jolies chansons.

h. On les entend déjà à la radio.

Employez **n'est-ce pas.**

i. Ce sont des jeunes très doués.

j. On entendra parler de ces deux-là à l'avenir.

k. Ils vont jouir d'un succès fou.

l. En attendant, on peut les voir tous les soirs au Café de la Lune.

4. Deux jeunes se parlent; le premier ne donne jamais assez de détails pour satisfaire le second. Celui-ci doit toujours poser des questions afin d'obtenir les détails voulus. L'exercice se fait bien avec deux partenaires, ou encore chaque étudiant(e) peut le faire seul(e). Servez-vous de la forme interrogative avec inversion. Répondez par des phrases complètes.

Modèle: Étudiant(e) A: Robert veut faire de la photographie.
   Question: **Avec qui?**
   Réponse: **son ami Jacques**

Étudiant(e) B: **Avec qui Robert veut-il faire de la photographie?**

Étudiant(e) A: **Il veut en faire avec son ami Jacques.**

a. Robert se lève. (*Quand?* . . . *de bonne heure*)
b. Il fait beau! (*Où?* . . . *Vancouver*)
c. Il a pris rendez-vous. (*Avec qui?* . . . *Jacques qui est photographe*)
d. Il doit le retrouver à la plage. (*Quand?* . . . *midi*)
e. Il descend prendre un café. (*Où?* . . . *la cuisine*)
f. Il dit "À tantôt!" (*À qui?* . . . *sa mère et sa soeur*)
g. Il se rend à la plage. (*Comment?* . . . *bicyclette*)
h. Jacques l'attend. (*Où?* . . . *la mer*)
i. Jacques a son appareil photo. (*Pourquoi?* . . . *prendre des photos des oiseaux*)

5. L'interviewer parle d'une voix très douce; l'artiste est un peu sourd. Vous êtes l'interprète qui répète ce que dit l'interviewer pour que l'artiste comprenne. (Le verbe à utiliser est indiqué entre parenthèses.)

> Modèles: L'interviewer: Qui voulez-vous photographier? (**Il vous demande . . .**)
>
> L'interprète: **Il vous demande qui vous voulez photographier.**
>
> L'interviewer: Dépêchez-vous. (**Il vous prie . . .**)
> L'interprète: **Il vous prie de vous dépêcher.**

a. Aimez-vous vivre loin des villes? (*Il vous demande . . .*)
b. Vous avez un atelier dans les montagnes, n'est-ce pas? (*Il veut savoir . . .*)
c. Pourquoi y allez-vous même en hiver? (*Il demande . . .*)
d. Vous faites beaucoup de tableaux? (*Il veut savoir . . .*)
e. Quand est-ce que vous allez les exposer en ville? (*Il se demande . . .*)
f. Comme les tableaux sont beaux! (*Il vous dit . . .*)
g. Qui vous a conseillé de les faire photographier? (*Il vous demande . . .*)
h. Qu'est-ce que cela signifie? (*Il veut savoir . . .*)
i. Le photographe sera ici bientôt. (*Il affirme . . .*)
j. De quel appareil va-t-il se servir? (*Il vous demande . . .*)
k. Montrez-nous les tableaux que vous préférez. (*Il vous prie . . .*)
l. Décrivez les circonstances dans lesquelles vous les avez peints. (*Il vous demande . . .*)
m. Avez-vous vendu des tableaux récemment? (*Il veut savoir . . .*)
n. Parlez plus fort, s'il vous plaît. (*Il vous prie . . .*)

Lecture

Coup de feu! Extrait de *Le Trappeur du Kabi* de Doric Germain[4]

Roger Demers, directeur des Contreplaqués Demers et Cie, a invité ses deux associés, Donald Rousseau et Denis Lacasse, à passer une semaine à la chasse. Ils ont utilisé le chalet appartenant à un ami à Demers. Le chalet est situé sur le lac Kabinakagami (le Kabi), qui se trouve à 130 kilomètres au sud de Hearst dans le nord de l'Ontario.

C'était une journée typique de l'automne nord-ontarien: un soleil pâle qui ne parvenait pas à réchauffer le fond de l'air, des arbres décharnés se détachant sur un ciel bleu tirant sur le gris, des herbes sèches, de longues quenouilles fanées sur un sol boueux et partout la pénétrante odeur de fruits trop mûrs, de feuilles en décomposition et de terre humide.   5

À quelques milles à l'ouest du lac Kabinakagami, trois hommes traversaient un ruisseau, en équilibre sur un barrage de castors, la cara-

---

[4] Canadien français né à Hearst, en Ontario, Doric Germain est romancier et professeur d'université.

bine levée en guise de balancier. Ils étaient vêtus d'épaisses chemises
de laine, chaussés de hautes bottes de caoutchouc et coiffés de casquet-   10
tes de chasse réversibles. Le premier avait une cartouchière à la taille,
les deux autres un sac suspendu à l'épaule. Ils faisaient peu de bruit, se
déplaçant lentement et avec précaution.

Celui qui marchait en tête s'arrêta tout à coup, attendit un moment
que les deux autres l'eussent rejoint, pointa du doigt devant lui et dit à   15
voix basse:

— Regardez. Un piège à castors.

Le piège de fer était posé dans une sorte de dépression du barrage.
Le trappeur avait volontairement défait une section de la construction
de boue et de branchages par où l'eau s'engouffrait. Les castors ver-   20
raient baisser le niveau de l'eau dans l'étang qu'ils avaient créé et s'em-
presseraient de venir réparer la faille. Le piège les y attendait, solide-
ment retenu par une chaîne.

— On le fait sauter?

C'était le second des trois hommes qui venait de parler. Le premier   25
haussa les épaules.

— Laisse-le tranquille. Il y a un pauvre diable qui s'est donné assez
de mal pour venir le poser là.

Il enjamba le piège et fit les quelques pas qui le séparaient de la rive.
Son compagnon le suivit, mais le troisième homme fixait toujours le   30
piège, comme fasciné. Il allongea le bras. Ses deux compagnons ne le
virent pas, un sourire de joie mauvaise sur les lèvres, planter dans le
piège une branche de tremble à demi rongée par les castors. Un déclic.
Denis Lacasse n'aimait pas le succès des autres. Puis à pas lents,
comme à regret, il s'éloigna. Ses compagnons n'étaient pas loin. Il les   35
retrouva bientôt, l'un agenouillé, l'autre penché pour examiner une
piste d'orignal. Elle était fraîche.

L'animal s'était dirigé vers une talle d'épinettes que les bûcherons
avaient laissée debout, sans doute parce que les arbres y étaient trop
rachitiques. Roger Demers prit la direction des opérations sans de-   40
mander aux autres leur avis: c'était lui qui avait trouvé la piste, c'était
son expédition; d'ailleurs, il connaissait mieux la forêt que ses compagnons et, surtout, il avait l'habitude de commander. Il chuchota ses directives:

— Donald, pars vers la gauche. Denis, vers la droite. Décrivez un   45
arc pour aller vous poster dans le chemin de charroyage qui se trouve à
peu près un mille devant nous. Moi, j'attends vingt minutes pour vous
laisser le temps de vous y rendre, puis je pars en suivant les traces. Si
l'orignal se trouve encore entre nous et le chemin, je vais essayer de le
faire déboucher. Compris?   50

Sans plus tarder, Donald Rousseau et Denis Lacasse se mirent en route. Roger Demers regarda autour de lui, trouva une souche sur laquelle il s'installa confortablement, pesant les chances de succès de l'entreprise.

Le chasseur consulta sa montre. Puis, d'un pas lent, sans se soucier outre mesure du bruit qu'il faisait, il s'enfonça dans la talle d'épinettes. 55

De temps en temps, Demers entendait du bruit: devant lui l'orignal était en marche. Pourtant, la bête ne courait pas comme en faisaient foi ses traces qui demeuraient rapprochées. 60

Demers sourit. Il n'y avait pas à se méprendre. L'orignal était bel et bien devant lui.

Il crut distinguer une clairière devant lui.

—C'est probablement le chemin de charroyage, songea-t-il. Pourvu que les gars ne le manquent pas. 65

Il s'avança lentement, balayant les environs du regard, sans se préoccuper des pistes, s'attendant à chaque seconde à apercevoir le gibier. Tout à coup, en succession si rapide qu'on les aurait dit simultanés, il entendit une balle siffler à ses oreilles et un coup de feu. Il resta un moment sans réagir, puis une horrible pensée traversa son cerveau. 70

—Mais c'est sur moi qu'ils tirent!

▌Travaux

1. Relevez, dans le récit de Doric Germain, des phrases impératives, des phrases exclamatives, et des phrases interrogatives.

2. Répondez aux questions suivantes.

   a. Qu'est-ce que les trois chasseurs ont trouvé en traversant le ruisseau?

   b. Décrivez la réaction de chacun des trois hommes.

   c. Qu'est-ce qu'un trappeur?

   d. Quelles directives Demers donne-t-il à ses deux compagnons?

   e. Qu'est-ce qui se passe quand il arrive à la clairière?

   f. Qui a tiré le coup de fusil? Sur qui? Pourquoi? Donnez libre cours à votre imagination.

3. Un homme et une femme se parlent. L'homme ne donne jamais assez de détails. La femme lui pose des questions pour satisfaire sa curiosité et l'homme lui répond. Vous pouvez faire l'exercice avec un(e) camarade ou

bien seul(e), en jouant vous-même les deux rôles. Répondez par des phrases complètes.

Modèle: Étudiant(e) A: Elle a invité des amis à aller à la chasse.

Question: **Combien?**

Réponse: **deux**

Étudiant(e) B: **Combien d'amis a-t-elle invités?**

Étudiant(e) A: **Elle a invité deux amis à aller à la chasse avec elle.**

a. Il a fait très beau. (*Quand? . . . automne*)
b. Ils ont vu un piège de fer. (*Où? . . . barrage*)
c. La première chasseuse a trouvé la piste. (*Quelle piste? . . . orignal*)
d. Elle a dit aux autres de se poster. (*Où? . . . à droite et à gauche*)

4. Vous passez quelques jours chez des ami(e)s à leur chalet. Vous avez noté quelques bribes de conversation dans votre carnet, parce que vous êtes écrivain. Vous êtes en train d'écrire un petit conte. Une fois chez vous, vous allez élaborer ces notes. Ajoutez à chaque citation un verbe — **dire, répondre, s'écrier, affirmer, demander** ou **murmurer**, plus un adverbe ou une locution adverbiale. Mettez les pronoms et les adjectifs qui conviennent.

Modèle: "Es-tu prête à partir?"

"Es-tu prête à partir?" **a-t-il demandé d'une voix basse en cherchant son vieux chapeau à larges bords.**

a. "Comme j'aime la pêche!"
b. "Avez-vous mis les cannes à pêche à bord du bateau?"
c. "Qu'on est bien ici!"
d. "Qu'avez-vous fait du panier?"
e. "Nous nous sommes levé(e)s un peu avant l'aube."
f. "Comme l'eau est froide!"
g. "Vous trouvez ça beau!"
h. "J'espère prendre un très beau poisson."
i. "Attention! Vous allez tout perdre."
j. "Tu vois l'affiche? La pêche est interdite ici."
k. "Décampons vite!"

5. Faites une phrase exclamative en vous servant de l'expression donnée. Ensuite inventez une phrase qui explique la situation.

Modèle: être gêné

Comme elle est gênée! Elle nous a dit qu'elle détestait le poisson.

a. avoir de la chance

b. être patient

c. être fier

d. avoir peur

6. Composez l'avis administratif qui résume chacune des phrases suivantes. Trouvez autant de variantes que possible.

Modèle: Il ne faut pas marcher sur la pelouse.

Ne pas marcher sur la pelouse.

Défense de marcher sur la pelouse.

a. Tous les véhicules doivent garder la droite.

b. Tous les véhicules doivent serrer à gauche.

c. Tout le monde a le droit d'entrer dans ce bureau sans frapper.

d. Il est défendu de fumer.

e. Il faut boucler les ceintures.

g. On nous conseille de garder ces médicaments au froid.

h. On nous ordonne de garder ce médicament hors de l'atteinte des enfants.

i. On peut sortir par ici.

j. On ne peut pas stationner ici.

k. On vous défend de faire du bruit ici.

7. Refaites les phrases suivantes pour adoucir l'impératif.

Modèle: Faites-le entrer.

Voulez-vous bien le faire entrer.

Auriez-vous la gentillesse de le faire entrer.

a. Suivez-moi.

b. Laissez-moi tranquille.

c. Répondez à la question.

d. Taisez-vous.

e. Rendez-moi ce livre.

f. Invitez-les à dîner.

g. Partez.

8. En vous inspirant des phrases suivantes, créez des phrases exclamatives plus courtes. Ne gardez que l'essentiel de la phrase.

Modèle: En automne, dans le nord de l'Ontario, les jours sont très froids.
Comme/Que les jours sont froids!

a. Les bois en automne sont bien beaux.
b. Elle aime se promener le matin dans les bois.
c. Les érables aux feuilles rouge foncé lui plaisent.
d. Beaucoup de pins noirs se détachent sur ce fond coloré.
e. Les écureuils ont l'air de s'amuser en ramassant des noix.
f. Le cri solennel des oies qui s'en vont vers le sud l'attriste un peu.
g. Chaque hiver elle passe de longues heures à patiner.
h. La blancheur éclatante des champs couverts de neige la fascine.
i. Partout la glace scintille au soleil.
j. Elle adore tous les sports d'hiver, surtout le ski de fond.

9. Employez les expressions suivantes dans des phrases de façon à montrer que vous en saisissez bien le sens.

a. se dérober
b. se méprendre
c. fixer le piège
d. trouver la piste
e. suivre les traces
f. se mettre en route

Thèmes

1. Traduisez en français les phrases suivantes. Évitez la traduction littérale.

a. I wonder if it's always like this in the fall in the woods up north.
b. It's quite cold in spite of the sun. The trees have lost their leaves and the ground is muddy.
c. The hunters are wearing heavy woolen shirts and high rubber boots.
d. Their caps are red outside and green inside. Red caps protect hunters in the woods.
e. Why are they moving so slowly? One of them is kneeling on the ground.
f. Another is leaning down to see what has been found.
g. They are very lucky! They've already discovered fresh moose tracks.

2. Traduisez en français le passage suivant. Évitez la traduction littérale.

"You said you would show me a real dam."

"Yes, I did. There's one right behind you."

"But that's only some old branches!"

"No, it's a real dam. That's how the beavers build them. The entrance to their lodge must be in deep water but the beavers can get in and out easily underneath the ice. When the lakes and streams freeze over in winter, it's the thick layer of ice that protects the beavers from wolves and other predators."

"Look! There's a hole in the dam."

"You're right. And here come two of the beavers to fix the hole. See? They've just cut down a branch in the woods and now they're going to use it to repair the dam."

À vous la parole

Vocabulaire supplémentaire
Pour saluer les autres

Bonjour, bonsoir, salut!
Comment allez-vous? Très bien, merci, et vous?
Comment vas-tu? Et toi?
Comment ça va? Ça va bien? Ça va mal?
Au revoir, à plus tard, à une autre fois.

Pour interviewer les gens

une interview, l'interviewer, accorder une interview,
poser des questions, chercher des renseignements,
se renseigner (sur)

Pour parler de la chasse et de la pêche

un chalet, une cabine, une tente, un canot, un canoë,
un bateau (à rames), un hors-bord, un sac de couchage,
la saison de la chasse, aller à la chasse, poursuivre, traquer,
la piste, le gibier, la venaison, le trappeur, la fourrure,
les fourrures, le commerce (la traite) de fourrures,
l'élevage des animaux à fourrure

faire (aller à) la pêche, pêcher la truite, une ligne de pêche,
l'attirail de pêche, avoir droit à quelque chose,
avoir le droit de faire quelque chose,
le mouvement pour les droits des animaux, les animaux sauvages,
la faune, les armes, le fabriquant d'armes

▌Dialogues

Avec votre voisin(e), inventez un dialogue.

1. **Comment est-ce que ça s'est passé?**
   Donald; Denis
   Les deux se remémorent tout ce qui s'est passé le jour où ils sont allés à la chasse avec Demers. Ils se posent toutes sortes de questions dans l'espoir de se rappeler les moindres détails.

2. **Dites-moi tout ce qui s'est passé!**
   Demers; un agent de la Gendarmerie royale du Canada
   L'agent est venu interviewer Demers, croyant qu'il s'agit peut-être d'une affaire judiciaire.

▌Décisions

Essayez, avec votre voisin(e), de résoudre le problème suivant.

Vous habitez la campagne et c'est la veille de l'ouverture de la chasse. Vous voyez des gens arriver à une maison voisine. Il est évident qu'ils comptent s'amuser. De la voiture ils ont sorti des fusils et des caisses de bière. Ils se sont installés devant la maison et sont en train de vérifier les fusils. Votre frère et votre soeur, plus jeunes que vous, jouent dans le jardin comme d'habitude. Qu'est-ce que vous allez faire?

▌Discussions

Avec quelques voisin(e)s ou avec tous les membres de la classe, discutez des sujets suivants.

1. La chasse aux animaux sauvages pour le simple plaisir, devrait-elle être interdite au Canada? À qui devrait-on accorder un permis de chasse? Pourquoi?

2. Une campagne a été montée contre la chasse au phoque au Canada. Quelles en sont les conséquences financières et économiques, présentes et futures?

3. Les droits du trappeur contre les droits des animaux — comment résoudre le problème?

4. Les rôles traditionnels de l'homme et de la femme relatifs à l'approvisionnement en nourriture.

5. Attitudes contradictoires à l'égard des animaux à fourrure.

6. "La chasse devrait être uniquement l'affaire des hommes. Les femmes n'y ont aucun rôle à jouer." Êtes-vous de cet avis?

7. Que faut-il faire pour préserver les ressources naturelles du Canada?

▎Compositions

Écrivez une composition sur *un* des sujets suivants. Faites un plan pour bien organiser vos idées avant de commencer à écrire. Essayez de capter, dès le premier mot, l'attention de votre lecteur.

1. Un voyage à la campagne que nous avons fait au mois d'octobre.

2. La pêche te plaît? Pourquoi?

3. Le manteau de fourrure.

4. Une histoire de chasse (ou de pêche).

2

La vie au

bureau

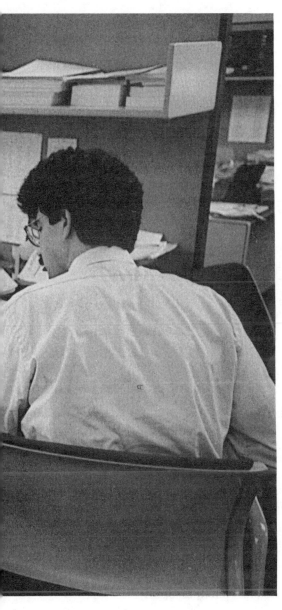

Éléments de langue
Trois temps de verbe
   Le présent
   Le futur simple
   Le futur antérieur
   Questions épineuses

Situation
Situation humoristique au bureau où le patron est toujours absent
Comment se conduire dans ces circonstances
Texte: **La vie au bureau** — extrait de *Made in France* de Pierre Daninos

Activités de communication
Parler de ce qui se passe maintenant ou de ce qui se passera plus tard

Employer le téléphone dans le monde des affaires
Discuter des problèmes du bureau
Réussir à travailler avec un patron un peu difficile

Trois temps de verbe

Les verbes nous permettent de parler de ce qui se passe: actions, événements, états.

Le mode indicatif présente les faits d'une façon neutre, sans trop les commenter ni les modifier.

Nous allons commencer par étudier le rôle du présent, du futur simple et du futur antérieur. Ces trois temps de l'indicatif nous font voir la chronologie des événements du moment présent et du moment futur.

> Je *prendrai* peut-être quelques jours autour du quinze
> août et ce *sera* tout!. . . Les vacances, écoutez, *c'est* très
> simple: je ne *sais* pas ce que *c'est*.
>
> **Pierre Daninos**

▌ Le présent de l'indicatif

▌ Le présent de l'indicatif[1] nous renseigne sur ce qui existe ou sur ce qui se passe actuellement. Il peut aussi indiquer ce qui se passera à l'avenir et ce qui a déjà eu lieu au passé. Il peut même remplacer un verbe à l'impératif.

▌ Le moment présent

Le présent marque une action (ou un état) qui a lieu au moment où on parle. Mettez le verbe au présent si vous voulez indiquer:

1. une action, plusieurs actions dans une série, ou une action répétée ou habituelle:

> Il **compose** un numéro.
> *He dials a number.*

> Elle **prend** une feuille de papier. Elle la **met** dans la machine à écrire.
> *She takes a sheet of paper. She puts it into the typewriter.*

> La vice-présidente **arrive** toujours au bureau à huit heures.
> *The vice president always arrives at the office at eight o'clock.*

---

[1] Il parle = *he speaks, he is speaking, he does speak* (voir Appendice A).

2. une action qui se déroule:

> Le patron **dicte** des lettres.
> *The boss is dictating letters.*

Le présent correspond à l'expression **être en train de** plus l'infinitif du verbe en question.

> Le patron **est en train de dicter** des lettres.
> *The boss is in the middle of dictating letters.*

3. un état:

> Aujourd'hui les bureaux **sont** surchauffés.
> *Today the offices are overheated.*

4. une situation qui est toujours vraie:

> La terre **tourne** autour du soleil.
> *The earth revolves around the sun.*

> En été il **fait** toujours très chaud ici.
> *In summer it is always very hot here.*

▌ Le commandement

Employez le présent plutôt que l'impératif si vous voulez nuancer le ton un peu sec de l'impératif (voir Chapitre 1).

> Vous **allez** au fond du couloir. Puis vous **prenez** l'ascenseur.
> *Go to the end of the hall. Then take the elevator.*

▌ Le futur immédiat

Le présent peut remplacer un *temps futur*. Mettez le verbe au présent si vous voulez dire que quelque chose va arriver presque immédiatement. Le plus souvent vous ajoutez un adverbe ou une locution adverbiale indiquant que l'action aura lieu *dans un proche avenir*.

> La patronne **part tout de suite.**
> *The boss is leaving right away.*

Le présent correspond à l'expression **être sur le point de** plus l'infinitif du verbe en question.

> Le patron **est sur le point de partir.**
> *The boss is just about to leave.*

▌Le passé

1. Le présent peut remplacer un *temps passé*. Mettez le verbe au présent si vous voulez indiquer des faits qui ont été accomplis *dans un passé récent*.

> Il **sort** à l'instant.
> *He has just gone out.*

Le présent correspond ainsi à **venir de** plus l'infinitif du verbe en question.

> Le patron **vient de sortir**.
> *The boss has just gone out.*

Vous pouvez renforcer le sens de **venir de** en ajoutant l'adverbe **à peine**.

> Le patron **vient à peine de sortir**.
> *The boss has only just left.*

2. Dans un récit où tous les verbes sont au passé et où l'action se déroule *dans un passé lointain*, vous pouvez mettre deux ou trois verbes au présent pour les souligner. Le présent rend les faits plus vifs, plus immédiats.

> Le client donna son nom au secrétaire et s'installa pour attendre la patronne. L'avertisseur d'incendie **sonne** et le client **se précipite** dehors.
> *The customer gave his name to the secretary and settled down to wait for the boss. The fire alarm sounded and the customer dashed outside.*

> ALLEZ-Y, exercices 1, 2, 3

▌Le passé inachevé

Attention à la préposition **depuis**! Le *présent* avec **depuis** marque une action (ou un état) qui a commencé dans le passé et qui continue toujours au moment présent. **Depuis** se traduit de deux façons (*since* et *for*) selon que vous exprimez un moment précis ou une période de temps. En outre, il faut considérer le rôle de **depuis** dans les phrases affirmatives, interrogatives ou négatives.

Phrases affirmatives

1. Utilisez **depuis** (= *since*) si un *moment précis* fixe le commencement d'une situation.

> Elle **est** réceptionniste **depuis Noël**.
> *She has been a receptionist since Christmas.*
> (Et elle continue à l'être. Une date précise est donnée.)

2. Employez **depuis** (= *for*) si vous voulez indiquer la **période de temps** consacrée à l'action.

> Il **est** standardiste **depuis deux ans.**
> *He has been a switchboard operator for two years.*
> (Et il continue à l'être. La période de temps est indiquée.)

Phrases interrogatives

1. Quand vous posez une question, employez **depuis quand** si vous cherchez à savoir le *moment* où l'action a commencé.

> **Depuis quand êtes**-vous dactylo? Depuis septembre.
> *How long have you been a typist? Since September.*

2. Mais il faut utiliser **depuis combien de temps** si vous voulez savoir la *période de temps* que l'action a duré.

> **Depuis combien de temps est**-elle présidente? Depuis deux ans.
> *How long has she been president? Two years.*

Phrases négatives

Toutefois, si le verbe est au *négatif* et si on insiste sur le fait que l'action est déjà terminée, on met le verbe au *passé composé.*

> **Je ne l'ai pas vue** depuis Pâques.
> *I haven't seen her since Easter.*

Variantes

Vous pouvez remplacer **depuis** (= *for*) par **voilà . . . que, il y a . . . que, cela fait . . . que, ça fait . . . que.** Toutes ces expressions ont le même sens et le verbe se met au présent. Notez l'ordre des mots et la place des termes indiquant la durée précise de l'action. Mettez **depuis** et la période de temps indiquée à la fin de la phrase. Mettez les autres expressions au début de la phrase et insérez la période de temps dans la phrase à l'endroit indiqué par les points. **Cela fait,** et particulièrement **ça fait,** appartiennent à la langue courante.

> Il est secrétaire **depuis trois ans.**
> **Voilà trois ans qu'**il est secrétaire.
> **Il y a trois ans qu'**il est secrétaire.
> **Cela fait trois ans qu'**il est secrétaire.
> **Ça fait trois ans qu'**il est secrétaire.
> *He has been a secretary for three years.*

L'emploi du temps présent avec **depuis** reflète la valeur accordée au fait que *l'action continue au moment présent.*

Cas particuliers

1. Il y a parfois des problèmes d'interprétation. La phrase suivante peut se traduire de deux façons.

> Il est ici **depuis deux heures.**
> *He's been here for two hours.*
> *He's been here since two o'clock.*

Il faut préciser. Si vous voulez indiquer l'heure à laquelle il est arrivé, ajoutez l'expression **du matin** ou **du soir.**

> Il est ici **depuis deux heures du matin.**
> *He's been here since two A.M.*

> Il est ici **depuis deux heures du soir.**
> *He's been here since two P.M.*

2. Ne confondez pas l'expression **il y a . . . que** (synonyme de **depuis**) et **il y a,** qui veut dire *ago* quand il est suivi d'une expression de temps.

> **Il y a dix ans que** vous travaillez au bureau.
> *You've been working in this office for ten years.*

> J'ai fait votre connaissance au bureau **il y a dix ans.**
> *I met you in the office ten years ago.*

ALLEZ-Y, exercice 4

Le futur simple de l'indicatif

Le futur simple[2] exprime une action à venir. Il sert aussi à indiquer un fait probable et à donner un ordre ou un conseil.

Le moment futur

Le futur simple exprime l'avenir: ce qui aura lieu plus tard par rapport au moment présent où on parle.

---

[2] Il parlera = *he will speak* (voir Appendice A). En français, le futur est un temps simple.

Verbe principal

Mettez le *verbe principal* à ce temps si vous voulez indiquer:

1. une action future, plusieurs actions dans une série future, ou une action répétée ou habituelle à un moment futur:

> Elle **partira** en vacances dans quinze jours.
> *She will leave on holiday in two weeks.*
>
> Il **visitera** le Japon et puis il **rentrera** en septembre.
> *He'll visit Japan and then he'll come back in September.*
>
> Avec ma nouvelle bicyclette, j'**arriverai** toujours à l'heure au bureau.
> *With my new bicycle, I'll always arrive on time at the office.*

2. une action qui se déroulera pendant une période future:

> J'**attendrai** ton coup de téléphone aussi longtemps qu'il le faudra.
> *I'll be waiting for your phone call as long as necessary.*
>
> La situation financière s'**empirera** au cours de l'année prochaine.
> *The financial situation will get worse in the course of the next year.*

3. un état futur:

> Ils **seront** contents de vous voir cet après-midi.
> *They will be pleased to see you this afternoon.*

4. une situation qui sera toujours vraie:

> Le jour **suivra** la nuit.
> *Day will follow night.*

Verbe subordonné

Mettez le verbe subordonné au futur simple dans certains cas.

1. Le verbe principal est au *futur* et vous voulez marquer la simultanéité de deux actions: celle du verbe principal et celle du verbe subordonné. Une conjonction de temps (**quand, dès que, lorsque, aussitôt que**)[3] introduit la subordonnée.

> Dès qu'il **arrivera**, il nous **enverra** un télégramme.
> *As soon as he arrives, he will send us a telegram.*
>
> Quand elle **sera** là, vous **aurez** plus de confiance.
> *When she is there, you'll be more confident.*

---

[3] Certaines conjonctions de temps exigent le subjonctif (voir Chapitre 10).

2. Le verbe principal est à *l'impératif* et se rapporte à un moment futur. Vous voulez indiquer que l'action exprimée par le verbe subordonné a lieu en même temps que celle marquée par l'impératif.

> **Demande** à voir le secrétaire dès que tu **arriveras**.
> *Ask to see the secretary as soon as you arrive.*

> **Téléphonez**-moi dès que vous **aurez** un moment.
> *Phone me as soon as you have a moment.*

3. Notez que dans les cas ci-dessus le français met le verbe subordonné au futur, tandis que l'anglais le met au présent. Le rapport entre le verbe principal et le verbe subordonné est marqué d'une façon explicite en français et implicite en anglais.

▌Le commandement

Mettez le verbe au futur si vous donnez des ordres. Le futur simple peut remplacer le verbe à *l'impératif* (voir Chapitre 1).

> Vous me **donnerez** les résultats de vos recherches avant la réunion.
> *Give me the results of your research before the meeting.*

▌La probabilité

Mettez le verbe au futur simple si vous voulez parler d'une probabilité.

> J'entends frapper à la porte. Ce **sera** le facteur.
> *I hear someone knocking on the door. It must be the letter carrier.*

▌Variantes

Dans le style familier (écrit ou oral), pour indiquer un temps futur, on se sert souvent du *présent* du verbe **aller** suivi de l'infinitif du verbe en question. Le futur simple du verbe s'emploie plutôt dans un style assez soigné.

style familier	style soigné
Le patron **va décider**.	Le patron **décidera**.
The boss is going to decide.	*The boss will decide.*
Je **vais être** en retard.	Je **serai** en retard.
I'm going to be late.	*I will be late.*

Le futur antérieur

Le futur antérieur de l'indicatif[4] marque une action future qui précède une autre action future. Le futur antérieur aide ainsi à présenter les faits d'une façon logique en établissant avec précision la chronologie des événements dans l'avenir. Il peut également exprimer la probabilité.

Le moment achevé

Verbe principal

1. Mettez le verbe principal au futur antérieur si vous voulez indiquer une action qui sera déjà terminée au moment où, dans l'avenir, une autre action aura lieu.

> Le concert finira à minuit. Vous rentrerez tard mais vous **aurez eu** le plaisir d'entendre vos symphonies favorites.
> *The concert will end at midnight. You will get home late but you will have had the pleasure of hearing your favourite symphonies.*

> À ce moment-là nous **aurons réussi** à voir le patron.
> *At that moment we will have managed to see the boss.*

> **Aurez-vous** bientôt **fini?**
> *Will you have finished soon?*

Verbe subordonné

Mettez le verbe subordonné au futur antérieur si le *verbe principal* est au *futur* ou à l'*impératif* et si vous voulez indiquer une action qui doit précéder celle du verbe principal. Des conjonctions de temps (**à peine . . . que, après que, aussitôt que, dès que, lorsque, quand, tant que**) introduisent la subordonnée.[5]

> Dès qu'elle **aura signé** ces documents, elle **s'en ira.**
> *As soon as she has signed these documents, she'll be on her way.*

> Téléphone-moi quand tu **auras parlé** au patron.
> *Phone me when you have spoken to the boss.*

---

[4] Canadien français né à Hearst, en Ontario, Doric Germain est romancier et professeur d'université.

[5] Certaines conjonctions de temps exigent le subjonctif (voir Chapitre 10).

▌La probabilité

Employez le futur antérieur, comme le futur simple, pour indiquer la probabilité. Il marque en particulier une action qui pourrait expliquer une situation et qui devrait la précéder.

> Le patron ne répond plus au téléphone. Il **aura eu** une extinction de voix.
> *The boss is no longer taking any phone calls. He must have lost his voice.*

▌Questions épineuses

Comment choisir la bonne formule pour indiquer une période de temps au présent, au passé, à l'avenir? Les prépositions **depuis, pendant** et **pour** traduisent, toutes les trois, la préposition anglaise *for*. Voici ce qu'il faut savoir pour déterminer la formule à utiliser.

1. Si la période de temps n'est pas encore terminée, employez **depuis** et mettez le verbe au présent. Vous pouvez également vous servir de **voilà. . . que, il y a. . . que, cela fait. . . que** ou **ça fait. . . que.**

> Elle **travaille** ici **depuis six mois.**
> *She has been working here for six months.*

2. Si l'action a lieu au passé ou à un temps futur, employez **pendant** et mettez le verbe au passé ou au futur selon le sens de la phrase. Notez que la durée de l'action ici est toujours limitée d'une façon précise.

> Elle **a étudié** l'espagnol **pendant trois ans.**
> *She studied Spanish for three years.*
> (Elle ne l'étudie plus.)

> Elle **avait étudié** l'espagnol **pendant trois ans.**
> *She had studied Spanish for three years.*
> (Puis elle ne l'a plus étudié.)

> Il **étudiera** l'espagnol **pendant trois ans.**
> *He will study Spanish for three years.*
> (Après cela, il ne l'étudiera plus.)

Il n'est pas nécessaire d'employer **pendant** (= *for*) si vous donnez une mesure de temps exacte que vous placez immédiatement après le verbe.

> Ils **ont vécu dix ans** en Europe.
> *They lived (for) ten years in Europe.*

3. Si une période de temps est prévue pour un projet, employez la préposition **pour** et mettez le verbe au présent, au passé ou au futur, selon le cas. **Pour**, dans ce sens, s'emploie surtout avec **aller, partir** et **venir**.

> Nous **partons pour deux jours.**
> *We are leaving for two days.*
>
> Tu **partiras pour deux jours.**
> *You will be leaving for two days.*
>
> Elle **est partie pour deux jours.**
> *She left for two days.*

ALLEZ-Y,   exercices 5, 6

Maintenant, c'est à vous!

▌ Allez-y![6]

1. Complétez les phrases suivantes en mettant le verbe indiqué au temps convenable.

   a. Bonjour, Madame. Je m'(*appeler*) Marie Duval.

   b. Je me (*présenter*) au poste de comptable que vous avez annoncé dans le journal d'hier.

   c. Pour l'instant, je (*vouloir*) travailler à temps partiel.

   d. Actuellement, j'(*avoir*) un poste chez Dugain.

   e. Mais je (*tenir*) à trouver un meilleur emploi.

   f. Je (*savoir*) taper à la machine et j'(*avoir*) des notions de traitement de texte et de chiffriers.

   g. Oui, je (*suivre*) des cours de bureautique et je me (*perfectionner*) petit à petit.

   h. Je (*préférer*) travailler le matin pour éviter les embouteillages des heures de pointe le soir.

   i. Je (*haïr*) le métro et les heures que je (*devoir*) passer dans l'autobus.

   j. Au moins, mon baladeur me (*permettre*) d'écouter les chansons qui me (*plaire*).

   k. De cette façon, je ne (*perdre*) pas tout à fait mon temps durant les voyages.

   l. À présent, j'(*habiter*) la banlieue où je (*venir*) de trouver un appartement minuscule.

   m. Ça (*devoir*) coûter cher? Mais oui, et comment!

   n. Toutefois, je (*croire*) que la vie en plein centre-ville ne (*valoir*) pas grand-chose.

   o. Je vous (*remercier*) de l'interview, Madame. À bientôt.

2. Répondez aux questions suivantes posées par un enquêteur imaginaire sur le comportement au bureau. Servez-vous du pluriel de la première personne.

   Modèle: Au bureau, rangez-vous les dossiers tous les soirs?
   Oui, **nous rangeons** les dossiers tous les soirs.

---

[6] Le corrigé se trouve à la page 631.

a. Répondez-vous rapidement aux appels téléphoniques? *Oui,* . . .

b. Prononcez-vous clairement le nom du client? *Oui,* . . .

c. Offrez-vous du café aux clients? *Oui,* . . .

d. Rédigez-vous des rapports tous les jours? *Oui,* . . .

e. Protégez-vous toujours la patronne qui est souvent absente? *Non,* . . .

f. Sortez-vous du bureau avant cinq heures du soir? *Non,* . . .

g. Prenez-vous le déjeuner au restaurant en bas? *Non,* . . .

h. Profitez-vous de la pause-café le matin? *Oui,* . . .

i. Vous déplacez-vous souvent pour suivre des cours? *Oui,* . . .

j. Quand vous vous déplacez, voyagez-vous en avion? *Non,* . . .

3. Refaites les phrases suivantes en vous servant de **venir de, être en train de, être sur le point de** plus le verbe en question. N'oubliez pas de laisser tomber l'adverbe ou l'expression adverbiale de temps.

Modèles: Il arrive **à l'instant**.
     Il vient d'arriver.

     Je pars **tout de suite**.
     Je **suis sur le point de** partir.

     Nous déjeunons **en ce moment**.
     Nous **sommes en train de** déjeuner.

En attendant qu'on s'occupe de moi aux bureaux de la compagnie Solfège, je n'ai pas pu m'empêcher d'entendre ce que disait le standardiste en réponse à quelques appels téléphoniques. Voici ce qu'il a dit.

a. Le patron *entre à l'instant* dans son bureau. Je dois lui apporter le courrier.

b. *En ce moment,* il *fait* un appel interurbain.

c. Que fait-il *maintenant*? Il *signe* le courrier.

d. Non, je ne peux pas m'arrêter pour prendre un café avec vous. Je *tape en ce moment* les lettres que le patron m'a dictées.

e. Attendez-moi en bas. Alain *arrive à l'instant* et je prendrai ma pause-café dans cinq minutes.

f. Le patron ne peut pas vous donner rendez-vous pour aujourd'hui. Il *part tout de suite* pour l'aéroport.

g. Non, le patron n'est plus ici. Il *sort à l'instant*.

4. Répondez aux questions suivantes en choisissant l'expression proposée qui convient.

Modèle: Depuis combien de temps travaillez-vous ici?
     Je travaille ici depuis. . . (**trois mois / septembre**)
     Je travaille ici **depuis trois mois**.

a. Depuis combien de temps êtes-vous au bureau de placement?
   Je suis au bureau de placement depuis. . . (*quatre ans / Pâques*)

b. Depuis quand vous occupez-vous de gens qui n'ont pas de poste?
   Je m'occupe de gens qui n'ont pas de poste depuis. . . (*plusieurs mois / le premier mai*)

c. Depuis combien de temps ce jeune homme vient-il vous voir?
   Il vient me voir tous les jours depuis. . . (*quatre semaines / l'an dernier*)

d. Depuis quand est-il sans emploi?
   Il est sans emploi depuis. . . (*six mois / l'année dernière*)

e. Depuis quand cherche-t-il à se recycler?
   Il cherche à se recycler depuis. . . (*huit mois / le printemps*)

f. Depuis combien de temps suit-il des cours de commerce le soir?
   Il suit des cours de commerce le soir depuis. . . (*six mois / l'été*)

g. Depuis quand fait-il des progrès exceptionnels?
   Il fait des progrès exceptionnels depuis. . . (*trois semaines / les dernières épreuves écrites où il a eu une très bonne note*)

5. Répondez affirmativement aux questions suivantes en vous servant des indications données. Employez **depuis, pour** ou **pendant** selon le sens de la phrase.

   Modèles: Il est ici? (**deux jours**)
   Oui, il **est** ici **depuis deux jours**.

   Elle sera ici? (**deux jours**)
   Oui, elle **sera** ici **pour deux jours**.

   Ils ont suivi des cours de français? (**deux ans**)
   Oui, ils **ont suivi** des cours de français **pendant deux ans**.

   a. Denise vit à Québec? (*six ans*)

   b. Elle est assistante à la présidente? (*un an*)

   c. Est-ce qu'elle a travaillé hier à mettre au point l'itinéraire d'un voyage d'affaires? (*plusieurs heures*)

   d. Elle attend un coup de téléphone de l'agent de voyages? (*midi*)

   e. Est-ce que la présidente compte partir demain? (*deux mois*)

   f. Est-ce que Denise est allée faire du ski? (*les vacances de Noël*)

   g. Elle est partie la semaine dernière voir ses parents dans le nord? (*deux jours*)

   h. Est-ce qu'elle cherche à faire venir toute sa famille à Québec? (*cinq ans*)

6. Mettez le passage suivant au futur en vous servant du futur ou du futur antérieur selon le cas.

Rêve ou cauchemar

a. Il pleut. Je fuis le mauvais temps.

b. J'attends à l'aéroport le départ du vol 102, à destination de la Guadeloupe.

c. L'aéroport est rempli de gens qui s'en vont passer la Noël aux Antilles.

d. Ils emportent très peu avec eux — quelques petites valises qu'ils ont déjà remplies de robes légères, de maillots de bain, ou de shorts et de chemises aux couleurs vives.

e. Mais ils ne perdent jamais de vue la valise tout importante où ils ont mis les cadeaux à offrir aux parents et aux amis.

f. Moi, je pars pour trois jours seulement et je suis tranquille.

g. Je suis arrivé(e) de bonne heure.

h. Il a fallu passer au contrôle mais puisque je ne porte pas de revolver sur moi et que je n'ai pas caché de bombe dans mes bagages, on ne m'a pas ennuyé(e).

i. Toutefois, que de monde! Quel brouhaha! Les gens se précipitent aux guichets; les enfants courent partout; les bébés pleurent.

j. Moi, je meurs de soif et je veux aller à la recherche d'un café ou d'un coke.

k. Je me lève mais il y a trop de monde.

l. Je ne peux pas me frayer un chemin jusqu'au kiosque. Je me résigne à mon sort.

m. J'essaie de me distraire en lisant un livre de science-fiction.

n. Mais quelqu'un prend pitié de moi.

o. Un ami m'offre une tasse de café.

p. Il en a deux et il en met une dans ma main.

q. Au moment où je me retourne pour le remercier, on nous dit d'entrer dans l'avion et de prendre nos places.

r. Je bois mon café en toute hâte et je fais signe à mon ami que j'espère le retrouver un peu plus tard.

Lecture

La vie au bureau
Texte extrait du roman *Made in France* de Pierre Daninos[7]

— Je prendrai peut-être quelques jours autour du 15 août et ce sera tout!

Personne n'irait mettre en doute la parole de M. de Witt-Piquet lorsqu'il affirme :

— Les vacances, écoutez, c'est très simple : je ne sais pas ce que c'est. Je n'ai pas pris de vraies vacances depuis vingt-deux ans!   5

Les initiés — le proche entourage — le savent : il y a beaucoup de vrai là-dedans et encore plus de faux.

On a calculé que le *Je prendrai quelques jours autour du 15 août et ce sera tout!* peut aller chercher dans les trois semaines un mois : parti le 8   10
parce que, entre le 8 et le 15 *il n'y a rien à faire. . . mais alors là rien : les gens parlent tellement de leur départ que c'est comme s'ils étaient déjà partis!*, le patron reviendra *en coup de vent* le 20 pour signer le courrier et ne sera vraiment de retour que dans les premiers jours de septembre.   15

M. de Witt-Piquet appartient à cette catégorie de damnés qui ne prennent jamais de vacances et sont toujours en déplacement. Épuisant. D'ailleurs sa fatigue est visible avant le départ. À l'entendre, au comité, égrener le *planning* d'un voyage aux États-Unis, énumérer les réunions, les inaugurations, les obligations, les invitations d'associa-   20
tions, les expositions, les émissions de télévision, on jurerait qu'il en revient et qu'il arrive éreinté à Roissy[8] après une nuit sans sommeil.

C'est peu de dire que M. de Witt-Piquet ne prend jamais de vacances : il a ce mot en horreur et entend qu'il ne soit jamais prononcé à son sujet lorsqu'il n'est pas là.   25

Interdiction formelle à l'état-major comme aux secrétaires, aux standardistes, aux huissiers,[9] de parler de vacances, encore moins de congé,[10] qui sent le fonctionnariat et la caserne : M. de Witt-Piquet est absent. En voyage. En déplacement. À l'étranger. En province. Pas à Paris pour le moment.   30

---

[7] Daninos, auteur français contemporain, veut nous faire rire. Il cherche à se moquer de tout et de tous — en France, en Angleterre et en Amérique.

[8] À Roissy, au nord-ouest de Paris, se trouve l'aéroport Charles de Gaulle qui dessert Paris. Traditionnellement, pour se rendre en France en avion, on quitte le Canada ou les États-Unis le soir pour arriver à Paris de très bonne heure le lendemain matin.

[9] Le huissier : le réceptionniste.

[10] Si on est écolier ou employé on est **en congé** = *on holidays*. Si on est soldat on est **en congé** ou **en permission** = *on leave*. Autrement on est **en vacances**.

Rompu à ces nuances, le secrétariat particulier connaît le code sur le bout de la langue, mais au cas où sa mémoire viendrait à lui faire défaut, et pour les standardistes de secours, il existe une fiche (confidentielle) :

Instructions de réponses téléphoniques en cas d'absence du P.–D.G.[11]

Si M. de Witt-Piquet est :	en Italie en Espagne en Grèce en Autriche	Répondre qu'il est :	*à l'étranger*
Si M. de Witt-Piquet est :	en Suisse au Liechtenstein à Monaco aux États-Unis en Amérique du Sud	Répondre qu'il est : : :	*absent de Paris* en Amérique en Amérique
Si M. de Witt-Piquet est :	au Japon en Allemagne en Angleterre en U.R.S.S. sur la Riviera dans le Nord[12]	Répondre qu'il est : : : : : :	au Japon en Allemagne en Angleterre en U.R.S.S. en province dans le Nord

[11] Le P.-D.G. : Président-Directeur Général.
[12] Le Nord : la région industrielle de la France.

Cette table d'équivalences appelle quelques explications : il y a des   35
pays pour rire et des pays sérieux. M. de Witt-Piquet est le premier à
convenir qu'il peut avoir à Barcelone ou à Athènes des rendez-vous
très importants, même graves. Mais il existe des idées reçues contre
lesquelles il est inutile de lutter : l'Espagne évoquant la Costa Brava[13]
et l'Italie le farniente,[14] mieux vaut dire qu'on est *à l'étranger*. De   40
même pour la France : quand il est dans le Nord, il est dans le Nord ;
dans le Midi,[15] non : en province ou en déplacement. Tout le monde
va aux États-Unis : *en Amérique* fait plus loin. Quant à la Suisse, le
Liechtenstein ou Monaco, s'abstenir à cause des idées que se font les
gens sur les comptes numérotés, les holdings et autres babioles du   45
même calibre. (M. de Witt-Piquet possède les trois.)

Même s'il est à Paris, le Patron est souvent ailleurs : pas arrivé, déjà
parti, en conseil, en réunion, en conférence, en comité . . . *Nous l'at-
tendons . . . il a un rendez-vous à l'extérieur*, dit une secrétaire, comme si
M. de Witt-Piquet, mis en orbite, évoluait quelque part dans l'espace   50
avant de retrouver l'oxygène familier de la Sofratar.[16]

De vacances, en tout cas, pas question.

Travaux

1. Répondez aux questions suivantes:

   a. Pourquoi le patron ne veut-il pas entendre parler de vacances?
   b. Pourquoi le mot **congé** lui déplaît-il?
   c. Que fait-il le 20 août chaque année?
   d. Comment justifie-t-il le fait qu'il ne va pas au bureau entre le 8 et le 15 août?
   e. Que veut-dire **en déplacement**?
   f. Pourquoi arrive-t-il très fatigué à Roissy?
   g. Qu'est-ce que le **proche entourage**?
   h. Quel est le code qu'on a sur le bout de la langue?
   i. Pourquoi dit-on que le patron est **à l'étranger** plutôt qu'en Espagne?
   j. Pourquoi dit-on **en province** plutôt que **dans le Midi**?
   k. Pourquoi ne dit-on pas que le patron est aux États-Unis?

[13] La Costa Brava : la côte espagnole le long de la Méditerranée.
[14] Le farniente : la douce oisiveté.
[15] Le Midi : le sud de la France.
[16] La Sofratar : la compagnie dont M. de Witt-Piquet est le P.-D.G.

l. Pourquoi ne dit-on jamais qu'il est en Suisse?

m. Que veut dire **il est ailleurs**?

n. Pourquoi dit-on que le patron est **mis en orbite**?

o. Pourquoi ce passage fait-il rire? Expliquez l'humour de Daninos.

2. Répondez aux questions suivantes en vous servant des indications données. S'il existe plusieurs variantes, donnez-les.

Modèles: Depuis quand est-il sans sommeil? (**hier soir**)
Il est sans sommeil **depuis hier soir.**

Depuis combien de temps voyage-t-il en U.R.S.S.? (**trois semaines**)
Il voyage en U.R.S.S. **depuis trois semaines.**

Variantes:
Cela fait trois semaines qu'il voyage en U.R.S.S.
Il y a trois semaines qu'il voyage en U.R.S.S.
Voilà trois semaines qu'il voyage en U.R.S.S.

a. Depuis quand le Président est-il en vacances? (*le 15 août*)

b. Depuis combien de temps faites-vous partie de l'état-major? (*six mois*)

c. Depuis quand existe-t-il une fiche confidentielle pour les standardistes de secours? (*un an*)

d. Depuis combien de temps le Président a-t-il un compte numéroté en Suisse? (*plusieurs années*)

e. Depuis quand est-il à Barcelone? (*le premier juin*)

f. Depuis quand le Président est-il en conseil? (*ce matin*)

g. Depuis combien de temps la compagnie s'intéresse-t-elle aux émissions de télévision? (*trois ans*)

h. Depuis quand le Président prend-il en horreur le mot **congé**? (*l'époque de son service militaire*)

i. Depuis quand est-il question de protéger le patron? (*l'installation des bureaux à Paris*)

j. Depuis quand le Président se sent-il fatigué? (*le voyage de retour en avion de Calgary*)

3. Complétez les phrases suivantes en mettant le verbe subordonné au temps approprié pour souligner le fait qu'une des actions précède l'autre.

Modèle: Quand elle (**arriver**), elle nous fera signe.
Quand elle sera arrivée, elle nous fera signe.

a. Quand il (*être*) prêt à partir, le patron viendra au bureau.

b. Quand je (*finir*) ces deux exposés, je prendrai des vacances.

   c. Après que vous (*signer*) le courrier, nous partirons.

   d. Quand nous (*assister*) aux réunions aux États-Unis, nous rentrerons au Canada.

   e. Dès que vous (*revenir*), elle prendra rendez-vous avec vous.

4. Trouvez une phrase qui donne l'explication probable de la situation. Il s'agit d'un fait présent ou futur.

   Modèle: Le téléphone sonne . . .
        Ce sera le patron.

   a. Une petite fille entre dans le bureau . . .

   b. Le représentant s'installe devant le bureau du secrétaire . . .

   c. On entend des rires dans le couloir . . .

   d. On nous dit que le patron est à l'étranger . . .

   e. Les ventes baissent . . .

5. Trouvez une phrase qui donne l'explication probable de la situation. Il s'agit d'un fait passé probable.

   Modèle: L'imprimante ne marche pas . . .
        Vous **aurez oublié** de la brancher.

   a. La traductrice est en retard ce matin . . .

   b. Le standardiste ne répond pas à mes questions . . .

   c. Le café est froid . . .

   d. Le facteur n'est pas passé . . .

   e. Les lettres n'ont pas été postées . . .

   f. L'ordinateur est en panne . . .

6. Faites des phrases vous-même en vous inspirant de vos expériences personnelles et en vous servant des expressions ci-dessous.

   a. être en déplacement

   b. être au comité

   c. mettre en orbite

   d. mettre en doute

   e. revenir en coup de vent

   f. interdire formellement

   g. faire défaut

Thèmes

1. Traduisez en français les phrases suivantes.

   a. Mme Larrivée has been president of the company for two years.

   b. She is on several committees and must travel frequently.

   c. When she is in the United States next month she will be obliged to attend a lot of meetings and exhibitions.

   d. At times she comes in to the office only to sign papers.

   e. The switchboard operator knows that he must protect the boss.

   f. He has the code on the tip of his tongue.

   g. When his memory fails him, he consults the confidential list that he always keeps beside him.

   h. Don't say the boss is in Spain. It is better to announce that she is travelling abroad.

   i. Let's say she's elsewhere.

   j. It's quite true. As soon as her secretary has brought her the mail, she will go on holiday.

2. Traduisez en français le passage suivant. Évitez la traduction littérale.

   M. Lacroix is President of the Faistout Company. He says he always knows exactly what is going on at the office.

   One day he arrives, tanned and smiling. But the staff seems a little sad.

   "The photocopier isn't working properly. It's reducing everything," the typist announces.

   "Nonsense. You only have to push this key."

   The copy comes out, reduced of course, and M. Lacroix glares at the typist.

   "This isn't our machine."

   "Of course not. You told us three months ago to order a new one. We've been using this copier for six weeks. As for the computer, there's a problem there too . . ."

   "What problem? When you push this key, it will work. See?"

   ERROR. ERROR.

   M. Lacroix slowly sits down. "Another new machine? You ordered it a month ago? But I don't understand. I'm never out of the office. I never travel. I don't even take any holidays!"

À vous la parole

Vocabulaire supplémentaire

Pour vous servir du téléphone

Allô, oui.
Qui est à l'appareil?
Ici, Jean-Paul.
Ne quittez pas.
Quel numéro avez-vous
composé?
On vous demande au téléphone.
Le téléphone sonne.

Elle est au téléphone.
C'est un appel interurbain.
C'est un appel aux frais virés.
Acceptez-vous les frais?
Répondez au téléphone.
Je vais vous appeler au
téléphone.
Consultez l'annuaire.

Pour parler du bureau

le président, le directeur général, le directeur commercial,
le patron, le chef, l'homme d'affaires, le comptable

les affaires, le chiffre d'affaires, la direction, la comptabilité,
le service des ventes, le service des livraisons

embaucher, engager, payer, renvoyer, licencier,
mettre à la porte
le salaire hebdomadaire, le salaire minimum garanti,
les congés payés, la semaine de 40 heures,
le salaire égal pour les femmes, travail égal, salaire égal,
l'égalité en matière d'emploi

à demi-salaire, à temps partiel, à mi-temps, à plein temps,
chômer, le chômage, le chômeur

l'ordinateur, l'imprimante, le copieur,
la machine à écrire, le traitement de textes, le logiciel,
les données, le chiffrier, le fichier

Pour situer des événements dans le présent et dans l'avenir

en ce moment, à présent, actuellement, à l'heure actuelle,
à partir d'aujourd'hui, dans un quart d'heure, à l'instant

tout à l'heure, sous peu, d'aujourd'hui en huit,
de lundi en quinze, demain, dès maintenant, à l'avenir

▌Dialogues

Développez avec un(e) camarade un des dialogues suivants.

1. **"Je veux voir la patronne."**
   le secrétaire; une cliente exaspérée
   La cliente demande à parler à la patronne. Mais la patronne est, bien entendu, "ailleurs". Le secrétaire doit calmer la cliente.

2. **"Puis-je avoir une augmentation de salaire?"**
   le patron; la comptable
   La comptable explique pourquoi il lui faut une augmentation de salaire. Le patron ne se montre pas très enthousiaste.

▌Décisions

Examinez avec votre voisin(e) le problème suivant.

Votre cousin est parti pour passer la fin de semaine à Winnipeg (vous ne savez pas où) en disant à sa mère qu'il allait la passer bien sagement chez vous. Vous avez promis de garder son secret. Mais voilà que sa mère vous téléphone. Elle veut que son fils rentre tout de suite à la maison. Qu'est-ce que vous allez lui dire? Pourquoi?

▌Discussions

Cherchez à résoudre les problèmes suivants.

1. La hiérarchie commerciale — rapports journaliers, relations idéales entre patron et employés.
2. La dissimulation dans le monde des affaires.
3. "Ce qui m'intéresse surtout dans les affaires, c'est . . ." Expliquez votre réaction personnelle.
4. Le sexisme existera-t-il toujours au bureau?

▌Compositions

Écrivez une composition sur *un* des sujets suivants. N'oubliez pas de faire un plan avant de commencer à écrire.

1. Portrait de M. de Witt-Piquet tel que Daninos le présente.
2. Portrait d'un(e) patron(ne) que vous connaissez.
3. Portrait de la personne la plus importante du bureau.

3

Vive la paix!

Éléments de langue

Trois temps du passé:
   L'imparfait
   Le passé composé (et l'accord du participe passé)
   L'opposition de l'imparfait et du passé composé
   Le passé simple
Style familier, style littéraire

Situation

Un produit chimique ayant supprimé l'agressivité chez tout individu, on habite un monde nouveau où la guerre n'existe pas.

Texte: **Vive la paix!** — extrait de *La Tempête* de René Barjavel

Activités de communication

Rapporter ou décrire des actions ou des états passés

Exprimer des opinions personnelles sur l'avenir des nations du monde

Juger des découvertes et des inventions scientifiques possibles

Évaluer les avantages et les inconvénients de ces inventions

Examiner les problèmes nés du fait que la paix règne partout

Trois temps du passé

Vous voulez raconter une petite histoire — quelque chose qui vous est arrivé la semaine dernière. Il faut, bien entendu, mettre les verbes au passé.
Mais quel temps choisir? L'imparfait? Le passé simple? Le passé composé?

On choisit le temps du verbe d'après le rôle joué par le verbe dans la
phrase. On se pose toujours la question fondamentale: le verbe sert-il à raconter ou à décrire?

> Grâce à la bonne volonté générale qui *remplaçait*
> l'habituelle agressivité des individus et des collectivités,
> et au fait que les budgets nationaux *étaient libérés* des
> charges écrasantes de l'armement, la crise *fut*
> rapidement *maîtrisée*.
>
> **René Barjavel**

Il y a trois temps qui marquent le passé par rapport au présent: l'*imparfait*,
le *passé composé* et le *passé simple*. Ces trois temps ne sont pas interchangeables; chacun a des fonctions spécifiques. L'imparfait de l'indicatif est un
temps essentiellement descriptif. Le passé simple et le passé composé sont
des temps de narration. Le choix du passé composé ou du passé simple est
déterminé par le style pour lequel vous optez.

L'imparfait

L'imparfait de l'indicatif[1] fournit l'arrière-plan contre lequel l'action du
récit se déroule. L'imparfait décrit l'endroit, explique les circonstances,
présente des états ou des actions en cours. Il nous fait comprendre ce qui se
passait au moment où les différents événements du récit ont eu lieu.[2]

L'action passée inachevée

L'imparfait décrit une action (ou un état) qui n'est pas terminée. En général, on ne sait même pas à quel moment elle a commencé. Mettez le verbe à
l'imparfait pour indiquer:

---

[1] Il chantait = *he sang, he was singing, he used to sing, he would sing* (voir Appendice A).

[2] Voir aussi les phrases conditionnelles (Chapitre 13).

1. les conditions et les circonstances d'une situation. L'imparfait décrit, par exemple, une époque passée (le décor, les personnages, le temps, la situation politique):

> Les usines **marchaient** à toute allure.
> *Factories were working at top speed.*
>
> Que **portait**-il ce jour-là?
> *What was he wearing that day?*
>
> Il **pleuvait** à verse quand nous sommes arrivés au bureau.
> *It was raining cats and dogs when we arrived at the office.*

2. un état physique ou un état d'esprit moral ou mental existant à un moment donné du passé. Les verbes suivants, à l'imparfait, expriment de tels états:

> aimer, avoir, craindre, croire, désirer, détester, espérer, être, paraître, penser, pouvoir, préférer, songer, trouver, vouloir
>
> Tout le monde **était** malheureux.
> *Everyone was unhappy.*
>
> Ils n'**aimaient** pas être en guerre avec leurs voisins.
> *They did not like being at war with their neighbours.*
>
> Les généraux **croyaient** qu'ils allaient résoudre le problème.
> *The generals believed they were going to solve the problem.*

3. des actions habituelles ou répétées, même si elles sont indépendantes ou achevées:

> L'été dernier les débardeurs **arrivaient** au quai à cinq heures du matin.
> *Last summer the dockers used to arrive at the wharf at 5 A.M.*
>
> Tous les quarts d'heure elle **vérifiait** les résultats des expériences en cours.
> *Every fifteen minutes, she would check the results of the on-going experiments.*

4. une action (ou un état) qui était déjà en cours au moment où une autre action a eu lieu:

> Je **dormais** au moment où l'avion a commencé sa descente.
> (J'étais en train de dormir au moment où l'avion a commencé sa descente.)
> *I was sleeping when the plane started its landing approach.*
>
> Elle **lisait** un roman quand il a frappé à la porte.
> (Elle était en train de lire un roman quand il a frappé à la porte.)
> *She was reading a novel when he knocked on the door.*

5. des actions passées qui ont eu lieu simultanément ou des états passés qui ont existé en même temps:

> Les chars blindés **avançaient** et les avions de chasse **volaient** au-dessus de nous.
> *The tanks were advancing and the fighter planes were flying over our heads.*

> Les attaques de la guérilla **se faisaient** plus fréquentes en même temps que nos réserves de munitions **diminuaient**.
> *The guerrilla attacks were becoming more frequent while, at the same time, our stocks of munitions were diminishing.*

6. un futur proche ou un passé récent. L'imparfait souligne le caractère d'urgence, et s'emploie ainsi surtout dans la langue parlée.

> Je **sortais** au moment où le messager est arrivé à bout de souffle.
> (J'allais sortir au moment où le messager est arrivé à bout de souffle.)
> *I was about to go out when the messenger arrived out of breath.*

> Elle **rentrait** quand on lui a annoncé la nouvelle.
> (Elle venait de rentrer quand on lui a annoncé la nouvelle.)
> *She had just come in when he was told the news.*

ALLEZ-Y,   exercice 1

▌Le passé lointain inachevé

L'*imparfait* + **depuis** marque une action (ou un état) qui a commencé loin dans le passé et qui continue toujours au moment précis du passé dont on parle. N'oubliez pas que **depuis** se traduit de deux façons: *since* et *for*, selon que vous voulez indiquer un moment précis ou une période de temps. Il faut considérer le rôle de **depuis** dans les phrases affirmatives, interrogatives et négatives.

À noter:

• L'*imparfait* suivi de **depuis** se traduit en anglais par le plus-que-parfait.

• L'*imparfait* + **depuis** correspond au *présent* + **depuis** (voir Chapitre 2). Les deux tournures se ressemblent, mais la première se rapporte à un passé lointain tandis que l'autre marque un passé plus récent qui se prolonge jusqu'au présent.

Phrases affirmatives

1. Utilisez **depuis** (= *since*) si un moment précis marque le commencement d'une situation.

> Le commandant **demandait** les vivres et les munitions **depuis le commencement de l'année.**
> *The commander had been asking for supplies and ammunition since the beginning of the year.*
> (Et il continuait à les demander au moment du passé dont on parle.)

2. Employez **depuis** (= *for*) pour indiquer la période de temps consacrée à l'action.

> Ils **essayaient depuis trois mois** de faire reculer l'ennemi.
> *They had been trying for three months to drive the enemy back.*
> (Et ils essayaient toujours de le faire au moment dont on parle.)

Phrases interrogatives

1. Si vous voulez savoir quand la situation a commencé, mettez **depuis quand** au début de la question que vous posez.

> **Depuis quand** le commandant **demandait**-il les vivres et les munitions?
> *How long had the commander been asking for supplies and ammunition?*

2. Si vous voulez savoir combien de temps la situation a duré, posez la question en commençant par l'expression **depuis combien de temps.**

> **Depuis combien de temps essayaient**-ils de faire reculer l'ennemi?
> *How long had they been trying to drive back the enemy?*

Phrases négatives

Si le verbe principal est au négatif, cela veut dire que l'action est déjà terminée. Donc en français, comme en anglais, mettez le verbe au plus-que-parfait.

> Elle **n'avait pas parlé** au patron depuis le commencement de l'année.
> *She had not spoken to the boss since the beginning of the year.*

Variantes

Vous pouvez également employer les expressions **voilà . . . que, il y avait
. . . que, cela (ça) faisait . . . que,** qui sont synonymes de **depuis** (= *for*).

> Il assiégeait la ville **depuis** dix mois.
> **Il y avait** dix mois **qu'**il assiégeait la ville.
> **Voilà** dix mois **qu'**il assiégeait la ville.
> **Cela faisait** dix mois **qu'**il assiégeait la ville.[3]
> *He had been besieging the town for ten months.*

ALLEZ-Y,   exercice 2

Le passé composé

Le passé composé de l'indicatif[4] est un temps narratif. Il ne décrit pas: il
raconte. Il présente une action achevée se situant à un moment donné du
passé. Le passé composé s'emploie dans le style familier, et surtout dans la
conversation. Mettez le verbe au passé composé si vous voulez marquer:

1. une seule action ou une série d'actions différentes qui ont eu lieu dans le
   passé:

   > Elles **ont trouvé** la solution au problème.
   > *They found the solution to the problem.*

   > Les sirènes **ont sonné**; tout le monde **s'est mis** à l'abri.
   > *The sirens sounded, everyone took shelter.*

2. une action passée située dans une période de temps qui est déjà terminée.
   Employez le passé composé même si l'action a mis du temps à s'accomplir au cours de la période indiquée.

   > Hier il **a travaillé** toute la journée.
   > *Yesterday he worked all day.*
   > (Toute la journée a été consacrée au travail mais ce travail est
   > maintenant fini.)

   > L'année dernière j'**ai fini** ma thèse sur l'histoire de l'armée au
   > Canada.
   > *Last year I finished my thesis on the history of the army in Canada.*
   > (On donne la date à laquelle le travail a été fini.)

---

[3] Dans la langue courante on peut dire "Ça faisait . . ."
[4] Il a chanté = *he sang, he has sung, he did sing* (voir Appendice A).

3. une action passée située dans une période de temps qui n'est pas encore terminée. Notez le temps du verbe en anglais.

> **Avez-vous fait** de l'exercice aujourd'hui?
> *Have you exercised today?*
> (La journée n'est pas encore finie.)
>
> Oui, j'**ai** déjà **fait** une partie de squash.
> *Yes, I've already played a game of squash.*

ALLEZ-Y, exercice 3

▌L'accord du participe passé

Le passé composé, comme l'indique son nom, est un temps composé, formé de l'auxiliaire **avoir** ou **être** plus le participe passé du verbe.[5] Le participe passé est *normalement invariable*. Mais dans certains cas il s'accorde en genre et en nombre soit avec le sujet soit avec le complément d'objet direct du verbe.

L'accord se fait avec le sujet

Verbes conjugués avec *être*. Les verbes suivants, intransitifs, indiquent le mouvement ou un changement d'état (voir Chapitre 15).

> aller, arriver, descendre, devenir, entrer, monter, mourir, naître, partir, rentrer, retourner, revenir, sortir, tomber, venir
>
> **Tous les volontaires** sont **arrivés.**
> *All the volunteers have arrived.*
>
> **Nous** sommes **sortis** pour les voir arriver.
> *We went out to see them arrive.*

Verbes mis au passif. Certains verbes transitifs peuvent se mettre au passif (voir Chapitre 16). Ils se conjuguent alors non pas avec **avoir** mais avec **être**. Pour former le passé composé d'un verbe au passif, mettez l'auxiliaire **être** au passé composé. Ajoutez le participe passé du verbe en question. Celui-ci s'accorde avec le sujet. Notez que le participe passé de l'auxiliaire est invariable.

> À minuit, les portes de la ville **ont été barrées.**
> *At midnight, the main gates were locked.*

---

[5] Voir Appendices A et B.

L'accord se fait avec le complément d'objet direct

Notez: Pour que l'accord se fasse, *l'objet direct doit précéder le verbe*. Il n'y a aucun accord si le complément d'objet est indirect.

> Il **a vu les marins.**
> *He saw the sailors.*
> (L'objet direct suit le verbe: le participe est invariable.)

> Il **les a vus.**
> *He saw them.*
> (L'objet direct **les** précède le verbe: il faut faire l'accord.)

> Les marins **qu'il a vus** rentraient au port.
> *The sailors he saw were going back to the port.*
> (L'objet direct **que** précède le verbe: il faut faire l'accord.)

> Il ne **leur a** pas **parlé.**
> *He didn't speak to them.*
> (Le complément d'objet est indirect: aucun accord ne se fait.)

Verbes pronominaux. Les verbes pronominaux se forment à l'aide des *pronoms réfléchis* (voir Chapitre 5). Ils se conjuguent avec **être** mais l'accord du participe passé se fait généralement comme si les verbes se conjuguaient avec **avoir.**

1. Si le pronom réfléchi est l'objet *direct*, il précède forcément le verbe. Le participe passé s'accorde donc avec lui.

> Elle **s'est habillée.**
> *She got dressed.*
> (**se** : complément d'objet direct)

2. En revanche, si le pronom réfléchi est l'objet *indirect*, le participe passé reste invariable.

> Ils **se sont dit bonjour.**
> *They said hello to each other.*
> (**se** : complément d'objet indirect
> **bonjour** : complément d'objet direct)

3. Exception! Il est difficile de décider si le pronom réfléchi de certains verbes (tels que **s'écrier** et **se souvenir**) est l'objet direct ou indirect. Dans ces cas-ci, on fait l'accord avec le sujet (voir Chapitre 16).

> Elle **s'est écriée:** Que vous avez de la chance!
> *She exclaimed: How lucky you are!*

Verbes conjugués soit avec *être* **soit avec** *avoir***.** Certains verbes peuvent être intransitifs ou transitifs. Intransitifs, ces verbes (**descendre, monter, passer, retourner, sortir**) se conjuguent avec **être** et le participe passé s'accorde avec le sujet. Quand ils prennent un complément d'objet direct, ils sont transitifs et se conjuguent avec **avoir**. Le participe passé s'accorde alors avec l'objet direct si celui-ci précède le verbe.

> Nous **sommes montés** au dernier étage.
> *We went up to the top floor.*
> (verbe intransitif)

> Nous **avons monté les caisses** au dernier étage.
> *We took the crates up to the top floor.*
> (verbe transitif)

> **Les caisses que nous avons montées** sont au grenier.
> *The crates we took up are in the attic.*
> (verbe transitif)

L'accord ne se fait jamais dans certains cas

1. Le pronom **en**, précédant le verbe, représente le complément d'objet direct.

   > Avez-vous fait de nouveaux projets? Oui, j'**en ai fait**.
   > *Have you made any new plans? Yes, I've made some.*

2. L'infinitif est précédé d'un verbe semi-auxiliaire tel que **devoir, faire** *causatif,* **pouvoir, savoir**. Le nom ou le pronom est le complément d'objet direct de l'*infinitif* et non pas de l'auxiliaire (voir Chapitre 17).

   > Est-ce que les bateaux **que** nous avons **fait construire** sont toujours en état de naviguer?
   > *Are the ships we've had built still seaworthy?*

   > Les bateaux **que** vous avez **dû repeindre** ont maintenant l'air tout neuf.
   > *The boats that you had to repaint now look brand new.*

3. Le verbe est impersonnel.

   > Les campagnes militaires **qu'il y a eu** ont attiré l'attention du monde entier.
   > *The military campaigns that went on drew the attention of the entire world.*

ALLEZ-Y, exercice 4

L'opposition de l'imparfait et du passé composé

Il faut tenir compte des différences essentielles (d'emploi et de sens) des deux temps.

1. L'*imparfait* décrit l'action qui était déjà en cours au moment passé dont on parle. Le verbe au *passé composé* marque l'action qui a eu lieu (qui a commencé et qui s'est terminée) au moment passé dont on parle.

> Il **était** déjà à bord du bateau au moment où elle **est arrivée**.
> *He was already on board the boat when she arrived.*

2. L'*imparfait* met l'accent sur le déroulement de l'action ou de l'état. Le *passé composé* insiste plutôt sur le fait que l'action s'est complétée, même si elle a pris du temps à s'accomplir. Comparez le sens des phrases suivantes.

> L'année dernière, ils **faisaient** la guerre contre les terroristes.
> *Last year they were waging war against terrorists.*
> (Ils étaient en train de le faire au moment passé dont on parle.)

> L'année dernière, ils **ont fait** la guerre contre les terroristes.
> *Last year they waged war on the terrorists.*
> (Ils ont commencé et terminé des campagnes. Ils s'occupent maintenant d'autre chose.)

3. Attention aux verbes signalés à la page 55. Le sens de chaque verbe change selon que le verbe s'emploie à l'*imparfait* (description) ou au *passé composé* (fait accompli). Comparez les phrases suivantes.

- **croire**

> Vous **croyiez** que tout allait bien.
> *You believed all was going well.*

> Tous m'**ont cru**.
> *Everyone believed me.*

- **penser**

> Elles **pensaient** qu'elles allaient réussir.
> *They thought they were going to succeed.*

> Nous **avons pensé** qu'un sous-marin de poche bon marché ferait bien notre affaire.
> (Nous avons eu cette idée-là.)
> *We thought a small cheap submarine would do the job.*

• **pouvoir**

Il **pouvait** s'habituer aux restrictions.
(Il était capable de s'y habituer.)
He could get used to the restrictions.

Il **a pu** faire accepter les changements tout de suite.
(Il a réussi à les faire accepter.)
He was able to get the changes accepted immediately.

• **savoir**

Elle a été reçue à l'oral. Le **savais**-tu?
She passed the oral exam. Did you know?

Oui, nous l'**avons su** le jour même.
Yes, we heard that the same day.

• **vouloir**

Elle **voulait** faire de la voile.
She wanted to go sailing.

Tu **as voulu** modifier le hors-bord. Est-ce qu'il marche mieux?
(Tu as essayé de le modifier.)
You tried to modify the outboard motor. Is it running better?

ALLEZ-Y, exercice 5

Le passé simple

Le passe simple,[6] comme le passé composé, est un temps narratif. Il marque des actions déjà achevées, se situant à des moments précis du passé. Le passé simple ressemble à plusieurs égards au passé composé. Mais, tandis que le passé composé s'emploie surtout dans la conversation, le passé simple est normalement un temps *littéraire*. Il est important de pouvoir le reconnaître facilement dans les textes que vous lisez et de savoir pourquoi l'auteur s'en est servi. Mais vous aurez rarement l'occasion de vous en servir vous-même.

Le passé simple marque donc une action (ou une série d'actions) déjà accomplie dans le passé.

Nous **arrivâmes** à minuit.
We arrived at midnight.

Ils **arrivèrent** à minuit, ils **pénétrèrent** dans la base navale.
They arrived at midnight, they entered the naval base.

---

[6] Il chanta = *he sang* (voir Appendice A).

Style familier, style littéraire

En français, il faut toujours décider du style qu'on va employer. Le style *familier* est surtout celui de la langue parlée, de la conversation. On le choisit pour toute oeuvre écrite — composition, conte, article, journal, lettre — où on ne tient pas à trop de formalisme. En revanche, le style *littéraire* s'emploie dans les oeuvres écrites — essais, romans, contes — et se caractérise par l'emploi du passé simple pour marquer les actions accomplies.

En outre, en français, on doit déterminer le rôle précis joué par chaque verbe. Dans un passage au style *familier*, l'imparfait marque la description ou l'action habituelle. Le passé composé désigne la succession des faits du récit. Si on écrit le même passage au style *littéraire*, l'imparfait marque toujours la description ou l'action habituelle. Mais c'est le passé simple qui désigne les événements du récit. S'il y a une citation, les verbes se mettent aux temps qui conviennent au style de la citation même. Comparez les deux passages suivants.

• *style familier*

Le soleil **se levait** et les arbres **se montraient** en silhouette contre le ciel bleu clair. Il **faisait** toujours froid quand l'enfant **a ouvert** doucement la porte et **a jeté** un coup d'oeil rapide sur le jardin.

— Personne. Il n'y **a** personne ici, **a-t-il murmuré.** Est-ce qu'ils **sont** vraiment **partis**?

Mais les soldats ne **se trouvaient** plus devant la maison.

L'enfant **s'est sauvé** en courant.

• *style littéraire*

Le soleil **se levait** et les arbres **se montraient** en silhouette contre le ciel bleu clair. Il **faisait** toujours froid quand l'enfant **ouvrit** doucement la porte et **jeta** un coup d'oeil rapide sur le jardin.

— Personne. Il n'y **a** personne ici, **murmura-t-il.** Est-ce qu'ils **sont** vraiment **partis**?

Mais les soldats ne **se trouvaient** plus devant la maison.

L'enfant **se sauva** en courant.

ALLEZ-Y, exercice 6

Maintenant, c'est à vous!

▌Allez-y!

1. Plusieurs jours de suite, vous avez rencontré un vieux pêcheur et vous avez observé sa routine. En rentrant chez vous, vous avez décrit le pêcheur à des amis. Vous avez tout mis au présent. Maintenant vous voulez parler du pêcheur à d'autres amis. Cette fois-ci, vous mettez les verbes au passé.

Modèle: Il s'appelle Martin.
Il **s'appelait** Martin.

   a. C'est un retraité qui habite près du port.
   b. Tous les matins il se lève à cinq heures — à l'heure où tous les autres dorment encore — et il part pour aller au port.
   c. Toutes les dix minutes il examine le ciel.
   d. Va-t-il faire beau ou non?
   e. Tous les jours, il se hâte de retrouver son vieux bateau à rames.
   f. Il le préfère à un hors-bord qui, à son avis, est beaucoup trop bruyant.
   g. Un ami l'attend près du bateau.
   h. Au lever du soleil, ils sont déjà loin du port.

2. Voici un mini-dialogue à faire avec un(e) camarade. Vous vous renseignez sur deux étudiants que vous connaissez. Posez une question en vous servant de **depuis quand** ou de **depuis combien de temps**. Répondez à la question en utilisant les renseignements qu'on vous offre.

Modèle: Il nous attendait. (*midi*)
Question: **Depuis quand** nous attendait-il?
Réponse: Il nous attendait **depuis midi**.

   a. Elle était secrétaire à l'université. (*trois ans*)
   b. Son frère, le chercheur, voyageait en Europe. (*Noël*)
   c. Il visitait certaines bibliothèques où il faisait des recherches. (*six mois*)
   d. Elle suivait des cours à l'université. (*le mois de septembre*)
   e. Elle comptait rejoindre son frère en France pour faire des recherches avec lui. (*plusieurs mois*)
   f. Il lui envoyait une lettre par semaine pour la mettre au courant de ses affaires. (*son départ*)

3. Racontez comment vous vous êtes documenté(e) sur l'énergie nucléaire en vue d'un discours que vous aviez à faire. Mettez les phrases au passé.

Modèle: Je vais à la bibliothèque.
Je **suis allé(e)** à la bibliothèque.

a. Je demande un livre sur les recherches nucléaires.
b. Je trouve une place près de la fenêtre où la lumière est bonne.
c. On m'apporte un livre sur la bombe H.
d. C'est un très gros livre que j'accepte avec plaisir.
e. L'énergie nucléaire m'intéresse toujours.
f. Je commence à lire en prenant des notes.
g. À midi, je rends le livre à la bibliothécaire.
h. Je sors chercher quelque chose à manger parce que j'ai faim.

4. Racontez l'histoire suivante d'un voyage en la mettant au passé. Choisissez l'imparfait ou le passé composé. Attention à l'accord du participe passé.

Modèle: Le guide répond sans hésiter.
Le guide **a répondu** sans hésiter.

a. La ville que nous visitons se trouve à la campagne.
b. Il y a une zone industrielle tout autour de la ville.
c. Le guide nous montre deux usines importantes qui marchent à plein rendement.
d. Nous les examinons de l'extérieur.
e. La fumée noirâtre qui sort des cheminées attire notre attention.
f. Notre guide nous regarde d'un air curieux.
g. Il nous dit: "Cette fumée vous inquiète?"
h. Nous lui répondons: "Mais oui. Vous ne pensez pas au problème de la pollution?"
i. "Pas vraiment, dit-il. Ces jours-ci la production se multiplie par dix."
j. "La consommation augmente, ajoute-t-il, et on dit que les prix baissent."
k. "L'avenir? répondons-nous. On n'y pense jamais."

5. Racontez comment on a célébré une bonne nouvelle. Mettez les phrases au passé en employant soit l'imparfait soit le passé composé.

Modèle: Les nouvelles qu'elle reçoit ce matin sont bonnes.
Les nouvelles qu'elle **a reçues** ce matin **étaient** bonnes.

a. Elle croit que tout va bien.

b. Enfin une carte-postale lui arrive de son frère et aussi une lettre qui lui fait grand plaisir.

c. La lettre annonce qu'on va lui offrir une bourse pour suivre des cours à l'université.

d. Elle vient nous dire la bonne nouvelle et elle nous invite à déjeuner avec elle au restaurant, pour célébrer.

e. Malheureusement, il pleut à verse.

f. Nous allons à la recherche d'imperméables et de parapluies.

g. Puis, tous ensemble, nous quittons la maison pour nous rendre au restaurant.

6. Mettez les verbes au temps voulu du passé, style familier.

Modèle: Hier je (**aller**) interviewer le directeur d'une grande entreprise qui (**se trouver**) à la campagne.
Hier je **suis allé(e)** interviewer le directeur d'une grande entreprise qui **se trouvait** à la campagne.

a. Tout (*commencer*) l'année dernière.

b. Les usines (*travailler*) à plein régime.

c. Tout le monde (*avoir*) de l'argent à dépenser.

d. On (*pouvoir*) acheter tout ce qu'on (*vouloir*).

e. On (*voyager*) partout.

f. Soudain tout (*changer*).

g. Presque du jour au lendemain, les usines (*se fermer*); les marchands (*faire*) banqueroute.

h. Mais le directeur de cette grande entreprise me (*saluer*) très poliment. Il (*répondre*) à toutes mes questions.

i. Il me (*dire*) qu'il (*avoir*) l'intention de rouvrir les usines en ville.

j. Il (*aller*) rappeler les employés qui (*être*) en chômage depuis le début de l'année.

k. Il (*compter*) sur les découvertes scientifiques faites par les physiciens pour améliorer la situation économique.

Lecture

Vive la paix! Texte extrait de *La Tempête* de René Barjavel[7]

Dans son roman La Tempête, *l'auteur nous projette dans un monde futur
où nous pourrons voir les conséquences de ce que nous aurons fait — ou de ce
que nous n'aurons pas fait — pour résoudre certains problèmes. Nous nous
trouvons au beau milieu d'une guerre mondiale où l'Amérique s'oppose à la
Chine. Mais, du jour au lendemain, des chercheurs font circuler dans l'air
un produit qui diminue chez tout individu l'agressivité. Fin du conflit. Le
passage suivant nous fait comprendre ce qui s'est passé. Tout d'abord, dit
l'auteur, il y a eu une crise entraînant le chômage.*

Les pays neutres souffrirent plus que les ex-pays en guerre. La population de ces derniers savait déjà se nourrir de restrictions. Aujour-
d'hui pas de sucre, demain pas de beurre, après-demain rien du tout.
On s'habitue . . . Les neutres, eux, étaient habitués aux grasses abon-
dances. Quand les usines fermèrent, ils durent cesser de mettre une   5
deuxième couche de beurre sur la confiture, et, bientôt, se contenter
de manger sec leur croûton, qui de blanc devint noir. De l'est à l'ouest
et du sud au nord, tous les pays étaient touchés par la crise de la paix
universelle.

    Grâce à la bonne volonté générale qui remplaçait l'habituelle agressi-   10
vité des individus et des collectivités, et au fait que les budgets natio-
naux étaient libérés des charges écrasantes de l'armement, la crise fut
rapidement maîtrisée. Il n'y eut nulle part d'émeutes ni de révolutions
sanglantes. Des pays socialistes devinrent capitalistes et inversement.
L'Angleterre changea sa dénomination. Le Royaume-Uni devint le   15
Royaume soviétique: *Sovietic Kingdom*. Les communistes étaient au
pouvoir mais avaient gardé le roi. Le carrosse du couronnement et les
Rolls royales furent peints en rouge.

    Comme toujours, la guerre avait fait faire un bond en avant à un cer-
tain nombre de techniques. Depuis un demi-siècle, les équipes de phy-   20
siciens cherchaient à mettre au point la formule d'un générateur atomique à fusion, qui eût fabriqué indéfiniment une énergie bon marché
et sans déchets dangereux. Ils tournaient autour des solutions, ils y
étaient presque, ils n'y arrivaient pas. Ça piétinait dans les labos.

    Le problème consistait à utiliser l'énergie du plasma. Le plasma est   25
un état particulier de l'hydrogène dans lequel ses atomes, ses particu-
les et sous-particules, tout le bazar infernal, deviennent enragés et s'a-
gitent tellement que leur température atteint plusieurs millions de
degrés. Alors tout pète et ça fait la joyeuse bombe H.

---

[7] René Barjavel, journaliste et romancier français contemporain.

En pleine guerre, parce qu'il *fallait* trouver une nouvelle source   30
d'énergie, le pétrole n'arrivant plus, un savant américain et un chinois
émirent en même temps la même idée très simple : puisque la chaleur
du plasma faisait disparaître tous les récipients dans lesquels on es-
sayait de le maîtriser, au lieu de chercher en vain un récipient impossible, pourquoi ne pas, tout simplement, *refroidir le plasma?*   35

C'était idiot. Mettre la flamme du gaz au congélateur. Éteindre le
feu pour qu'il ne brûle pas la casserole dans laquelle on a l'intention de
faire bouillir la soupe. Burlesque. Ce fut pourtant à partir de cette proposition naïve que la solution fut trouvée, dans les derniers mois de la
guerre, par cinq pays différents.   40

Et, dans la paix générale, poussèrent sur la planète, comme une éruption de boutons, les générateurs atomiques à fusion, les G.A.F., qui se mirent à fabriquer de l'électricité pour tous les besoins, et au-delà.

En même temps sortait de l'obscurité entretenue par l'opposition des compagnies pétrolières le moteur fonctionnant à l'hydrogène li-   45
quide, qui équipa bientôt tous les véhicules, terrestres, marins, et aé-
riens. On le nommait H.Y.M. : Hydrogène Motor.

Les G.A.F et les H.Y.M. utilisaient comme matière première l'eau de mer, inépuisable et toujours renouvelée. Les G.A.F. ne fabriquaient aucun déchet atomique. Les millions de voitures équipées de H.Y.M. ré-   50
pandaient dans l'atmosphère, au lieu de gaz brûlés nocifs, de la vapeur d'eau. Celle-ci se condensait à la sortie des pots d'échappement. Les rues des villes étaient en permanence lavées à l'eau chaude . . .

Ces deux techniques mirent à la disposition de l'humanité un océan d'énergie peu coûteuse, qui donna une impulsion irrésistible à l'écono-   55
mie de paix et à ses nouvelles industries. La consommation fut multi-
pliée par dix, par cent, et la production suivit.

L'épuisement des matières premières n'était pas un obstacle. La transformation de l'énergie en matière était passée du stade du laboratoire au stade industriel. On tirait du néant tous les minéraux dont on   60
avait besoin. Il n'y eut plus de nations ni d'individus pauvres. L'abon-
dance atteignait tout le monde, et chacun désirait en profiter encore davantage. C'était à qui produirait le plus pour qu'on pût consommer davantage.

Chaque jour voyait les zones industrielles s'étendre, des villes naître   65
et bourgeonner. Tout se passait dans la joie, et du fait de celle-ci, la plupart des maladies avaient régressé ou disparu. Une maladie du corps est presque toujours, avant tout, une maladie du coeur, au sens émotionnel du mot. Le coeur allait bien : l'industrie pharmaceutique dut se reconvertir. Elle fabriqua des crèmes de beauté, et des fromages   70
sans lait.

Sur la terre tant éprouvée venait de commencer enfin, pour la première fois de son histoire, ce qu'on ne tarda pas à appeler le T.H.A.B. :
Total happiness and boom : Bonheur et prospérité totaux.

▌Travaux

1. Dans les deux premiers paragraphes du texte de René Barjavel, justifiez
   l'emploi de chaque verbe au passé simple ou à l'imparfait.

2. Refaites au style familier les deux premiers paragraphes.

3. Répondez brièvement aux questions suivantes. Attention à bien choisir les temps du passé.

   a. Pourquoi les pays neutres souffraient-ils plus que les autres à l'époque de la crise de la paix universelle?

   b. Comment a-t-on maîtrisé si rapidement cette crise?

   c. Pourquoi cherchait-on depuis longtemps la formule d'un générateur atomique à fusion?

   d. Quel a été le plus grand problème qu'il a fallu résoudre avant de pouvoir utiliser l'énergie du plasma?

   e. Quelle solution au problème a-t-on trouvée?

   f. Comment les G.A.F. et les H.Y.M. ont-ils contribué au bien-être de l'humanité?

   g. Pourquoi les maladies régressaient-elles?

   h. Qu'est-ce qui est arrivé à l'industrie pharmaceutique?

4. Mettez les phrases ci-dessous au passé. Combinez les deux phrases courtes pour en faire une plus longue où vous opposez l'imparfait et le passé composé. Reliez les deux phrases par une conjonction telle que **mais, alors, puisque, parce que, lorsque, quand, comme.**

   Modèle: Il pleut à verse. Il ne part pas.
   Puisqu'il pleuvait à verse, **il n'est pas parti**.

   a. Je fais sa connaissance. Elle a un poste dans un grand laboratoire en dehors de la ville.

   b. Nous arrivons à six heures. Elle termine son travail.

   c. Elle a de l'argent. Elle loue un appartement en ville.

   d. Il faut compter une heure pour rentrer chez elle. Elle s'achète une petite voiture.

   e. La voiture lui est très utile. Elle nous dit qu'elle en est contente.

   f. Elle nous conduit chez elle. Son frère l'attend à la maison.

   g. Ni son frère ni elle n'aime faire la cuisine. Nous allons tous dîner au restaurant.

5. Faites des phrases en vous servant des éléments fournis et en faisant attention aux rapports temporels. Utilisez le style familier.

   Modèle: au cours de l'histoire / presque / tous les pays du monde / connaître / révolutions sanglantes
   Au cours de l'histoire, presque tous les pays du monde ont connu des révolutions sanglantes.

    a. grâce à / techniques nouvelles / société / faire un bond en avant / il y a cent ans

    b. à l'époque où / usines / fermer / porte / ouvriers / souffrir

    c. fabrication des armes / cesser / lorsque / guerre / devenir impossible

    d. pendant que / pays en guerre / se consacrer / fabrication des armes / pays neutres / profiter / conditions économiques

    e. H.Y.M. / donner / impulsion irrésistible / nouvelles industries

    f. autrefois / pendant que / gens agressifs / être au pouvoir / on / ne pas jouir / prospérité totale

6. Pour chacun des verbes suivants, faites une phrase à l'imparfait et une autre au passé composé. Vous devez montrer que vous saisissez la signification des deux temps.

    Modèle: **pouvoir**: il . . .

        Il ne **pouvait** pas résister à la tentation de nous raconter toute cette histoire.

        Il **a pu** nous téléphoner avant de quitter l'usine.

    a. *savoir*: nous . . .

    b. *croire*: ils . . .

    c. *vouloir*: vous . . .

Thèmes

1. Traduisez en français les phrases suivantes.

    a. The new GAF created enough energy to satisfy all our needs.

    b. Factories were building vehicles destined for use in wartime.

    c. For nearly fifty years, teams of scientists had been trying to eliminate nuclear waste.

    d. Is economic depression and unemployment the inevitable result of world peace?

    e. During that entire month there were riots. I didn't see them but I heard about them on T.V.

    f. The winter was hard. It was very cold and each day the unemployed would gather at the entrance to the factories.

    g. From east to west, a black cloud covered the earth.

    h. For centuries, capitalists and socialists had been trying to destroy each other.

    i. Was a solution possible?

2. Traduisez en français le passage suivant.

There have been demonstrations. There will be more in all the countries of the world. No one likes nuclear submarines, intercontinental missiles or planes carrying nuclear weapons.

A week ago, people were gathering to protest against nuclear arms. In some cities, they paraded through the streets brandishing placards and shouting slogans. In others, they marched in silence. They were all issuing a warning: when we allow nations to build up or maintain stocks of nuclear arms, we are inviting disaster and even the final destruction of the human race.

Demonstrators put up tents on the lawns in front of the Parliament Buildings in Ottawa. For several years, these men and women lived in tents. They kept their vigil in summer and in winter. Sometimes there were many of them. At other times, only a few. Finally there remained only one man and one tent. But he refused to leave. Did he not represent all those who cared about the future? His very presence made us aware of the problem. When will we have peace?

À vous la parole

Vocabulaire supplémentaire
Pour exprimer des opinions personnelles

Quant à moi . . .	Au contraire . . .
À mon avis . . .	J'ose vous dire . . .
Je crois que oui.	J'ose constater . . .
D'accord.	Je me permets de vous faire observer . . .

Pour demander l'avis des autres

Êtes-vous d'accord?	C'est entendu?
Qu'en pensez-vous?	Qu'en dites-vous?
Êtes-vous de mon avis?	

Pour se rapporter à l'opinion des autres

D'après les journalistes . . .
Selon vous . . .
À l'encontre de . . .

Pour parler de découvertes scientifiques et de l'écologie

l'environnement, la qualité de la vie, les questions prioritaires, la bureaucratie, les chercheurs

la consommation d'électricité,
les réserves de combustibles fossiles, les ressources en pétrole,
en gaz naturel, l'énergie atomique, nucléaire, solaire,
marémotrice, l'hydro-électrique, la centrale, les barrages,
la raffinerie, le pétrole, l'essence,
la concentration du gaz carbonique

les besoins en électricité, la demande mondiale d'énergie,
les produits, les matériaux, les résidus, les déchets,
le recyclage des déchets

▌Dialogues

Avec votre voisin(e), inventez un dialogue.

1. **Enchanté(e) de faire votre connaissance!**
   un jeune; une romancière

   Un jeune, passionné de science-fiction, est présenté à une romancière qui se spécialise dans des romans de ce genre. La romancière est de mauvaise humeur et répond d'un ton sec, à peine poli. L'autre est très enthousiaste et lui pose toutes sortes de questions sur sa jeunesse, les livres qu'elle a écrits, ses heures de travail et ainsi de suite.

2. **Mais c'était incroyable!**
   une étudiante; une camarade

   L'étudiante raconte un accident amusant qui lui est arrivé l'année dernière. Sa camarade l'interrompt à chaque instant par des questions, des exclamations, des ordres: "Et pourquoi?" "Que tu as été courageuse!" et ainsi de suite.

3. **Un moment, s'il vous plaît.**
   un jeune militant; un(e) agent de police

   L'agent de police questionne un jeune militant qui proteste contre le déploiement des armes nucléaires en Europe et en Amérique. L'agent pose des questions très précises: "Nom?" "Adresse?" "Métier?" L'autre lui explique en grand détail pourquoi il a fait partie de la manifestation.

▌Décisions

Avec votre voisin(e), essayez de résoudre le problème suivant.

Vous avez la responsabilité de vérifier toutes les livraisons de parachutes pour assurer qu'ils ont été repliés comme il faut. Vous n'avez presque jamais de problèmes. C'est la fin de la journée et vous êtes sur le point de partir. Vous avez à peine le temps de rentrer et de vous préparer à sortir avec votre nouvel(le) ami(e). Le contremaître vous dit qu'il faut finir l'inspection de la dernière livraison parce qu'on aura besoin de parachutes pour une nouvelle démonstration prévue pour demain. Qu'est-ce que vous allez faire? Comment? Pourquoi?

▌Discussions

Discutez les sujets suivants.

1. Dans son roman *La Tempête*, René Barjavel attire notre attention par des exemples bien choisis et des comparaisons saisissantes. Relevez quelques exemples dans le texte. Expliquez pourquoi ils vous intéressent.

2. On peut dire que l'ironie constitue un élément important du style de René Barjavel. Relevez-en des exemples dans le texte. Pourquoi, à votre avis, se sert-il de l'ironie? Quel en est l'effet sur le lecteur?

3. Les pluies acides au Canada et aux États-Unis posent-elles des problèmes (environnement, économie, relations internationales)? Que faire pour corriger la situation?

4. L'énergie nucléaire: Doit-en s'en servir? Où? À quelles fins? Doit-on s'en débarrasser? Où? Comment?

▌Compositions

Choisissez *un* des sujets suivants. Faites un plan en organisent logiquement vos idées. Développez-les ensuite. Mettez les verbes au passé en vous servant du style familier.

1. Que la race humaine a été idiote!

2. L'effet de serre. Vous vivez à une époque future et vous préparez une émission qui sera diffusée à la télévision. Vous expliquez quels ont été les bénéfices et les dangers du phénomène de l'effet de serre.

3. Visite (authentique ou imaginaire) que vous avez faite à une centrale où on fabriquait de l'électricité.

4. Enfin la paix! Vous étiez jeune à l'époque décrite par Barjavel où les différents pays ont cessé de se battre. Décrivez ce qui s'est passé dans votre vie à vous.

4

Vivre un

conflit au travail

Éléments de langue

L'ordre chronologique dans le passé
  Le plus-que-parfait
  Le passé surcomposé
  Le passé antérieur
  Le conditionnel présent
  Le conditionnel passé
La concordance des temps à l'indicatif
  Le choix des temps de verbe
  Expressions adverbiales

Situation

Recevoir une promotion au travail mais perdre
des amis
Assumer des responsabilités
Vivre des tensions entre ouvriers et patrons
Texte: **Vivre un conflit au travail** — extrait de
  La Bagarre de Gérard Bessette

Activités de communication

Situer des événements chronologiquement

Vivre des relations ouvriers-patrons
Envisager des moyens d'améliorer les
conditions de travail

L'ordre chronologique dans le passé

Quand vous racontez une histoire, savez-vous indiquer clairement à vos amis l'ordre des événements? Pouvez-vous leur faire comprendre quels événements ont précédé ceux qui ont eu lieu au passé? Ou lesquels auront lieu plus tard? En d'autres mots, savez-vous marquer l'ordre chronologique des faits passés?

> Le travail *était* bien fait et rapidement. Jules n'*avait* presque pas à s'en occuper. Puis, peu à peu, à mesure que le temps *passait*, ils *avaient oublié*. Ils *avaient commencé* à considérér Lebeuf comme un patron.
>
> Gérard Bessette

Quand vous situez quelque chose au passé, il vous faut parfois indiquer ce qui a eu lieu antérieurement. En effet, vous cherchez à indiquer un passé dans le passé. Pour le faire, vous avez le choix de trois temps: le *plus-que-parfait*, le *passé antérieur* et le *passé surcomposé*. Choisissez le temps de verbe d'après deux facteurs: le rôle du verbe dans la phrase et le style (familier ou littéraire) dont vous voulez vous servir. Si, en vous situant toujours dans le passé, vous voulez parler de quelque chose qui aura lieu plus tard, à un moment futur, employez le *conditionnel présent* ou le *conditionnel passé*.

Le plus-que-parfait

Le plus-que-parfait de l'indicatif[1] s'emploie pour décrire des actions et des états déjà accomplis au moment du passé dont on parle. Vous pouvez mettre au plus-que-parfait le verbe principal, ou bien le verbe subordonné. Une conjonction de temps (**quand, lorsque, dès que, depuis que**) ou de cause (**puisque, parce que**) sert à introduire le verbe subordonné. Le plus-que-parfait exprime ce qui a eu lieu dans un passé lointain, sans préciser nécessairement la date de l'événement. Nous savons seulement que l'événe-

---

[1] Il avait chanté = *he had sung, he had been singing* (voir Appendice A et Chapitre 13).

ment ou l'état est antérieur aux faits dont on parle. Mettez le verbe au plus-que-parfait si vous voulez marquer, dans un temps qui précède le moment passé dont vous parlez:

1. une action ou une série d'actions différentes:

> Avant de nous parler, il **avait convoqué** les ouvriers.
> *Before speaking to us, he had called the workers together.*

> Après qu'il les **avait convoqués** et qu'il leur **avait** tout **expliqué**, les ouvriers ont applaudi le projet.
> *After he had called them together and had explained everything to them, the workers approved the project.*

> Il **a parlé** aux ouvriers qu'il **avait convoqués**.
> *He spoke to the workers that he had called together.*

> Depuis qu'elle **avait appris** la nouvelle, elle **avait voulu** nous en parler.
> *Ever since she heard the news, she had wanted to talk to us about it.*

> Je **ne l'ai pas vue** parce qu'elle **était déjà partie**.
> *I didn't see her because she had already left.*

2. une action répétée ou habituelle:

> Ma mère m'a appris à me lever tôt. Toute sa vie elle **s'était levée** à cinq heures.
> *My mother taught me to get up early. All her life she had got up at five o'clock.*

Très souvent, quand le verbe subordonné est au plus-que-parfait, le verbe principal se met à l'imparfait. Il indique, lui aussi, une action habituelle.

> Quand il **avait fini** de signer le courrier, il **s'en allait** faire le tour de l'atelier.
> *When he had finished signing letters, he used to go off and inspect the workshop.*

3. un état ou une action qui a duré assez longtemps. Vous pouvez ainsi décrire un décor, une personne, une situation.

> Il me l'a dit lui-même. À l'usine il **avait été** malheureux.
> *He told me so himself. In the factory he had been unhappy.*

> L'entrepôt **était resté** abandonné. Puis le propriétaire a pris la décision de le faire réparer.
> *The warehouse had been left in an abandoned state. Then the owner decided to have it repaired.*

4. Notez que le plus-que-parfait s'emploie et dans le style familier et dans le style littéraire.

> Je lui **ai parlé** après qu'elle **avait quitté** l'usine.
> (style familier)
> Je lui **parlai** après qu'elle **avait quitté** l'usine.
> (style littéraire)
> *I spoke to her after she had left the factory.*
>
> Elle **venait** nous voir le soir après qu'elle **avait quitté** l'usine.
> (style familier ou style littéraire)
> *She used to come and see us each evening after she had left the factory.*

ALLEZ-Y,   exercices 1, 2

Le passé surcomposé

Le passé surcomposé de l'indicatif,[2] comme le plus-que-parfait, exprime un passé lointain. Il diffère du plus-que-parfait en ce qu'il marque un fait isolé qui est *immédiatement antérieur* à l'événement déjà accompli dont on parle. C'est surtout le verbe subordonné qui se met à ce temps. Le passé surcomposé s'emploie dans le style familier; le verbe principal est au passé composé.

1. Introduisez le verbe subordonné par une conjonction de temps (**quand, lorsque, dès que, aussitôt que, après que, à peine . . . que**).

> Dès qu'elle **a eu fini** de leur parler, les piquets **sont partis.**
> *As soon as she had finished speaking to them, the pickets left.*

2. Attention à la forme du passé surcomposé. Deux participes passés se suivent. Le premier, étant celui de l'auxiliaire, est invariable; le second, celui du verbe en question, obéit aux règles gouvernant l'accord du participe passé (voir Chapitre 3). Le passé surcomposé s'emploie le plus souvent avec les verbes conjugués avec **avoir.**

> Dès qu'elle les **a eu convoqués,** elle les a poussés à la révolte.
> *As soon as she had called them together, she encouraged them to rebel.*

3. De plus en plus aujourd'hui, on a tendance à remplacer le passé surcomposé par le *passé composé* qui est plus facile à manier. Les conjonctions de

---

[2] Il a eu chanté = *he had sung* (voir Appendice A).

temps (déjà notées ci-dessus) semblent suffire à indiquer que l'action du verbe subordonné précède immédiatement celle du verbe principal.

Aussitôt qu'il **a fini** de parler, le contremaître a quitté la salle.
As soon as he had finished speaking, the foreman left the room.

Dès que nous **sommes partis**, il a proposé une motion de censure.
As soon as we had left, he proposed a vote of non-confidence.

ALLEZ-Y, exercice 3

Le passé antérieur

Le passé antérieur[3] joue dans le style littéraire le même rôle que le passé surcomposé dans le style familier. Il marque un fait isolé qui s'est accompli rapidement et qui a *précédé immédiatement* un autre fait du passé. Le plus souvent, le passé antérieur suit une conjonction de temps (**quand, lorsque, dès que, aussitôt que, à peine . . . que**), et le verbe principal se met au passé simple.

Dès qu'elle **eut fini** de leur parler, les piquets **partirent**.
As soon as she had finished speaking to them, the pickets left.

Aussitôt qu'il **eut fait** irruption dans la salle, les lumières **s'éteignirent**.
As soon as he had rushed into the room, the lights went out.

TABLEAU 4-1   Les temps du verbe au passé

		verbe subordonné		verbe principal
	fonction	ce qui précède (sens général)	ce qui précède (immédiatement)	moment du passé dont on parle
style familier	description } répétition }	plus-que-parfait }		{ imparfait { passé composé
	action isolée	plus-que-parfait }		
	action isolée		passé surcomposé} passé composé }	passé composé
style littéraire	description } répétition }	plus-que-parfait }		{ imparfait { passé simple
	action isolée	plus-que-parfait)		
	action isolée		passé antérieur{ ⟶	passé simple

---

[3] Elle eut chanté = *she had sung* (voir Appendice A).

Le conditionnel présent

Si, en parlant du passé, vous voulez indiquer des faits qui auront lieu plus tard, vous devez mettre le verbe au conditionnel présent. Le conditionnel présent[4] exprime, en général, *un futur par rapport au passé*. Vous pouvez mettre le verbe subordonné à ce temps quand le verbe principal est à un temps passé.

1. Employez le conditionnel présent pour exprimer une action ou un état qui aura lieu après le moment marqué par le verbe principal.

> Elle **a dit** que la réunion **aurait** lieu lundi.
> *She said that the meeting would be held on Monday.*
>
> Il nous **disait** que les ouvriers ne **seraient** pas prêts à accepter ces conditions-là.
> *He told us the workers would not be ready to accept those conditions.*

2. Quand le verbe principal passe du présent à un temps passé, le verbe subordonné passe du futur au conditionnel présent. Comparez les phrases suivantes.

> Nous **savons** qu'ils **se mettront** en grève au printemps.
> *We know that they will go on strike in the spring.*
>
> Nous **savions** qu'ils **se mettraient** en grève au printemps.
> *We knew that they would go on strike in the spring.*

Le conditionnel passé

Le conditionnel passé représente,[5] lui aussi, un temps futur par rapport au passé. Mais il marque une action à venir qui sera déjà terminée au moment futur dont on parle.

1. Mettez le verbe au conditionnel passé si, le verbe principal étant au passé, vous voulez nous faire comprendre *l'ordre chronologique des faits qui auront lieu plus tard*.

> Il **a dit**, lundi, que les ouvriers ratifieraient jeudi le contrat qu'ils **auraient étudié** mercredi.
> *He said, on Monday, that the workers would ratify on Thursday the contract that they had studied Wednesday.*

---

[4] Elle chanterait = *she would sing* (voir Appendice A et Chapitre 13).

[5] Il aurait chanté = *he would have sung* (voir Appendice A et Chapitre 13).

2. Quand le verbe principal passe du présent à un temps passé, le verbe subordonné passe du futur antérieur au conditionnel passé. Comparez les phrases suivantes.

> Nous **savons** que les ouvriers **auront consulté** le syndicat avant d'organiser la manifestation.
> *We know that the workers will have consulted the union before organizing the protest march.*

> Nous **savions** que les ouvriers **auraient consulté** le syndicat avant d'organiser la manifestation.
> *We knew that the workers would have consulted the union before organizing the protest march.*

ALLEZ-Y,   exercice 4

La concordance des temps à l'indicatif

Qu'est-ce que la concordance des temps? Comment sait-on à quel temps mettre le verbe subordonné quand on passe du style direct au style indirect?

> "T'*as*-tu des parts dans la compagnie, Bouboule, pour faire du zèle comma ça?" *demanda* Charlot.
>
> **Gérard Bessette**
>
> (Bessette aurait pu écrire, dans le style indirect: Charlot *demanda* à Bouboule s'*il avait* des parts dans la compagnie pour travailler comme ça.)

Quand on passe du style direct au style indirect, il faut toujours indiquer les rapports (logiques et temporels) qui lient le verbe subordonné au verbe principal. Il est important de ne pas trahir le sens de la citation originelle. Ces rapports s'appellent la *concordance des temps*. Dans ce chapitre-ci, nous nous limitons à la concordance des temps à l'indicatif (voir Chapitre 1). Plus tard, nous étudierons la concordance des temps au subjonctif (voir Chapitre 10).

paroles originelles:	"Je **serai** au bureau."
	"I'll be in the office."
style indirect:	Elle **dit** qu'elle **sera** au bureau.
	She says she will be in the office.
	Elle **a dit** qu'elle **serait** au bureau.
	She said she would be in the office.

Le choix des temps de verbe

Dans le discours indirect, il importe de bien choisir le temps du verbe subordonné. Deux éléments en déterminent le choix: le temps du verbe de la citation originelle et le temps du nouveau verbe principal.

Verbe principal au présent ou au futur

Si le verbe principal est au présent ou au futur, aucun problème. Les verbes au style indirect se mettent *au même temps* que ceux du style direct.

"Je **mérite** cela."
Il **dit** qu'il **mérite** cela.
Il **dira** qu'il **mérite** cela.

"Elle **a mérité** cela."
Nous **disons** qu'elle **a mérité** cela.
Nous **dirons** qu'elle **a mérité** cela.

"Nous **mériterons** cela."
Vous **dites** que nous **mériterons** cela.
Vous **direz** que nous **mériterons** cela.

▌Verbe principal à un temps passé

Si le verbe principal est à un temps passé, certains changements doivent se faire dans le temps du verbe subordonné quand on passe du style direct au style indirect.

1. Le présent se transforme en imparfait.

   "Oui, je **fais** grève."
   Il **a affirmé** qu'il **faisait** grève.

2. Le passé composé devient le plus-que-parfait.

   "Oui, bien sûr. **J'ai fait** grève."
   Elle **affirmait** qu'elle **avait fait** grève.

3. Le futur simple se transforme en conditionnel présent.

   "On **procédera** au vote demain."
   Il **a annoncé** qu'on **procéderait** au vote le lendemain.

4. Le futur antérieur devient le conditionnel passé.

   "On **aura compté** les voix avant midi."
   Vous **avez répondu** qu'on **aurait compté** les voix avant midi.

5. L'imparfait, le plus-que-parfait, le conditionnel présent et le condition-nel passé *ne changent pas.*

   "Je **parlais** aux ouvriers à ce moment-la."
   Elle **avait affirmé** qu'elle **parlait** aux ouvriers à ce moment-là.

   "Vous **aviez rejeté** la proposition."
   Il **disait** que nous **avions rejeté** la proposition.

   "Nous **voudrions** vous aider."
   Ils **ont annoncé** qu'ils **voudraient** nous aider.

   "**Seriez-vous venus** à la réunion?"
   Elles **ont demandé** si nous **serions venus** à la réunion.

TABLEAU 4-2   Concordance des temps à l'indicatif

verbe originel (style direct)	verbe subordonné (style indirect)	
	verbe principal au présent ou au futur	verbe principal à un temps passé
présent	⟶ présent	imparfait
futur simple	⟶ futur simple	conditionnel présent
futur antérieur	⟶ futur antérieur	conditionnel passé
passé composé	⟶ passé composé	plus-que-parfait
imparfait	⟶ imparfait	imparfait
plus-que-parfait	⟶ plus-que-parfait	plus-que-parfait
conditionnel présent	⟶ conditionnel présent	conditionnel présent
conditionnel passé	⟶ conditionnel passé	conditionnel passé

Note: les temps qui changent ont été soulignés.

ALLEZ-Y,   exercices 5, 6

Expressions adverbiales dans le style indirect

Les adverbes et les locutions adverbiales jouent un rôle important dans le passage du style direct au style indirect. Dans le style direct ils aident à situer l'action par rapport au présent. Dans le style indirect, ils situent l'action par rapport au présent, au passé ou à l'avenir. Il faut choisir l'adverbe ou la locution adverbiale qui convient à la situation.

"**Demain** je serai à Montréal et **après-demain** à New York."
"Tomorrow I'll be in Montreal and the day after tomorrow in New York."

Jeudi dernier, elle a dit que **le lendemain** elle serait à Montréal et **le surlendemain** à New York.
Last Thursday, she said that the next day she would be in Montreal and the following day in New York.

"**La semaine dernière** j'étais à Yellowknife."
"Last week I was in Yellowknife."

Le quinze octobre dernier, elle m'a dit qu'elle avait passé **la semaine précédente** à Yellowknife.
Last October 15, she told me she had spent the preceding week in Yellowknife.

Expressions de temps

Voici comment les expressions adverbiales de temps se présentent dans le style direct et dans le style indirect (quand le verbe principal est au passé).

style direct	style indirect (verbe au passé)
hier	la veille
hier matin	la veille au matin
hier après-midi	la veille dans l'après-midi
hier soir	la veille au soir
avant-hier	le jour précédent, l'avant-veille
avant-hier matin	l'avant-veille au matin
avant-hier après-midi	l'avant-veille dans l'après-midi
avant-hier soir	l'avant-veille au soir
la semaine dernière (passée)	la semaine précédente
cette nuit (*last night*)	cette nuit-là
aujourd'hui	ce jour-là
en ce moment	à ce moment-là
ce matin	ce matin-là
ce soir	ce soir-là
cet après-midi	cet après-midi-là
cette année	cette année-là
maintenant	à ce moment-là
demain	le lendemain, le jour suivant
demain matin	le lendemain matin
demain après-midi	le lendemain après-midi
demain soir	le lendemain soir
après-demain	le surlendemain, le jour suivant
après-demain matin	le surlendemain matin
après-demain après-midi	le surlendemain après-demain
après-demain soir	le surlendemain soir
la semaine prochaine	la semaine suivante
le mois prochain	le mois suivant
il y a dix ans	dix ans plus tôt, dix ans auparavant
dans deux ans	deux ans plus tard, deux ans après

ALLEZ-Y,   exercice 7

Maintenant, c'est à vous!

▌Allez-y!

1. Subordonnez la *seconde* phrase à la *première*. Il faut indiquer que l'action exprimée par le verbe subordonné a précédé celle du verbe principal. Supprimez les mots devenus inutiles.

   Modèle: Elle a lu le livre. Elle a trouvé le livre à la bibliothèque.
   Elle a lu le livre qu'elle avait trouvé à la bibliothèque.

   a. Le chef du syndicat a fait un discours. Le chef a très bien préparé son discours.
   b. Nous avons assisté à la réunion. Le chef a convoqué la réunion.
   c. Il a parlé aux ouvriers. Les ouvriers se sont plaints des conditions de travail.
   d. Il a étudié les plans. Les ouvriers ont formulé des plans.
   e. Tout le monde a applaudi le chef. Le chef est venu exprès pour offrir des conseils.

2. Mettez les phrases suivantes *au passé* en subordonnant la *seconde* à la *première* au moyen de la conjonction proposée. L'action marquée par le verbe subordonné doit précéder celle du verbe principal.

   Modèle: Il se déclare en notre faveur. Il reçoit notre invitation. **(dès que)**
   Il s'est déclaré en notre faveur dès qu'il avait reçu notre invitation.

   a. Le secrétaire lit le compte rendu. La présidente fait l'appel. (*quand*)
   b. La présidente s'adresse aux délégués. Le secrétaire fait circuler l'ordre du jour. (*après que*)
   c. On met la question au vote. On parle de la grève du zèle. (*une fois que*)
   d. La présidente déclare la séance fermée. On met au point tous les préparatifs. (*lorsque*)

3. L'année dernière, le chef du syndicat a parlé à un petit comité des syndiqués en vue d'organiser une grève. Quelques semaines plus tard, son secrétaire a transmis aux membres du syndicat ce que le chef avait décidé. Il commence chaque phrase par les mots: "Il a dit (décidé, etc.) que . . ."

   Modèle: Le chef: Denis appellera Simone quand tout sera prêt.
   Le secrétaire: **Il a dit que** Denis **appellerait** Simone quand tout **serait** prêt.

a. Yves organisera les ouvriers.

b. Tout le monde sera prêt à faire la grève avant la fin du mois.

c. On distribuera des piquets aux grévistes.

d. Les grévistes les porteront volontiers.

e. Marie-Claire parlera aux autres aussitôt qu'on les aura réunis.

f. On défilera devant l'usine dès que la procession sera formée.

g. Il y aura des augmentations de salaire dès que la grève sera terminée.

4. Les ouvriers se sont réunis le mois dernier pour parler des négotiations qui auraient lieu plus tard entre le patron et le chef syndicaliste. Un des ouvriers a raconté à un journaliste ce qui s'était passé. Le journaliste utilise tous ces renseignements dans un article qu'il prépare. Faites comme le journaliste et mettez les phrases suivantes dans le style indirect. Le verbe principal est au présent.

Modèle: "Le chef du syndicat devra s'apprêter à affronter le P.-D.G.," affirme l'ouvrier.
L'ouvrier **affirme que** le chef du syndicat **devra** s'apprêter à affronter le P.-D.G.

a. "Le chef du syndicat arrivera à midi," annonce l'ouvrier.

b. "Il va négocier une convention collective avec le patron," dit-il.

c. "Les ouvriers veulent-ils une augmentation de salaire?" demande-t-on.

d. "C'est la sécurité que nous voulons," répondent les ouvriers.

5. Continuez à rapporter le résultat des négotiations, mais en mettant le verbe principal au temps passé indiqué ci-dessous.

Modèle: L'ouvrier **a affirmé que** le chef syndicaliste **devrait** s'apprêter à affronter le P.-D.G.

a. "Le patron a cherché à donner le moins possible," a expliqué une jeune ouvrière.

b. "Le patron et le chef du syndicat se sont présentés comme deux adversaires," ont affirmé les autres.

c. "Le chef du syndicat finira-t-il par négocier une convention collective?" a demandé une femme.

d. "Il faut analyser le contrat, mot par mot," a déclaré un jeune dactylo.

e. "Les employés syndiqués comptent sur le chef," a-t-il ajouté.

f. "Il s'est toujours arrangé pour nous aider," ont affirmé les ouvriers.

6. Complétez les phrases suivantes en ajoutant l'expression adverbiale qui convient.

Modèle: "Puis-je vous parler **maintenant**?"
Elle a demandé si elle pouvait me parler **à ce moment-là**."

a. "Je démissionnerai *demain*."
Le contremaître a dit qu'il démissionnerait . . .
b. "J'ai parlé aux ouvriers *aujourd'hui*."
Il a dit qu'il avait parlé aux ouvriers . . .
c. "*Cette nuit* il y a eu un accident."
Il a annoncé que . . . il y avait eu un accident.
d. "*Le mois dernier* il y en a eu trois."
Il a ajouté que . . . il y en avait eu trois.
e. "*L'année prochaine*, ce sera un désastre."
Il a annoncé que . . . ce serait un désastre.
f. "*L'année passée* il y a eu beaucoup moins de problèmes."
Il a affirmé que . . . il y avait eu beaucoup moins de problèmes.

▌Lecture

▌Vivre un conflit au travail   Texte extrait de *La Bagarre* de Gérard Bessette[6]

Jules Lebeuf continue à suivre des cours à l'université tout en espérant un jour se faire auteur. Il paye ses cours en travaillant comme "clean-up" man, la nuit, à la compagnie des transports. À un moment où la compagnie avait voulu renvoyer un employé tout près de l'âge de la retraite et où tous les employés réclamaient l'augmentation des salaires, il a été le porte-parole des ouvriers auprès de la direction. Il l'a fait avec succès — peut-être avec un peu trop de succès. Car on l'a nommé contremaître.

«Quatre heures vingt.» Lebeuf se leva. Il était temps de commencer une nouvelle ronde.

La salle d'attente d'Hochelaga[7] offrait, la nuit, un aspect déprimant. Des boiseries d'un brun rugueux, courant le long des murs à hauteur d'appui, étaient surmontées d'immenses rectangles en plâtras jaune à   5

---

[6] Gérard Bessette: poète et romancier canadien d'expression française, professeur de français. Noter qu'à plusieurs endroits dans le texte suivant il reproduit le parler populaire des personnages.

[7] Hochelaga: Hochelaga Shops, section de la Compagnie de Transport Métropolitaine.

rebords pesamment moulurés. Là-bas, dans le coin, le gros caissier chauve tapait sur son additionneuse. La salle elle-même était déserte.

Avec un bâillement, Lebeuf s'étira les bras, assura sur sa tête sa casquette à visière de cuir et passa les doigts sur les boutons dorés de son uniforme de contremaître. Ensuite il ramassa sa lanterne électrique, son trousseau de clefs, puis gagna la porte d'un pas pesant. Le ciel d'automne était couvert. Il faisait froid. Jules baissa la tête et se dirigea vers le hangar.   10

Depuis cinq mois maintenant il accomplissait cette besogne et ses prévisions s'étaient réalisées. Peu à peu les balayeurs, ses anciens compagnons, s'étaient détachés de lui. Au début, quand la réinstallation de Bouboule[8] (Stevens[9] avait finalement consenti à ne le suspendre que pour un mois) et l'augmentation des salaires restaient fraîches dans les mémoires, les hommes s'étaient montrés cordiaux envers le jeune contremaître. Le travail était bien fait et rapidement. Jules n'avait presque pas à s'en occuper. Puis, peu à peu, à mesure que le   20

---

[8] Bouboule: Onésime Boulé, surnommé Bouboule, balayeur âgé d'une soixantaine d'années.

[9] Stevens: le patron (grand chef de tous les travailleurs manuels de la Compagnie). On le voit à Hochelaga une fois par an.

temps passait, ils avaient oublié. Ils avaient commencé à considérer Lebeuf comme un patron. Le travail s'était relâché. On se plaignait sourdement de la besogne, plus considérable qu'auparavant. Le jeune contremaître avait dû resserrer sa surveillance. Il le fallait bien : un au- 25
tre à sa place se fût montré beaucoup plus exigeant. Il ne demandait que le strict minimum, infiniment moins que Lévêque.[10] Mais ce rôle de garde-chiourme le dégoûtait. A plusieurs reprises il avait été tenté de donner sa démission.

Pourtant aucun conflit violent n'avait éclaté. Une fois, dans le but 30
d'opérer un rapprochement, Lebeuf s'était présenté à la cabane à l'heure du lunch avec sa boîte. Les balayeurs n'avaient rien dit. Quelques-uns lui avaient jeté un regard soupçonneux, hostile. Puis ils s'é-
taient contentés d'avaler rapidement leurs sandwiches et de sortir en silence avant l'heure traditionnelle. Depuis lors, Jules mangeait seul 35
dans la salle d'attente en échangeant parfois des remarques avec le caissier ou un inspecteur qui entrait «se réchauffer» entre deux trams.

Une autre fois, comme Lebeuf marchait dans le hangar, il avait en-
tendu des voix et des éclats de rire qui venaient de l'intérieur d'un tram. Il s'était approché et avait aperçu Bouboule qui, l'air exaspéré, 40
faisait face à un groupe de balayeurs. Les premières semaines après son retour, on avait laissé le vieillard en paix. Mais maintenant il ser-
vait de nouveau de cible aux plaisanteries de ses compagnons. Les quolibets étaient d'autant plus mordants que, depuis l'incident qui avait failli lui coûter sa situation, Bouboule se montrait un employé 45
modèle.

— T'as-tu des parts dans la compagnie, Bouboule, pour faire du zèle comme ça? demanda Charlot.

Une bouffée de colère monta à la tête de Lebeuf. Il avait été à deux doigts de s'élancer dans le tram. Mais déjà une autre voix s'éleva. 50
Cette fois, on s'en prenait à Bill[11] qui, lui aussi, accomplissait cons-
ciencieusement sa besogne.

— C'est-y vrai ça, Bill, j'ai entendzu dire ça, que tu veux rentrer à l'univarsité c't'automne?

Ça, c'était à l'intention de Lebeuf. On savait qu'il rejoignait Bill de 55
temps en temps à la taverne. Heureusement celui-ci avait répondu d'aplomb :

---

[10] Lévêque: ancien contremaître à Hochelaga.

[11] Bill: balayeur d'une quarantaine d'années. Il avait questionné Lebeuf sur la vie universitaire et les frais d'inscription à l'université. Une de ses enfants, Giselle, voudrait bien continuer ses études.

— Savez-vous ce qui vous brûle le darriére, vous autres, les boys?
Eh ben, j'vas vous l'dzire, moué. Vous êtes jaloux de L'beuf comme
des maudits écœurants. Parce qu'il s'est arrangé pour vous faire mon-   60
ter vos gages, pis qu'il a fait e'r'prendre Bouboule, baptême! C'est ha
votre trouble!

Avec des grognements de protestations, les balayeurs s'étaient dis-
persés et Lebeuf avait pu gagner le fond du hangar sans être vu.

Mais, à la suite de cet incident, même Bill s'était montré plus réti-   65
cent. Ils prenaient encore un verre ensemble quelquefois le matin, à
l'heure de la sortie. Mais Bill ne parlait jamais de son travail ni de ses
camarades. Leurs conversations se bornaient à des banalités.

▌Travaux

1. Relevez les verbes du cinquième paragraphe du texte de Bessette.
   Justifiez les temps verbaux choisis par l'auteur.

2. Complétez les phrases suivantes en vous rapportant au texte de Bessette.
   Attention au choix du temps de verbe.

   Modèle: Peu à peu le travail s'était relâché parce que . . .
   **Peu à peu le travail s'était relâché parce que les hommes
   avaient oublié l'augmentation de salaires que Lebeuf leur
   avait obtenue.**

   a. Ces jours-ci Lebeuf mangeait seul dans la salle d'attente parce
      que . . .
   b. Il y avait cinq mois, le travail avait été bien fait et les hommes s'é-
      taient montrés cordiaux envers Lebeuf. C'était parce que . . .
   c. Tout cela a changé parce que . . .
   d. Les balayeurs se moquaient de Bouboule et de Bill. Lebeuf croyait
      que c'était injuste parce que . . .
   e. D'après Bill, les balayeurs se moquaient de lui et de Bouboule parce
      que . . .
   f. Une fois, Lebeuf avait entendu des voix venant de l'intérieur d'un
      tram. Il avait eu envie d'y entrer mais il ne l'avait pas fait parce
      que . . .
   g. À plusieurs reprises, Lebeuf avait été tenté de donner sa démission
      parce que . . .
   h. Bill et Lebeuf se rejoignaient de temps en temps pour prendre un
      verre ensemble. Cependant leurs conversations se bornaient à des ba-
      nalités parce que . . .

3. Refaites les phrases suivantes dans le style familier.

> Modèle: Dès qu'on **eut ouvert** la porte, les grévistes **entèrent**.
> ⌠ Dès qu'on **a eu ouvert** la porte, les grévistes **sont entrés**.
> ⌡ Dès qu'on **a ouvert** la porte, les grévistes **sont entrés**.

  a. Dès que le contremaître eut regardé par la fenêtre, il vit la foule qui s'approchait.
  b. Après qu'il eut parlé aux ouvriers, il se rendit compte que les grévistes n'allaient pas lui obéir.
  c. Quand il avait achevé son discours, il essaya de partir.
  d. Après que les ouvriers avaient essayé de négocier avec la direction, ils firent la grève.
  e. Quand ils avaient tout organisé, ils se préparèrent à l'attaque.

4. À partir de l'infinitif donné, refaites les phrases suivantes pour exprimer, dans la subordonnée, un passé par rapport au verbe principal. Attention au temps du verbe principal.

> Modèle: Elle pensait que vous (**aimer**) ce voyage.
> Elle pensait que vous **aviez aimé** ce voyage.

  a. Il est sorti en courant dès qu'il (*entendre*) la nouvelle.
  b. Tout irait mieux quand elle (*avoir*) ce poste.
  c. Tout ira mieux quand elle (*avoir*) ce poste.
  d. Aussitôt qu'il (*arriver*) au bureau, dites-le-moi.
  e. Il n'y aura plus de conflit lorsqu'elle (*comprendre*) les complexités de la situation.
  f. Elle ne comprenait pas pourquoi vous (*engager*) cet homme.
  g. Après que nous (*revenir*) vous pourrez mieux nous expliquer tout cela.
  h. Avez-vous oublié ce que vous (*promettre*) de faire?
  i. Elle ne comprenait pas pourquoi vous (*choisir*) ce moment-là pour vous adresser à nous.
  j. Vous pourrez mieux les ramener à la raison après que nous (*partir*).

5. Employez les expressions ci-dessous dans des phrases. Montrez que vous saisissez bien le sens de chaque expression.

  a. faire face à   e. répondre d'aplomb
  b. servir de cible   f. l'avant-veille
  c. avoir des parts dans la compagnie   g. le surlendemain
  d. se borner à   h. à ce moment-là

Thèmes

1. Traduisez en français les phrases suivantes. Servez-vous du style familier.

   a. The accountant had been waiting a long time for this moment.

   b. She stood up and slipped the bomb into her pocket.

   c. Ten minutes earlier, she had seen the foreman leave the waiting room.

   d. The accountant had watched him from her office window.

   e. After the foreman had gone into the garage, she followed him stealthily.

   f. He was standing beside one of the buses that the workers had not yet finished cleaning. Would he join them when they left the bus?

   g. Suddenly, as the men opened the doors and climbed down from the bus, the foreman disappeared.

   h. The men made their way towards the buses parked at the back of the garage. But the foreman hadn't reappeared.

   i. The accountant hesitated no longer. She went back to her office.

   j. This time, she had failed to plant the bomb on the bus.

   k. She was sure she would succeed the next day.

2. Traduisez en français le passage suivant. Employez le style familier.

   The workers had arrived at dawn and had announced that they would stay in front of the factory until evening.

   "It's a question of pay," said one woman who had been waving a placard for hours. "Management said they would increase wages. But they never did. So the day before yesterday we decided to go on strike."

   Others had taken up positions on the sidewalks near the factory. Each time a truck would come near, they stopped it. Usually the truck drivers would go away, respecting the picket lines. If a truck driver insisted on trying to get in, the strikers became more aggressive. They yelled insults and tried to overturn the truck.

   "How long will this go on?" we asked.

   "As long as necessary," the workers answered. But, just as we were leaving, they were told that negotiations would begin again the next day. Management was convinced that normal operations would resume the day after. The union was less optimistic but hoped that an acceptable contract would be rapidly negotiated and approved.

À vous la parole

Vocabulaire supplémentaire
Pour situer un événement dans le temps

à présent, de nos jours, actuellement, à l'avenir,
dans un avenir lointain, à partir de demain, dorénavant,
autrefois, par le passé, jadis, au vingtième siècle, en 1990,
en l'an 1990, au moyen âge, à l'époque de la révolution industrielle

Pour parler de relations ouvriers-patrons

la direction, l'administration, le directeur, le patron, le syndicat,
les ouvriers syndiqués, la solidarité, l'équipe, le chef d'équipe,
le contremaître, la main d'oeuvre, le marché du travail,
le secteur privé, le congé payé, la semaine de quarante heures,
le chômage, le chômeur, chômer, la pénurie de main d'oeuvre,
l'assurance contre le chômage

l'entrepôt, l'usine, le travail par équipes, se relayer,
prendre la relève, être de nuit, le ralentissement économique,
la grève, le gréviste, la gréviste, les piquets, faire grève,
être en grève, se mettre en grève, la grève du zèle,
la grève de solidarité, la grève perlée,
la grève avec occupation d'usine, le lock-out,
décréter (ordonner) une grève

Dialogues

Choisissez une des saynètes ci-dessous. Avec votre voisin(e), inventez le
dialogue en suivant les indications données.

1. **On ne me comprend pas.**
   Lebeuf; Bill
   À la taverne où ils ont l'habitude de se rencontrer, Bill cherche à expli-
   quer la conduite des autres balayeurs. Lebeuf essaie de se défendre.

2. **Pourquoi m'en veulent-ils?**
   Bouboule, Lebeuf
   Bouboule se sent blessé par les taquineries de ses compagnons de travail.
   À l'heure du lunch, il vient parler de ses problèmes à Lebeuf. Celui-ci es-
   saie de le rassurer.

▌Décisions

Discutez avec votre voisin(e) le problème suivant.

Nouvellement promu(e) au rang de contremaître, vous savez qu'un(e) des employé(e)s, qui est votre ami(e), est alcoolique. Votre nouveau poste vous rend responsable de la qualité de la production et de la sécurité des employés. Cependant, vous savez que si vous avertissez la direction du vice secret de l'employé(e), vous risquez de perdre son amitié. À quelle solution arrivez-vous? Pourquoi?

▌Discussions

Cherchez à développer oralement les sujets suivants soit avec quelques camarades, soit au cours d'une discussion générale en classe.

1. Réfléchissez au passage de Bessette que vous avez lu.

   a. Avez-vous aimé le passage? Expliquez votre réponse.

   b. Relevez les détails qui contribuent à créer l'effet désiré par l'auteur (milieu, décor, événements, personnages).

   c. Est-ce que la situation de Lebeuf offre des aspects positifs? Lesquels?

2. Les syndicats à la fin du vingtième siècle en Amérique du Nord. Qu'est-ce qu'ils ont réalisé? Quels sont leurs projets?

3. Confrontation! Y a-t-il d'autres moyens de résoudre les problèmes de la direction et des syndicats?

4. Conditions de travail au vingtième siècle au Canada.

5. Qui devrait avoir le droit de faire grève?

   a. agents de police?

   b. facteurs?

   c. enseignants?

   d. étudiants?

   e. infirmières?

   f. médecins?

   g. pompiers?

6. "J'ai vécu puissant et solitaire," a dit Moïse, le héros d'un poème d'Alfred de Vigny, poète français. L'isolement de celui ou de celle qui se trouve dans une position d'autorité est-il inévitable? Discutez en vous rapportant à des cas historiques ou personnels.

▌Compositions

Choisissez *un* des sujets suivants. Faites un plan en organisent logiquement vos idées. Cherchez à capter l'attention du lecteur.

1. Analysez le caractère de Lebeuf. Pourquoi a-t-il des problèmes comme contremaître? Justifiez ce que vous dites en vous rapportant au texte.
2. Comment réussir au travail.
3. Être contremaître, directrice, etc. Y tenez-vous? Pourquoi?
4. La période de relève est de huit heures. Je préfère être de nuit parce que . . .

5 Décisions à

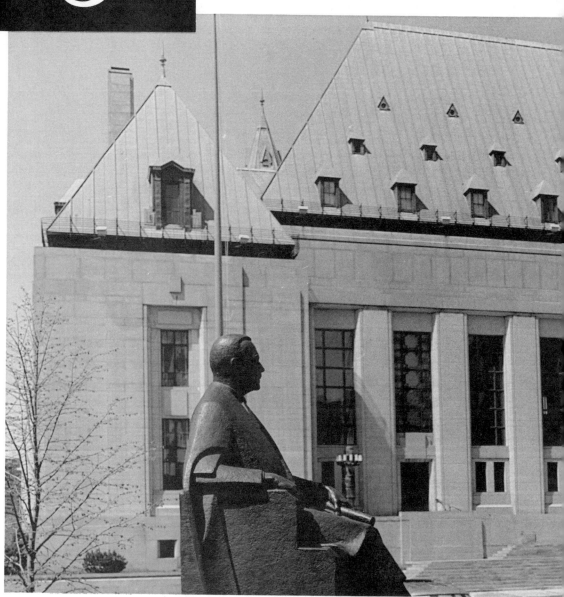

La Cour suprême (Ottawa)

prendre

Éléments de langue

Les pronoms personnels
    Fonctions
    Place
    Ordre
    Emplois

Situation

Décision d'un avocat: opter pour
l'avancement personnel ou avoir la conscience
tranquille

Texte: **Décisions à prendre** — scène de *La
          Robe Rouge* d'Eugène Brieux

Activités de communication

Simplifier le discours en employant des
pronoms personnels à la place de noms

Définir un problème moral ou juridique
Suivre des activités de la cour de justice
Évaluer la justice de décisions juridiques
Débattre de procès actuels

Les pronoms personnels

Vous voulez parler de vous-même et des autres, ou bien discuter d'objets ou d'idées, sans être obligé(e) de répéter à chaque instant des substantifs. Que faire? Ce sont les pronoms personnels qu'il vous faut.

> **Le Procureur général: Faites ce que *vous* voudrez, mais reconnaissez que *je* ne *vous* ai donné aucun conseil, ni dans un sens ni dans l'autre.**
> **Vagret: *Je le* reconnais.**
>
> **Eugène Brieux**

Les *pronoms personnels* désignent des êtres, des choses, ou bien des idées. Ils remplacent un nom, un pronom ou même une proposition. Ils peuvent être sujet du verbe ou complément d'objet direct ou indirect. Ils se placent toujours à côté du verbe.

Elle **nous en** envoie.
She sends us some.

Dis-**le-lui.**
Tell him that.

1. Dans certains cas, il y a élision de la voyelle. L'élision se fait si le pronom, se terminant par une voyelle, se met devant un mot commençant par une voyelle ou un **h** *muet.*

   Elle **s'en** occupe.
   She's looking after that.

   J'habite la campagne.
   I live in the country.

2. Attention aux pronoms de la deuxième personne — **tu** et **vous** — qui signifient tous les deux *you.* Employez **vous** si vous parlez à une personne ou à plusieurs.

   Marie, **vous** n'avez pas répondu à la question.
   Marie, you haven't answered the question.

   Mesdames, je **vous** prie de m'écouter.
   Ladies, please listen to me.

Employez **tu** si vous parlez à un(e) ami(e), à un membre de la famille, à un enfant ou à un animal. Le pluriel de **tu** est **vous**.

Maman, **tu** viens avec nous?
Mom, are you coming with us?

Maman et Papa, **vous** venez avec nous?
Mom and Dad, are you coming with us?

TABLEAU 5-1   Les pronoms personnels

	pronoms personnels			pronoms réfléchis			pronoms neutres	pronoms adverbiaux
	1e	2e	3e	1e	2e	3e	3e	
singulier								
sujet	je	tu	il/elle	—	—	—	il	
objet direct	me	te	le/la	me	te	se	le	
objet indirect	me	te	lui	me	te	se	—	
pluriel								**y** **en**
sujet	nous	vous	ils/elles	—	—	—	—	
objet direct	nous	vous	les	nous	vous	se	—	
objet indirect	nous	vous	leur	nous	vous	se	—	

Fonctions des pronoms personnels

Pronoms réfléchis

1. Les pronoms personnels sont *réfléchis* quand ils se rapportent au sujet du verbe. (Autrement ils sont non-réfléchis.) Les pronoms réflechis servent ainsi à former les verbes pronominaux.

> **Je me** lève.
> *I get up.*

> Vous **vous** habillez vite.
> *You are getting dressed quickly.*

2. Les pronoms réfléchis peuvent être compléments d'objet direct ou indirect. À la troisième personne, au singulier et au pluriel, ils ont une forme spéciale: **se**. À l'exception de **se**, les pronoms réfléchis représentent des êtres. Mais **se** se rapporte aux êtres et aux choses.

> Elle **s'**appelle Ghislaine.
> *She is called Ghislaine.*

> Cela ne **se** fait pas.
> *That isn't done.*

▌Pronoms neutres

Deux pronoms (**il** et **le**), se rapportant à quelque chose d'imprécis, sont *neutres*. **Il**, invariable, sert de sujet aux verbes impersonnels.

> **Il** pleut.
> *It's raining.*

> **Il** y a un agent qui vous attend.
> *There is a police officer waiting for you.*

Le, invariable et complément d'objet direct, représente une idée ou un attribut. Il remplace une proposition (complément du verbe) ou un adjectif.

> Va-t-il faire ce qu'il a promis? Oui, il va **le** faire.
> *Is he going to do what he promised? Yes, he is going to do it.*

> Est-elle ambitieuse? Oui, elle **l'**est.
> *Is she ambitious? Yes, she is.*

▌Pronoms adverbiaux

Y et **en** sont des pronoms personnels *adverbiaux*. Ils peuvent jouer le rôle d'un adverbe de lieu.

1. **Y** indique l'endroit vers lequel on se dirige. Mais employez-le de cette façon seulement si l'endroit a déjà été mentionné. Autrement, utilisez l'adverbe **là**.

> Allez-vous à Moncton? Oui, j'**y** vais.
> *Are you going to Moncton? Yes, I'm going there.*

> **Là**, à Montréal, elle a retrouvé ses amis.
> *There, in Montreal, she found her friends again.*

En marque l'endroit d'où on vient.

> Vient-il de Regina? Oui, il **en** vient.
> *Does he come from Regina? Yes, he comes from there.*

2. **Y** correspond à la préposition **à** suivie d'un nom, d'un pronom, d'un infinitif ou d'une proposition.

> As-tu pensé **à ce que tu vas faire**? Oui, j'**y** ai pensé.
> *Have you thought about what you are going to do? Yes, I've thought about it.*

En représente la préposition **de** suivie d'un nom, d'un pronom, d'un infinitif ou d'une proposition.

> A-t-elle besoin **de ce livre**? Oui, elle **en** a besoin.
> *Does she need this book? Yes, she needs it.*

Place des pronoms personnels

Les pronoms se placent le plus près possible du verbe — soit avant soit après.

Le sujet

Pronoms placés avant le verbe

En général, le pronom sujet *précède le verbe* à un temps simple. À un temps composé, il *précède l'auxiliaire*.

> **Je lis** le journal.
> *I am reading the newspaper.*
> **J'ai lu** l'article dans le journal.
> *I read the article in the newspaper.*

Pronoms placés après le verbe

Dans certains cas, le pronom *suit* le verbe (ou l'auxiliaire).

1. dans l'interrogation:

• inversion simple, si le sujet est un pronom:

> **Fait-elle** attention?
> *Is she paying attention?*

• inversion complexe, si le sujet est un nom:

> Le juge **a-t-il** tort?
> *Is the judge wrong?*

2. dans le discours rapporté:

- le verbe présentateur est intercalé dans la citation:

"Bien sûr, **répond-il**, les média ont raison."
"Of course," he answers, "the media are right."

- le verbe présentateur est mis après la citation:

"Bien sûr, les média ont raison," **répond-il**.
"Of course, the media are right," he answers.

3. après certains adverbes placés au début de la phrase — **peut-être, à peine, en vain, sans doute** (voir Chapitre 20):

Peut-être **remettra-t-elle** l'affaire entre les mains de son avocat.
Perhaps she will turn the matter over to her lawyer.

ALLEZ-Y,   exercices 1, 2

▌Les compléments d'objet direct et indirect
Pronoms placés avant le verbe

1. Mettez les pronoms avant le verbe à un temps simple ou avant l'auxiliaire à un temps composé dans les cas suivants. Le verbe est:

- à l'affirmatif:

Je **les lui** donne.
I give them to her.

Il **y** est allé.
He went there.

Elle **nous les** a offerts.
She offered them to us.

- au négatif (y compris le négatif de l'impératif):

Tu ne **lui** réponds pas.
You are not answering him.

Elle ne **le leur** avait pas envoyé.
She hadn't sent it to them.

Il n'**y en** a plus.
There is no more.

Ne **leur en** parlez pas.
Don't speak to them about that.

- à l'interrogatif (à l'affirmatif et au négatif):

La vois-tu?
Do you see her?

Ne **le lui** avez-vous pas expliqué?
Didn't you explain it to him?

Le lui avez-vous expliqué?
Did you explain it to him?

2. Mettez les pronoms devant les présentatifs **voici** et **voilà**.

> **Me** voici.   **Les** voilà.
> *Here I am.*   *There they are.*

Pronoms placés après le verbe

1. Mettez les pronoms après le verbe à l'impératif affirmatif. Reliez les pronoms au verbe par des traits d'union.

> Rends-**le-lui**.
> *Give it back to her.*

Si **me** ou **te** se trouve en dernière position, remplacez-le par le pronom tonique (voir Chapitre 6).

> Donnez-**le-moi**.
> *Give it to me.*

2. Placez les pronoms après le verbe et devant l'infinitif s'ils complètent l'infinitif.

> Vous avez voulu **m'en** parler.
> *You wanted to speak to me about that.*

Attention. Il n'y a jamais de contraction quand les prépositions **à** ou **de** précèdent les pronoms **le** et **les**, compléments d'objet d'un infinitif.

> Il a peur **de le** faire.   Elle tient **à les** voir.
> *He is afraid to do that.*   *She wants very much to see them.*

Ordre des pronoms personnels

Placez les pronoms personnels, complément d'objet direct ou indirect, réfléchis ou non-réfléchis, de la façon suivante.

Pronoms placés devant le verbe

Deux pronoms à la troisième personne (pronoms non-réfléchis)

> objet direct = **le, la, les**
> objet indirect = **lui, leur**

Mettez l'objet direct devant l'objet indirect. **Le, la, les** s'emploient pour des *personnes* et pour des *choses*; **lui, leur** uniquement pour des *personnes*.

> Vous avez lu la lettre à votre frère? Oui, je **la lui** ai lue.
> *Did you read the letter to your brother? Yes, I read it to him.*

Tu as présenté ton fiancé à tes frères? Oui, je **le leur** ai présenté.
Did you introduce your fiancé to your brothers? Yes, I introduced him to them.

Deux pronoms où l'objet direct est à la troisième personne (pronom non-réfléchi)

objet indirect = **me, te, nous, vous, se**
objet direct = **le, la, les**

Mettez l'objet indirect en première position et l'objet direct en deuxième position devant le verbe.

Vous voulez cette machine à écrire? Je **vous la** donne.
You want that typewriter? I'll give it to you.
(**vous** = complément d'objet indirect
 la = complément d'objet direct)

Ces exercices sont difficiles. Elle **nous les** explique.
These exercises are difficult. She is explaining them to us.
(**nous** = complément d'objet indirect
 les = complément d'objet direct)

Je **me le** rappelle.
I remember that.
(**me** = complément d'objet indirect
 le = complément d'objet direct)

Deux pronoms où l'objet direct n'est pas à la troisième personne (pronom non-réfléchi)

objet direct = **me, te, nous, vous, se**
objet indirect = **à** + *pronom tonique*

Placez l'objet direct devant le verbe. Mettez l'objet indirect à la forme tonique et mettez-le après le verbe, et précédé de la préposition **à**.

Il **me** présente **à vous**.
He introduces me to you.
(**me** = complément d'objet direct)

Elle **nous** présente **à eux**.
She introduces us to them.
(**nous** = complément d'objet direct)

Je **m**'adresse **à vous**.
I am speaking to you.
(**me** = complément d'objet direct)

Notez que les pronoms **me, te, nous, vous, se** ont la même forme (voir Tableau 5-1) qu'ils soient complément d'objet direct ou indirect. Ainsi, il faut mettre l'objet indirect à la forme tonique afin d'indiquer clairement le rôle qu'il joue dans la phrase (voir Chapitre 6).

Pronoms adverbiaux.   Mettez **y** et **en** toujours en dernière position devant le verbe.

> Elle **les y** a trouvés.
> *She found them there.*

N'oubliez pas que **y** doit toujours précéder **en**.

> Il **y en** a trois.
> *There are three of them.*

Pronoms placés après le verbe

Les pronoms se placent après le verbe à l'impératif affirmatif. Le complément d'objet direct précède l'objet indirect. **Y** et **en** se mettent toujours en dernière position.

> Offrez-**le-lui**.   Donnez-**m'en**.
> *Offer it to him.*   *Give me some.*

TABLEAU 5-2   Ordre des pronoms qui précèdent le verbe

object direct ou indirect	objet direct	objet indirect	pronoms adverbiaux
me	le	lui	y en
te	la	leur	
nous	les		
vous			
se			

TABLEAU 5-3   Ordre des pronoms qui suivent le verbe

objet direct	objet indirect	pronoms adverbiaux
me, te nous, vous, le, la, les	me, te, nous, vous, lui, leur	y en

ALLEZ-Y,   exercices 3, 4

Emplois des pronoms adverbiaux

Le pronom *y*

Le pronom **y**, invariable, représente des choses, des idées, mais *jamais* des personnes.

Y remplace certaines formules.

1. **à** + *substantif*:

> Ne touchez pas **aux objets exposés**. N'**y** touchez pas.
> *Don't touch the exhibits. Don't touch them.*
>
> Elle répond **à cette question**. Elle **y** répond.
> *She answers that question. She answers it.*

Attention! Si le substantif représente une personne, il faut employer:

• **lui** ou **leur** (complément d'objet indirect):

> Je parlais **à cette avocate**. Je **lui** parlais.
> *I was speaking to that lawyer. I was speaking to her.*

• **à** + *pronom tonique*:

> Il se fie **à ses camarades**. Il se fie **à eux**.
> *He trusts his friends. He trusts them.*

2. **à** + *infinitif* ou *proposition*. Attention! Pour que **y** s'emploie, le verbe en question doit normalement être suivi de **à** + *nom*.

> Je n'ai pas pensé **à vous le dire**.   ⟶ Je n'**y** ai pas pensé.
> J'ai pensé **à ce que vous avez dit**.⟶ J'**y** ai pensé.
> Je pense **à l'avenir**.   ⟶ J'**y** pense.

Mais notez ce qui se passe dans l'exemple suivant.

> Nous apprenons **à parler**   Nous apprenons **à parler**
> **français**.   ⟶ **français**.
>
> Nous apprenons **le français**.⟶ Nous l'apprenons.

Vous ne pouvez pas remplacer **à parler français** par **y** parce que les deux tours (**apprendre à** + *infinitif* et **apprendre** + *nom*) n'ont pas la même forme.

Y se trouve aussi dans certaines *expressions verbales*.   Il est sans valeur précise et ne se traduit pas. Mais la présence de ce pronom transforme le sens du verbe. Comparez:

connaître	s'y connaître (*to know all about something*)
être	y être (*to understand, to catch on to something*)
faire	s'y faire (*to get used to something*)
prendre	s'y prendre (*to set about doing something*)

Il voyage beaucoup. Il **est** à Charlottetown cette semaine-ci.
He travels a lot. He is in Charlottetown this week.

Ça **y est**! Enfin elle **y est**!
That's it! She's finally caught on!

▌Le pronom *en*

Le pronom **en**, invariable, représente des choses, des idées, et même, dans certaines circonstances, des personnes.

En remplace certaines formules.

1. **de** + *substantif* :

> Vous vous êtes servi **de ce film**? Oui, je m'**en** suis servi.
> *You used this film? Yes, I used it.*

> Es-tu content **de ton travail**? J'**en** suis content.
> *Are you pleased with your work? I'm pleased with it.*

2. *article partitif* + *substantif* :

> Avez-vous **des documents** à me montrer? Oui, j'**en** ai.
> *Have you any documents to show me? Yes, I have (some).*

En peut remplacer un substantif se référant à des personnes si elles font partie d'un groupe et ne sont pas identifiées.

> Connaissez-vous **des avocates**? J'**en** connais plusieurs.
> *Do you know any women lawyers? I know several.*

> Avez-vous **des amis**? Oui, j'**en** ai.
> *Have you any friends? Yes, I have some.*

En général, n'employez pas **en** en parlant d'une personne. Employez **de** + *pronom tonique*.

> Parle-moi **de ta collegue**. Je t'ai déjà parlé **d'elle**.
> *Tell me about your colleague. I've already told you about her.*

3. le substantif dans des expressions de quantité:

> Nous avons pris **trop de précautions**. Nous **en** avons pris **trop**.
> *We took too many precautions. We took too many.*

Tu as **très peu de projets?** J'**en** ai **très peu.**
You have very few projects? I have very few.

Notez que **en** sert à préciser le sens de la phrase en rappelant explicite-
ment la chose dont on parle.

Avez-vous lu **tous ces articles?** J'**en** ai lu **trois.**
Have you read all those articles? I've read three (of them).

A-t-il vu **ce documentaire?** Il **en** a vu **la moitié.**
Has he seen this documentary? He has seen half (of it).

4. **de** + *infinitif* ou *proposition*. Attention! Le verbe en question doit être
suivi normalement de la préposition **de** + *nom*.

Il est content **de vous voir arriver.**   → Il **en** est content.
Il est content **de ce que vous avez fait.** → Il **en** est content.
Il est content **de votre travail.**   → Il **en** est content.

Mais notez ce qui se passe dans l'exemple suivant.

Il a promis **de l'accompagner.** → Il a promis **de l'accompagner.**
Il lui a promis **ce livre.**   → Il **le** lui a promis.

Vous ne pouvez pas remplacer **de l'accompagner** par **en** parce que les
deux tours (**promettre à** + *infinitif* et **promettre** + *nom*) ne se ressemblent pas.

En se trouve aussi dans certaines *expressions verbales*.   Il est sans valeur précise et ne se traduit pas, mais il transforme le sens du verbe.

aller	s'en aller (*to go away*)
avoir assez	en avoir assez (*to be fed up*)
être	en être (*to take part in*)
faire	s'en faire (*to worry*)
imposer	en imposer (*to impress*)
pouvoir	ne plus en pouvoir (*to be worn out*)
prendre	s'en prendre (*to blame*)
remettre	s'en remettre (*to leave it up to someone*)
tirer	s'en tirer (*to get out of a situation*)
vouloir	en vouloir (*to hold a grudge*)

Allez-vous-en. Je veux **aller** seul en ville.
Go away. I want to go downtown alone.

ALLEZ-Y,   exercices 5, 6, 7, 8

Maintenant, c'est à vous!

▐ Allez-y!

1. Mettez les phrases suivantes à la forme interrogative avec inversion.

   Modèle: L'avocat est déjà arrivé.
   L'avocat **est-il déjà arrivé**?

   a. Les membres du jury sont déjà assis.
   b. Ils vont faire de leur mieux.
   c. Les témoins ne sont pas dans la salle.
   d. Il y a beaucoup de monde aujourd'hui.
   e. Les avocats ne se sont pas parlé.

2. Refaites les phrases suivantes pour mettre la citation en tête de la phrase.

   Modèle: Elle a déclaré: "Je suis innocente."
   "Je suis innocente," a-t-elle déclaré.

   a. Le juge a demandé: "L'enquête est-elle terminée?"
   b. Il a continué: "Les témoins sont-ils tous ici?"
   c. Il ajoute: "Je suis prêt à commencer."
   d. La secrétaire dit: "Un moment, s'il vous plaît. Je n'ai pas de stylo."

3. Répondez affirmativement aux questions suivantes en vous servant du pronom personnel pour remplacer le substantif en italiques.

   Modèle: A-t-elle envie d'écouter **la radio**?
   Oui, elle a envie de **l'**écouter.

   a. Est-ce qu'elle a déjà fait *son droit*?
   b. Connaissez-vous *le juge*?
   c. Les média cherchent-ils à influencer *les gens*?
   d. Aimeriez-vous visiter *les cours de justice*?
   e. Est-ce qu'on fait préparer *la nouvelle enquête*?
   f. Est-ce vous allez envoyer *tous les documents à l'avocat*?
   g. Voulez-vous bien m'expliquer *le jugement rendu par le juge*?
   h. A-t-il fini de répondre à *toutes vos questions*?

4. Refaites les phrases suivantes en les mettant à l'impératif — affirmatif ou négatif — selon le sens.

Modèles: Il faut que tu lui obéisses.
Obéis-lui.

Il ne faut pas que tu t'en ailles.
Ne t'en va pas.

a. Il faut que vous m'en parliez.
b. Il faut que tu me le dises.
c. Il faut que tu t'assoies près de moi.
d. Il faut que vous lui parliez.
e. Il faut que vous la lui donniez.
f. Il faut que vous le leur offriez.
g. Il faut que tu t'en ailles.
h. Il ne faut pas que vous l'oubliiez.
i. Il ne faut pas que tu lui défendes de partir.
j. Il ne faut pas que vous visitiez les grands magasins.
k. Il ne faut pas que tu viennes nous voir.
l. Il ne faut pas que vous vous taisiez.
m. Il faut que tu le lui rendes.
n. Il faut que vous vous dépêchiez de tout terminer.
o. Il ne faut pas que vous lui permettiez de partir.

5. Remplacez les expressions en italiques par le pronom personnel qui convient. Attention à bien placer les pronoms.

Modèle: Elle a peur de répondre **aux questions**.
Elle a peur d'**y** répondre.

a. La salle d'audience est déjà bondée. L'avocate entre *dans la salle*.
b. Tout en réfléchissant *aux questions qu'elle va poser*, elle se dirige vers le témoin.
c. Elle lance un regard curieux *à l'accusée*.
d. Puis elle commence à poser des questions difficiles *au témoin*.
e. Elle parle d'un air assuré, sans notes. Elle n'a pas besoin *de consulter ses notes*.
f. Le témoin a du mal à répondre *à toutes ces questions*.
g. L'avocate parle longuement *aux membres du jury du rôle joué par les amis de l'accusée*.

h. Elle dit *au témoin* que la prison guette tous ceux qui ont aidé l'accusée.

i. L'accusée regarde *l'avocate* d'un air ahuri.

6. Répondez affirmativement aux questions suivantes en vous servant du pronom **en** et en suivant les indications données.

Modèle: Avez-vous lu des pièces de théâtre? **(des centaines)**
Oui, j'**en** ai lu **des centaines**.

a. Combien de personnes faut-il pour faire le jury? (*douze*)

b. Avez-vous suivi des procès célèbres? (*trois*)

c. Approuvez-vous les maisons de réhabilitation proposées pour l'année prochaine? (*deux ou trois*)

d. Avez-vous terminé les documentaires que vous étiez en train de préparer? (*deux*)

e. Tout cela coûte cher. Avez-vous de l'argent? (*assez*)

f. A-t-on consulté les prisonniers eux-mêmes? (*une vingtaine*)

g. Combien de projets avez-vous en ce moment? (*une demi-douzaine*)

h. Combien de vols commet-on par semaine dans la ville que vous habitez? (*une cinquantaine*)

i. Combien d'affaires arrangez-vous à l'amiable ce mois-ci? (*cinq*)

j. Avez-vous revu, vous-même, tout le témoignage qu'on a offert? (*la moitié*)

7. Répondez aux questions suivantes, en remplaçant par des pronoms personnels les substantifs en italiques et en suivant les indications données. Attention à l'accord des participes.

Modèle: **Le public** suit-il **le procès**? **Oui,** . . .
Oui, **il le** suit.

a. *L'accusée* parle-t-elle du *vol qu'elle a fait*? *Oui,* . . .

b. *Le voleur* a-t-il accusé *ses amis* de complicité? *Non,* . . .

c. *L'agent* a-t-il arrêté *les assassins*? *Oui,* . . .

d. *L'avocate* va-t-elle réclamer *l'emprisonnement à perpétuité*? *Oui,* . . .

e. A-t-on envoyé *le tueur* en *prison*? *Non,* . . .

f. *La voleuse* a-t-elle été mise en liberté conditionnelle? *Oui,* . . .

g. *Les membres du jury* ont-ils été bien choisis? *Non,* . . .

h. Est-ce qu'on a accepté les *preuves indirectes*? *Non,* . . .

i. *Les témoins* sont-ils déjà dans *la salle*? *Oui,* . . .

j. Est-ce que *le juge* a levé *la séance* de bonne heure? *Non,* . . .

k. Est-ce que *l'accusée* a commis *le crime*? *Oui,* . . .

8. Complétez les phrases suivantes par le pronom réfléchi qui convient.

Modèle: Je . . . appelle Julie.
Je **m**'appelle Julie.

a. Ils . . . dépêchent de partir.
b. Vous . . . mettez à travailler.
c. Elle était prête à . . . enfuir.
d. Elles ne . . . plaisent pas ici.
e. Nous . . . sommes toujours dit la vérité.
f. Nous devons . . . quitter.
g. . . . trompez-vous?
h. Vas-tu . . . servir de ce livre?
i. Elle . . . demande où aller.
j. Tu . . . y connais en histoire!

Lecture

Décisions à prendre   Scène de *La Robe rouge* d'Eugène Brieux

Eugène Brieux est un dramaturge français dont les pièces de théâtre ont paru au début du vingtième siècle. Il a écrit surtout des pièces à thèse traitant de certains problèmes sociaux et moraux de son époque.

Dans La Robe rouge, *il se préoccupe du problème de l'administration de la justice en France. Il nous fait voir des juges et des procureurs (magistrats) qui ne pensent qu'à l'avancement personnel. Le procureur Vagret, poussé par sa femme très ambitieuse, rêve d'être promu et nommé à un centre plus important que celui où il travaille depuis plusieurs années. Dans ce poste-là, il aura le droit de porter, à la cour, une robe rouge, symbole de son nouveau rang. Mais l'avancement est lié au nombre de condamnations qu'il réussit à obtenir. Et Vagret a eu très peu de chance — trois acquittements de suite.*

En ce moment, il a devant lui un jeune homme, Etchepare, accusé de meurtre. En acceptant les preuves indirectes, Vagret est à peu près certain de le faire condamner. Cependant, à ce moment-là, Vagret remarque certains faits qui prouvent l'innocence de l'accusé. L'avocat défendant le jeune homme n'a pas noté ces faits. Si Vagret les passe sous silence, il aura la condamnation du jeune et, sans aucun doute, l'avancement qu'il cherche. Mais il se tourmente. L'avancement personnel vaut-il la vie d'un innocent? Sa femme et ses collègues ne le comprennent pas. Pour eux, il n'y a aucun problème. Mais lui, qu'est-ce qu'il va faire?

Mme le juge
Claire L'Heureux-Dubé

Attention. En France, à l'encontre de ce qui se passe dans les pays anglophones, l'accusé est considéré comme coupable jusqu'au moment où il prouve son innocence.

Dans cette scène, il y a quatre personnages:

Le Procureur général, le magistrat chargé de défendre l'intérêt public
Vagret, qui lui aussi est procureur
Madame Vagret, la femme de Vagret
Le Greffier, officier de la salle d'audience

(*Vagret, le Procureur général*)

LE PROCUREUR GÉNÉRAL. Qu'y a-t-il de si grave, mon cher Procureur?

VAGRET. Voici . . . je suis troublé au-delà de ce que je puis dire . . . J'ai besoin . . .

LE PROCUREUR GÉNÉRAL. Parlez . . .

VAGRET.   Tout un ensemble de faits . . . l'attitude de l'accusé . . . certaines particularités, qui m'avaient échappé, ont fait surgir dans mon esprit un doute sur la culpabilité de cet homme.   5

LE PROCUREUR GÉNÉRAL.   Il y avait trace de ces faits, de ces particularités dans le dossier?

VAGRET. Parfaitement.   10

LE PROCUREUR GÉNÉRAL. L'avocat l'a étudié, ce dossier?

VAGRET. Naturellement.

LE PROCUREUR GÉNÉRAL. Alors? . . . De quoi vous préoccupez-vous?

VAGRET. Mais . . . si cet homme n'était pas coupable?

LE PROCUREUR GÉNÉRAL. Le jury décidera. Nous n'avons tous qu'à   15
nous incliner devant sa réponse.

VAGRET. Permettez-moi, monsieur le Procureur, de vous dire comment ma conviction a été ébranlée.

LE PROCUREUR GÉNÉRAL. Je ne veux pas le savoir. Tout ceci est affaire entre votre conscience et vous. Vous avez le droit d'exposer vos   20
scrupules au jury.

VAGRET. Je vais suivre votre conseil.

LE PROCUREUR GÉNÉRAL. Je ne vous donne pas de conseil.

(*Le Procureur général sort et Mme Vagret entre.*)

MADAME VAGRET. Qu'est-ce qu'il y a?

VAGRET. Rien.   25

MADAME VAGRET. Rien? Tu es tout sombre, et cependant tu viens
d'avoir un succès qui comptera dans ta carrière.

VAGRET. C'est ce succès-là qui m'effraie.

MADAME VAGRET. Qui t'effraie?

VAGRET. Oui, j'ai peur.   30

MADAME VAGRET. Peur de quoi?

VAGRET. D'avoir été trop loin.

MADAME VAGRET. Trop loin! . . . Est-ce qu'il ne mérite pas dix fois
la mort, cet assassin?

VAGRET, *après un silence.* Tu es bien certaine, toi, qu'il est un assassin?   35

MADAME VAGRET. Oui.

VAGRET, *à voix basse.* Et bien . . . moi . . .

MADAME VAGRET. Toi?

VAGRET. Moi, je n'en sais plus rien.

MADAME VAGRET.   Mon Dieu! . . .   40

VAGRET.   Oui, il s'est produit en moi, au cours de mon réquisitoire, une chose effrayante . . . Pendant que moi, ministère public, moi, accusateur officiel, j'exerçais ma fonction, un autre moi-même examinait la cause avec sang-froid; une voix intérieure me reprochait ma violence et me glissait dans l'esprit un doute qui a grandi . . . Il s'est livré dans   45 mon âme une lutte douloureuse, et grave, et cruelle . . . et si j'ai eu, en terminant, cette émotion dont parlait le président, si j'ai demandé la peine avec cette voix éteinte, c'est que j'étais à bout de forces, c'est que dans ce combat ma conscience était sur le point de l'emporter et je me suis hâté de terminer, parce que j'avais peur que sa voix n'éclatât   50 malgré moi . . . Lorsque j'ai vu que l'avocat restait assis et ne prenait pas la parole pour dire les choses que j'aurais voulu qu'il dît au jury . . . alors, j'ai vraiment eu peur de moi-même, peur de mes actes, de mes paroles, de leurs épouvantables conséquences et j'ai voulu gagner du temps . . .   55

MADAME VAGRET.   Mais, mon ami, toi, tu as fait ton devoir; l'avocat n'a pas fait le sien: cela ne te regarde pas.

VAGRET.   Toujours la même réponse . . . Si j'étais un honnête homme, tout à l'heure, à la reprise de l'audience, je dirais au jury le doute qui m'étreint; je lui ferais connaître comment il s'est levé en   60 moi . . . J'appellerais son attention sur un point que je lui ai caché, volontairement, parce que je croyais que le défenseur le lui signalerait.

MADAME VAGRET.   Tu comprends, mon cher ami, combien je respecte tes scrupules, mais permets-moi de te dire tout de même que ce n'est pas toi qui auras déclaré Etchepare coupable ou non, ce sera le   65 jury.

VAGRET.   Moi, je devrais représenter la Justice!

MADAME VAGRET.   Peut-être que le jury ne condamnera pas?

VAGRET.   Il condamnera.

MADAME VAGRET.   Ou qu'il accordera des circonstances atténuantes.   70

VAGRET.   Non. Je l'ai trop adjuré de les refuser . . . Ai-je été assez ardent, mon Dieu! assez violent? . . .

LE GREFFIER, *entrant.* Monsieur le Procureur, M. le Président fait demander quand on pourra reprendre la séance.

VAGRET.   Tout de suite.   75

MADAME VAGRET.   Qu'est-ce que tu vas faire?

▌Travaux

1. Répondez aux questions suivantes. Servez-vous autant que possible de pronoms personnels.

   a. Que signifie, en France, la robe rouge?

   b. Pourquoi le Procureur général ne veut-il pas donner de conseils à Vagret?

   c. À quel dilemme Vagret fait-il face?

   d. De quoi Vagret a-t-il peur?

   e. Pourquoi Vagret est-il sûr que le jury n'accordera pas de circonstances atténuantes?

   f. Comment le Procureur général justifie-t-il sa décision de ne pas aider Vagret?

2. Répondez aux questions suivantes en utilisant autant que possible les pronoms personnels. Attention à l'accord des participes passés.

   Modèle: Avez-vous annoncé la nouvelle à votre soeur? **Oui, . . .**
   Oui, je la lui ai annoncée.

   a. Est-ce que l'accusé s'est présenté devant le tribunal de police? *Oui,* . . .

   b. Est-ce que le voleur a payé l'amende qu'on lui avait imposée? *Oui,* . . .

   c. A-t-on déjà levé la séance? *Oui,* . . .

   d. Est-ce que vos camarades approuvent le jugement prononcé hier? *Non,* . . .

   e. Est-ce que l'accusé a fait attention au témoignage offert par l'agent de police? *Non,* . . .

   f. Est-ce que vous avez toujours obéi à la loi, vous? *Oui,* . . .

   g. Est-ce que la victime nous a parlé de tous ces problèmes? *Oui,* . . .

   h. Est-ce que l'avocate a convaincu les membres du jury de l'innocence de son client? *Oui,* . . .

   i. Est-ce que le juge a fait répéter tout le témoignage? *Non,* . . .

   j. Est-ce que vous vous rendez compte de l'importance de ce procès? *Oui,* . . .

   k. L'avocate est-elle canadienne? *Oui,* . . .

   l. Vient-elle de Québec? *Non,* . . .

   m. Ira-t-elle à Victoria quand le procès sera terminé? *Oui,* . . .

   n. Voici les membres du jury qui rentrent enfin chez eux. Connaissez-vous ces gens? *Non,* . . .

3. Répondez aux questions suivantes. Remplacez les propositions en italiques par le pronom **y** ou **en** si c'est possible de le faire.

   Modèles: Il a besoin **de nous parler de ces affaires**? **Non**, . . .

   Non, il n'en a pas besoin.

   Elle nous conseillera **de nous documenter sur ce sujet**?
   Oui, . . .
   Oui, elle nous conseillera **de nous documenter**.

   a. Il a envie *de nous parler de ses affaires financières? Oui,* . . .
   b. Propose-t-elle *d'établir ce commerce en Europe? Non,* . . .
   c. Ils refusent *d'accepter le projet qu'on leur a soumis? Non,* . . .
   d. A-t-elle réfléchi *à ce que vous avez proposé? Oui,* . . .
   e. Vous avez promis *de nous aider dans cette entreprise? Oui,* . . .
   f. Il se mettra bientôt *à nous parler de ses projets commerciaux? Non,* . . .
   g. Elle est enchantée *de vous voir si bien établie? Oui,* . . .
   h. Vous avez promis *de nous expliquer tout ce que vous aviez fait? Non,* . . .

4. Employez dans des phrases les expressions suivantes.

   a. s'en prendre
   b. s'en tirer
   c. en avoir assez
   d. ne plus en pouvoir
   e. s'y faire
   f. s'y connaître
   g. s'y prendre
   h. s'en remettre
   i. remettre

▌Thèmes

1. Traduisez en français les phrases suivantes. Évitez la traduction littérale.

   a. Don't worry. Everything will be O.K.
   b. The play will be a success, I'm sure.
   c. You have a role in it, haven't you?
   d. The stage sets are wonderful. Who made them?
   e. The critics say it's an excellent play and I want to see it as soon as possible.

    f. The opening performance is next week? I'll be there.

    g. Yes, I know the dress rehearsal is more interesting.

    h. But I have an important appointment that afternoon and I can't miss it.

    i. Are you pleased with all the preparations? Of course you are.

    j. These last weeks have been difficult, I know.

    k. Sit down and tell me what has been going on.

    l. I'll do my best to help you.

2. Traduisez en français le passage suivant.

"What are you watching on T.V.? You've been there for hours."

"It's the trial that's going on downtown. It's being televised."

"All day? From ten o'clock on?"

"Yes. It's fascinating. I watch it every day. The accused — she murdered her husband, you know — has the most gorgeous clothes. Everyone is talking about them. The lawyers ask surprising questions. I don't understand half of them. The witnesses leave the courtroom looking worn out. The judge never smiles. I think he wants to impress us."

"Do you know any members of the jury?"

"Yes, actually, I know two of them. One's a teacher and the other is a salesperson. They have to stay there until the end of the trial. They are paid, but not very much."

"I wouldn't want to be on the jury. It's very difficult, especially when it's a murder trial. Do you think she is guilty?"

"Yes, I think she is. All the evidence, circumstantial or otherwise, indicates that. Luckily we no longer have the death sentence. But I wonder how many years she may have to spend in prison."

À vous la parole

Vocabulaire supplémentaire
Pour juger des gens et des choses

    avoir raison, avoir le droit de, être dans son droit, avoir tort,
    faire du tort à, faire injure à, faire du mal à, avoir l'obligation de,
    obliger, changer d'avis

Pour parler du système judiciaire

le droit, la loi, le tribunal, la cour, l'audience, le témoin,
le témoignage, témoigner, la séance, l'assassin, l'assassinat,
assassiner, le tueur, tuer, l'accusé, l'accusation, accuser,
accuser de complicité

juger, le juge, le jugement, les preuves indirectes, la sentence,
la peine de mort, l'emprisonnement à perpétuité,
prononcer le verdict, commettre un crime, mener une enquête,
arranger une affaire à l'amiable, porter plainte, purger sa peine

la prison, la maison de correction, le prisonnier, la prisonnière,
le geolier, le gardien, admettre une caution,
mettre quelqu'un en liberté provisoire, être libéré sur parole,
la réhabilitation

le viol, le violeur, l'auteur d'un viol, la drogue, le stupéfiant,
le revendeur (trafiquant) de drogues, le trafic de la drogue,
le drogué, les stéroides anabolisants

▌ Dialogues

Développez avec votre voisin(e) une des saynètes suivantes. Décrivez le
décor. Donnez les indications scéniques. Inventez le dialogue.

1. **L'avez-vous fait, oui ou non?**

   l'avocate; l'accusé

   L'avocate questionne son client sur un crime dont il est accusé. L'avocate
   pose toutes sortes de questions; l'accusé fournit des réponses peu vrai-
   semblables.

2. **Comment était-il?**

   l'agent de police; une femme

   L'agent de police questionne la femme qui a vu le voleur sortir de la banque et disparaître dans la foule. La femme est très observatrice et offre à
   l'agent une description détaillée du voleur.

▌ Décisions

Avec votre voisin(e), essayez de résoudre le problème suivant.

Vous savez des détails qui pourraient aider la police à identifier les deux auteurs du vol qui a eu lieu chez le dépanneur du coin. Cependant, vous n'êtes

pas sûr(e) que la police puisse vous fournir une protection adéquate. Au téléjournal, on dit que les agents sont en train d'interroger des suspects que vous savez innocents. Allez-vous parler à la police? Qu'est-ce que vous allez faire?

▋Discussions

Cherchez à résoudre les problèmes suivants.

1. Devrait-on diffuser au public, au moyen de la télévision, tout ce qui se passe dans les tribunaux? Quels en seraient les bénéfices? Et les inconvénients?
2. À votre avis, que faut-il changer dans le système judiciaire de votre pays?
3. À votre avis, que faut-il changer dans le système pénitenciaire de votre pays?
4. Quels sont les avantages et les désavantages du système judiciaire français tel que Brieux nous le fait voir dans *La Robe rouge*?
5. "La justice dépend de votre rang social, de votre sexe, de votre origine ethnique." Vrai? Ou pas vrai?

▋Compositions

Choisissez *un* des sujets suivants. Faites un plan en organisant logiquement vos idées. Développez-les ensuite en essayant de capter, dès le premier instant, l'attention de votre lecteur.

1. **"Qu'est-ce que tu vas faire?"**

   C'est la question que Mme Vagret pose à son mari. Selon vous, quelle réponse celui-ci va-t-il faire à sa femme? Justifiez la réponse en vous rapportant autant que possible au texte.

2. **"Moi je trouve que ce n'est pas juste!"**

   De temps en temps on a l'impression que le jugement émis par une cour est trop sévère, pas assez sévère, parfois injuste. En vous rapportant à un procès récent dont vous aurez appris les détails dans les journaux ou à la télévision, justifiez votre position.

6

Affaire de

Gilles Vigneault

coeur

Éléments de langue
Les pronoms toniques
Les pronoms possessifs

Situation
Une poétesse définit la poésie
Quelques poèmes québécois et français
Textes:
Michèle Lalonde, *Qu'est-ce que la poésie?*
Gilles Vigneault, *Chanson*
Marceline Desbordes-Valmore, *Qu'en avez-vous fait?*
Nérée Beauchemin, *Rose d'automne*

Activités de communication
Saisir le rôle du pronom tonique et du pronom possessif dans les échanges avec les autres

Parler des liens d'amitié et des rapports personnels
Analyser brièvement un poème (parler du thème, du sens des mots, de la rime, du contexte social)
Discuter de la poésie et de la musique
Faire un poème

Les pronoms toniques

Savez-vous mettre en valeur un pronom personnel? Savez-vous quand il faut employer le pronom tonique et non pas le pronom personnel?

> Vous aviez mon cœur,
> *Moi*, j'avais le vôtre.
>
> Marceline Desbordes-Valmore

Les pronoms toniques sont des pronoms personnels accentués. Ils peuvent être sujet de verbe ou complément de verbe ou de préposition. On les trouve même seuls, avec le verbe en ellipse.

TABLEAU 6-1   Les pronoms personnels toniques[1]

	1e	2e	3e	3e réfléchi
singulier	moi	toi	lui/elle	soi
pluriel	nous	vous	eux/elles	

Les pronoms toniques ont les fonctions décrites ci-dessous.

Mise en valeur

1. Mettez le pronom tonique à côté du pronom personnel (sujet) qu'il renforce. Vous avez alors deux pronoms qui se suivent, le pronom tonique et le pronom personnel.

   Moi, je vous dis qu'il est dramaturge.
   I am telling you that he's a playwright.

   Vous, vous êtes romancier.
   You are a novelist.

2. À la troisième personne du singulier ou du pluriel, pour mettre le sujet en relief, employez le pronom tonique seul.

   Lui est poète, **eux** sont journalistes.
   *He is a poet, **they** are journalists.*

---

[1] *I, me, we, us, you, he, him, she, her, they, them, myself, ourselves, yourself, himself, herself, oneself, itself*

3. Pour renforcer davantage, ajoutez l'adjectif **même(s)** au pronom personnel tonique. N'oubliez pas de faire l'accord avec le pronom et de bien placer le trait d'union.

> **Moi-même** je vous ai déjà expliqué cela.
> *I myself have already explained that to you.*

> **Eux-mêmes** ont proposé cette ligne de conduite.
> *They themselves proposed that course of action.*

4. Employez le pronom tonique pour identifier des gens. Le verbe **être** se met au singulier.

> C'est **moi.**   C'est **vous.**   C'est **elle.**
> *It's I/me.*   *It's you.*   *It's she/her.*

À la troisième personne du pluriel, mettez le verbe au pluriel.

> Ce sont **eux.**
> *It's they/them.*

Mais, dans la langue de tous les jours, vous pouvez mettre le verbe au singulier.

> **C'est eux.**
> *It's they/them.*

▌Sujet de verbe

Employez le pronom tonique et non pas le pronom personnel dans les cas suivants où le pronom est sujet du verbe. Le pronom tonique s'impose soit parce que le verbe est en ellipse soit parce que le pronom fait partie d'un sujet composé.

1. Le pronom se trouve seul, sans verbe:

> Qui va publier cet article? **Toi.**
> *Who is going to publish this article? You.*

2. Le pronom s'emploie dans une comparaison où il n'y a pas de verbe:

> Il a publié beaucoup plus que **moi.**
> *He has published much more than I (have).*

3. Le pronom fait partie d'un sujet composé (deux pronoms, par exemple, ou bien un pronom plus un nom):

> **Eux** et tous leurs amis assisteront au concert.
> *They and all their friends will be at the concert.*

• Attention à l'accord du verbe. Quand le sujet est composé, mettez le verbe au pluriel. L'accord se fait avec la personne ayant priorité sur les autres. La première personne a priorité sur les deux autres et la deuxième sur la troisième.

> **Toi et moi**, nous **allons** réussir.
> *You and I are going to succeed.*

> **Vous et votre frère**, vous **faites** des progrès.
> *You and your brother are making progress.*

• Quand le verbe est à la première ou à la deuxième personne, on ajoute normalement un pronom personnel comme sujet du verbe. Ce pronom personnel sert à résumer le sens du sujet composé.

> **Mon frère et moi, nous** allons au théâtre.
> *My brother and I are going to the theatre.*

> **Votre cousine et vous, vous** travaillez bien toutes les deux.
> *Your cousin and you are both working well.*

• Si le verbe est à la troisième personne, on n'a pas besoin d'un pronom personnel pour résumer le sens du sujet.

> **Elles et toutes leurs amies** assisteront au concert.
> *They and all their friends will be at the concert.*

ALLEZ-Y,   exercices 1, 2, 3

▍Complément de préposition ou de verbe

Employez le pronom tonique dans les cas suivants où le pronom est:

1. complément d'une préposition:

> Venez chez **moi**.
> *Come to my place.*

> Est-ce pour **lui**?
> *It is for him?*

2. complément de la préposition **à** après les verbes suivants:

• verbes de déplacement physique (**aller, courir, venir**):

> Venez **à moi**.
> *Come to me.*

• verbes tels que **faire attention, penser, renoncer, songer, tenir**, où le pronom se rapporte à une personne:

> Il pense **à nous**.
> *He is thinking of us.*

- **être** pour indiquer la possession:

  > C'est **à moi**.
  > *It's mine*.

3. complément indirect du verbe. Quand il y a deux pronoms, compléments d'objet direct et indirect, il importe de distinguer l'objet direct de l'objet indirect. Le pronom tonique vous aide à faire cette distinction.

  - Si l'*objet direct* est **me, te, se, nous, vous,** employez le pronom tonique pour marquer l'*objet indirect* (voir Chapitre 5). N'oubliez pas d'introduire le pronom tonique par la préposition **à**.

    > Je vous présente **à eux**.
    > *I introduce you to them*.
    > (**vous**: complément d'objet direct
    > **eux**: complément d'objet indirect)

    > Il me présente **à vous**.
    > *He introduces me to you*.
    > (**me**: complément d'objet direct
    > **vous**: complément d'objet indirect)

  - Notez que ce sont surtout les verbes pronominaux qui vous obligent à marquer l'objet indirect de cette façon.

    > Il **se** présente **à nous**.
    > *He introduces himself to us*.
    > (**se**: complément d'objet direct
    > **nous**: complément d'objet indirect)

    > Je **me** fie **à lui**.
    > *I trust him*.
    > (**me**: complément d'objet direct
    > **lui**: complément d'objet indirect)

  - Employez le pronom tonique pour exprimer l'objet indirect non seulement quand le verbe est à l'affirmatif, mais aussi quand il est au négatif, à l'impératif (affirmatif et négatif) et à l'interrogatif.

    > Il ne me présente pas **à eux**.
    > *He is not introducing me to them*.

    > Présentez-nous **à elles**.
    > *Introduce us to them*.

    > Ne nous présentez-pas **à elle**.
    > *Don't introduce us to her*.

    > Me présenterez-vous **à lui**?
    > *Will you introduce me to him?*

4. complément d'un verbe à l'impératif affirmatif, si le pronom se trouve en dernière position (voir Chapitre 5):

> Parle-**moi**.   Assieds-**toi**.
> *Speak to me.*   *Sit down.*

ALLEZ-Y,   exercices 4, 5

▌Le pronom tonique réfléchi

Le pronom réfléchi **soi** a un sens indéterminé. Il représente un antécédent indéfini, tel que **aucun, chacun, on, personne**. Ajoutez **même** pour renforcer le sens de **soi**.

> Chacun pour **soi**.
> *Everyone for himself/herself.*
> (**chacun**: pronom indéfini qui ne se rapporte pas à une personne déjà nommée)

> On ne doit pas toujours parler de **soi-même**.
> *You mustn't be always talking about yourself.*
> (**on**: pronom indéfini)

Comparez avec la phrase suivante où vous ne pouvez pas employer **soi**.

> Elle garde tous ses manuscrits chez **elle**.
> *She keeps all her manuscripts at her place.*
> (**elle**: une personne que nous connaissons et dont nous avons déjà parlé)

Les pronoms possessifs

Les pronoms possessifs expriment la possession ou la parenté. Il faut qu'un accord soit fait. Mais avec qui? ou avec quoi?

> **Vous aviez mon cœur . . .**
> *Le vôtre* **est rendu,**
> *Le mien* **est perdu!**
>
> **Marceline Desbordes-Valmore**

Les *pronoms possessifs* remplacent en général un nom déjà déterminé et modifié par un adjectif possessif (**son** livre = **le sien, votre** soeur = **la vôtre**). Ils se rapportent aux personnes et aux choses et marquent la possession. Entre autres détails, ils indiquent s'il y a un seul *objet possédé* ou plusieurs et s'il y a un seul *possesseur* ou plusieurs. L'article défini accompagne toujours les pronoms possessifs. L'article et le pronom sont variables.

▌TABLEAU 6-1 Pronoms possessifs[2]

		un seul objet possédé		plusieurs objets possédés	
		m	f	m	f
un seul possesseur	moi	le mien	la mienne	les miens	les miennes
	toi	le tien	la tienne	les tiens	les tiennes
	lui/elle	le sien	la sienne	les siens	les siennes
plusieurs possesseurs	nous	le nôtre	la nôtre	les nôtres	
	vous	le vôtre	la vôtre	les vôtres	
	eux/elles	le leur	la leur	les leurs	

▌Emplois

1. Pour bien utiliser le pronom possessif, déterminez d'abord le *possesseur* et *l'objet possédé*. Le pronom indique toujours la personne (1e, 2e, 3e) du possesseur; il exprime aussi le genre et le nombre de l'objet possédé.

> Mon poème vient de paraître dans le journal. Est-ce **le tien** a déjà paru?
> *My poem has just been published in the paper. Has yours appeared yet?*

> **ton poème** = { un possesseur: **toi** \
> un objet possédé (m.) } = **le tien**

---

[2] *Mine, yours, his, hers, ours, theirs*

Vos livres se vendent bien. **Les leurs** se vendent-ils aussi bien?
Your books are selling well. Are theirs selling as well?

leurs livres = $\begin{cases} \text{plusieurs possesseurs: } \textbf{eux} \\ \text{plusieurs objets possédés (m.)} \end{cases}$ = **les leurs**

Nos affaires vont bien. Et **les siennes?**
Our business deals are going well. And what about his?

ses affaires = $\begin{cases} \text{un possesseur: } \textbf{lui} \\ \text{plusieurs objets possédés (f.)} \end{cases}$ = **les siennes**

2. L'article défini qui fait partie du pronom possessif obéit aux règles de la contraction.

Vous parlez de ces projets. Je parle **des siens.**
You are speaking of these plans. I'm speaking of his.

Nous avons déjà écrit à notre éditeur. Avez-vous écrit **au vôtre?**
We have already written to our publisher. Have you written to yours?

3. Le pronom possessif s'accorde en genre et en nombre avec l'objet possédé. Il y a alors, surtout quand le possesseur est à la troisième personne du singulier, une certaine ambiguïté. C'est le contexte qui vous aidera à identifier le possesseur.

Voici mon contrat.	Où est **le sien?**	Où sont **les siens?**
Here is my contract.	*Where is his?*	*Where are his?*
	Where is hers?	*Where are hers?*
Voici mon offre.	Où est **la sienne?**	Où sont **les siennes?**
Here is my proposal.	*Where is his?*	*Where are his?*
	Where is hers?	*Where are hers?*

▌Pièges

1. Ne confondez pas, à la première et à la deuxième personne du pluriel, l'adjectif possessif (voir Chapitre 19) et le pronom possessif.

adjectif	pronom
notre voiture	la **nôtre**
votre voiture	la **vôtre**

Le pronom porte l'accent circonflexe. Cet accent indique, en outre, une différence de prononciation. L'adjectif se prononce avec un o ouvert ([ɔ] comme **pomme**); le pronom, marqué du circonflexe, se prononce avec un **o** fermé ([o] comme **eau**).

2. Ne confondez pas, à la troisième personne du pluriel, l'adjectif possessif et le pronom possessif.

adjectif	pronom
leur jardin (*their garden*)	le **leur** (*theirs*)
leurs jardins (*their gardens*)	les **leurs** (*theirs*)
leur maison (*their house*)	la **leur** (*theirs*)
leurs maisons (*their houses*)	les **leurs** (*theirs*)

3. Ne confondez pas, non plus, l'adjectif possessif et le pronom personnel. **Leur** peut être:

- adjectif possessif (**leur, leurs** = *their*), qui s'accorde avec le nom;
- pronom personnel, complément d'objet indirect (**leur** = *to them*) et invariable:

adjectif	pronom
leur amie	Je **lui** parle.
their friend	*I am speaking to her.*
leurs amies	Je **leur** parle.
their friends	*I am speaking to them.*

▌Locutions idiomatiques

Le pronom possessif se trouve dans certaines expressions idiomatiques. Les dictionnaires donnent de telles expressions comme si le possesseur était à la troisième personne du singulier. Mais le possesseur peut être à n'importe quelle personne. N'oubliez pas de mettre le pronom au genre et au nombre du substantif qu'il remplace. Voici les locutions les plus courantes.

- **faire des siennes** = faire des *actions* déraisonnables

    Si *tu* fais encore des **tiennes**, personne ne voudra te parler.
    If you're still up to your old tricks, no one will want to speak to you.

- **y mettre du sien** = faire un *effort*

    Si *vous* y mettez du **vôtre**, tout ira bien.
    If you pull your weight, all will be well.

- **les siens** = les *parents*, la famille, le groupe auquel on appartient

    Moi je veux me faire artiste mais les **miens** ne m'encouragent pas.
    I want to be an artist but my family is not encouraging me.

"Soyez des **nôtres** ce soir," dit-on à la télévision pour vous inviter à suivre une émission.
"Join us this evening," they say on television when they invite you to watch a programme.

- **À la vôtre!** = formule employée quand on boit à la *santé* de quelqu'un

  À la **vôtre,** mes chers *collègues!*
  To your health, colleagues!
  À la **tienne,** *Annette!*
  Cheers, Annette!

▌Variantes

Plusieurs formules, outre le pronom possessif, marquent la possession.

1. le *pronom démonstratif* + *nom* ou *pronom* (voir Chapitre 11):

   Voici ma composition et voici **celle de mon frère.**
   Here is my composition and here is my brother's.

2. le verbe **être** + **à** + *nom* ou *pronom*:

   À qui est ce brouillon? Il est **à Michel,** il n'est pas **à nous.**
   Whose rough draft is this? It's Michael's, it's not ours.

3. le verbe **appartenir** + **à** + *nom* ou *pronom*:

   À qui est ce disque? Il **appartient à ma soeur.**
   Whose record is this? It's my sister's.

   Oui, cela **lui appartient.**
   Yes, it's hers.

4. les verbes **avoir** et **posséder** + *nom*:

   Cette romancière **a une très belle maison** à Vancouver.
   Cette romancière **possède une très belle maison** à Vancouver.
   This novelist has a very beautiful house in Vancouver.

ALLEZ-Y, exercices 6, 7

Maintenant, c'est à vous!

▌Allez-y!

1. Mettez en relief le pronom en italiques dans les phrases suivantes.

   Modèle: **Je** vais vous l'expliquer.
   Moi, je vais vous l'expliquer.

   a. *Tu* vas lire ce poème.
   b. *Nous* ne vous écoutons pas.
   c. *Il* composera une chanson.
   d. *Elle* va la chanter.
   e. *Je* n'en serai pas content.
   f. *Vous* allez les féliciter.
   g. *Elle* est poétesse, *il* est musicien.
   h. *Ils* ne me l'ont jamais dit.

2. Remplacez l'expression en italiques par le pronom approprié.

   Modèle: Elle est aussi timide que **son frère**.
   Elle est aussi timide que **lui**.

   a. Il est plus fort que *les autres athlètes*.
   b. Vous êtes moins agiles que *les danseuses que je vois sur la scène*.
   c. Est-ce que nous sommes plus courageux que *nos collègues*?
   d. Cette romancière est mieux connue que *le romancier dont on a parlé hier*.
   e. Nous ne sommes pas allés chez *mon éditeur*.
   f. N'est-il pas rentré chez *sa soeur*?
   g. Il pense à *sa copine*.
   h. Je ne songe plus à *mes amies d'autrefois*.

3. Mettez le verbe au futur en faisant attention au choix du sujet et à l'accord grammatical du verbe et du sujet.

   Modèle: Toi et moi (**être**) de bons amis.
   Toi et moi **nous serons** de bons amis.

   a. Vous et moi (*aller*) voir l'éditeur.
   b. Lui et elle (*partir*) bientôt pour le bureau de l'éditeur.
   c. Mon frère et moi (*apprendre*) à bien connaître cette maison d'édition.

d. Elle et sa soeur (*réussir*) à faire publier ce livre pour enfants.

e. Vous et votre frère (*travailler*) ensemble.

f. Toi et ta petite cousine (*vouloir*) nous acheter ces trois livres qui viennent de paraître.

g. Toi et elle (*s'en aller*) sans nous parler de votre succès.

4. Remplacez les expressions en italiques par le pronom (personnel ou tonique) qui s'impose. Attention à bien placer le pronom par rapport au verbe.

Modèle: Il s'adresse aux **auteurs qui sont dans la salle**.
   Il s'adresse à **eux**.

a. Nous nous adressons à *vous qui êtes présents*.

b. Je me présente à *votre éditeur*.

c. Je ne le présente jamais *à mes collègues*.

d. Elle s'intéresse aux *livres qui viennent de paraître*.

e. Elle s'intéresse à *nous qui sommes les auteurs de l'avenir*.

f. Vous ne vous fiez plus à *ces musiciens*.

g. Tu te rappelles *la chanson que j'ai composée*?

h. Vous ne me rappelez pas *le passé*.

i. Je me demande *si vous allez me comprendre*.

j. Il ne se demande pas *si la chanson sera bien faite*.

k. Vous vous souvenez *du concert de l'été passé*?

l. Nous nous souvenons *de la musicienne qui a joué à ce concert*.

5. Répondez aux questions suivantes en remplaçant les substantifs et les propositions par des pronoms.

Modèle: Téléphonez-vous souvent à ces écrivains? **Oui**, . . .
   Oui, je leur téléphone souvent.

a. Écris-tu de temps en temps à cet auteur? *Oui,* . . .

b. Pensez-vous aux livres qu'il a déjà critiqués? *Non,* . . .

c. Pensez-vous à la poétesse canadienne dont vous avez fait la connaissance? *Oui,* . . .

d. Croyez-vous qu'elle a raison? *Non,* . . .

e. Est-elle beaucoup appréciée? *Oui,* . . .

f. Avez-vous besoin de toutes ces publications? *Oui, . . .*

g. Parlez-vous souvent de cet éditeur? *Oui, . . .*

h. Parlez-vous souvent de sa maison d'édition? *Oui, . . .*

6. Refaites les phrases suivantes en remplaçant les expressions en italiques par le pronom possessif approprié.

Modèle: Mon professeur est historien. **Ton professeur** fait des pièces de théâtre.
Mon professeur est historien. **Le tien** fait des pièces de théâtre.

a. Avez-vous pu réaliser vos projets? *Nos projets* n'ont jamais été réalisés.

b. Le roman dont il parle vient de paraître. *Votre roman* paraîtra le mois prochain.

c. Votre maison d'édition publie des livres en anglais et en français. *Notre maison d'édition* n'accepte que des livres en français.

d. Votre pièce n'a pas été bien reçue. *La pièce de votre cousin* a eu du succès.

e. Les contes de Gilles Vigneault nous plaisent beaucoup. *Les contes de Thériot* ne nous déplaisent pas non plus.

f. Nos droits d'auteur ont été payés. Vous a-t-on parlé des *droits d'auteur de cette jeune romancière?*

7. Répondez aux questions suivantes en vous servant des indications données et en employant les pronoms pour marquer la possession.

Modèle: À qui est cette cassette?   **(moi)**
          C'est la mienne.

a. À qui est ce disque? *(mon amie)*

b. À qui sont ces magazines? *(mes copines)*

c. À qui sont ces roses? *(vous)*

d. À qui est cette invitation? *(toi)*

e. À qui est cette voiture? *(mon frère)*

f. À qui sont ces billets de théâtre? *(nous)*

g. À qui est cette bague de fiançailles? *(ma fiancée)*

h. À qui est cette alliance? *(moi)*

Lectures

Qu'est-ce que la poésie?[3]

Au cours d'une enquête, quelques poètes canadiens ont expliqué ce que c'était, à leurs yeux, que la poésie. Voici la Définition de la poésie *donnée par Michèle Lalonde, poétesse québécoise, dans* Témoignages des poètes canadiens-français *de Cécile Cloutier-Wojciechowska.*

La poésie est, essentiellement, réinvention du langage, dévoilement d'un sens caché des choses à travers les formes ré-assumées, re-valorisées, re-créées du langage. J'irais jusqu'à dire de l'expression poétique qu'elle est l'art du double, du multiple sens; elle s'exerce simultanément sur au moins deux claviers: le propre, le figuré. Les mots ayant à   5
la fois valeur de signes — désignations directes d'objets extérieurs — et valeurs d'objets eux-mêmes que l'acte d'écrire met en rapport les uns avec les autres. De ces rapports, de la logique interne du poème, surgit un sens nouveau, inattendu, que le lecteur à son tour découvre, ré-invente pour son propre compte. Un très bon poème est une oeuvre   10
polydimensionnelle. C'est ce qui explique la multiplicité d'interprétations à laquelle se prêtent les grandes oeuvres, que l'on peut, justement, qualifier d'inépuisables parce qu'elles impliquent encore infiniment plus qu'elles n'explicitent.

Répondez aux questions suivantes.

1. Que veut dire *le propre*?
2. Que veut dire *le figuré*?
3. Pourquoi peut-on dire qu'un très bon poème est *une oeuvre polydimensionnelle*?
4. Pourquoi les grandes oeuvres se prêtent-elles à une *multiplicité d'interprétations*?

Chanson

Le poème intitulé Chanson *a paru dans le recueil* Étraves *de Gilles Vigneault. Ce poète québécois très célèbre est aussi chanteur, compositeur, raconteur.*

> J'ai fait mon ciel d'un nuage
> Et ma forêt d'un roseau.
> J'ai fait mon plus long voyage
> Sur une herbe d'un ruisseau.

---

[3] Voir Appendice D, Notes sur la versification française.

D'un peu de ciment: la ville.   5
D'une flaque d'eau: la mer.
D'un caillou, j'ai fait mon île
D'un glaçon, j'ai fait l'hiver.

Et chacun de vos silences
Est un adieu sans retour,   10
Un moment d'indifférence
Toute une peine d'amour.

C'est ainsi que lorsque j'ose
Offrir à votre beauté
Une rose, en cette rose   15
Sont tous les jardins d'été.

1. Quel est le thème de ce poème?
2. Comment Vigneault développe-t-il ce thème dans le poème?
3. En quoi ce poème convient-il à la définition de la poésie proposée par Michèle Lalonde?
4. Dressez la liste des mots qui riment.

▌Qu'en avez-vous fait?

Ce poème est de Marceline Desbordes-Valmore, poétesse française du commencement du dix-neuvième siècle. Elle est célèbre pour ses poèmes d'amour d'une beauté et d'une simplicité peu ordinaires.

Vous aviez mon cœur,
Moi, j'avais le vôtre :
Un cœur pour un cœur;
Bonheur pour bonheur!

Le vôtre est rendu,   5
Je n'en ai plus d'autre,
Le vôtre est rendu,
Le mien est perdu!

La feuille et la fleur
Et le fruit lui-même,   10
La feuille et la fleur,
L'encens, la couleur :

Qu'en avez-vous fait,
Mon maître suprême?
Qu'en avez-vous fait,   15
De ce doux bienfait?

Comme un pauvre enfant
Quitté par sa mère,
Comme un pauvre enfant
Que rien ne défend,   20

Vous me laissez là,
Dans ma vie amère;
Vous me laissez là,
Et Dieu voit cela!

Savez-vous qu'un jour   25
L'homme est seul au monde?
Savez-vous qu'un jour
Il revoit l'amour?

Vous appellerez,
Sans qu'on vous réponde;   30
Vous appellerez,
Et vous songerez! . . .

Vous viendrez rêvant
Sonner à ma porte;
Ami comme avant,   35
Vous viendrez rêvant.

Et l'on vous dira:
«Personne! . . . elle est morte.»
On vous le dira;
Mais qui vous plaindra?   40

1. Quel est le thème de ce poème?

2. Relevez les mots qui riment, dans chaque strophe et dans le poème entier.

3. *Mon maître suprême* — Qu'est-ce que ces mots révèlent de la poétesse elle-même et de l'époque où elle a vécu? Qu'est-ce qu'une femme de nos jours aurait écrit?

4. Que pouvez-vous dire au sujet de la structure des phrases et du choix de vocabulaire?

5. Ce poème vous plaît-il? Oui ou non? Pourquoi? En répondant, servez-vous autant que possible de pronoms toniques et possessifs.

Rose d'automne

Ce poème, du poète canadien français Nérée Beauchemin, a paru dans son re-cueil intitulé Patrie intime.

Aux branches que l'air rouille et que le gel mordore,
Comme par un prodige inouï du soleil,
Avec plus de langueur et plus de charme encore,
Les roses du parterre ouvrent leur coeur vermeil.   5

Dans sa corbeille d'or, août cueillit les dernières:
Les pétales de pourpre ont jonché le gazon.
Mais voici que, soudain, les touffes printanières
Embaument les matins de l'arrière-saison.   10

Les bosquets sont ravis, le ciel même s'étonne
De voir, sur le rosier qui ne veut pas mourir,
Malgré le vent, la pluie et le givre d'automne,
Les boutons, tout gonflés d'un sang rouge, fleurir.   15

En ces fleurs que le soir mélancolique étale,
C'est l'âme des printemps fanés qui, pour un jour,
Remonte, et de corolle en corolle s'exhale,
Comme soupirs de rêve et sourires d'amour.   20

Tardives floraisons du jardin qui décline,
Vous avez la douceur exquise et le parfum
Des anciens souvenirs, si doux malgré l'épine
De l'illusion morte et du bonheur défunt.   25

1. Qu'est-ce que le poète nous raconte dans ce poème?
2. Le poème se construit à partir de certaines oppositions — printemps, automne et ainsi de suite. Dressez la liste des oppositions et commen-tez-les.
3. Que pensez-vous du style imagé de l'auteur? Qu'est-ce qui vous y frappe? Pourquoi?
4. À votre avis, ce poème illustre-t-il la définition de la poésie offerte par Michèle Lalonde? Expliquez.

Travaux

1. Répondez aux questions suivantes en remplaçant les expressions en italiques par le pronom personnel approprié.

   Modèle: Est-ce que tu téléphones souvent à **ta fiancée? Oui,** . . .
   Oui, je **lui** téléphone souvent.

   a. Est-ce que tu écris souvent à *ta bien-aimée? Oui,* . . .
   b. Est-ce que tu penses à *l'avenir? Parfois* . . .
   c. Est-ce que tu penses à *ta future épouse? Oui,* . . .
   d. Est-ce que tu crois que *vous vivrez toujours heureux? Non,* . . .
   e. Est-ce que tu espères *acheter un jour une petite maison? Oui,* . . .
   f. Est-ce que tu as besoin d'*argent? Oui, comme toujours,* . . .
   g. Est-ce que tu fais attention à *ce que disent tes copains? Non,* . . .
   h. Est-ce que tu fais attention à *ton fiancé? Certainement,* . . .
   i. Est-ce que tu te moques *des conseils offerts par tes amis? Oui,* . . .
   j. Est-ce que tu te moques de *tes amis? Non, jamais,* . . .
   k. Est-ce que tu te méfies de *ceux qui donnent des conseils? Non,* . . .
   l. Est-ce que tu fais attention à *ce que disent tes parents? De temps en temps* . . .
   m. Est-ce que tu tiens à *m'inviter à la cérémonie? Bien sûr que oui* . . .
   n. Est-ce que vous vous rendez à *Victoria* pour votre voyage de noces? *Oui,* . . .

2. Répondez au négatif aux questions suivantes en substituant aux expressions en italiques le pronom personnel approprié.

   Modèle: Est-ce que tu as épousé **le prince charmant?**
   Non, je ne **l'**ai pas épousé.

   a. Est-ce que tu as présenté *ton fiancé* à *tes amies?*
   b. Est-ce que tu t'ennuies de *tous ces préparatifs de mariage?*
   c. Est-ce que tu t'intéresses à *ce que fait ton futur mari?*
   d. Est-ce que tu t'intéresses à *ses copains?*
   e. Est-ce que tu te plairais à *rester à la maison tous les jours?*
   f. Est-ce que tu penses à *abandonner ta carrière personnelle?*
   g. Est-ce que tu penses à *celles qui t'ont déconseillé le mariage?*

h. Est-ce que tu t'apercevras de *ce qui se passera autour de toi le jour de ton mariage*?

i. Est-ce que tu compteras beaucoup sur *ta demoiselle d'honneur*?

j. Est-ce que tu te souviendras de *la cérémonie*?

k. Est-ce que tu oublieras *le jour de ton mariage*?

3. Répondez aux questions suivantes en indiquant qu'on peut ou qu'on ne peut pas faire telle ou telle chose.

   Modèle: Est-ce que vous comprenez les vôtres? **Non, je** . . .
   Non, je ne peux pas comprendre les miens.

   a. Voulez-vous être des nôtres ce soir? *Oui, je* . . .
   b. Est-ce qu'il y met du sien? *Non, mais tu* . . .
   c. Est-ce qu'elle continue à faire des siennes? *Oui, et nous* . . .
   d. Rentre-t-elle chez les siens? *Non, mais vous* . . .
   e. Voulez-vous y mettre du vôtre? *Oui, je* . . .
   f. Osons-nous faire des nôtres? *Non, mais elles* . . .
   g. Veux-tu toujours faire des tiennes? *Non, mais il* . . .

▌Thèmes

1. Traduisez en français les phrases suivantes.

   a. A young African poet is going to give a lecture on poetry tomorrow.
   b. I'm going to meet him at the airport tomorrow morning and go with him to the university.
   c. He says he will answer questions after the lecture, so you and I will be able to find out about different kinds of poetry.
   d. There will be a lot of questions because many students are going to the lecture.
   e. Their questions will be about problems of versification.
   f. Mine will be about imitative harmony. Yours, I'm sure, will deal with the polydimensional nature of poetry.
   g. I'm impressed with the work you do. You know a lot about poetry.

2. Traduisez en français le passage suivant. Évitez la traduction littérale.

   You know him from his records. *He*'s the singer with the strange, hoarse voice, singing those haunting lyrics. You think you understand the words. After all, most songs are not very complicated, are they? But wake up! Don't be misled! His all have secret meanings. The words fuse together. They hide different ideas at different levels of interpretation. Remember the deceptively simple lines of "Qu'il est difficile d'aimer!", the challenging "Mon pays, c'est l'hiver," or the tender "Gens du pays." And then, you are lucky enough to see him, on stage or on T.V.! The long white hair streams behind him as he strides across the stage, blue eyes blazing, microphone in hand, head thrown back as he gives himself wholeheartedly to his songs. *His* concerts are unforgettable.

À vous la parole

Vocabulaire supplémentaire

Pour exprimer un avis

J'aime ça. Ça me plaît. Je déteste ça.
Je préfère . . . J'aime mieux . . .
Ça ne me fait rien. Cela m'est égal.
N'importe. Cela ne me regarde pas. C'est possible.
Comme tu veux. Peut-être.
Je ne comprends pas . . . Je m'intéresse à . . .
Je veux dire que . . . C'est à dire que . . .
Voyons un peu . . . Disons que . . .
Comparez ces exemples. Regardez ces exemples.
Prenez un exemple.

Pour parler de la poésie

le vers, les vers, la strophe, la rime, le rythme, le refrain,
l'harmonie imitative, la poésie lyrique, épique, didactique,
satirique, dramatique, le poème, le poème en prose,
la chanson d'amour

Pour parler de l'amitié

l'ami(e), l'amant(e), tomber (être) amoureux de quelqu'un, aimer,
embrasser, donner des baisers, faire une bise à quelqu'un, le chum,
le copain / la copine, le compagnon / la compagne,

le petit ami / la petite amie, sortir quelqu'un, faire la cour,
se fiancer, les fiançailles, être fiancé(e), épouser quelqu'un,
se marier avec quelqu'un, marier, le mariage,
le futur marié / la future mariée, le jeune marié / la jeune mariée,
l'époux / l'épouse, l'homosexuel, la lesbienne, le/la divorcé(e),
le/la célibataire, la Saint-Valentin

▌ Dialogues

Inventez le dialogue d'une des saynètes suivantes. Utilisez autant que
possible les pronoms toniques et possessifs.

1. **Poème d'amour**
   la femme; le poète
   La femme se voit offensée parce que le poète ne parle que de sa beauté.
   Inventez la scène où elle critique le poète, les idées qu'il exprime et le vocabulaire dont il se sert. Lui, bien entendu, cherche à se justifier.

2. **Poème satirique**
   un(e) ami(e); la poétesse
   L'ami(e) à qui la poétesse montre son poème ne comprend pas le sens des
   vers et pose toutes sortes de questions. La poétesse, un peu agacée, répond à toutes ces questions et en pose à son tour.

▌ Décisions

Essayez de résoudre le problème suivant.

Vous avez écrit des poèmes et vous avez de bonnes chances de les faire publier. Mais vous craignez que vos ami(e)s ne se moquent de vous s'ils (si elles) savent que vous passez vos moments de loisir à faire des vers. Allez-
vous essayer de faire publier vos poèmes? Expliquez votre choix.

▌ Discussions

Développez les sujets suivants.

1. Autrefois la poésie avait un rôle très important à jouer dans la société. On
   racontait en vers l'histoire du pays et les exploits des héros. On écrivait
   des pièces en vers et on les montait sur la scène. Par des vers satiriques on
   s'attaquait au gouvernement et aux mœurs. Mais de nos jours on s'intéresse de moins en moins à la poésie. Pourquoi?

2. Le poème d'amour qu'un poète adresse à sa bien-aimée, est-il l'indice de l'anti-féminisme?

3. La chanson populaire de nos jours et la poésie.

4. *La poésie est réinvention du langage, dévoilement d'un sens caché des choses à travers les formes ré-assumées, re-valorisées, re-créées du langage.* Michèle Lalonde a-t-elle raison? Qu'en pensez-vous, vous-même? Rapportez-vous, autant que possible, aux poèmes que vous avez lus en anglais et en français.

▌Compositions

Choisissez *un* des sujets suivants. Faites un plan avant de commencer à écrire.

1. *Rose d'automne*
   Un très bon poème est une œuvre polydimensionnelle, dit Michèle Lalonde. Cette définition s'applique-t-elle au poème de Nérée Beauchemin? Comment?

2. *Qu'en avez-vous fait?*
   Inspirez-vous de ce poème pour écrire une lettre que vous pourriez envoyer à votre bien-aimé(e).

3. Composez un petit poème sur le thème de votre choix.

4. Pour moi, la poésie c'est . . .

7 Découvertes

Musée du Louvre

Éléments de langue

Les pronoms relatifs
   Formes
   Place
   Sujet de la subordonnée
   Complément d'objet direct
   Complement d'une preposition
   Dont
La mise en relief

Situation

Une enfant qui a reçu son éducation à la maison et dans les musées, non pas à l'école
L'influence du parent
Le goût de la lecture, des langues anciennes, de l'histoire
Texte: **Découvertes** — extrait de *Les Yeux ouverts* de Marguerite Yourcenar

Activités de communication

Relier les idées en les subordonnant les unes aux autres
Mettre des idées ou des mots en relief

Discuter de l'apprentissage d'une culture
Évaluer l'enseignement primaire, secondaire et universitaire
Comparer l'enseignement traditionnel et l'enseignement électronique
Identifier des problèmes dans le système scolaire actuel chez vous
Décrire et évaluer le rôle des parents dans le système scolaire actuel

Les pronoms relatifs

Vous voulez ajouter des détails afin de préciser ce que vous avez dit? Vous voulez signaler les rapports logiques entre deux propositions ou deux idées? C'est le pronom relatif qu'il vous faut.

> "Et les langues anciennes, vous les avez abordées à quel âge?"
> "Le latin vers dix ans, le grec vers douze ans.
> C'est mon père *qui* me les a apprises, et ensuite j'ai eu des professeurs *qui* venaient à la maison."
>
> **Marguerite Yourcenar**

Les pronoms relatifs marquent des relations et des rapports. Ils représentent un nom, un pronom, une idée, une proposition. Ils permettent de rattacher deux phrases en subordonnant l'une à l'autre. Ainsi ils aident à modifier et à préciser le sens de la phrase.

> Je connais le professeur. Il vous apprend la chimie.
> *I know the professor. He teaches you chemistry.*

> Je connais le professeur **qui** vous apprend la chimie.
> *I know the professor who teaches you chemistry.*

Les formes du pronom relatif[1]

Le pronom relatif présente des formes simples (**qui, que, quoi, dont**) et aussi des formes composées (**lequel, laquelle, lesquels, lesquelles**). Les formes simples, qui sont invariables, sont de loin les plus fréquentes. Choisissez-les de préférence.

> Le reporter **qui** est venu vous interviewer est de Vancouver.
> *The reporter who came to interview you is from Vancouver.*

> Le musée **que** nous allons visiter est ouvert toute l'année.
> *The museum (that) we are going to visit is open all year.*

> L'exposition **dont** je vous ai parlé se trouve à Ottawa.
> *The exhibition I was telling you about is in Ottawa.*

Les formes composées sont variables et s'accordent en genre et en nombre avec l'antécédent. Précédées de la préposition à ou **de**, les formes se con-

---

[1] *who, whom, that, which, what*

tractent: **auquel, auxquels, auxquelles, duquel, desquels, desquelles.**

L'envoyée spéciale **à laquelle** je m'adressais vient du Québec.
The special correspondent I was speaking to comes from Quebec.

Les événements **desquels** il parlait ont eu lieu hier.
The events he was speaking of took place yesterday.

TABLEAU 7-1   Les pronoms relatifs

	une personne	une chose (objet, animal, plante)	une idée (proposition)
sujet	qui	qui	ce qui
complément d'objet direct	que	que	ce que
complément d'une préposition	qui lequel laquelle lesquels lesquelles	lequel laquelle lesquels lesquelles	(ce)... quoi
complément de la préposition **de**	dont duquel de laquelle desquels desquelles	dont duquel de laquelle desquels desquelles	ce dont

La place du pronom relatif

1. Mettez le pronom relatif *au début de la proposition subordonnée*.

Je me suis inscrite aux cours de français **qu'**on offre cet été à Trois-Pistoles.
I've registered for the French courses that are given this summer at Trois-Pistoles.

Mettez-le *aussi près que possible de l'antécédent* auquel il se rapporte.

Les cours de français **que** j'ai suivis m'ont permis de m'inscrire à l'université **dont** vous m'avez parlé.
The French courses (that) I took allowed me to register at the university you told me about.

Le professeur franco-ontarien **qui** a fait ce cours nous a encouragés à parler français.
The Franco-ontarian professor who gave that course encouraged us to speak French.

2. S'il y a une préposition qui gouverne le pronom, mettez le pronom *après la préposition* au commencement de la proposition subordonnée. (Le plus souvent, l'anglais courant met la préposition à la fin de la proposition.)

> L'animateur **à qui** je parlais est italien.
> *The leader I was speaking to is Italian.*

> Le sac **dans lequel** ils avait fourré toutes ses affaires s'est déchiré.
> *The bag which he'd stuffed all his things into got torn.*

Le pronom relatif, sujet de la subordonnée

1. Le pronom relatif, sujet d'un verbe subordonné, est **qui** (*who, that, which*). **Qui** se rapporte aux personnes et aux choses.

> D'où vient le boursier **qui** est arrivé hier?
> *Where does the scholarship winner who arrived yesterday come from?*

> Les manuels **qui** ont été commandés au mois de juin ne sont pas encore arrivés.
> *The texts which were ordered in June have not yet arrived.*

2. Exceptionnellement, l'emploi de **qui** produit une phrase dont le sens n'est pas clair:

> Il a offert des fleurs à la cousine de son ami qui était de passage à Ottawa.
> *He gave some flowers to his friend's cousin who was passing through Ottawa.*

Si vous voulez nous faire comprendre que c'était la *cousine* qui était de passage, employez la *forme composée* du pronom relatif: **laquelle**.

> Il a offert des fleurs à sa cousine de son ami **laquelle** était de passage à Ottawa.

3. Mettez le verbe subordonné au nombre et à la personne de l'antécédent du pronom relatif.

> C'est **lui** qui **a fait** cela.
> *He did that.*

> C'est **moi** qui **ai répondu**.
> *I was the one who answered.*

> **Nous,** qui l'**avons** toujours **appuyé, nous** lui avons parlé.
> *We, who have always supported him, spoke to him.*

4. Si l'antécédent est une idée ou une proposition, mettez **ce** devant le pronom relatif.

> Nous devons voyager la nuit, **ce qui** me déplaît.
> *We have to travel at night, which doesn't please me.*
> (**Ce** représente la proposition *nous devons voyager la nuit*; **qui** est sujet du verbe *déplaît*.)

> Il n'a pas répondu à sa lettre, **ce qui** l'a désolée.
> *He hasn't answered her letter, which upset her.*
> (**Ce** représente la proposition *il n'a pas répondu à sa lettre*; **qui** est sujet du verbe *a désolée*.)

> Elle nous a raconté **ce qui** lui était arrivé pendant les vacances.
> *She told us what had happened to her during the holidays.*
> (**Ce** se rapporte à une idée générale; **qui** est sujet du verbe *est arrivé*.)

Le pronom relatif, complément d'objet direct

1. Le pronom relatif, complément d'objet direct du verbe subordonné, est **que** (*whom, that, which*). **Que** se rapporte aux personnes ainsi qu'aux choses.

> La gouvernante **que** vous avez embauchée vous attend.
> *The governess you hired is waiting for you.*

> Où sont les cassettes **que** vous avez achetées hier?
> *Where are the tapes you bought yesterday?*

2. L'emploi du relatif **que** est *obligatoire en français*, tandis qu'en anglais il est facultatif.

> Vous trouverez dans la salle de classe le magnétophone **que** vous aviez commandé.
> *You will find the tape recorder (that) you ordered in the classroom.*

3. Normalement, dans la subordonné, le sujet précède le verbe. Il est possible, toutefois, de mettre le verbe *avant le sujet*, surtout si le verbe est modifié. Ce tour s'emploie dans le style littéraire plutôt que dans le style familier.

> Les livres **que nous envoie le libraire** arrivent le lundi matin.
> *The books the bookseller sends us arrive every Monday morning.*

4. Attention à *l'accord du participe passé* si le verbe subordonné se met à un temps composé. Le pronom **que** est complément d'objet direct et précède le verbe. Il représente un substantif dont le genre et le nombre déterminent l'accord du participe passé.

> Avez-vous jamais revu **l'actrice que** vous avez **rencontrée** en Australie?
> *Did you ever see the actress you met in Australia again?*
>
> Les **photos** que vous avez **prises** en voyage sont-elles bonnes?
> *Are the pictures you took on your trip good?*

5. Si l'antécédent du pronom relatif est une idée ou une proposition, mettez **ce** devant le pronom objet.

> Je viens de visiter le musée, **ce que** je fais tous les ans.
> *I have just visited the museum, which I do every year.*
> (**Ce** se rapporte à la proposition *je viens de visiter le musée*; **qui** est complément d'objet du verbe *fais*.)
>
> **Ce** qu'elle dit est faux.
> *What she is saying is untrue.*
> (**Ce** se rapporte à une idée générale; **que** est complément du verbe *dit*.)

ALLEZ-Y, exercice 1

Le pronom relatif, complément d'une préposition

Choisissez le pronom d'après l'antécédent.

L'antécédent est une personne. Le pronom relatif, complément d'objet d'une préposition, est **qui** ou **lequel** (*whom*). **Qui** est invariable, mais **lequel** doit s'accorder en genre et en nombre avec l'antécédent. Employez **qui** de préférence.

> Mes amis **sur qui** je comptais ont refusé d'appuyer ma demande.
> Mes amis **sur lesquels** je comptais ont refusé d'appuyer ma demande.
> *My friends (whom) I was counting on refused to support my request.*

Après **parmi** et **entre**, l'emploi d'une forme du pronom composé **lequel** est obligatoire.

L'antécedent est une chose. Employez **lequel**. Si la préposition est **de**, employez **dont** ou **de + lequel**.

L'antécédent est une idée ou une proposition. Tout dépend de la préposition exigée par le verbe subordonné.

1. Le verbe subordonné est suivi de la préposition **de**. Employez **dont** ou **de quoi**. Mettez **ce** devant ces expressions. **Ce dont** est préférable à **ce de quoi**.

> Il va partir sans nous parler, **ce dont** je m'étonne.
> Il va partir sans nous parler, **ce de quoi** je m'étonne.
> *He's going to leave without speaking to us, which surprises me.*

> **Ce dont** il a peur, c'est la maladie.
> *What he is afraid of is illness.*

2. Le verbe subordonné est suivi d'une préposition autre que **de**. Vous pouvez mettre **ce** devant la préposition mais dans la langue de tous les jours on le laisse tomber. Il faut l'employer toutefois si la préposition se trouve au *commencement* de la phrase.

> Elle refuse de nous dire **(ce) contre quoi** elle proteste.
> *She refuses to tell us what she is protesting against.*

> **Ce contre quoi** ils protestent m'étonne.
> *What they are protesting against surprises me.*

> ALLEZ-Y, exercice 2

Le pronom relatif *dont*

Dont représente un pronom relatif précédé de la préposition **de**. Il est invariable et se rapporte aux personnes, aux choses, et aux idées. Il se met toujours au début de la proposition. *Aucune préposition ne doit le précéder.*

> C'est le jeune professeur **dont** je vous ai parlé.
> *He's the young professor I spoke to you about.*

Nous avons eu des contretemps **dont** je ne suis pas contente.
We've had delays I'm not happy about.

N'oubliez pas les variantes que vous pouvez utiliser.

C'est elle la directrice **dont** j'ai un peu peur.
C'est elle la directrice **de qui** j'ai un peu peur.
C'est elle la directrice **de laquelle** j'ai un peu peur.
She's the principal I'm a little afraid of.

Il va vous prêter les documents **dont** vous aurez besoin.
Il va vous prêter les documents **desquels** vous aurez besoin.
He is going to lend you the papers you'll need.

Si **dont** se réfère à une proposition, faites-le précéder de **ce.**

▌Quand faut-il employer *dont?*

1. Employez **dont** si le verbe subordonné se complète par la préposition **de.**
   Mais notez que l'équivalent anglais de ce verbe subordonné peut se compléter par *of, about, from, in,* sans parler des cas où le verbe subordonné
   anglais n'exige pas de préposition.

   Le palais **dont** il rêvait se trouve en Europe.
   (Il rêvait **du** palais.)
   The palace he used to dream about is in Europe.

   La maladie **dont** vous souffrez n'est pas contagieuse.
   (Vous souffrez **d'**une maladie.)
   The illness you are suffering from isn't contagious.

   Les fusils **dont** tu as peur ont été rangés.
   (Tu as peur **des** fusils.)
   The guns you are afraid of have been put away.

   Les tableaux **dont** je me souviens sont à Winnipeg.
   (Je me souviens **des** tableaux.)
   The pictures I remember are in Winnipeg.

   Les livres **dont** elle a envie coûtent cher.
   (Elle a envie **de** ces livres.)
   The books she wants are expensive.

2. Employez **dont** pour indiquer la possession, la provenance ou la manière.
   Le pronom traduit ici les expressions anglaises *whose, of whom, from
   whom, of which, in which.*

Connaissez-vous le jeune homme **dont** la soeur est violoniste?
(La soeur **du** jeune homme est violoniste.)
Do you know the young man whose sister is a violinist?

La femme **dont** la maison se trouve à côté de la mienne aime jardiner.
(La maison **de** la femme est à côte de la mienne.)
The woman whose house is beside mine likes gardening.

Les Japonais **dont** ils sont descendus étaient arrivés au début du siècle.
(Ils sont descendus **de** ces Japonais.)
The Japanese they are descended from arrived at the beginning of the century.

La façon **dont** il vous a répondu m'a beaucoup surpris.
(Il vous a répondu **d'**une certaine façon.)
The way he answered you surprised me a lot.

▌Quand faut-il éviter *dont?*

1. N'employez pas **dont** si une préposition (autre que **de**) introduit la subordonnée. Utilisez le pronom **qui** ou une des formes de **lequel**. Rappelez-vous bien que **dont** doit toujours se mettre au début de la proposition.

    Connaissez-vous l'avocat **avec** le fils **de qui** vous comptez partir en voyage?
    Connaissez-vous l'avocat **avec** le fils **duquel** vous comptez partir en voyage?
    Do you know the lawyer with whose son you intend to travel?

    L'autobus, **sur** le siège arrière **duquel** je m'étais étendu, est tombé en panne.
    The bus, on the rear seat of which I had stretched out, broke down.

Dans la conversation, on cherche à éviter cette tournure un peu lourde. On dirait plutôt:

    Finalement, je me suis étendu sur le siège arrière de l'autobus. Et tout de suite l'autobus est tombé en panne.

2. N'employez pas **dont** pour indiquer la provenance si vous parlez d'un lieu géographique. Utilisez **d'où.**

    Saint-Malo est le port **d'où** Jacques Cartier est parti pour le Canada.
    St. Malo is the port from which Jacques Cartier set out for Canada.

3. N'employez pas **dont** dans les phrases où il y a une interrogation implicite. **Dont** est un pronom relatif, pas interrogatif.

> Elle ne sait pas **de qui** vous parlez.
> (**De qui** parlez-vous?)
> *She doesn't know whom you're talking about.*

> Je ne sais pas **de quoi** vous parlez.
> (**De quoi** parlez-vous?)
> *I don't know what you are talking about.*

ALLEZ-Y,   exercices 3, 4

La mise en relief

Comment met-on en relief un mot ou une idée en français? Et comment le fait-on à la française, pas à l'anglaise?

> *L'arithmétique, ce* n'était pas mon fort . . . **Nous occupions un appartement au premier étage** . . .
> *Là,* j'ai pas mal lu.
>
> **Marguerite Yourcenar**

▌Principes

Mettre un mot en relief est facile en anglais. En parlant, l'anglophone fait ressortir un mot ou une syllabe du reste de la phrase en les prononçant avec force. À lui de décider du mot ou de la syllabe à mettre en valeur. À l'écrit, on souligne le mot ou la syllabe, ou les met en italiques ou en lettres majuscules.

Le francophone, lui, ne jouit pas d'une telle liberté. La structure même de la langue française lui défend de mettre en relief n'importe quelle syllabe. En français, la phrase se divise en groupes rythmiques. Dans chaque groupe rythmique toutes les syllabes sont de valeur égale sauf la dernière. Celle-ci porte l'accent: *l'accent tonique.*

Groupes rythmiques avec accent tonique

une mai**son**   *mais*   une maison **blanche**
Hier   je vous ai **vu**   au Musée de l'**homme**.

Normalement, en français, on appuie uniquement sur le mot qui se trouve à la fin du groupe rythmique, et uniquement sur la dernière syllabe prononcée de ce mot. Pour mettre un mot en relief, il faut tirer parti de l'accent tonique. Le francophone refait les phrases afin de mettre le mot à souligner à la fin du groupe rythmique. L'accent tonique met automatiquement ce mot en valeur.

Prenons un exemple. Si vous tenez à mettre en relief **my** et **yours** dans la phrase suivante, vous prononcez ces mots avec plus de force et sur une note plus élévée que d'habitude.

My prof told me so. **Your** friend wasn't there.

Mais ces phrases, traduites littéralement en français, ne révèlent rien de votre intention.

Mon **prof** me l'a **dit.** Votre ami n'y était **pas.**

Il faut refaire les phrases françaises de façon à placer les mots à souligner à la fin d'un groupe rythmique. Ils bénéficient alors de l'accent tonique et rendent bien votre idée.

Mon prof à **moi** me l'a **dit**. Votre ami à **vous** n'y était **pas**.

▍Formules

Les tournures suivantes peuvent vous aider à refaire les phrases afin de mettre un mot en valeur.

Utilisez le pronom tonique.

• Employer le pronom tonique seul, sans verbe.

Qui a fait cela? **Lui.**
Who did that? ***He** (did).*

• Mettez-le à côté du pronom personnel.

Moi, j'ai raison; **vous,** vous avez tort.
*I am right; **you** are wrong.*

Toi, tu le feras.
***You** will do it.*

• Ajoutez un adjectif (*autre, même, seul*) au pronom tonique. N'oubliez pas de faire l'accord si le pronom est au pluriel.

Moi seul, je peux vous le faire comprendre.
*I **alone** can make you understand.*

Vous-mêmes, vous n'avez rien compris.
***You yourselves** haven't understood anything.*

• Employez le pronom tonique précédé de la préposition **à** pour mettre en valeur l'idée de la possession.

C'est **à lui,** pas **à vous.**
*It's **his,** not **yours.***

Changez l'ordre normal de la phrase. Vous pouvez mettre le complément d'objet direct au début de la phrase, ou bien à la fin. Mais n'oubliez pas d'ajouter, à la place normale du complément, un pronom qui le représente.

Cet archéologue, je l'admire beaucoup.
Je l'admire beaucoup, **cet archéologue.**
*I really admire **that archeologist.***

Apprendre par coeur les dates, je déteste **ça.**
Je déteste **ça, apprendre par coeur les dates.**
*I hate **learning dates.***

Ajoutez une expression présentative. Il y a plusieurs expressions qui attirent notre attention sur le mot que vous voulez mettre en valeur.

- **c'est . . . qui/que, ce sont . . . qui/que:**

  C'est le sociologue **qui** est venu vous voir.
  ***The sociologist** came to see you.*

  C'est à moi **que** vous parlez.
  *You are speaking to **me.***

Notez qu'il faut toujours une proposition subordonnée relative qui complète le sens de la phrase. **C'est . . . que** et **c'est . . . qui** restent toujours au présent même quand le verbe subordonné est au passé ou au futur. Ces expressions mettent en valeur les substantifs ou les pronoms — mais jamais les verbes.

- **voici, voilà, il y a, quant à:**

  Quant à elle, elle croit que vous avez raison.
  ***She** believes you are right.*

  Il y a des fois que je ne vous comprends pas.
  (**Des fois** je ne vous comprends pas.)
  ***Sometimes** I don't understand you.*

  Voilà des années que je ne l'ai pas vue.
  *I haven't seen her **for years and years.***

Mettez l'adverbe au début de la phrase. Les adverbes qui se prêtent à cette transposition sont **jamais, souvent, partout, en vain.**

  Jamais je ne m'ennuie.
  *I'm **never** bored.*

  Partout elle voyait des ennemis.
  *She saw enemies **everywhere.***

Répétez un mot ou une expression.

  Les voilà! les voilà!
  ***There** they are!*

  Elle est **très, très** bien!
  *She is **very** nice!*

  Oui, oui, oui! Je vous crois.
  Yes! I believe you.

Servez-vous de l'accent d'insistance. L'accent d'insistance est un accent oral qui se trouve seulement dans la langue parlée. Il sert à mettre un mot (adjectif ou adverbe) en relief. On ne change rien à l'ordre normal des mots ni à la place de l'accent tonique. Mais on appuie sur la première ou la deuxième syllabe du mot, la prononçant assez lentement et sur une note plus élevée qu'à l'ordinaire.

> **For**midable!
> *Amazing!*
>
> C'est **ex**traordinaire!
> C'est **extraor**dinaire!
> *It's extraordinary!*
>
> Que c'est **ma**gnifique!
> *How magnificent it is!*
>
> C'est **telle**ment beau!
> *It's so beautiful!*

ALLEZ-Y, exercices 5, 6

Maintenant, c'est à vous!

▌Allez-y!

1. Complétez les phrases suivantes au moyen du pronom relatif.

   Modèle: Je vais vous raconter le voyage . . . j'ai fait.
   Je vais vous raconter le voyage **que** j'ai fait.

   a. Le voyage . . . j'allais entreprendre était assez hasardeux.
   b. Oui, j'avais toujours les billets . . . j'avais achetés la veille.
   c. La jeune femme . . . était assise à côté de moi ne m'était pas inconnue.
   d. "Je n'aime pas les voyages . . . on fait à l'improviste," m'a-t-elle confié.
   e. "Avez-vous votre passeport?" ai-je demandé à cette jeune femme . . . avait l'air un peu inquiet.
   f. "Oui, a-t-elle répondu. Savez-vous . . . me plaît surtout? J'aime passer des mois à me renseigner sur les pays . . . je vais visiter."
   g. Puis elle a ajouté: "Surtout, ne dites jamais aux autres . . . je vous ai confié. On va se moquer de moi."
   h. "Je n'en dirai rien, ai-je répondu. Mais, vous savez, moi aussi je me documente. Je collectionne les vieux guides illustrés . . . je trouve dans les librairies en ville."
   i. Et j'ai continué: "Tous les libraires en ville . . . se spécialisent dans les livres d'occasion me connaissent bien."

2. Complétez les phrases suivantes en vous servant de la forme appropriée du pronom relatif. Si **où** peut remplacer la préposition suivie du pronom, employez-le comme variante.

   Modèle: Le parc dans . . . on va se réunir se trouve là-haut sur la colline.
   Le parc dans **lequel** on va se réunir se trouve là-haut sur la colline.
   Le parc **où** on va se réunir se trouve là-haut sur la colline.

   a. Avez-vous trouvé le panier dans . . . nous avons mis les sandwichs?
   b. La boîte dans . . . j'ai caché mon appareil photographique a disparu.
   c. Les spectateurs parmi . . . nous nous sommes trouvés attendaient sous une pluie diluvienne.
   d. Les deux candidats entre . . . il fallait choisir étaient eux-mêmes tout à fait trempés.

   e. Nos amis pour . . . on avait retenu des places ne sont pas arrivés.

   f. Que de malheurs! À l'époque à . . . tout ceci a eu lieu je faisais souvent des randonnées hors de la ville.

   g. Cette randonnée-ci, pendant . . . on avait compté assister à une réunion politique et puis faire un pique-nique, a été gâtée par la pluie.

   h. Ma copine ne pouvait pas se servir de sa boîte à couleurs ni de ses pinceaux à l'aide de . . . elle faisait de si jolies aquarelles.

   i. Elle aimait bien peindre le paysage devant elle tout en me décrivant le pays dans . . . elle avait vécu.

   j. Ce sera pour une autre fois. Rentrons! Et je me dirige vers ma voiture dans . . . nous pouvons nous réfugier contre la pluie.

3. Complétez les phrases suivantes au moyen du pronom relatif approprié en donnant autant de variantes que possible.

   Modèle: Le voyageur . . . je vous ai parlé arrivera demain.
           Le voyageur **dont** je vous ai parlé arrivera demain.
           Le voyageur **de qui** je vous ai parlé arrivera demain.
           Le voyageur **duquel** je vous ai parlé arrivera demain.

   a. Hier, j'ai vu l'économiste . . . vous m'avez parlé.

   b. Il nous a parlé d'un certain financier . . . j'ai oublié le nom.

   c. "Pouvez-vous nous fournir les renseignements . . . nous avons besoin?" lui ai-je demandé.

   d. "L'économie du pays . . . on parle commence à remonter," a-t-il répondu.

   e. "Les exportations . . . il faut augmenter le nombre nous avantageront tous."

   f. Les déchets industriels . . . il est question devraient être recyclés.

   g. Les événements . . . ils ont fait mention nous ont beaucoup choqués.

   h. Tout cela s'est passé dans un pays lointain . . . on a toujours un peu peur.

   i. Mais cette ville . . . vous venez de me raconter l'histoire se trouve dans les montagnes.

   j. On y termine la construction d'une maison . . . les plans ont été dressés par un architecte célèbre.

   k. Et l'artiste . . . vous admirez tant les toiles s'y installera pour y faire des peintures murales.

4. Complétez les phrases suivantes par **ce qui, ce que** ou **ce dont**.

   Modèle: . . . vous me dites m'inquiète.
           Ce que vous me dites m'inquiète.

   a. Il refuse de me croire, . . . me semble un peu bête.

   b. . . . arrive est inévitable.

   c. . . . il a peur n'arrivera jamais.

   d. . . . vous proposez ne sera pas acceptable.

   e. J'ai réussi à le voir, . . . je n'avais jamais pu faire auparavant.

   f. S'il refuse de me croire, . . . je n'accepte pas, je partirai immédiate-ment.

   g. . . . nous plaît c'est qu'il s'intéresse au voyage.

   h. Il fait toujours tout . . . on lui demande de faire.

   i. Tout . . . se passe attire notre attention.

   j. . . . il rêve ne peut pas se réaliser.

5. En vous servant du pronom tonique, mettez en relief le mot en italiques.

   Modèle: **Je** suis étudiante.

         Moi, je suis étudiante.

   a. *Il* est historien, *tu* es sociologue.

   b. *Il* sait déjà ce qu'il va faire.

   c. *Je* ne vais pas vous influencer.

   d. On sait qu'*il* est mathématicien.

   e. *Ses* affaires marchent bien ces jours-ci.

   f. Est-ce que *leurs* affaires réussissent aussi bien?

6. Mettez en relief le mot en italiques en vous servant du présentatif **C'est . . . qui/que** ou **Ce sont . . . qui/que**. N'oubliez pas de faire accorder le verbe comme il faut.

   Modèle: **Il** m'en a parlé.

         C'est lui qui m'en a parlé.

   a. Mon *père* m'a conseillé de le faire.

   b. Le *professeur* a beaucoup encouragé mes copains.

   c. Le professeur a voulu féliciter mes *copains*.

   d. Les *archéologues* sont partis faire des fouilles.

   e. Les *fouilles* attirent les archéologues.

   f. L'*ingénieur* a parlé aux journalistes.

   g. Les journalistes se sont intéressés à *l'expédition*.

   h. Les *journalistes* nous en ont donné des détails.

   i. *Je* peux vous renseigner sur ce sujet.

   j. *Tu* n'en sais rien.

Lecture

Découvertes   Texte extrait de *Les yeux ouverts* de Marguerite Yourcenar,[2] interviewée par Mathieu Galey

MATHIEU GALEY: *Est-ce votre père qui a pris la décision de ne pas vous envoyer à l'école?*

MARGUERITE YOURCENAR: Personne ne l'a prise. C'est une décision en quelque sorte négative. Les enfants élevés à la maison, à l'époque, cela n'avait rien de rare. J'ai eu bien sûr une série de gouvernantes, mais   5

---

[2] Marguerite Yourcenar (Crayencour): romancière, traductrice, historienne, née en Belgique, élevée en France et en Angleterre, la seule femme élue à l'Académie française à Paris.

celles-là ne comptaient pas beaucoup, je peux même dire qu'elles ne comptaient pas du tout. Elles m'apprenaient l'arithmétique, l'histoire de France, mais j'avais l'impression d'apprendre mieux moi-même, ce qui était vrai. L'arithmétique, ce n'était pas mon fort, je trouvais les problèmes bêtes: quelle somme de fruits obtient-on quand on remplit   10
un panier avec trois quarts de pommes, un huitième d'abricots et un deux-seizième de quelque chose d'autre? Je ne voyais pas le problème; je me demandais pourquoi on aurait arrangé un panier de cette façon-là, par conséquent c'était sans solution.

— *Vous lisiez beaucoup?*   15

— Ah! beaucoup. À l'époque, il y avait déjà des petits livres de poche à 10 centimes (d'alors) — je dois encore en avoir un que j'ai gardé depuis l'âge de 8 ans . . . Je les lisais avec passion.

— *Mais votre père vous laissait libre de lire tout ce que vous vouliez? Il ne vous conseillait pas dans vos lectures?*   20

— Il me lisait quelquefois des livres, des passages de Chateaubriand.[3] Il m'a lu aussi Marc Aurèle,[4] mais dans des circonstances un peu particulières: c'était en 1914, en août 1914. Nous venions d'arriver en Angleterre, fuyant les plages belges et le nord de la France, qui étaient naturellement coupés de Paris, où nous eussions   25
voulu rentrer. Il s'était mis dans la tête de m'apprendre l'anglais et il avait eu l'idée curieuse, prémonitoire, de me l'apprendre dans une traduction anglaise du *Manuel* de Marc Aurèle. Mais ce n'était pas un professeur. Imaginez l'effet de Marc Aurèle, en anglais, sur une enfant de onze ans qui ne comprenait pas un mot de cette langue. Je bafouil   30
lais, et au bout de deux leçons il a jeté Marc Aurèle par la fenêtre, ce qui montre que ce sage empereur romain ne lui avait pas appris la patience.

— *Et les langues anciennes, vous les avez abordées à quel âge?*

— Le latin vers dix ans, le grec vers douze ans. C'est mon père qui   35
me les a apprises, et ensuite j'ai eu des professeurs qui venaient à la maison. Mais c'est lui tout de même qui a commencé. C'était aussi pendant la guerre et il faisait très froid. Je n'ai jamais eu aussi froid qu'en ces temps-là, dans le Paris de 1915, où nous étions finalement rentrés, après avoir passé un an en Angleterre. Mon père s'était ins-   40

---

[3] Chateaubriand: romancier français du début du dix-neuvième siècle.

[4] Marc Aurèle: empereur romain, philosophe et auteur de *Pensées de Marc Aurèle,* un recueil de maximes et de réflexions écrit en grec.

tallé dans cette avenue d'Antin, qui est devenue depuis l'avenue
Victor-Emmanuel-III, puis l'avenue du Président-Roosevelt, en attendant qu'elle devienne l'avenue Mao un de ces jours . . . Au nᵒ 15, c'é-
tait une belle vieille maison du XIXᵉ siècle, avec une cour intérieure.
Nous occupions un appartement au premier étage sur cette cour. Là,   45
je n'ai pas mal lu, et surtout je suis allée dans les musées. Le déména-
gement de la campagne au Paris d'avant 1914, pour moi c'était mer-
veilleux, parce qu'il y avait les musées.

    — *N'avez-vous pas regretté le Mont-Noir[5]?*

    — J'étais trop jeune. Pour un enfant, toute nouveauté est belle. Là,   50
il y avait le Louvre,[6] il y avait Cluny,[7] les souterrains du musée de
Cluny, le palais des Thermes.[8] Pour moi, il y avait le commencement
du grand rêve de l'histoire, c'est-à-dire le monde de tous les vivants du
passé. Au Mont-Noir, je n'avais que l'église, pas très belle, et une
grotte transformée en chapelle, dans le parc; à la maison, quelques ta-   55
bleaux et quelques statuettes de bronze rapportés d'Italie par mon
grand-père. Mais c'était peu de chose, comparé aux églises de Paris et
au Louvre . . . Et puis, il y a eu Londres.
    Par Ostende, nous y étions finalement arrivés sur un paquebot plein
de réfugiés, et nous y sommes restés une année, près de Richmond.   60
Mais, enfin, on allait beaucoup à Londres, à la National Gallery, au
British Museum.

    — *Vous parlez des musées comme une autre parlerait du cinéma où on*
l'emmenait le jeudi.[9]

    — Au fond, il y a de cela. C'était la naissance d'une imagination. Je   65
le dis un peu légèrement, parce qu'il ne faut jamais s'appesantir, mais
cela soulève de très grands problèmes : l'imagination accepte ce à quoi
elle s'attache; mais il y a aussi je ne dirai pas ce qu'elle rejette, mais ce
qu'elle ignore, ce qu'elle laisse passer. Il y a des affinités, des choix,
qui ne sont pas faciles à expliquer. Notez d'ailleurs que j'ai eu moi   70
aussi ma période de passion pour le cinéma, entre vingt-cinq et trente-

---

[5] Le Mont Noir: petite ville en France où Marguerite Yourcenar a passé une partie de
son enfance.

[6] Le Louvre: ancienne résidence royale à Paris, commencé au treizième siècle, maintenant un des plus riches musées du monde.

[7] L'Hôtel de Cluny, à Paris, date du quinzième siècle. Il sert aujourd'hui de musée.

[8] Les ruines d'un palais se trouvent à côté de l'Hôtel de Cluny. Il y a aussi les ruines de
bains publics (les Thermes) construits par les Romains.

[9] Autrefois, le jeudi après-midi les élèves français n'avaient pas de classes. Ces jours-ci,
c'est le mercredi après-midi qu'ils sont libres. Ils ont cours le samedi matin.

cinq ans. Puis cela m'a passé, quelques rares grands films bien entendu mis à part. Mais je me méfie toujours un peu des ombres sur celluloïd.

Travaux

1. Répondez aux questions suivantes:

   a. Pourquoi Marguerite Yourcenar n'aimait-elle pas l'arithmétique?

   b. Pourquoi est-elle allée en Angleterre?

   c. Comment son père a-t-il essayé de lui apprendre l'anglais?

   d. Quel rôle les musées ont-ils joué dans sa vie?

2. Complétez les phrases suivantes par le pronom relatif **dont,** si possible. Sinon, servez-vous d'une autre forme du pronom relatif.

   Modèle: Les objectifs (**à la réalisation**) . . . ils se sont voués n'ont pas été atteints.

   Les objectifs **à la réalisation desquels** ils se sont voués n'ont pas été éteints.

   (**Dont** ne peut pas s'employer.)

   a. C'était le commencement d'un voyage extraordinaire (*à la fin*) . . . ils étaient arrivés en Angleterre.

   b. Les refugiés, (*à la bonne foi*) . . . nous nous fiions, ont voulu nous le raconter.

   c. Les forces ennemies, (*de*) . . . on avait une peur bleue, s'approchaient de plus en plus.

   d. Les réfugiés, (*de*) . . . vous avez toujours admiré le courage et le sang-froid, ont préféré s'enfuir.

   e. Ils se sont précipités à la gare (*au fond de*) . . . se trouvait un petit train vieillot qui allait partir pour la frontière.

   f. À la frontière, les gardes (*à l'honnêteté de*) . . . ils ont dû faire confiance, les ont aidés à s'installer dans un petit train encore plus vieillot, en partance pour la côte.

   g. Arrivés au port, (*au-dessus de*) . . . les avions ne cessaient pas de circuler, ils sont montés dans un grand bateau de guerre.

   h. Que de monde! Des bataillons tout entiers (*de*) . . . nous avons appris les exploits beaucoup plus tard, se retiraient pour se regrouper.

   i. Et le mal de mer (*de*) . . . tout le monde a souffert!

   j. Mais enfin! Voilà le bateau qui arrive devant les hautes falaises blanches (*au pied de*) . . . se trouvait le port où on allait débarquer.

3. Reliez les deux phrases au moyen du pronom relatif **dont** ou d'une autre forme du pronom relatif. Donnez autant de variantes que possible.

Modèle: Cette petite maison les a fait rire. Ils en ont vite fait le tour.
  Cette petite maison **dont** ils ont vite fait le tour les a fait rire.
  Cette petite maison **de laquelle** ils ont vite fait le tour les a fait rire.

a. En arrivant nous nous sommes dirigés vers le musée. Nous nous en souviendrions toujours.

b. Nous avons examiné les tableaux avec attention. Nous n'en avions jamais entendu parler.

c. Il y avait un assez bon nombre d'aquarelles. Nous en avons entrepris l'étude détaillée.

d. Nous avons traversé la galerie des antiquités grecques et romaines. Nous en prendrons des photos demain.

e. Aux souterrains on nous a fait entrer dans le monde des dinosaures. Nous ne soupçonnions même pas l'existence de ce monde.

f. C'était le commencement du grand rêve de l'histoire. Nous en donnerons les détails dans le manuel que nous préparons.

g. Pour nous, la visite au musée était une aventure extraordinaire. Nous en garderions à tout jamais le souvenir.

4. Combinez les phrases suivantes au moyen d'un pronom relatif. Créez deux variantes.

Modèle: Elle a eu des gouvernantes. Elle ne se fiait pas beaucoup à elles. Elles lui apprenaient l'arithmétique et l'histoire de France.

  Elle a eu des gouvernantes **à qui** elle ne se fiait pas beaucoup et **qui** lui apprenaient l'arithmétique et l'histoire de France.

  Des gouvernantes **à qui** elle ne se fiait pas beaucoup lui apprenaient l'arithmétique et l'histoire de France.

a. Elle n'a jamais regretté le Mont-Noir. Elle a grandi à la campagne. La maison à la campagne s'appelait le Mont-Noir.

b. Elle a beaucoup admiré ce pays. Il y avait là de belles églises. De belles dorures ornaient les églises.

c. De temps en temps elle a visité Bruxelles. Une tante y habitait. Elle n'aimait pas cette ville.

d. En arithmétique on lui proposait des problèmes bêtes. On parlait de pommes et d'abricots. Elle ne voyait pas le problème.

e. Elle est restée toujours fidèle aux langues anciennes. Elle les avait abordées vers l'âge de dix ans.

f. Les musées l'enchantaient. Elle y passait beaucoup de temps. Il y en a des centaines à Paris.

g. Au Mont-Noir il y avait l'église. Cette église n'était pas très belle. Il y avait aussi une grotte dans le parc. Cette grotte avait été transformée en chapelle.

h. Elle avait vingt-cinq ans. Elle se passionnait pour le cinéma. Cette passion n'a pas duré.

i. Cluny était autrefois un palais. Aujourd'hui Cluny a été transformé en musée. On peut y visiter les souterrains et le palais des Thermes.

j. Le palais des Thermes se trouve à côté de Cluny. Du Boulevard Saint-Michel, au Quartier latin, on peut en voir les ruines.

5. Faites des phrases à partir des éléments donnés ci-dessous. Reliez les deux propositions au moyen d'un pronom relatif.

Modèle: appartement à Paris / s'habituer à

L'appartement à Paris auquel elle s'est vite habituée se trouvait avenue Victor-Emmanuel-III.

a. les souterrains du musée de Cluny / se souvenir de

b. la guerre / compter sur

c. le paquebot / se trouver au bord de

d. une grotte / se rappeler

e. de grands problèmes / s'agir de

f. le British Museum / falloir visiter

g. la gouvernante / se fier à

h. livres de poche / s'acheter

i. langues anciennes / aborder

j. concierge / s'adresser à

k. le grec / apprendre

l. le palais des Thermes / s'intéresser à

m. les parents / loger

6. Refaites les phrases suivantes en mettant en relief le mot en italiques.

Modèle: On a **longtemps** négligé les musées.
Longtemps on a négligé les musées.

a. Elle y a vu le *commencement* du grand rêve de l'histoire.

b. Les dorures des petites églises étaient *très* belles.

c. *L'histoire* nous fait voir la vie du passé.

d. Je ne suis *jamais* allé à Bruxelles.

e. Certaines *affinités* ne sont pas faciles à expliquer.

f. Je ne comprends pas ces grands *problèmes*.

g. *Vous* avez tout compris; *nous* n'y avons rien compris.

h. Elle a trouvé *partout* l'évidence de la créativité humaine.

i. Elle a fui le continent par *Ostende*.

j. Elle n'a *jamais* beaucoup apprécié l'art cinématographique.

k. L'*arithmétique* n'était pas son fort.

l. Son *père* lui a appris l'anglais en Angleterre.

Thèmes

1. Traduisez en français les phrases suivantes.

a. The huge doors of the museum we wanted to visit opened slowly.

b. The tourists, among whom were several students, pushed forward.

c. Guards close by the doors were warning us that briefcases, cameras, umbrellas and canes were all forbidden inside the museum.

d. One of the guards understood what was bothering me.

e. "An umbrella is really a dangerous weapon," he said. "You could ruin a priceless painting."

f. *I* didn't have an umbrella. And I shall *never* poke holes in a picture.

g. At that *very* moment, I saw the Winged Victory, floodlit, at the top of the white marble staircase.

h. *I*, like all the other tourists, stopped, hypnotized by the beauty of the statue.

i. "What does the word 'museum' mean?" I wondered.

j. I must have asked the question out loud because the guard I had just been talking to answered me.

k. "It comes from the word *Muse*," he said.

l. "The Greeks used to offer beautiful things to the Muse at the Acropolis.

m. Therefore collections of interesting things are called museums.

n. Nowadays you find museums everywhere — in royal palaces, in churches, even in former railway stations."

o. Ah yes, the railway station he was speaking about is on the Quai d'Orsay, in Paris.

p. But the Winged Victory, whose beauty I'll never forget, is on display in the Louvre.

2. Traduisez en français le passage suivant.

Marguerite Yourcenar, whose mother died soon after she was born, was brought up by her father. He decided not to send her to school. Instead, he offered her *Adventure*.

M. Crayencour, her father, was a man of great intellectual curiosity. *He* encouraged her to read Greek and Latin texts. *He* liked travelling and so together they travelled through Europe visiting the museums, churches and cities of the past.

What is curious is that, after her father's death, Marguerite Yourcenar, historian, translator and novelist, chose to live in a country whose history does not go back very far. Since 1942 she has spent most of her time in the United States. She has a house (it's a former farm house built in 1866) at Île des Monts-Déserts in Maine, close to the Canadian border. Always careful of historical detail, the author has explained that it was Samuel de Champlain who named the island (which is not really an island). He saw the place from his ship as he was leaving Nova Scotia but he did not explore it. He thought it was uninhabited — which, of course, explains the name he chose.

And Yourcenar, the name Marguerite gave herself? It, of course, is a pseudonym. She created it by rearranging letters in her family name — Crayencour.

À vous la parole

Vocabulaire supplémentaire
Pour comparer ou mettre en contraste

> N'oubliez pas que . . .
> Voyons un peu . . .
> Donc . . . Alors . . . D'ailleurs . . .
> De plus . . . En plus . . . En fait . . .
> Par contre . . . Au contraire . . . À l'encontre de . . .
> Dans ce cas . . .
> Il ne s'agit pas de ça.
> Je crois que oui. Je crois que non.
> Croyez-vous que . . . ?
> Êtes-vous d'avis que . . . ?
> De même que . . . Ainsi que . . . Comme . . .

Pour parler de l'enseignement

la langue maternelle, être bilingue, être unilingue,
l'école primaire, l'école secondaire, le cégep, le collège, le lycée,
la polyvalente, la polytechnique, au primaire, au secondaire

le conseil scolaire, s'inscrire, l'inscription, le professeur,
le titulaire, recycler, le recyclage, les matières, suivre un cours,
faire un cours, les langues mortes (anciennes),
les langues vivantes, l'immersion totale, la langue seconde,
l'apprentissage de l'anglais, la compétence communicative,
l'audio-visuel, une solide formation de base

un stage, une bourse, le boursier, le décrochage,
le décrocheur (le drop-out), doubler un cours, passer l'examen,
réussir, échouer, une classe trop nombreuse, le programme,
le diplôme, le certificat, la promotion, la distribution des prix,
l'enseignement supérieur, la maternelle, la formation continue,
la formation à distance, la formation professionnelle,
les années de formation

Dialogues

Développez *un* des dialogues suivants.

1. **L'éducation peu orthodoxe de Marguerite Yourcenar.**
   Deux étudiant(e)s discutent de la valeur de cette méthode, en donnant des réactions personnelles pour ou contre.

2. **Le rôle du musée dans l'enseignement d'aujourd'hui.**
   Deux étudiant(e)s le discutent en indiquant avantages et désavantages.

Décisions

Essayez de résoudre le problème suivant.

Demain, vous devez passer un examen très important. Vous savez bien que vous n'avez pas étudié comme il fallait et que vous êtes très mal préparé(e). Une camarade, très calée et qui a toujours des notes excellentes, offre de vous venir en aide. À l'heure de l'examen vous vous installerez tout près l'un(e) de l'autre, et elle s'arrangera pour vous passer les bonnes réponses. Allez-vous accepter cette offre? Quelles en seront les conséquences si vous acceptez l'offre? Ou si vous la refusez?

▌Discussions

Cherchez à résoudre les problèmes ci-dessus.

1. Les parents et l'éducation des enfants — Qu'est-ce que les parents devraient chercher? Comment?

2. L'électronique dans l'enseignement — L'approuvez-vous ou non? Rapportez-vous aux souvenirs de Yourcenar. Aurait-elle pu profiter du système électronique?

3. Vu l'instabilité des conditions mondiales, à quoi les étudiants d'aujourd'hui devraient-ils se préparer?

4. Le système scolaire idéal — À vos yeux, qu'est-ce que c'est?

5. Qu'est-ce qu'un bon professeur?

6. Problèmes du bilinguisme au Canada.

7. Pour et contre l'immersion totale.

8. Avantages et inconvénients de la formation continue et la formation à distance.

▌Compositions

Choisissez *un* des sujets suivants. Faites un plan en organisant logiquement vos idées. Développez-les ensuite en essayant de capter, dès le premier instant, l'attention de votre lecteur. Trouvez le moyen de mettre certains mots en relief.

1. Moi, j'aurais aimé (ou je n'aurais pas aimé) suivre des cours à la maison comme Marguerite Yourcenar, parce que . . .

2. La carrière à laquelle je me destine.

3. L'enfant surdoué et le système actuel.

8

Tourisme à

l'ancienne

Éléments de langue
Les articles
  Présence des articles
  Absence des articles
  Noms géographiques

Situation
Une rencontre faite en voyage
Le monde imaginaire, la réalité
Texte: **Tourisme à l'ancienne** — extrait de
  Lettres d'un voyageur de George Sand

Activités de communication
Évoquer les paysages et les sentiments
Faire appel à l'imagination, à la musique
S'entretenir de tourisme et de voyages

Les articles

À quoi servent les articles? Quand est-ce qu'il faut mettre l'article devant le nom? Quand est-ce qu'on peut l'omettre? Et comment sait-on quelle préposition mettre devant un nom géographique?

> J'aurais voulu être seul; mais *la* politesse et *l'*humanité
> me forcèrent d'offrir *le* bras à ma compagne de voyage.
>
> **George Sand**

Les articles (défini, indéfini, partitif), tout en marquant le genre et le nombre du substantif qu'ils présentent, précisent le sens du mot.

TABLEAU 8-1   Les articles

	singulier		pluriel
	masculin	féminin	
article défini	le l'	la l'	les
article indéfini	un	une	des
article partitif	du de l'	de la de l'	des

Présence des articles

L'article défini

L'article défini (**le, la, l', les** = *the*) désigne quelque chose de très précis: un être ou une chose spécifique (**le** grand-père assis près de **la** porte, **les** montagnes que nous regardons) ou bien un être ou une chose pris au sens général (**la** beauté, l'espoir). À l'encontre de l'anglais où l'on omet presque toujours l'article, le français insiste le plus souvent sur la présence de l'article.

L'article défini obéit aux lois de la contraction. Après les prépositions **à** et **de**, les articles **le** et **les** ont les formes contractées **au, aux, du, des**.

Tu penses **au** voyage qu'il a fait.
You are thinking of the journey he made.

Tu parles **des** voyages qu'il compte faire.
You are speaking of the journeys he intends to make.

La voyelle des articles **le** et **la** est élidée devant un mot commençant par une voyelle ou un **h** *muet.*

Voyez-vous **l'**arbre au fond du jardin?
Do you see the tree at the end of the garden?

C'est elle **l'**héroïne de **l'**histoire.
She's the heroine of the story.

Cependant, il n'y a pas d'élision si l'article se trouve devant un **h** *aspiré.*

C'est lui **le** héros.
He's the hero.

Je n'aime pas trop **les** haricots verts.
I don't like green beans very much.

L'article défini est *obligatoire* dans les cas suivants. Mettez-le devant:

Les substantifs pris au sens défini

Racontez-nous **le voyage que vous venez de faire.**
Tell us about the trip you have just made.
(sens défini)

Les substantifs pris au sens général

J'aime **le voyage.**
I like travelling.
(sens général)

L'hiver ne me plaît pas.
I don't like winter.
(sens général)

Les substantifs indiquant les langues et les disciplines

Nous étudions **le français** et **la géographie.**
We are studying French and Geography.

Tu parles couramment **l'espagnol.**
You speak Spanish fluently.

Mais si le substantif indiquant la langue suit immédiatement le verbe **parler**, supprimez l'article.

Ils parlent **français**.
They are speaking French.

Les titres, les noms propres caractérisés, les noms géographiques, les noms des fêtes

La reine Élisabeth a visité l'Australie.
Queen Elizabeth has visited Australia.

Qui n'a pas entendu parler **du vieux Scrooge?**
Who hasn't heard of old Scrooge?

Où se trouve **la rue Yonge?**
Where is Yonge Street?

Ma patrie? C'est **le Canada**.
My country? It's Canada.

Le jour de l'An nous nous retrouvons chez nos parents.
On New Year's Day we meet at our parents'.

On célèbre **la Saint-Jean-Baptiste au Québec**.
St. John the Baptist's Day is celebrated in Quebec.

Mais **Noël** et **Hanukkah** s'emploient sans l'article défini.

À Noël on offre des cadeaux à nos parents et à nos amis.
At Christmas we give presents to our relatives and friends.

Les parties du corps (dans certaines conditions)

1. Le substantif n'est pas qualifié, ou est qualifié seulement de l'adjectif **droit** ou **gauche**.

Ouvre **la bouche**.   Levez **la main droite**.
Open your mouth.   *Raise your right hand.*

Mettez le nom au singulier ou au pluriel selon le sens de la phrase.

Si vous êtes d'accord, levez **la main**.
If you agree, raise your hands.
(Chacun va lever une seule main, soit la droite, soit la gauche.)
Haut **les mains**!
Hands up!
(Vous devez mettre les deux mains en l'air!)

2. Le substantif est qualifié et indique des attributs physiques ou la condition physique. Cette construction se fait normalement avec le verbe **avoir**, et l'adjectif suit le nom.

> Elle **a le nez aquilin**.
> *She has an aquiline nose.*
>
> J'**ai les pieds glacés**.
> *My feet are frozen.*
>
> Elle **a les cheveux blonds**.
> *She has blond hair.*

Si l'adjectif précède le nom au pluriel, employez **de**.

> Elle **a de beaux cheveux**.
> *She has beautiful hair.*

3. Le substantif fait partie d'une expression qui sert à décrire l'apparence physique d'une personne à un moment donné. Ces expressions ne comportent pas de préposition en français.

> Cesse de me regarder **les larmes aux yeux**!
> *Stop looking at me with tears in your eyes!*
>
> Elle s'est approchée du micro **la tête haute**.
> *She came up to the mike, holding her head high.*

Par extension, la même formule s'applique à la description des vêtements qu'on porte à un moment donné.

> Il a descendu les marches, **l'imperméable flottant** au vent.
> *He went down the steps with his raincoat flapping in the wind.*

4. Si le sens de la phrase n'est pas clair et si on ne sait pas qui est le possesseur, ajoutez un nom ou un pronom (complément d'objet indirect) qui indique le possesseur et détermine ainsi le sens de la phrase.

> Je **me** lave les mains.
> *I wash my hands.*
>
> Je **te** lave les mains.
> *I wash your hands.*
>
> Je lave les mains **au petit garçon**.
> *I wash the little boy's hands.*
>
> Je **lui** lave les mains.
> *I wash his hands.*

5. Notez, cependant, que parfois les parties du corps exigent l'*adjectif possessif* (voir Chapitre 19).

Les substantifs indiquant la quantité, la périodicité, le poids

> Les carottes se vendent ici un dollar **le kilo**.
> *Carrots are selling here for one dollar a kilo.*

> Dans ces pays-là on est payé **à la pièce** et médiocrement.
> *In those countries people are paid for piecework and poorly.*

> Sur les autoroutes on ne doit pas dépasser 100 kilomètres à **l'heure**.
> *On the highways you mustn't go above 100 kilometres an hour.*

> Elle est payée vingt dollars (de) **l'heure**.
> *She is paid twenty dollars an hour.*

> **Le lundi soir** ils vont au cinéma.
> *Monday evenings they go to the movies.*

Mais pour indiquer la *répétition*, employez la préposition **par** sans article.

> Deux fois **par mois** il se rend à Medecine Hat.
> *Twice a month he goes to Medecine Hat.*

L'adjectif au superlatif

Si l'adjectif précède le nom, un seul article suffit. Si l'adjectif suit le nom, il vous faut deux articles, l'un devant le nom, l'autre devant l'adjectif (voir Chapitre 21).

> **La** moindre petite chose t'agace.
> *The smallest little thing annoys you.*

> Nous avons survolé **la** ville **la plus belle** du Canada.
> *We flew over the most beautiful city in Canada.*

N'oubliez pas de mettre l'article défini devant le superlatif de l'adverbe (voir Chapitre 21).

> Envoyez-moi la facture **le** plus tôt possible.
> *Send me the bill as soon as possible.*

ALLEZ-Y,   exercice 1

▌ L'article indéfini

L'article indéfini (**un, une, des** = *one, a, some, any*) s'applique à des êtres ou à des choses dont on fait mention sans les identifier.

>Est-ce vous avez **un** dictionnaire?
>*Do you have a dictionary?*

>Il y a **des** gens qui vous attendent.
>*There are (some) people waiting for you.*

▌ L'article partitif

L'article partitif (**du, de la, de l', de, des** = *some, any*) indique que vous présentez seulement une partie d'un tout (groupe ou espèce), ou encore quelques êtres ou objets choisis dans un groupe.

>Voulez-vous **du** café?
>*Do you want some coffee?*
>(On offre une quantité limitée de cette boisson.)

>Il va à la bibliothèque chercher **des** livres sur le Yukon.
>*He is going to the library to find some books on the Yukon.*
>(Il compte consulter quelques-uns des livres qui ont été écrits sur ce sujet.)

En pratique, il y a très peu de différence entre l'article indéfini et l'article partitif, surtout au pluriel. L'essentiel, c'est qu'ils s'opposent, tous les deux, à l'article défini.

▌ Absence des articles

▌**D**ans certains cas, l'article (défini, indéfini ou partitif) est omis. Ces cas constituent des exceptions à l'usage normal en français où l'article accompagne presque toujours le substantif. Le plus souvent, l'article est omis parce que le nom n'est pas qualifié. Si le nom est qualifié, on remet l'article.

▌ Aucun article

N'employez pas l'article (défini, indéfini ou partitif) dans les cas suivants.

Un nom en apposition

Quand vous mettez un substantif en apposition, vous le mettez tout de suite après un autre substantif. Il sert à le décrire. Séparez le nom en apposition du reste de la phrase par des virgules. Si le mot en apposition *décrit* le premier nom, *sans l'identifier complètement*, supprimez l'article.

> M. Lebrun, **professeur** à la université, nous parlera de la Chine.
> *Mr. Lebrun, a professor at the university, will speak to us on China.*
> (Notez qu'en anglais le mot en apposition est précédé ici de l'article indéfini.)

Mais si le mot en apposition *identifie* le premier nom, il vous faut l'article défini.

> M. Ong, **l'artiste** dont je vous ai parlé, fera une conférence en ville.
> *Mr. Ong, the artist I spoke to you about, will be lecturing in town.*
> (Notez qu'en anglais le mot en apposition est précédé ici de l'article défini.)

Un nom indiquant la profession, la nationalité, la religion

Le nom n'est pas qualifié et il joue le rôle d'un adjectif.

> Elle est **américaine**.
> *She's an American.*
>
> Vous êtes **journalistes**.
> *You are reporters.*

Si le nom est *qualifié*, employez l'article (voir Chapitre 12).

> Vous êtes **des journalistes bien connus**.
> *You are well-known reporters.*

Un substantif précédé de la préposition *avec, sans*

> Elle accepte votre invitation **avec plaisir**.
> *She accepts your invitation with pleasure.*

Mais si le substantif est *qualifié*, il vous faut l'article.

> Il a accepté votre invitation **avec le plus grand plaisir**.
> *He accepted your invitation with the greatest pleasure.*

Un nom faisant partie intégrante d'une locution verbale

Ces locutions comprennent **avoir besoin, avoir soif, avoir peur, perdre confiance, prendre garde.**

> En avez-vous **peur?**
> *Are you afraid of that?*

Si le nom est *qualifié*, ne supprimez pas l'article.

> J'en ai **une peur bleue.**
> *I'm scared stiff of that.*

Un substantif qui suit une locution verbale où se trouve la préposition *de*

Ces locutions comprennent **avoir besoin de, se passer de, manquer de, avoir envie de.**

> Nous avons toujours besoin **d'amis.**   Il manque **de confiance.**
> *We always need friends.*   *He lacks confidence.*

Mais dans l'exemple suivant, le nom est *qualifié* et il vous faut l'article.

> Nous avons besoin **des amis qui ont promis de nous aider.**
> *We need the friends who promised to help us.*

Les noms qui se trouvent dans certaines formules traditionnelles

Il s'agit de proverbes, énumérations, adresses, dates, indications (tome, page, ligne).

> **Patience** passe **science.**
> *Patience is better than knowledge.*

> **Hommes, femmes, enfants,** tous couraient dans la rue.
> *Men, women, children, all were running on the street.*

> Elle arrivera **jeudi** et elle habitera **rue Dundas.**
> *She will arrive on Thursday and will live on Dundas Street.*

> Reprenons notre analyse: **page** 20, **ligne** 4.
> *Let's continue our analysis: (on) page 20, line 4.*

Un substantif déjà précédé d'un adjectif déterminatif

Quels livres sont sur la table?
Which books are on the table?

Certains détails sont à noter.
Certain details are to be noted.

Voulez-vous me prêter **dix** dollars?
Will you lend me ten dollars?

▌ *De* ou *d'* sans article

Mettez **de** ou **d'** *sans article*, devant:

Un nom précédé d'une expression de quantité

Nous avons acheté **beaucoup de livres.**
We bought a lot of books.

Donnez-moi **un kilo de pommes.**
Give me a kilo of apples.

Attention: on dit toujours **bien des, la plupart des, encore du.**

La plupart des pommes sont déjà pourries.
Most of the apples are already spoiled.

Et s'il y a des mots qui *qualifient*, il vous faut l'article défini.

Donnez-moi un kilo **des pommes qui sont sur le comptoir.**
Give me a kilo of the apples which are on the counter.

Un nom, au pluriel, précédé d'un adjectif

Elle porte toujours **de très belles robes.**
She always wears very beautiful dresses.

Notez que certains adjectifs s'unissent étroitement au substantif. On dit toujours **des jeunes gens, des petits pois, des petits pains,** puisqu'on considère ces expressions comme des noms composés.

Je vais demander au boulanger s'il a **des petits pains.**
I'm going to ask the baker if he has any rolls.

Un substantif qui suit une négation

Il n'a pas **d'**argent.
He hasn't any money.

Nous n'avons plus **d'**espoir.
We have no more hope.

Vous n'avez jamais fait **de** projets.
You never had any plans.

Mais si le substantif est *qualifié,* il vous faut l'article.

Il n'a plus **l'argent que je lui avais prêté.**
He no longer has the money I lent him.

Un substantif qui sert d'adjectif

Précédé de **de,** le substantif joue le rôle d'un adjectif.

Les vins **de** France se vendent partout.
French wines are sold everywhere.

Mon professeur **de** français vient de Moncton.
My French professor comes from Moncton.

Quand le substantif est *qualifié,* l'article est obligatoire.

Les vins **de la France du nord** coûtent cher.
Wines from northern France are expensive.

ALLEZ-Y, exercices 2, 3, 4

Noms géographiques

En français les noms géographiques se composent souvent de plusieurs éléments. Ces éléments se lient au moyen d'un trait d'union qui est obligatoire.

le Saint-Laurent, Trois-Rivières, La Nouvelle-Orléans

Présence de l'article

Mettez l'article défini devant:

Les noms de pays, d'îles, de provinces et d'états

En général, les noms de ces régions, s'ils se terminent par **e,** sont féminins.

l'Angleterre, la France, la Guadeloupe, la Jamaïque

Exceptions: le Cambodge, le Maine, le Mexique, le Tennessee

Aimez-vous **la Jamaïque?**
Do you like Jamaica?

Les autres noms sont généralement masculins.

le Danemark, les États-Unis, le Japon

Exception: la Saskatchewan

Connaissez-vous bien **le Canada?**
Do you know Canada well?

Mais ne mettez pas l'article défini devant les noms suivants:

Cuba, Hawaï, Israël, Madagascar, Terre-Neuve

Il part demain pour **Israël.**
He is leaving tomorrow for Israel.

Les noms de lacs, de rivières et de montagnes

le lac Huron, la Méditerranée, le Mont Blanc, le Saguenay

Le lac Louise se trouve dans **les Rocheuses.**
Lake Louise is in the Rockies.

▌ Absence de l'article

Ne mettez pas l'article devant les *noms de villes*. En général, ces noms sont masculins.

Chicago, Montréal, New York, Ottawa

Que **Paris** est beau!
How beautiful Paris is!

Cependant, ne supprimez pas l'article si celui-ci fait partie du nom de la ville.

Le Havre, La Rochelle, La Malbaie

Il a passé les vacances à **La Havane.**
He spent the holidays in Havana.

Et n'oubliez pas de mettre l'article défini devant le nom de la ville, dans tous les cas, si le nom est qualifié.

Le vieux Québec est fort pittoresque.
Old Quebec (City) is very picturesque.

▌Noms géographiques précédés de prépositions

Destinations

Pour indiquer l'endroit où on se trouve (*in*) ou vers lequel on se dirige (*to*), il vous faut les prépositions **à, en,** ou **dans.**

1. Mettez **à** *plus l'article défini* devant:

   • les noms de pays masculins

   > Êtes-vous allé **au Japon?**
   > *Have you been to Japan?*

   > Il a beaucoup voyagé **aux États-Unis.**
   > *He has travelled a lot in the United States.*

   • les noms de pays au féminin pluriel

   > **Aux Antilles** il fait toujours beau.
   > *In the West Indies the weather is always good.*

   • les noms masculins de provinces canadiennes et d'états américains. Ces noms se terminent en général par une consonne.

   > **Au Texas** il y a des ranches énormes.
   > *In Texas there are huge ranches.*

   > Je me rends **au Nouveau-Brunswick** la semaine prochaine.
   > *I'm going to New Brunswick next week.*

2. Mettez **à** *sans l'article défini* devant:

   • les noms d'îles en général

   > Cuba, Saint-Pierre et Miquelon, Sainte-Hélène, Terre-Neuve

   • les noms de villes

   > Il est **à Lethbridge.**
   > *He's in Lethbridge.*

   sauf si l'article fait partie du nom.

   > Nous allons à **La Nouvelle-Orléans.**
   > *We are going to New Orleans.*

3. Mettez **en** *sans article* devant:

- les noms, au féminin singulier, de pays, de provinces, et d'états

  en Asie, en Espagne, en Irlande, en Nouvelle-Zélande

  Les gens du nord aiment séjourner **en Floride.**
  Northerners like staying in Florida.

- les noms masculins de pays et de provinces commençant par une voyelle. C'est pour l'euphonie que vous remplacez à par **en** dans de tels cas.

  en Iran, en Ontario

4. Mettez **dans** *plus l'article défini* devant:

- les noms de continents, de pays ou de villes qui sont qualifiés:

  Dans l'Espagne d'aujourd'hui on voit beaucoup de touristes.
  In modern Spain you see a lot of tourists.

  Dans le Kingston dont il parle, il y a de beaux parcs et des rues bordées d'arbres.
  In the Kingston he's talking about, there are beautiful parks and tree-lined streets.

  J'ai envie d'aller vivre **dans l'Amérique du Sud.**
  I want to go and live in South America.

  Mais en parlant de continents, on emploie de plus en plus souvent la préposition **en: en Amérique du Sud.**

- les noms de provinces canadiennes et d'états américains

  Dans l'Ontario il y a de très beaux lacs.
  In Ontario there are very beautiful lakes.

  Notez qu'on peut aussi se servir de l'expression **dans l'état de** ou **dans la province de.** Donc, on a le choix:

  Elle vit $\begin{cases} \text{au Manitoba.} \\ \text{dans la province de Manitoba.} \\ \text{dans le Manitoba.} \end{cases}$
  She lives in Manitoba.

  Il voyagera $\begin{cases} \text{en Californie.} \\ \text{dans l'état de Californie.} \\ \text{dans la Californie.} \end{cases}$
  He will be travelling in California.

Provenance

Pour indiquer le point d'origine (*from*), il vous faut la préposition **de**.

1. Mettez **de** *plus l'article défini* devant:

- les noms masculins de pays

> Ces produits viennent **du Canada.**
> *These products come from Canada.*

> Ces immigrants arrivent **du Mexique.**
> *These immigrants come from Mexico.*

- les noms de provinces canadiennes et d'états américains

> Ces pommes-ci nous viennent **de la Colombie-Britannique.**
> *These apples come to us from British Columbia.*

> Vous venez **du Colorado?**
> *Do you come from Colorado?*

2. Mettez **de** *sans l'article défini* devant:

- les noms d'îles, et les noms féminins de pays

> Ces vins viennent **de Sicile.**
> *These wines come from Sicily.*

> Ces touristes viennent **de France.**
> *These tourists come from France.*

- les noms de villes

> Vous arrivez **de Calgary?**
> *You come from Calgary?*

Mais si l'article fait partie du nom de la ville, on le garde.

> C'est le train **du Havre.**
> *That's the train from Le Havre.*

ALLEZ-Y, exercice 5

Maintenant, c'est à vous!

▌Allez-y!

1. Complétez les phrases suivantes en ajoutant, si besoin, l'article qui convient.

   a. Celui-ci a pris. . . vol de nuit. Il a. . . air fatigué, . . . oeil morne et . . . cheveux en désordre.

   b. Avant de monter dans. . . avion, il fait peser ses bagages.

   c. Même après un court voyage à l'étranger, on ne rentre pas. . . mains vides.

   d. Où puis-je aller me laver. . . mains et. . . figure?

   e. Quel voyage! Je n'ai pas fermé. . . oeil de toute la nuit.

   f. . . . hôtesse de l'air est bien compétente. Elle a. . . regard clair, . . . cheveux bien soignés et. . . gestes précis.

   g. Aimez-vous. . . café? Je sais que vous n'aimez pas. . . thé.

   h. . . . Canada a toujours su cultiver. . . tabac.

   i. . . . vendredi soir il part toujours pour passer deux jours à la campagne.

   j. Elle nous accompagnera toujours au concert. . . lundi soir.

2. Répondez aux questions suivantes en vous servant des indications données.

   Modèle: Avez-vous des parents à l'étranger? **(ne. . . plus)**
   Non, **je n'ai plus de parents** à l'étranger.

   a. Avez-vous des parents dans le Yukon? Non,. . . *(ne. . . pas)*

   b. Fait-elle des voyages en Amérique du Sud? Non,. . . *(ne. . . jamais)*

   c. Tient-elle un livre à la main? Non,. . . *(ne. . . pas)*

   d. Reste-t-il des places à bord du train de 8 heures? Non,. . . *(ne. . . plus)*

   e. Avez-vous les brochures que je vous ai données? Non,. . . *(ne. . . plus)*

   f. Avez-vous oublié l'adresse de l'hôtel où nous sommes descendus? Non,. . . *(ne. . . pas)*

3. Complétez les phrases suivantes.

   a. Où se trouve la salle. . . arrivée?

   b. Qu'est-ce que la salle. . . pas perdus?

   c. Adressez-vous à l'agence. . . voyages qui se trouve au centre-ville.

d. Il part à l'aventure. C'est le plaisir. . . découverte qui l'attire.

e. . . . montagnes ne me plaisent pas.

f. Je n'aime pas les plages couvertes. . . galets.

g. Dites-moi où se trouvent les belles plages. . . sable doré.

h. L'année dernière j'ai fait le tour. . . monde.

i. Les passagers munis. . . billets sont priés de passer au contrôle.

j. Puis-je bénéficier. . . prix réduits?

k. Bien. . . gens préfèrent partir la nuit.

l. Beaucoup. . . touristes visitent la France.

m. Beaucoup. . . touristes que nous avons questionnés ont déclaré qu'ils voulaient voir Venise.

n. L'avion arrivera à l'heure prévue. Il n'y a pas. . . retard.

o. Voulez-vous. . . taxi? Non, je ne prends jamais. . . taxi.

p. Combien. . . fois avez-vous fait la traversée. . . Atlantique?

q. La traversée? Disons. . . centaine. . . fois.

r. La plupart. . . brochures nous offrent. . . renseignements fort utiles aux voyageurs.

s. Combien. . . monuments historiques peut-on visiter au cours d'une seule journée?

4. Ajoutez l'article si besoin.

a. Voulez-vous partir en. . . croisière?

b. J'ai. . . droit à combien de valises?

c. C'est tout ce que vous avez comme bagage à. . . main?

d. Vous avez avantage à partir en. . . hiver.

e. Mais moi, je n'aime pas voyager à. . . Noël.

f. Installez-vous ici. Vous serez bien à. . . aise.

g. Sans. . . étiquette, votre valise risque de se perdre.

h. Ma valise est arrivée sans. . . étiquette que j'y avais posée.

i. Quand on arrive on a toujours. . . hâte de récupérer ses bagages.

j. En. . . première classe on a. . . repas bien préparés, n'est-ce pas?

k. Êtes-vous de. . . accord?

5. Complétez les phrases suivantes en ajoutant la préposition et l'article à bon escient.

Modèle: Je compte faire du ski. . . Québec,. . . Laurentides.
Je compte faire du ski **au** Québec, **dans les** Laurentides.

a. Pour aller. . . Halifax. . . Vancouver. . . auto, il faut compter dix jours.

b. Il a fait. . . tour du monde, en allant. . . Canada. . . Japon et. . . Chine. Ensuite il est allé. . . Australie et. . . Afrique du Nord avant de revenir. . . États-Unis.

c. Elle a fait. . . croisière. . . Méditerranée parce qu'elle tenait à visiter. . . Grèce,. . . Égypte,. . . Israël et. . . Turquie.

d. Il habite depuis des années la ville. . . Hamilton,. . . Ontario.

e. Vous tenez à visiter . . . certaines îles? Allez alors . . . Terre-Neuve, . . . Cuba, . . . Sainte-Hélène, . . . Chypre, et même . . . Île-du-Prince-Édouard.

f. Ces tissus viennent. . . France et. . . Danemark. Nous n'en faisons pas. . . Canada et. . . États-Unis n'en fabriquent pas.

g. Elle vient de quitter. . . Colombie-Britannique. Elle compte arriver. . . Saskatchewan avant. . . fin de la semaine.

h. . . . Fraser prend sa source dans. . . montagnes Rocheuses pour se jeter dans. . . Pacifique.

i. Chaque année, il y a. . . aventuriers et. . . aventurières hardis qui cherchent à traverser. . . Territoires. . . Nord-ouest pour trouver. . . pôle nord.

j. Il est parti. . . Québec à destination. . . Malbaie.

k. Vous allez. . . France? Où comptez-vous débarquer? . . . Cherbourg? Ou. . . Le Havre ou. . . La Rochelle?

█ Lecture

█ Tourisme à l'ancienne Texte extrait de *Lettres d'un voyageur*
de George Sand[1]

Je croirais assez que mon ancienne affection pour le Tyrol[2] tient à deux légers souvenirs : celui d'une romance qui me semblait très belle quand j'étais enfant, et qui commençait ainsi :

> Vers les monts du Tyrol poursuivant le chamois,
> Engelwald au front chauve a passé sur la neige, etc.

5

---

[1] George Sand (Aurore Dupin): romancière française du début du dix-neuvième siècle. Elle recevait chez elle les gens importants de son époque — Sainte-Beuve, Musset, Chopin, Liszt. Elle a choqué le monde en adoptant un pseudonyme masculin et en s'habillant en homme très élégant. Elle a écrit des romans sentimentaux mais aussi des romans à thèse où elle prenait la part des pauvres et des malheureux.

[2] Le Tyrol: région des Alpes appartenant à la Suisse, à l'Allemagne et à l'Italie.

et celui d'une demoiselle avec qui j'ai voyagé, une nuit, il y a bien dix
ans, sur la route de — à — . La diligence[3] s'était brisée à une descente.
Il faisait un verglas affreux et un clair de lune magnifique. J'étais dans
certaine disposition d'esprit extatique et ridicule. J'aurais voulu être
seul; mais la politesse et l'humanité me forcèrent d'offrir le bras à ma   10
compagne de voyage. Il m'était impossible de m'occuper d'autre chose
que de ce clair de lune, de la rivière qui roulait en cascade le long du
chemin, et des prairies baignées d'une vapeur argentée. La toilette de
la voyageuse était problématique. Elle parlait un français incorrect
avec l'accent allemand, et encore parlait-elle fort peu. Je n'avais donc   15
aucune donnée sur sa condition et sur ses goûts. Seulement, quelques
remarques assez savantes qu'elle avait faites, à table d'hôte, sur la qualité d'une crème aux amandes m'avaient induit à penser que cette discrète et judicieuse personne pouvait bien être une cuisinière de bonne
maison. Je cherchai longtemps ce que je pourrais lui dire d'agréable;   20
enfin, après un quart d'heure d'efforts incroyables, j'accouchai de
ceci : — N'est-il pas vrai, mademoiselle, que voici un *site enchanteur ?*
— Elle sourit et haussa légèrement les épaules. Je crus comprendre
qu'à la platitude de mon expression elle me prenait pour un commis
voyageur, et j'étais assez mortifié, lorsqu'elle dit, d'un ton mélancoli-   25

---

[3] diligence: voiture à chevaux qui servait à transporter des voyageurs.

que et après un instant de silence : – Ah! monsieur, vous n'avez jamais vu les montagnes du Tyrol!

– Vous êtes du Tyrol? m'écriai-je. – Ah! mon Dieu! j'ai su autrefois une romance sur le Tyrol, qui me faisait rêver les yeux ouverts. C'est donc un bien beau pays? Je ne sais pas pourquoi il s'est logé dans un coin de ma cervelle. Soyez assez bonne pour me le décrire un peu.

– Je suis du Tyrol, répondit-elle d'un ton doux et triste; mais excusez-moi, je ne saurais en parler.

Elle porta un mouchoir à ses yeux, et ne prononça pas une seule parole durant tout le reste du voyage. Pour moi, je respectai religieusement son silence et ne sentis pas même le désir d'en entendre davantage. Cet amour de la patrie, exprimé par un mot, par un refus de parler, et par deux larmes bien vite essuyées, me sembla plus éloquent et plus profond qu'un livre. Je vis tout un roman, tout un poème dans la tristesse de cette silencieuse étrangère. Et puis ce Tyrol, si délicatement et si tendrement regretté m'apparut comme une terre enchantée. En me rasseyant dans la diligence, je fermai les yeux pour ne plus voir le paysage que je venais d'admirer, et qui désormais m'inspirait tout le dédain qu'on a pour la réalité, à vingt ans. Je vis alors passer devant moi, comme dans un panorama immense, les lacs, les montagnes vertes, les pâturages, les forêts alpestres, les troupeaux et les torrents du Tyrol. J'entendis ces chants, à la fois si joyeux et si mélancoliques, qui semblent faits pour des échos dignes de les répéter. Depuis, j'ai souvent fait de bien douces promenades dans ce pays chimérique, porté sur les ailes des symphonies pastorales de Beethoven. Oh! que j'y ai dormi sur des herbes embaumées! quelles belles fleurs j'y ai cueillies! quelles riantes et heureuses troupes de pâtres j'y ai vues passer en dansant! quelles solitudes austères j'y ai trouvées pour prier Dieu! Que de chemin j'ai fait à travers ces monts, durant deux ou trois modulations de l'orchestre!

Travaux

1. Relevez dans le premier paragraphe tous les articles (définis, indéfinis et partitifs). Justifiez l'emploi de chaque article. Notez les cas où l'article a été omis.
2. Répondez brièvement aux questions suivantes.
   a. Où et dans quelles circonstances le narrateur a-t-il rencontré la voyageuse?
   b. Qu'est-ce qui a amené la voyageuse à dire qu'elle était du Tyrol?

   c. Pourquoi n'a-t-elle pas voulu parler de son pays?

   d. Pourquoi le narrateur s'intéresse-t-il au Tyrol?

   e. Une fois rassis dans la diligence, à quoi a-t-il rêvé?

3. À partir des éléments donnés, décrivez des scènes ou des situations, du point de vue du voyageur, du poète, de l'artiste, etc. Inventez à votre gré. Attention aux articles.

Modèle: **Le voyageur**   cuisinière, parler, français, accent, peu, silencieux, détails, vie personnelle, Tyrol, pays, montagne, torrent, voisine

Ma voisine, que je prenais pour une cuisinière de bonne maison, parlait français avec un léger accent. Silencieuse de nature, elle parlait peu et me donnait peu de détails sur sa vie personnelle. J'ai appris seulement qu'elle venait du Tyrol, pays de montagnes et de torrents.

  a. **L'héroïne**   vingt ans, accident, route, jeune homme, seul, politesse, venir, aide, campagne, voyage, descente

  b. **L'artiste**   clair, lune, rivière, cascade, prairie, pic, vapeur argentée, montagnes escarpées, chemin, voyageurs

  c. **Le photographe**   Alpes, panorama, pâturage, vache, maison, ferme, forêt, torrent, fleur, pâtre, village, kilomètre

  d. **La musicienne**   arbres, oiseaux, chansons, certains, quels, troupeau, enfants, symphonie, modulations, orchestre, violons, batterie, tempête

  e. **La poétesse**   terre, pays, enchantement, lac, chutes, chimérique promenade, site, enchanteur, vers, centaine, bien-aimé(e), lune

  f. **L'alpiniste**   ascension, monter, pic, torrent, neige, plupart, montagnes, cascade, cordée, glace, verglas, descente, rocheuses

  g. **La romancière**   mystère, demoiselle, étrangère, donnée, français incorrect, pays, s'expliquer, hausser, épaules, mouchoir, silence, tristesse

4. À partir des éléments donnés, faites des portraits. Attention aux articles. Si cela vous dit d'ajouter encore d'autres détails, ajoutez-les.

Modèle: **Elle**   grand, mince, nez retroussé, lunettes de soleil, grand manteau noir, bottes noires, chapeau noir, beaux yeux, être vedette de cinéma

Elle est grande et mince. Elle a le nez retroussé et de très beaux yeux qu'elle cache derrière des lunettes de soleil. Elle porte un grand manteau noir et des bottes noires. Elle a même mis un chapeau noir. Elle est vedette de cinéma.

a. **Lui**   yeux bleus, nez aquilin, barbe rousse, chemise blanche, sandales, cuir vert, regard vif, sourire agréable, faire des emplettes

b. **Elle**   cheveux longs, sourcils lourds, regard cynique, lèvres pincées, jeans délavés, nu-pieds, faire de l'auto-stop

c. **Lui**   chauve, dos voûté, air fatigué, pantalon noir, chemise rouge, chaussures usées, beaux yeux, lunettes en écaille, jouer de la guitare

d. **Elle**   bronzé, cheveux bouclés, traits fins, belles dents, air suffisant, bikini blanc, parasol multicolore, faire le lézard

5. À partir des éléments donnés, faites des phrases pour décrire un voyage. Ajoutez autant de noms géographiques que possible. Attention aux articles.

Modèle: partir en croisière, côte, montagnes, faire escale, débarquer

J'ai voulu partir en croisière pour voir la Colombie-Britannique et l'Alaska. Nous sommes partis de Victoria, à bord du Princess Marguerite. Nous avons visité Vancouver, de l'autre côté du détroit de Juan de Fuca, puis nous avons remonté la côte ouest, nous faufilant parmi les douzaines de petites îles qui se trouvent le long de la côte. Des montagnes magnifiques plongeaient à pic dans la mer. Il n'a pas fait très beau mais au moins il n'y avait pas de brouillard. Nous avons fait escale à Juneau d'où nous sommes allés en avion à Yellowknife. À notre retour, nous sommes allés à Seattle, dans l'état de Washington, où nous avons débarqué.

a. voilier, embarquer, prendre le large, faire escale, avancer contre le vent, grand vent

b. bateau marchand, port, cargaison, pilote, capitaine, passagers, appareiller, lever l'ancre, horaire

c. navire de guerre, port militaire, préparatifs, armes nucléaires, aller (être) en patrouille, croiser

d. sous-marin, la recherche du trésor, voyage de découverte, galions submergés, descentes, récuperation

e. canot, chalet, lac, rivière, camping, exploration, sport, délassement, nature

f. canot avec hors-bord, pêche, côte, îles, marée, orage, marina, guide, photographies

g. bateau à roues, fleuve, manoirs, villes historiques, bayoux, casino, divertissements, cuisine

Thèmes

1. Traduisez en français les phrases suivantes.

   a. The young lady came from the Tyrol.

   b. We didn't know what her name was.

   c. The previous day, at the hotel, we had talked about cooking and regional dishes.

   d. She knew all about apple pies and chocolate cakes.

   e. So we thought that she was perhaps a cook.

   f. Her eyes filled with tears when she mentioned the mountains of her homeland.

   g. I took her hand to help her get back on the stagecoach.

   h. She thanked me but refused to talk to me.

   i. I spent the rest of the trip dreaming of the mountains so loved by the mysterious young traveller.

2. Traduisez en français le passage suivant. Évitez la traduction littérale.

   Aurore Dupin grew up at Nohant, out in the country, in the château belonging to her parents. She loved nature — fields and trees, high mountains covered with snow, islands with sandy beaches, dark grottos. Her relationship with nature was romantic and rather sentimental, mirroring her moods. All this she would incorporate into her novels.

   She travelled widely, lived in Paris and Venice, holidayed in Spain. But towards the end of her life, she returned to Nohant. There she looked after the poor and those in need. The people called her *the good lady of Nohant.*

   And it was at this time that she established, at Nohant, a truly remarkable Marionette Theatre. She set it up for her children and grandchildren, who visited her frequently. But the theatre also attracted a great many people who wanted to see plays acted out by marionettes.

À vous la parole

Vocabulaire supplémentaire

Locutions toujours utiles

> c'est-à-dire
> C'est cela, c'est ça
> ... n'est-ce pas?
> Qui est-ce?
> Est-ce à dire que. . . ?
> Ça y est.
> Ça va?
> Ça ne fait rien.
> Ça, oui!
> Où, ça?
> comme ci, comme ça

Pour parler du voyage

> les pays étrangers, à l'étranger, faire le tour du monde,
> faire ses valises, se munir de billets, partir à la découverte,
> partir en avion, partir en voiture, partir en voyage,
> aller à bicyclette, aller à pied, aller à motocyclette
>
> se placer sur orbite, être en apesanteur,
> lancer une capsule spaciale,
> les navettes spaciales, le lancement / la mise à feu d'une capsule
>
> l'agence de voyages, l'agence de tourisme,
> avoir le mal de la route / de l'air / de l'espace / de mer,
> embarquer / debarquer, larguer les amarres, des bagages,
> des fourre-tout, les auberges de jeunesse

Dialogues

Développez avec votre voisin(e) une des situations suivantes.

1. **C'était inoubliable!**
   Deux étudiant(e)s se racontent les voyages les plus extraordinaires qu'ils / elles aient faits.

2. **Il / elle était incroyable!**
Deux étudiant(e)s se parlent de voyageurs curieux qu'ils / elles ont rencontrés.

▌Décisions

Discutez de la situation suivante.

Vous êtes allé(e) au Moyen-Orient où vous voyagez sans itinéraire fixe, sac au dos. Vous avez très peu d'argent. Un jour, un homme bien habillé vous approche et vous offre 500$ rien que pour livrer un petit paquet à un ami à lui qui habite une ville voisine — mais de l'autre côté de la frontière. Est-ce que vous allez accepter cette proposition? Qu'est-ce que vous risquez si vous l'acceptez ou si vous ne l'acceptez pas?

▌Discussions

Discutez des sujets suivants.

1. "Le paysage reflète toujours les sentiments humains." Interprétation vraie ou fausse du rôle de la nature?
2. La nature dans le passage de Sand évoque la musique de Beethoven. La synesthésie est-elle une théorie valable? Pouvez-vous en donner des exemples tirés de vos expériences personnelles?
3. Au dix-neuvième siècle, les jeunes gens (surtout les fils de familles riches) faisaient obligatoirement *le grand tour* d'Europe. Quel a été le rôle des jeunes filles bien élevées à cette époque? De nos jours, quel est l'équivalent du "grand tour"?
4. Le tourisme d'aujourd'hui — Comment les touristes réagissent-ils aux pays qu'ils visitent? Quels problèmes rencontrent-ils?

▌Compositions

Faites une composition sur *un* des sujets suivants. N'oubliez pas de faire un plan avant de commencer à écrire.

1. Le voyage et moi.
2. Portrait de la voyageuse du Tyrol.
3. Le pays d'où je viens.
4. Un "site enchanteur" qui me plaît.

9 Nos animaux

et nous

Éléments de langue

Le subjonctif
  Le subjonctif et la proposition substantive
  Infinitif ou proposition subordonnée?
  La place de la subordonnée
  Le subjonctif dans la proposition
  indépendante

Situation

Rapports entre deux animaux domestiques et des humains

"Dialogues" des deux animaux

Texte: **Nos animaux et nous** — extrait de
  Dialogues de bêtes de Colette

Activités de communication

Exprimer des sentiments, donner des commandes, en vous servant du subjonctif

Se mettre à la place des animaux familiers vivant en ville et à la campagne

Discuter du rôle des animaux dans la société de nos jours

Évaluer la contribution des animaux à la science

Le subjonctif

À quoi sert le mode subjonctif? Qu'est-ce qui le distingue du mode indicatif? Quand s'en sert-on?

> TOBY-CHIEN : **Veux-tu que j'*aille* regarder dehors et que je te *raconte* ce qu'on voit par la portière de la voiture?**
> KIKI-LA-DOUCETTE : **. . . Qu'est-ce que ça peut lui faire, qu'il y *ait* un malheur?**
>
> **Colette**

Nous savons déjà ce que dénote le *mode indicatif*: des faits présentés comme réels, transmis objectivement, d'une façon aussi neutre que possible. En revanche, le *mode subjonctif* indique une *perception modifiée* (disons plus subjective) de la réalité. Normalement, c'est le verbe subordonné qu'on met au subjonctif. Mais le choix du verbe principal et de la forme sous laquelle il se présente est d'une importance capitale. Par exemple, un verbe de volonté ou de sentiment entraîne nécessairement un verbe subordonné au subjonctif. Un verbe de déclaration ou de perception, au négatif, admet un verbe subordonné à l'indicatif ou au subjonctif, selon l'interprétation des faits donnée par celui/celle qui parle.

Le subjonctif et la proposition substantive

Une proposition substantive est une proposition subordonnée qui est complément d'objet d'un verbe principal. Il est important de savoir quand il faut employer le subjonctif dans une telle proposition. Commençons par le verbe principal. Il y a en français *trois* groupes de verbes, d'expressions verbales et de verbes impersonnels:

1. Ceux qui présentent des faits d'une façon *objective*, et dont le verbe subordonné se met à l'*indicatif*. C'est le cas pour la plupart des verbes et des expressions verbales en français.

   Je vois que vous **avez** un grand chien noir.
   I see you have a big black dog.

2. Ceux qui présentent des faits d'une façon *subjective*. Nous marquons ainsi une réaction personnelle et le verbe subordonné se met au *subjonctif*.

   Je veux que vous **donniez** à manger au chien.
   I want you to feed the dog.

3. Ceux qui nous offrent un *choix*. Nous pouvons présenter les faits d'une façon objective, mettant le verbe subordonné à l'*indicatif*. Ou bien nous pouvons présenter les mêmes faits d'une façon subjective, mettant le subordonné au *subjonctif*.

> Je ne crois pas qu'il **fera** beau demain.
> *I don't think it will be nice tomorrow.*

> Je ne crois pas qu'il **fasse** beau demain.
> *I don't think it will be nice tomorrow.*

Dans ce chapitre, nous nous intéressons surtout aux phrases où le verbe subordonné se met toujours au subjonctif et à celles où le verbe subordonné se met parfois au subjonctif et parfois à l'indicatif. Dans ce chapitre aussi, nous nous limitons à l'étude du présent du subjonctif (voir Appendice A). C'est au chapitre suivant que nous allons étudier les autres temps du subjonctif et la concordance des temps au subjonctif.

▌Point de vue subjectif

Mettez le verbe subordonné *toujours* au *subjonctif* après un verbe, une locution verbale ou un verbe impersonnel appartenant à une des catégories suivantes:

Le sentiment ou le jugement personnel

> craindre, regretter, souffrir, s'étonner, se plaindre,
> se réjouir, se résigner, avoir honte, avoir peur,
> être content, être étonné, être heureux

> il est étonnant, il est étrange, il est important, il importe,
> il est honteux, il est juste, il est rare, il est surprenant,
> il est temps, c'est dommage

> Je **regrette** que vous ne **puissiez** pas être des nôtres.
> *I'm sorry you will not be able to be with us.*

> C'est **dommage** que vous n'**aimiez** pas voyager.
> *It's a shame that you don't like travelling.*

Dans les propositions subordonnées après **avoir peur** et **craindre**, on met **ne** devant le verbe subordonné. Le **ne** *explétif* (voir Chapitre 14) ne se traduit pas et ne change rien à la valeur affirmative de la subordonnée.

> Elle **a peur** que le chat **ne** soit malade.
> *She is afraid that the cat is sick.*

Si vous voulez que le subordonné soit au negatif, mettez-le au négatif en employant un adverbe de négation.

> Elle **a peur** que le chat **ne** se porte **pas** bien.
> *She is afraid that the cat isn't well.*

La volonté ou le commandement, la nécessité ou l'obligation

> aimer mieux, défendre, demander, empêcher, exiger, permettre, tenir, vouloir, s'attendre, s'opposer
>
> il est nécessaire, il faut

> Ne **voulez**-vous pas que nous **prenions** part à la discussion?
> *Don't you want us to take part in the discussion?*

> La loi **exige**-t-elle que nous **fassions** vacciner notre chien contre la rage?
> *Does the law require us to have our dog innoculated against rabies?*

> Il **faut** que vous **donniez** à manger au chat.
> *You must feed the cat.*

1. Si le verbe principal est suivi normalement de la préposition **à**, ajoutez **ce** au commencement de la subordonnée.

> Nous **tenons à ce que** vous nous accompagniez.
> *We really want you to come with us.*

> Il ne s'**attend** pas **à ce que** nous lui offrions le chaton.
> *He doesn't expect us to give him the kitten.*

2. Attention aux verbes **il faut** et **il est nécessaire**. À l'affirmatif ils ont le même sens, mais pas au négatif.

> Il **faut** que vous nous suiviez.
> *You must follow us.*

> Il **est nécessaire** que vous nous suiviez.
> *It is necessary for you to follow us.*

> Il **n'est pas nécessaire** qu'ils viennent avec nous.
> *It is not necessary for them to come with us.*

> Il **ne faut pas** qu'ils viennent avec nous.
> *They must not come with us.*

Le doute, la possibilité

> douter, hésiter à croire, nier
> il est douteux, il est impossible, il est possible,
> il est peu probable, il se peut, il semble

> Il **se peut** que le train **parte** à l'heure.
> *It's possible the train will leave on time.*

> **Niez**-vous qu'il **ait** le courage de se déclarer contre la vivisection?
> *Do you deny that he has the courage to come out against vivisection?*

Quand **nier** et **douter** s'emploient au négatif, vous pouvez mettre **ne** devant le verbe subordonné. Le **ne** *explétif* ne se traduit pas en anglais et ne change rien à la valeur affirmative de la subordonnée. Du reste il est facultatif.

> Je ne **doute** pas que vous (ne) réussissiez.
> *I don't doubt that you succeed.*

Notez que **il est probable** indique, en français, la quasi-certitude plutôt que la possibilité. On met alors le verbe subordonné à l'indicatif.

> **Il est probable** qu'il nous **donnera** ce caniche.
> *He'll probably give us that poodle.*

Mais, si l'expression est modifiée pour indiquer le doute, mettez le subordonné au subjonctif.

> **Il est peu probable** qu'il nous **vende** ce caniche.
> *It's hardly likely that he'll sell us that poodle.*

ALLEZ-Y, exercice 1

▊ Point de vue subjectif ou objectif

Mettez *parfois* le verbe subordonné au *subjonctif* si la subordonnée suit un verbe, une expression verbale, ou un verbe impersonnel appartenant à certaines catégories.

La déclaration

Vous exprimez la certitude ou la quasi-certitude.

> affirmer, annoncer, déclarer, dire, prétendre, raconter

> il est certain, il est clair, il est évident, il est probable,
> il me semble, il est sûr, il est vrai

1. Si le verbe principal est à *l'affirmatif*, mettez le verbe subordonné à *l'indicatif*. Vous présentez les faits d'une façon objective.

> Elle **dit** que ce chien **est** très intelligent.
> *She says that this dog is very intelligent.*

> Le chef de train déclare qu'on n'**a** pas le droit de voyager avec les animaux.
> *The conductor states that we haven't the right to travel with animals.*

2. Si le verbe principal est au *négatif* ou à *l'interrogatif*, il y a une décision à prendre.

- En général, il existe un élément de *doute* ou d'*incertitude*. Présentez alors les faits d'une façon *subjective* et mettez le subordonné au *subjonctif*.

> Vous **n'allez pas** dire qu'elle **ait** tort!
> *(Surely) you are not going to say that she is wrong!*
> (J'ai entendu ce qu'elle a dit et je crois qu'elle a raison.)

> **Prétend-il** que ce chien de garde **soit** méchant?
> *Is he claiming that this guard dog is vicious?*
> (Je connais ce chien et je sais qu'il n'est pas méchant.)

- Mais parfois vous voulez présenter les faits d'une façon *objective*. Mettez alors le verbe subordonné à *l'indicatif*.

> Je n'entends pas ce que vous **dites**.
> *I can't hear what you're saying.*

> Il **ne déclare pas** que ce chien de garde **est** méchant.
> *He isn't stating that this guard dog is vicious.*
> (Ce n'est pas ça qu'il déclare. Il dit quelque chose de différent.)

> **Dit-elle** que cet enfant **est** très espiègle?
> *Is she saying that that child is very mischievous?*
> (Est-ce qu'elle le dit, ou est-ce qu'elle ne le dit pas?)

3. Si le verbe est au *négatif de l'interrogatif*, on met le verbe subordonné généralement à *l'indicatif*. Les deux aspects du verbe (négation et interrogation) s'annulent et le verbe principal est considéré comme un simple affirmatif.

> **Ne dites-vous pas** qu'elle **est** innocente?
> *Are you not saying that she is innocent?*
> (En effet, vous dites qu'elle est innocente.)

La perception ou l'opinion

compter, croire, espérer, être d'avis, être sûr, penser, savoir, supposer, trouver

1. Si le verbe principal est à *l'affirmatif*, mettez le subordonné à *l'indicatif*. Vous êtes convaincu(e) de la validité de ce que vous affirmez.

> Je **crois** que les chiens **sont** toujours fidèles.
> *I believe dogs are always faithful.*

> Elle **pense** qu'il **vient** de vendre ce cheval.
> *She thinks he has just sold that horse.*

2. Si le verbe principal est au *négatif* ou à *l'interrogatif*, il y a un choix à faire.

- Mettez le verbe subordonné au *subjonctif* si vous voulez présenter les faits d'une façon *subjective*.

> Nous **ne pensons pas** qu'il **vienne** nous voir.
> *We don't think he'll come and see us.*

> **Pensez-vous** qu'il **vienne**?
> *Do you think he'll come?*
> (On ne sait vraiment pas s'il viendra.)

- Si vous tenez à considérer les faits d'une façon *objective*, mettez le verbe subordonné à *l'indicatif*.

> **Pensez-vous** qu'il **sera** en retard?
> *Do you think he will be late?*

3. Si le verbe principal est au *négatif de l'interrogatif*, les deux éléments s'annulent, et vous mettez le verbe subordonné à *l'indicatif*.

> **Ne croyez-vous pas** que les poussins **sont** adorables?
> *Don't you think baby chicks are adorable?*

Vous auriez pu dire, en vous attendant à la réponse **Oui**:

> Les poussins sont adorables, **n'est-ce pas**?
> *Baby chicks are adorable, aren't they?*

Vous présentez un fait dont vous êtes convaincu(e): les poussins sont adorables.

ALLEZ-Y, exercice 2

TABLEAU 9-1 **L'indicatif et le subjonctif dans la proposition subordonnée (verbes personnels et impersonnels)**

présentation objective = caractères réguliers
présentation subjective = caractères en italiques
choix de présentation = caractères soulignés

catégories du verbe principal	mode du verbe subordonné		
	verbe principal à l'affirmatif	verbe principal au négatif	verbe principal à l'interrogatif
fait	indicatif	indicatif	indicatif
sentiment jugement personnel	*subjonctif*	*subjonctif*	*subjonctif*
volonté commandement nécessité obligation	*subjonctif*	*subjonctif*	*subjonctif*
doute possiblité	*subjonctif*	*subjonctif*	*subjonctif*
déclaration	indicatif	*subjonctif* <u>indicatif</u>	*subjonctif* <u>indicatif</u>
opinion perception	indicatif	*subjonctif* <u>indicatif</u>	*subjonctif* <u>indicatif</u>

Infinitif ou proposition subordonnée?

L'infinitif remplace très souvent la proposition subordonnée, complément du verbe. Quand est-il préférable d'employer l'infinitif plutôt que la subordonnée? Quand l'emploi de l'infinitif est-il défendu?

Verbes personnels

Quand le verbe principal est un verbe personnel ou une expression verbale personnelle, les règles suivantes s'appliquent.

1. Si le sujet du verbe principal accomplit également l'action subordonnée, choisissez de préférence *l'infinitif*.

J'ai peur d'**être** en retard.
I'm afraid I'll be late.

Il espère vous **voir** demain.
He hopes he'll see you tomorrow.
He hopes to see you tomorrow.

Les phrases anglaises révèlent de façon saisissante le fait que le sujet du verbe principal et celui du verbe subordonné sont identiques.

2. Mais si le sujet du verbe principal n'accomplit pas l'action subordonnée, c'est-à-dire si quelqu'un d'autre la fait, la *proposition subordonnée* est obligatoire.

Nous regrettons **qu'il ne puisse pas** être des nôtres.
We're sorry he can't be with us.

Attention! Le verbe **vouloir** est particulièrement traître, puisque, en anglais, on remplace souvent la subordonnée par un nom (ou pronom) suivi d'un infinitif.

Nous voulons **que vous partiez.**
We want you to leave.

▌ Verbes impersonnels

Quant aux verbes impersonnels, quelques détails sont à noter.

1. Si le sujet de l'action subordonnée n'est pas déterminé, ou si le contexte en indique clairement le sujet, employez l'*infinitif* pour compléter le verbe impersonnel.

Il faut obéir aux lois.
You must (We must) obey the law.
(sujet non-déterminé)

Élise, **il vaut mieux partir.**
Élise, you'd better leave.
(sujet indiqué par le contexte)

2. Mais si vous êtes vous-même obligé(e) de préciser le sujet de l'action subordonnée, employez la *proposition subordonnée*.

Il est temps que Gérard **choisisse** un bon chien de garde.
It's time Gérard chose a good watch dog.

▌Verbes à formules

Attention! Les verbes suivants, très usités, font exception aux principes notés ci-dessus. C'est toujours l'*infinitif* qui complète le verbe principal, même si le sujet de l'action subordonnée est différent de celui du verbe principal. Apprenez par coeur les formules suivantes et servez-vous-en.

commander à quelqu'un **de** faire quelque chose
conseiller à quelqu'un **de** faire quelque chose
défendre à quelqu'un **de** faire quelque chose
demander à quelqu'un **de** faire quelque chose
dire à quelqu'un **de** faire quelque chose
écrire à quelqu'un **de** faire quelque chose
ordonner à quelqu'un **de** faire quelque chose
permettre à quelqu'un **de** faire quelque chose
promettre à quelqu'un **de** faire quelque chose

accuser quelqu'un **d'**avoir fait quelque chose
décider quelqu'un **de** faire quelque chose
conseiller quelqu'un **de** faire quelque chose
empêcher quelqu'un **de** faire quelque chose
féliciter quelqu'un **d'**avoir fait quelque chose
persuader quelqu'un **de** faire quelque chose
prier quelqu'un **de** faire quelque chose
remercier quelqu'un **d'**avoir fait quelque chose
solliciter quelqu'un **de** faire quelque chose

aider quelqu'un **à** faire quelque chose
condamner quelqu'un **à** faire quelque chose
décider quelqu'un **à** faire quelque chose
inviter quelqu'un **à** faire quelque chose
obliger quelqu'un **à** faire quelque chose

Il **vous dit de** vous acheter un bon chien de garde.
He tells you to buy yourself a good watch dog.

Elle **vous défend de** punir le cheval.
She forbids you to punish the horse.

Vous **m'avez persuadé de** continuer mes études vétérinaires.
You persuaded me to go on with my studies in veterinary science.

Vous **nous empêchez de** continuer nos recherches scientifiques sur
les animaux.
You are stopping us from continuing our scientific studies on animals.

Tu **nous invites à** visiter le zoo?
You are asking us to visit the zoo?

ALLEZ-Y, exercice 3

La place de la subordonnée

Parfois une subordonnée se trouve en tête de la phrase. Voilà un tour stylistique dont on se sert dans la langue soignée et qu'on ne trouve pas très
souvent dans le style familier. C'est un moyen de retenir notre attention et
de mettre certains faits en valeur.

1. La subordonnée est le *sujet* du verbe principal.

   • Mettez le verbe subordonné au *subjonctif* même si le verbe principal est
   suivi normalement de l'indicatif.

   > Qu'elle **soit** prête à nous aider va de soi.
   > *That she is ready to help us goes without saying.*

   • Cependant, si vous voulez *insister sur la réalité* d'un fait, mettez le verbe
   subordonné à l'*indicatif*.

   > Que son chien le **suit** partout est un fait dont on a beaucoup
   > entendu parler à la télé.
   > *That his dog follows him everywhere is a fact that has been much talked
   > about on T.V.*

   • Il est possible de refaire les phrases d'après une formule plus normale.

   > Il va de soi qu'elle **est** prête à nous aider.

   > C'est un fait que son chien le **suit** partout.

2. La subordonnée est le *complément d'objet* du verbe principal. Dans ce cas,
   mettez le verbe subordonné au *subjonctif* et mettez aussi un *pronom*, complément d'objet, devant le verbe principal. Ce pronom vous rappelle que
   la subordonnée a déjà été présentée.

   > Qu'il **ait** le chat le plus intelligent du monde, il nous **le** répète
   > toujours.
   > *He keeps repeating that he has the most intelligent cat in the world.*

   > Que le chat **soit** plus intelligent que le chien, elle **en** est convaincue.
   > *She is convinced that cats are more intelligent than dogs.*

Le subjonctif dans la proposition indépendante

Parfois c'est le verbe principal qui se met au subjonctif.

1. Le verbe est alors précédé de **que** et exprime:

   • un souhait:

   > Qu'elle **réussisse** dans ce qu'elle a entrepris!
   > *May she succeed in what she has undertaken!*
   > (Je veux) qu'elle réussisse dans ce qu'elle a entrepris.

   • un commandement:

   > Qu'il m'**obéisse**!
   > *Make him obey me!*
   > (J'ordonne) qu'il m'obéisse.

   > Qu'il **sorte** à l'instant!
   > *Leave! Now!*
   > (J'ordonne) qu'il sorte à l'instant.

2. Le verbe principal au subjonctif s'emploie dans certaines expressions figées.

   • Le plus souvent, **que** est supprimé:

   > Dieu vous **bénisse**!
   > *God bless!*

   • Il y a parfois inversion du sujet et du verbe:

   > **Vive** le premier ministre!   **Vivent** les Canadiens!
   > *Long live the Prime Minister!*   *Long live the Canadians!*

ALLEZ-Y,   exercice 4

Maintenant, c'est à vous!

▌ Allez-y!

1. Le vétérinaire donne des ordres à ses employés, le matin. Dans le brou-haha général on entend des bribes de conversation — ordres, questions, réponses. Complétez les phrases suivantes en mettant le verbe subor-donné à l'indicatif ou au subjonctif, selon le cas.

   Modèle: Il vaut mieux que vous leur (**expliquer**) la situation.
   Il vaut mieux que vous leur **expliquiez** la situation.

   a. Il vaut mieux que vous (*donner*) à manger aux animaux tout de suite.

   b. J'espère que vous (*savoir*) comment vous y prendre.

   c. Vous savez que tous les animaux (*avoir*) soif aussi.

   d. Le petit chien n'a pas touché à son bol d'eau. Il faut qu'il (*boire*).

   e. Vous voulez qu'on (*faire nettoyer*) le chenil tout d'abord?

   f. Je tiens à ce que vous (*s'occuper*) du chat sans plus tarder.

   g. Je doute que je (*avoir*) la patience nécessaire.

   h. Vous dites que ce chien (*ne pas être*) très méchant?

   i. J'ai peur que vous ne me (*mentir*).

   j. Il est étonné que tout (*être*) déjà prêt.

   k. Je me réjouis toujours que les animaux (*pouvoir*) se remettre si vite.

   l. Niez-vous que nous (*aimer*) les animaux?

   m. Bien sûr que non. Mais je regrette qu'il y (*avoir*) tant de travail à faire.

2. Complétez les phrases suivantes en mettant le verbe subordonné au mode qu'il faut et en tenant compte des indications données. (**S**) indique que vous présentez les faits d'une façon subjective. (**O**) veut dire que vous les présentez d'une façon objective.

   Modèle: Je ne pense que vous (**avoir**) raison. (**s**)
   Je ne pense pas que vous **ayez** raison.

   a. Il est certain que vous (*ne pas aimer*) les singes. (*o*)

   b. Ne prétend-elle pas qu'on les (*haïr*)? (*s*)

   c. Mais je sais que certaines gens en (*avoir*) peur. (*o*)

   d. Il ne croit pas que vous me (*comprendre*) à ce sujet. (*s*)

   e. Vous n'allez-pas me dire que vous (*craindre*) ces animaux-là? (*s*)

    f. Je vous assure qu'elles ne (*avoir*) rien à craindre. (*o*)

    g. Mais vous a-t-elle dit qu'on (*ne pas devoir*) leur tendre la main? (*o*)

    h. Trouvez-vous qu'ils (*être*) bien gentils quoiqu'un peu espiègles? (*s*)

    i. Je suis sûr que vous (*aller*) les aimer à la longue. (*o*)

3. Ajoutez, si besoin, la préposition qui convient. N'oubliez pas d'incorporer chaque préposition à la phrase.

    Modèle: Je dis. . . jeunes. . . ne pas donner à manger au hamster.
            Je dis **aux jeunes de** ne pas donner à manger au hamster.

    a. Tu permets. . . le chat. . . coucher sur ton lit?

    b. Vous n'invitez pas. . . le chien. . . faire une promenade avec vous?

    c. Je demande. . . la vétérinaire. . . passer voir notre cheval.

    d. Ne peux-tu pas empêcher. . . ton chien. . . aboyer la nuit?

    e. Elle prie. . . ses amies. . . venir voir l'iguane qu'elle vient d'acheter.

    f. La propriétaire de la boutique essaie de persuader. . . les passants. . . ne pas toucher au perroquet.

    g. Je conseille. . . les gens allergiques. . . acheter des tortues plutôt que des serins.

    h. Nous défendons toujours. . . les visiteurs. . . s'approcher du chien.

    i. Nous permettons. . . les photographes. . . prendre des photos dans le jardin botanique.

    j. Puis-je aider. . . les enfants. . . donner des cacahuètes aux singes?

    k. Je tiens. . . féliciter. . . le directeur. . . avoir si bien organisé le programme.

4. Mettez les phrases suivantes à la forme impérative.

    Modèles: Je veux que le chien sorte.
           Qu'il sorte!

           Je veux que vous sortiez.
           Sortez!

    a. Je veux que l'agneau entre dans la cuisine.

    b. Je veux qu'on lui donne à manger.

    c. Je veux que tu lui donnes à manger.

    d. Je veux que vous m'obéissiez.

    e. Je veux que vous fassiez cela.

    f. Je veux que nous nous dépêchions.

    g. Je veux que tu prennes le temps de me répondre.

    h. Je veux qu'on termine ça aussi vite que possible.

 i. Je veux que tu aies de la patience.

 j. Je veux qu'ils soient gentils.

 k. Je veux qu'elles ne soient pas insupportables.

 l. Je veux que vous vous en alliez.

 m. Je veux qu'ils s'en aillent.

Lecture

Nos animaux et nous   Texte extrait de *Dialogues de bêtes* de Colette[1]

Personnages:
Kiki-la-Doucette, chat des Chartreux[2]
Toby-Chien, chien bringé[3]
Lui, Elle, seigneurs de moindre importance

Dans un compartiment de première classe, Kiki-la-Doucette, Toby-Chien,   5
Elle et Lui ont pris place. Le train roule vers les lointaines montagnes, vers
l'été libre. Toby-Chien, en laisse, lève vers la vitre un nez affairé. Kiki-la-
Doucette, invisible dans un panier clos, sous l'immédiate protection de Lui,
se tait.

TOBY-CHIEN : Comme cette voiture va vite! Arrivera-t-on bientôt, ô   10
  Toi qui rêves silencieuse et ne me regardes pas?

Point de réponse. Toby-Chien s'énerve et siffle par les narines.

ELLE : Chut!. . .

Il se tourne vers Lui, qui lit, et pose une patte discrète au bord de son genou.

LUI : Chut!. . .   15

TOBY-CHIEN, *résigné* : Je n'ai pas de chance. Personne ne veut me parler. (*Il l'appelle, très courtois.*) Chat!

KIKI-LA-DOUCETTE, *crachement de fauve* : Khhh. . .

TOBY-CHIEN, *un pas en arrière :* Oh! tu as dit un vilain mot. Ta figure
  est terrible. Tu as mal quelque part?   20

---

[1] Colette (Mme Colette Willy) était romancière et conférencière. Elle a été reçue à l'Académie Goncourt à Paris et était membre de l'Académie royale de Belgique.

[2] chat des Chartreux: chat qui a le poil d'un gris bleuâtre.

[3] bringé: qui a la robe mouchetée ou tigrée.

Colette

KIKI-LA-DOUCETTE : Va-t'en. Je suis le martyr. . . Va-t'en, te dis-je, ou
    je souffle du feu sur toi!

TOBY-CHIEN, *candide* : Pourquoi?

KIKI-LA-DOUCETTE : Parce que tu es libre, parce que je suis dans ce pa-
    nier, parce que le panier est dans une voiture infecte et qui me se-   25
    coue, et que leur sérénite à Eux m'exaspère.

TOBY-CHIEN : Veux-tu que j'aille regarder dehors et que je te raconte
    ce qu'on voit par la portière de la voiture?

KIKI-LA-DOUCETTE : Tout m'est également odieux.

TOBY-CHIEN, *après avoir regardé, revient* : Je n'ai rien vu. . .   30

KIKI-LA-DOUCETTE, *amer* : Merci tout de même.

TOBY-CHIEN : Je n'ai rien vu qui soit facile à décrire. Des choses ver-
    tes, qui passent tout contre nous, si près et si vite qu'on en reçoit

une claque dans les yeux. Un champ plat qui tourne et un petit
clocher pointu, là-bas, qui court aussi vite que la voiture. . . Un   35
autre champ, tout incarnat de trèfle en fleur, vient de me donner
dans l'œil une autre gifle rouge. . . La terre s'enfonce, — ou bien
nous montons, je ne sais pas au juste. Je vois, tout en bas, très
loin, des pelouses vertes, étoilées de marguerites blanches, — qui
sont peut-être des vaches. . .   40

KIKI-LA-DOUCETTE, *amer* : Ou autre chose.

TOBY-CHIEN : Cela ne t'amuse pas?

KIKI-LA-DOUCETTE, *rire sinistre* : Ha! demande au damné. . .

TOBY-CHIEN : À qui?

KIKI-LA-DOUCETTE, *de plus en plus mélodramatique, sans aucune*   45
conviction : . . . au damné sa cuve d'huile bouillante, s'il éprouve
quelque agrément! Mes tortures à moi sont morales. Je connais à
la fois la séquestration, l'humiliation, l'obscurité, l'oubli et le tan-
gage.

Le train s'arrête. Un employé sur le quai : « Aoua, aouaoua, éouau. . .   50
ouain!»

TOBY-CHIEN, *éperdu* : On crie! Il y a un malheur! Courons!

Il se jette, museau en avant, contre la portière fermée qu'il gratte désespé-
rément. Le train repart.

LUI, *quittant son journal* : Cette bête a faim.   55

ELLE : Kiki-la-Doucette boude. Il s'est caché ce matin.

LUI : Il ne dit rien. Tu ne crains pas qu'il soit malade?

ELLE : Non, mais vexé.

KIKI-LA-DOUCETTE, *dès qu'il s'agit de lui* : Mouân!

LUI, *tendre et empressé* : Venez, mon beau Kiki, mon séquestré, venez.   60

Il ouvre le panier-geôle, Kiki-la-Doucette avance une tête plate de serpent,
un corps rayé, précautionneux et long, long à croire qu'il en sortira
comme ça des mètres. . .

TOBY-CHIEN, *amène* : Ah! te voilà, Chat! Eh bien, salue la liberté!

Kiki-la-Doucette, sans répondre, lisse de la langue quelques soies   65
rebroussées.

TOBY-CHIEN : Salue la liberté, je te dis. C'est l'usage. Chaque fois
qu'on ouvre une porte, on doit courir, sauter, se tordre en demi-
cercle et crier.

KIKI-LA-DOUCETTE : On? qui, on?   70

TOBY-CHIEN : Nous, les Chiens. Comment trouves-tu cette voiture?

KIKI-LA-DOUCETTE, *qui flaire minutieusement* : Affreuse. Cependant le
   drap est assez bon pour faire ses ongles.

Il joint le geste à la parole et carde le capitonnage. Le train s'arrête, un em-
   ployé sur le quai: « Aaa, oua. . . aouaoua, oua. . .»   75

TOBY-CHIEN, *éperdu* : On crie! Il y a encore un malheur! Courons!. . .

KIKI-LA-DOUCETTE : Mon Dieu, que ce chien est fatigant! Qu'est-ce
   que ça peut lui faire, qu'il y ait un malheur? D'ailleurs, je n'en
   crois rien. Ce sont des cris d'homme, et les hommes crient pour le
   seul plaisir d'entendre leur voix. . .   80

TOBY-CHIEN, *calmé* : J'ai faim.

Kiki-la-Doucette commence une toilette minutieuse et funèbre. Le train s'ar-
   rête. Un employé sur le quai: « Aaa. . . ouain, aouaou. . .»

TOBY-CHIEN : On crie! Il y a un malh. . . Ah! zut, j'en ai assez.

LUI, *soucieux* : Nous allons changer de train dans dix minutes. Com-   85
   ment faire pour le Chat? Il ne voudra jamais se laisser enfermer.

ELLE : On verra. Si on mettait de la viande dans le panier?

LUI : Ou bien en le caressant. . . (*Ils s'approchent de la bête redoutable et*
   lui parlent ensemble.) Kiki, mon beau Kiki, viens sur mes genoux
   ou sur mon épaule qui te plaît d'habitude. Tu t'y assoupiras et je   90
   te déposerai doucement dans ce panier, qui, en somme, est à
   claire-voie et dont un coussin rend confortable l'osier rude. . .
   Viens, mon charmant. . .

ELLE : Écoute, Kiki, il faut pourtant comprendre la vie. Tu ne peux
   pas rester comme ça. Nous allons changer de train, et un employé   95
   épouvantable surgira, qui dira des choses blessantes pour toi et
   toute ta race. D'ailleurs, tu feras bien d'obéir, parce que, sans ça,
   je te ficherai une fessée. . .

Mais avant qu'on ait porté la main sur sa fourrure sacrée, Kiki se lève, s'é-
   tire, bombe le dos en pont, bâille pour montrer sa doublure rose, puis se   100
   dirige vers le panier ouvert, où il se couche, admirable de quiétude in-
   sultante. Lui et Elle se regardent et font une tête.

TOBY-CHIEN, *avec l'à-propos qui le caractérise* : J'ai envie de faire pipi.

█ Travaux

1. a. Décrivez Toby-Chien. Comment se conduit-il envers Kiki? envers son maître?

    b. Faites le portrait de Kiki-la-Doucette.

2. Faites des phrases en vous servant des éléments donnés.

    Modèle: le vétérinaire / recommander / médicaments

    Le vétérinaire nous recommande de donner des médicaments à notre chien.

    a. le gardien de zoo / empêcher / s'approcher des animaux

    b. les chevaux / permettre / offrir des pommes

    c. la cavalière / conseiller / toucher au cheval

    d. le fermier / demander / fermer les barrières

    e. les clôtures / empêcher / s'évader

    f. la patronne / inviter / entrer dans la boutique d'animaux

    g. la mère / prier / la vétérinaire / offrir un chaton

3. Transformez les phrases suivantes en propositions subordonnées en vous servant des indications données.

    Modèle: Le train part à l'heure. (**J'ai peur. . .**)

    J'ai peur que le train ne parte pas à l'heure.

    a. Le train va vite.
        Il faut. . .
        Il est préférable. . .
        Il me semble. . .
        Il semble. . .

    b. Ce chien-là est insupportable!
        Je sais. . .
        Je crois. . .
        Je doute. . .
        Je nie. . .

    c. Les deux animaux ont faim.
        Il croit. . .
        Dit-il. . .
        Ne dit-il pas. . .
        Il ne peut pas croire. . .

d. Le train ralentit. (*présentation objective des faits*)
Croyez-vous. . .
Êtes-vous d'avis. . .
Est-ce que vous dites. . .
Êtes-vous sûre. . .

e. Cette femme-là croit à l'amour-propre du chat.
Il est évident. . .
Il est probable. . .
Il est possible. . .
Il est important. . .

f. L'enfant réussit à calmer le chat.
Je vois. . .
Je souhaite. . .
J'espère. . .
Je doute. . .

g. La Société protectrice des animaux a besoin d'argent. (*présentation subjective des faits*)
Vous ne savez pas. . .
Ne croyez-vous pas. . .
Ne dites-vous pas. . .
Espérez-vous. . .

h. Il y a toujours beaucoup d'animaux à la fourrière.
Il est regrettable. . .
C'est dommage. . .
Il se peut. . .
Il est probable. . .

i. Le hénissement d'un cheval le fait penser à la campagne.
Elle affirme. . .
Elle croit. . .
Elle doute. . .
Elle nie. . .

j. La vétérinaire connaît bien tous ces animaux.
Il faut. . .
Il nous semble. . .
Il est évident. . .
Il est important. . .

k. Il tient le chien en laisse.
Je regrette. . .
Je suis content. . .
J'ai peur. . .
Je veux. . .

4. Faites des phrases en transformant les phrases impératives suivantes en subordonnées. Servez-vous de l'infinitif indiqué. Ajoutez les détails à votre gré.

Modèle: Prends ça. Elle est pour toi, la carotte. (**inviter**)
J'invite le lapin blanc à prendre la carotte.

   a. Fais le beau! (*ordonner*)
   b. Fais le mort! (*empêcher*)
   c. Assis! (*ordonner*)
   d. Au pied! (*commander*)
   e. Sors! (*prier*)
   f. Viens! (*dire*)
   g. Sois gentil! (*conseiller*)
   h. Ne donne pas la patte! (*permettre*)
   i. Vas-y doucement! (*ordonner*)

5. Choisissez deux situations. Développez-les (maximum huit phrases) de façon à faire voir que vous savez vous servir comme il faut du mode subjonctif.

Modèle: Croyez-vous que le cheval noir sache dire l'heure?
Le matin, il faut que les enfants sortent le cheval de l'étable et le mettent dans le grand pré. Elles ont peur qu'il ne s'ennuie tout seul. Elles espèrent qu'il ne pleuvra pas parce qu'elles ne veulent pas qu'il soit malheureux. Mais l'après-midi, à quatre heures quand elles reviennent de l'école, voilà le cheval qui les attend tout près de l'étable. Il est bien content qu'elles soient de retour.

   a. Il pleut et il faut que je sorte le chien.
   b. Je compte prendre le train de Toronto à Montréal. Je voudrais bien emmener avec moi mon chat, mais. . .
   c. Nos voisins ont un très grand chien. Ils travaillent en ville et le chien, seul à la maison, ne cesse d'aboyer. Que faire?

6. Transformez chaque phrase suivante en subordonnée. Employez-la comme sujet d'une phrase que vous inventez. Terminez la phrase à votre gré.

Modèle: Il veut bien nous aider.
Qu'il veuille bien nous aider me fait grand plaisir.

   a. Toby est un petit chien bien gâté.
   b. Le vaccin peut protéger le chien contre la rage.

    c. La propriétaire de la boutique d'animaux fait beaucoup d'argent.

    d. Kiki, le chat, n'obéit jamais à sa maîtresse.

    e. Le jardin zoologique est assez loin de la ville.

7. Transformez chaque phrase suivante en subordonnée, complément d'objet du verbe. Complétez la phrase.

Modèle: Il a des poissons rouges fort beaux.
    Qu'il ait des poissons rouges fort beaux, il ne cesse pas de nous le dire.

    a. Nous avons une vétérinaire très sympathique.

    b. Notre chien est toujours content de nous accompagner.

    c. Son chat, une fois installé dans la voiture, se met à miauler.

    d. Votre chien a toujours faim.

    e. Le perroquet sait prononcer deux ou trois mots.

Thèmes

1. Traduisez en français les phrases suivantes.

    a. "Hooray for the holidays!" Toby-Chien yells, jumping for joy.

    b. He is surprised that no one pays attention to him.

    c. Kiki-la-Doucette is complaining that he is imprisoned in a basket and that the car smells bad.

    d. "Do you want me to tell you what is going on outside?" asks Toby-Chien.

    e. "No, I'm expecting HIM to get me out of this prison," replied Kiki.

    f. "It's the railway company that insists that you travel in a basket," HE answered.

    g. "Do you really believe that I can be happy in here?" asks Kiki.

    h. "No, but it's probable that you'll soon fall asleep."

    i. "Not possible. But I hope you go to sleep soon."

    j. "Oh," yells Toby-Chien. "We're stopping. Everybody off!"

    k. "How happy I am that we're going to the country!"

2. Traduisez en français le passage suivant.

The Optimist

Jeremy Bentham speaks in favour of the formation of a society for the prevention of cruelty to animals. The Society was founded in England in 1826. The dialogue is purely imaginary.

The heckler: Sir, I doubt that you realize the ridiculousness of the   5
project you are proposing. You want us to protect animals? You say they have rights? Animals are just things — things we use.

Bentham: I don't deny that the proposal is unusual, but it is not ridiculous. I'm afraid you don't understand the situation. Horses and   10
cows serve us faithfully. We must protect them. I'm sure we all know people who abuse them. It is shameful that these people are not punished.

The heckler: Are you not saying that we can't do what we want   15
with our own property?

Bentham: Well. . . it seems that we will need a new law. I'm sorry people do not seem willing to look after their animals of their own free will. Therefore. . . let them pay a heavy fine — or even let   20
them go to prison for a month or two.

The heckler: I doubt that the situation is going to change.

Bentham: I'm sure there will be considerable improvement. Peo-   25
ple will learn little by little to be kind to animals. Children will discover that they must not be cruel. Don't you think that in this way we'll be able to reduce crime — everywhere in our country?

À vous la parole

Vocabulaire supplémentaire
Pour parler la langue des bêtes

> Miaou!, Oua! Oua!, Bé! bé!, Coin! Coin!, Cocorico!, Glouglou!, Hi han!, Cou-cou!

Pour parler des animaux — surtout des animaux familiers

> le chat, la chatte, le petit chat, le chaton, le matou, le minet, le tigré, le moucheté, le chien, la chienne, le petit chien,

le chiot, le toutou, le cheval, la jument, le poulain, le coq,
la poule, le poussin, le canard, la cane, le caneton, la canette

la patte, la gueule, la griffe, la fourrure, la robe, le poil,
flatter (caresser) un animal, apprivoiser un animal,
le gazouillement, ronronner, le ronronnement, aboyer,
l'aboiement, bêler, le bêlement, hénir, le hénissement,
promener le chien, donner à manger au chat

Au pied! Assis! Sors! Viens! Fais le beau! Fais le mort!
Donne la patte! Allez, ouste!

la boutique d'animaux, le zoo, le jardin (le parc) zoologique,
le gardien (la gardienne) de zoo, l'éleveur de chiens,
le/la vétérinaire, la fourrière, la Société protectrice des animaux,
le mal des chats, la rage, inoculer (vacciner) contre la rage,
la vivisection, partisan(e) / ennemi(e) de la vivisection

▌Dialogues

1. En vous inspirant de ce dialogue de Colette et de vos propres expériences avec les animaux, inventez avec votre voisin(e) une conversation entre *deux animaux* dans une des situations suivantes.

   • **Ah! les beaux cadeaux!**
   Scène à la maison le jour de Noël.

   • **Que ça sent bon!**
   La famille se réunit au jardin autour du barbecue.

2. Discutez avec votre voisin(e) des traits qui vous ont plu dans ce dialogue de Colette. Qu'est-ce que vous avez appris de Colette, elle-même?

▌Décisions

Cherchez à résoudre, avec votre voisin(e), le problème suivant.

Il y a deux ou trois ans, après plusieurs mois d'efforts, vous avez réussi à persuader vos parents de vous permettre d'avoir un chien à la maison. Maintenant vous êtes plus vieux, vous passez moins de temps avec le chien, mais vous continuez à l'aimer beaucoup. Cependant ce sont vos parents qui s'occupent du chien. Ils lui donnent à manger et ils le promènent. Ils vous annoncent qu'ils ne veulent pas que cela continue ainsi. Qu'est-ce que vous allez faire?

▌Discussions

Discutez des sujets suivants avec un petit groupe de vos voisin(e)s ou bien avec tous les membres de la classe.

1. Les animaux et les jeunes.
2. Les animaux et les vieux.
3. Il faut abolir la vivisection. Êtes-vous pour ou contre cette décision?
4. Qui devrait se faire vétérinaire? Pourquoi?
5. Les animaux à la campagne et en ville.
6. On attache beaucoup trop d'importance aux animaux dans notre société. Êtes-vous de cet avis, ou non?

▌Compositions

Écrivez une composition sur *un* des sujets suivants. N'oubliez pas d'en faire un plan avant de commencer à écrire.

1. Mon animal favori.
2. Pourquoi j'aime (ou je n'aime pas) les animaux.
3. Un acte héroïque.
4. Colette, psychologue.
5. Le rôle des animaux dans la recherche.

10 Dépaysement

Éléments de langue

Le subjonctif (suite)
    Propositions adverbiales
    Propositions relatives
    Propositions conditionnelles
    Verbes subordonnés en série

La concordance des temps au subjonctif
    Propositions substantives
    Propositions adverbiales
    Propositions relatives

Situation

Un vieux Québécois, unilingue, en visite chez
un fils marié aux États-Unis, se trouve isolé et
désorienté dans un milieu américain

Texte: **Dépaysement** — extrait de *Trente
Arpents* de Ringuet

Activités de communication

Échanger des idées sur le dépaysement, la
nostalgie et les problèmes des immigrants

Parler de cultures différentes

Comparer la vie du fermier à la campagne à
celle de l'ouvrier en ville

Comprendre l'importance de son héritage
culturel

Le subjonctif (suite)

Gare aux conjonctions! Gare aux propositions adjectivales! Qui sait où se cache le verbe au subjonctif?

> Pour la première fois s'embuait en lui la seule vision nette qu'il *eût* jamais *portée*: celle de sa vie coutumière entre l'horizon fermé de son pays de Québec.
>
> **Ringuet**

Le verbe subordonné se met souvent au subjonctif dans les propositions adverbiales et relatives.

▌Propositions adverbiales

▌Les conjonctions servent à introduire les propositions adverbiales. En général ces conjonctions nous indiquent des circonstances — le temps, la cause, la situation — qui sont des faits réels dont on a la preuve. Ainsi, le plus souvent, le verbe subordonné se met à l'*indicatif*. Mais, dans certains cas, la conjonction se rapporte à des circonstances plus subjectives, indiquant, par exemple, le but ou l'intention. À ce moment-là, il faut mettre le verbe subordonné au *subjonctif*.

▌Point de vue subjectif

Mettez le verbe subordonné *toujours* au *subjonctif* après les conjonctions suivantes indiquant un but à viser, une concession à faire, une condition à imposer. Il s'agit ici non pas de faits réels acceptés, mais de faits envisagés ou interprétés d'une façon subjective.

> à condition que, à moins que, à supposer que, afin que,
> autant que, avant que, bien que, de crainte que, de peur que,
> en admettant que, encore que, excepté que, jusqu'à ce que,
> malgré que, non que, non pas que, pour que, pour peu que,
> pourvu que, quoique, sans que, soit que. . . soit que

> **Bien qu'**il nous connaisse bien, il n'est pas venu nous saluer.
> *Although he knows us well, he didn't come to greet us.*

Non qu'il ait eu peur, mais il n'a pas voulu parler.
Not that he was afraid, but he didn't want to speak.

N'oubliez pas de mettre **ne** *explétif* devant le verbe subordonné introduit par **à moins que, avant que, de peur que, de crainte que** (voir Chapitre 14).

Revenez vite, **avant qu**'il **ne** soit trop tard.
Come back quickly, before it's too late.

▌Point de vue subjectif ou objectif

Attention aux conjonctions **de façon que** et **de manière que**. Si vous voulez indiquer l'intention (le résultat n'est pas sûr), mettez le verbe subordonné au *subjonctif*. Si vous voulez insister sur le résultat obtenu ou à obtenir, mettez le subordonné à l'*indicatif*.

Elle cherche à vous expliquer le problème de façon que vous **puissiez** le comprendre facilement.
She is trying to explain the problem so that you will be able to understand it easily.
(intention)

Elle a expliqué le problème de façon que j'**ai pu** le comprendre facilement.
She explained the problem so that I was able to understand it easily.
(résultat)

> ALLEZ-Y,   exercice 1

▌Propositions relatives

▌**L**es propositions relatives sont des propositions subordonnées qui qualifient un nom ou un pronom.

Le salon, **qui donnait sur la rue**, était petit mais élégant.
The living room, which looked out on the street, was small but elegant.

La proposition relative **qui donnait sur la rue** sert à décrire le nom **salon**: elle le qualifie. En général, dans les propositions relatives, le verbe est à l'indicatif. Mais, dans certains cas, il se met au subjonctif.

▌Point de vue subjectif ou objectif

1. Mettez le verbe au *subjonctif* si les deux conditions suivantes s'appliquent:

   • l'antécédent est *indéfini*, c'est-à dire que l'identité ou l'existence n'en est pas connue; et

   • la proposition relative est introduite par **qui, que, quoi, lequel, dont, où.**

   > Il cherche une maison qui **soit** facile à chauffer.
   > *He is looking for a house that is easy to heat.*
   > (**une maison**: antécédent indéfini
   > Il n'a pas encore trouvé la maison.)

   Comparez à la phrase suivante, où l'existence de l'antécédent est connue:

   > Il a acheté une maison qui **est** facile à chauffer.
   > *He bought a house that is easy to heat.*
   > (**une maison**: antécédent défini
   > La maison existe; il l'a achetée.)

   Comparez aussi les deux phrases suivantes.

   > Connaissez-vous quelqu'un qui **puisse** me renseigner?
   > *Do you know anyone who can give me information?*
   > (**quelqu'un**: antécédent indéfini
   > Il est possible qu'il n'y ait personne capable de vous donner les renseignements que vous cherchez.)

   > Je connais quelqu'un qui **peut** vous renseigner.
   > *I know someone who can give you information.*
   > (**quelqu'un**: antécédent défini
   > Cette personne existe et peut vous aider.)

2. Mettez le verbe au *subjonctif* si la subordonnée indique que quelqu'un ou quelque chose est *unique en son genre*. La subordonnée qualifie une expression telle que **le premier, le dernier, le seul, il n'y a que. . . , personne, rien.** La subordonnée vous permet de donner une opinion personnelle.

   > Vous êtes **le seul** qui **puisse** m'aider.
   > *You are the only one who can help me.*

Il n'y a que toi qui **puisses** m'aider.
(There is) only you (who) can help me.

Je ne connais personne qui **ait** plus de charme qu'elle.
I don't know anyone who has more charm than she (does).

Mais si ces expressions se rapportent à des faits réels, vérifiables, mettez le verbe à l'*indicatif*.

C'est **le seul roman** que ce journaliste **a écrit**.
This is the only novel that journalist wrote.
(Nous savons qu'il n'a écrit qu'un seul roman.)

3. Mettez le verbe subordonné au *subjonctif* si la subordonnée qualifie un mot au superlatif, et si vous exprimez une opinion personnelle.

C'est la femme **la plus intransigeante** que **je connaisse**.
She's the most uncompromising woman I know.

Cependant, si vous parlez de faits vrais, vérifiables, mettez le verbe subordonné à l'*indicatif*.

Il n'aime pas voyager. Il est allé de Victoria à Vancouver. C'est le voyage le plus long qu'il **a fait**.
He doesn't like travelling. He went from Victoria to Vancouver. That's the longest trip he has made.

▌ Point de vue toujours subjectif

Mettez le verbe *toujours* au *subjonctif* si la subordonnée est introduite par un *relatif indéfini*: **quelque. . . que, quelque(s). . . que** ou bien **quel(le)(s) que. . ., qui que. . ., quoi que. . ., où que. . .**

Quelque (however) + adjectif + *que* + *être*

Quelque est un *adverbe invariable*. Mettez-le devant l'adjectif, et toujours au commencement de la subordonnée. L'ordre des mots est important.

Quelque intelligente qu'elle **soit**, elle ne dit pas beaucoup.
However intelligent she may be, she doesn't say much.

Vous pouvez substituer **si, tout** ou **pour** à **quelque**. Vous ne changez ni le sens ni la forme grammaticale de la phrase.

$$\left. \begin{array}{l} \text{Si} \\ \text{Tout} \\ \text{Pour} \end{array} \right\}$$ intelligent qu'il **soit,** il ne dit pas beaucoup.

However intelligent he may be, he doesn't say much.

Quelque(s) (whatever) + **substantif** + *que* + **verbe autre que** *être*

Quelque(s) est un *adjectif variable*. Il se met au commencement de la subordonnée immédiatement devant le nom avec lequel il s'accorde. Mettez le verbe subordonné au subjonctif. Notez qu'*il ne faut pas employer* le verbe **être** comme verbe subordonné avec l'adjectif **quelque(s)**.

Quelques difficultés qu'elle **ait,** il faut qu'elle continue.
Whatever difficulties she may have, she must go on.

Quel(le)(s) que (whatever) + **verbe** + **substantif**

Quel que est un *adjectif variable* qui est toujours séparé du nom avec lequel il s'accorde. Il s'emploie *toujours* avec **être** et exige l'inversion du sujet et du verbe. Notez bien l'ordre des mots qui n'est pas celui de la phrase anglaise.

Quels que **soient** vos **chagrins,** ne vous découragez pas.
Whatever your troubles may be, don't get discouraged.

Quel que **soit** le **problème,** il faut le résoudre.
Whatever the problem may be, it must be solved.

Quelle que **soit** la **difficulté,** elle va la surmonter.
Whatever the difficulty may be, she is going to overcome it.

Qui que (whoever) + **sujet** + **verbe**
Quoi que (whatever) + **sujet** + **verbe**
Où que (wherever) + **sujet** + **verbe**

Mettez le verbe subordonné introduit par ces relatifs indéfinis *toujours* au *subjonctif*. Ces expressions sont invariables. Placez-les toujours au début de la subordonnée.

Qui que vous **soyez,** vous n'avez pas été invité.
Whoever you are, you haven't been invited.

Quoi que je **fasse,** j'ai toujours tort.
Whatever I do, I'm always wrong.

Où qu'il **aille,** il prend des photos.
Wherever he goes, he takes pictures.

Ces pronoms indéfinis ont des formes renforcées: **qui que ce soit qui** (sujet du verbe), **qui que ce soit que** (complément d'objet), **quoi que ce soit qui/que, où que ce soit que,** etc. (voir Chapitre 11). Ces expressions exigent toujours le subjonctif.

Qui que ce soit qui **ait dit** cela, a tort.
Whoever said that, is wrong.

Qui que ce soit que vous **choisissiez,** nous l'accepterons.
Whomever you choose, we will accept.

Propositions conditionnelles

Le mode subjonctif peut s'employer dans une proposition conditionnelle (voir Chapitre 13), mais seulement dans certains cas et dans le *style littéraire.* Il suffit de reconnaître, dans un texte de style littéraire, le subjonctif de la proposition conditionnelle.

Quand deux propositions subordonnées se suivent, on peut mettre le second verbe subordonné au *présent du subjonctif,* précédé de **que.** Ce tour évite la répétition de la conjonction **si.**

S'il part en voyage et s'il n'en revient pas, tu ne te pardonneras pas.
S'il part en voyage et **qu'il n'en revienne pas,** tu ne te pardonneras pas.
If he leaves on a trip and if he doesn't come back, you will never forgive yourself.

Dans une phrase conditionnelle, au passé, le *plus-que-parfait du subjonctif* peut remplacer le plus-que-parfait de l'indicatif du verbe subordonné ou bien le conditionnel passé du verbe principal.

Si je vous avais vu, je vous aurais parlé.
Si je vous **eusse vu,** je vous aurais parlé.
Si je vous avais vu, je vous **eusse parlé.**
Si je vous **eusse vu,** je vous **eusse parlé.**
If I had seen you, I would have spoken to you.

Verbes subordonnés en série

Attention! Il faut considérer le rôle de chaque verbe subordonné dans la phrase. Il se peut que plusieurs propositions subordonnées se suivent. Ne cédez pas à la tentation de tout mettre au subjonctif.

Il nie qu'elle lui **ait dit** qu'elle **devait** partir de bonne heure.
He denies that she told him that she was to leave early.
(**ait dit**: subjonctif après **il nie**
devait: indicatif, après le verbe **dire**)

Voulez-vous que je **dise** au jeune homme qui **attend** au bureau que vous ne **désirez** pas le voir?
Do you want me to tell the young man waiting in the office that you don't wish to see him?
(**dise**: subjonctif, après **vouloir**
attend: indicatif, après **le jeune homme**
désirez: indicatif, après **dire**)

ALLEZ-Y, exercice 2

La concordance des temps au subjonctif

À quel temps du subjonctif doit-on mettre le verbe subordonné?
Comment sait-on quel temps choisir?

> C'est en vain que ses yeux *cherchaient* quelque chose
> d'amical à quoi se raccrocher; quelque chose qui *fût*
> confortable à son esprit, où il *pût* se détendre et se
> sentir à l'aise.
>
> **Ringuet**

Au *subjonctif* il n'y a que *quatre* temps: le présent, le passé, l'imparfait et le plus-que-parfait. En pratique, dans la langue courante, il n'y en a que *deux*: le *présent* et le *passé*. L'imparfait et le plus-que-parfait du subjonctif sont des temps littéraires qui ne se trouvent traditionnellement que dans des textes littéraires, comme, du reste, le passé simple et le passé antérieur de l'indicatif. D'ailleurs, de plus en plus, les auteurs, même ceux qui se servent du style littéraire, préfèrent employer le présent du subjonctif (à la place de l'imparfait du subjonctif) et le passé du subjonctif (à la place du plus-que-parfait du subjonctif).

Des deux temps — le présent ou le passé du subjonctif — lequel choisir? Tout dépend de l'ordre chronologique des événements par rapport au verbe principal. Le temps du verbe principal n'est pas un facteur dans le choix.

TABLEAU 10-1 **La concordance des temps au subjonctif: aide-mémoire simplifié**

verbe principal	verbe subordonné	
	un fait présent ou futur	un fait passé
à n'importe quel temps de l'indicatif ou du conditionnel	**présent du subjonctif**	**passé du subjonctif**

Propositions substantives

1. Si le verbe principal est au présent ou au futur de l'indicatif ou bien au conditionnel présent, vous pouvez mettre le verbe subordonné au présent ou au passé du subjonctif.

    a. Mettez le verbe subordonné au *présent du subjonctif* si vous voulez exprimer *un fait présent* ou *futur* par rapport au verbe principal. Vous marquez ainsi la **simultanéité** ou la **postériorité**.

      Elle nie qu'elle le **connaisse.**
      She denies that she knows him.
      (simultanéité)

      Exigera-t-il que tu **fasses** des compromis?
      Will he insist that you compromise?
      (simultanéité)

      Je souhaite qu'il **puisse** nous aider demain.
      I hope he'll be able to help us tomorrow.
      (postériorité)

      Elle voudrait qu'il nous **mette** au courant.
      She would like him to bring us up to date.
      (postériorité)

      Elle ne voudrait pas qu'il **vienne** nous voir demain.
      She wouldn't want him to come and see us tomorrow.
      (postériorité)

    b. Mettez le verbe subordonné au *passé du subjonctif* si vous voulez exprimer *un fait passé* par rapport au verbe principal. Vous indiquez ainsi l'**antériorité.**

      Elle nierait qu'il **ait perdu** ses terres.
      She would deny that he has lost his land.

      Je doute qu'elle **soit** déjà **arrivée.**
      I doubt that she has already arrived.

2. Si le verbe principal est à un temps passé de l'indicatif ou bien au conditionnel passé, vous pouvez mettre le verbe subordonné au présent ou au passé du subjonctif.

    a. Mettez le verbe subordonné au *présent du subjonctif* si vous voulez exprimer un fait présent ou futur, par rapport au verbe principal. (Notez que le présent du subjonctif remplace l'imparfait du subjonctif du style littéraire.) Vous indiquez ainsi la *simultanéité* ou la *postériorité.* Dans les exemples suivants, l'imparfait du subjonctif est donné entre parenthèses.

Je regrettais qu'il **soit (fût)** malheureux.
I was sorry that he was unhappy.
(simultanéité)

J'avais souhaité qu'il **soit (fût)** heureux.
I had hoped that he was happy.
(simultanéité)

J'avais souhaité qu'il nous **mette (mît)** au courant.
I had hoped that he would bring us up to date.
(postériorité)

J'aurais voulu qu'il **soit (fût)** heureux.
I would have liked him to be happy.
(postériorité)

b. Mettez le verbe subordonné au *passé du subjonctif* si vous voulez exprimer un fait passé par rapport au verbe principal. (Le passé du subjonctif représente le plus-que-parfait du subjonctif du style littéraire.)
Vous marquez ainsi l'*antériorité*.

J'ai regretté qu'ils **soient venus (fussent venus)**.
I was sorry that they had come.
(antériorité)

J'étais heureux qu'il nous **ait mis (eût mis)** au courant de cela dès
son arrivée.
*I was pleased that he had brought us up to date on that as soon as he
arrived.*
(antériorité)

J'aurais voulu qu'il **soit arrivé (fût arrivé)** bien avant vous.
I would have liked him to have arrived well before you.
(antériorité)

Propositions adverbiales

Mettez le verbe subordonné au *présent* ou au *passé* du *subjonctif* en suivant
les règles générales données ci-dessus.

Je veux bien vous accompagner au concert bien que je ne m'y
connaisse pas en musique.
*I'm willing to go to the concert with you although I don't know much
about musique.*
(simultanéité)

Il ne se plaint jamais bien qu'il **ait été** souvent malade.
He never complains although he has often been sick.
(antériorité)

Nous travaillons bien pour que vous **soyez** content de nous.
We work well so that you will be pleased with us.
(postériorité)

Propositions relatives

Mettez le verbe subordonné au *présent* ou au *passé* du *subjonctif* en suivant les règles générales données ci-dessus.

Quelque jeune qu'il **soit**, il ne peut pas s'adapter.
However young he may be, he is not able to adapt.
(simultanéité)

Quels que **soient** les problèmes, elle les résoudra.
Whatever the problems will be, she will solve them.
(simultanéité)

Il cherchait quelqu'un qui **puisse** (**pût**) le renseigner.
He was looking for someone who would be able to give him information.
(postériorité)

Il nous disait toujours que c'était le voyage le plus long qu'il **ait fait** (qu'il **eût fait**).
He was always telling us that it was the longest journey he had made.
(antériorité)

TABLEAU 10-2   La concordance des temps au subjonctif

verbe principal	verbe subordonné	
	un fait présent ou futur	un fait passé
au présent, au futur de l'indicatif au conditionnel présent	**présent du subjonctif**	**passé du subjonctif**
à un temps passé de l'indicatif au conditionnel passé	**présent du subjonctif/ imparfait du subjonctif**	**passé du subjonctif/ plus-que-parfait du subjonctif**

ALLEZ-Y,   exercices 3, 4

Maintenant, c'est à vous!

▌Allez-y!

1. Mettez le verbe entre parenthèses au temps et au mode qui conviennent.

Modèle: Bien que nous (**avoir**) toujours confiance en elle, son départ inattendu nous a surpris.

Bien que nous **ayons** toujours confiance en elle, son départ inattendu nous a surpris.

a. À moins qu'il n'y (*avoir*) du brouillard, elle arrivera à sa destination ce soir.

b. Elle a fait ses valises et est partie sans que nous le (*savoir*).

c. Quand nous la (*voir*) ce matin, elle n'a pas dit qu'elle allait nous quitter.

d. Après qu'elle (*prendre*) le petit déjeuner avec nous, elle est montée à sa chambre, disant qu'elle avait du travail à faire.

e. Elle a fait cela, bien que nous autres nous (*compter*) aller passer la journée près du lac.

f. Soit qu'elle (*avoir*) peur de tomber malade chez nous, soit qu'elle (*vouloir*) rejoindre ses amis en ville, elle a décidé de partir.

g. Elle a laissé ici tous ses livres. À moins qu'elle ne nous (*dire*) de les lui expédier, nous les garderons ici.

h. Malgré qu'elle (*partir*) sans nous dire au revoir, je suis certain qu'elle ne nous en veut pas.

i. J'ai essayé de l'expliquer aux autres de façon qu'ils (*pouvoir*) comprendre ce qu'elle a voulu faire.

2. Mettez le verbe entre parenthèses au temps et au mode qui conviennent.

Modèle: Où qu'on (**aller**) au Québec, on trouve des fermes isolées.
Où qu'on **aille** au Québec, on trouve des fermes isolées.

a. Quoi qu'ils (*faire*), les cultivateurs pensent toujours à préserver les traditions de chez eux.

b. Quelques ennuis financiers qu'ils (*avoir*), ils refusent d'abandonner ces valeurs traditionnels.

c. Si découragés qu'ils (*être*), ils n'abandonneront jamais la terre.

d. Je ne connais personne qui (*être*) plus consciencieux que ce cultivateur.

e. Il n'y a que lui qui (*savoir*) interpréter les prévisions météorologiques.

f. La première ferme que nous (*visiter*) se trouvait près de Cacouna.

g. Où que je (*aller*) je trouve de vieilles fermes qui remontent au dix-septième siècle.

h. Où puis-je trouver une maison de ferme qui (*être construit*) de pierre?

i. Quand on (*faire*) la récolte, il y aura une fête à l'église.

j. Connaissez-vous quelqu'un qui (*avoir*) l'air plus heureux que ce cultivateur assis à la porte de sa maison à regarder le soleil couchant?

3. Mettez le verbe entre parenthèses au temps et au mode qui conviennent. Attention à la concordance des temps à l'indicatif et au subjonctif.

Modèle: Afin que nous (**pouvoir**) rentrer après la veillée, il viendra nous chercher en voiture.

Afin que nous **puissions** rentrer après la veillée, il viendra nous chercher en voiture.

a. Après que la neige (*fondre*), on se réunira chez les Mason.

b. Malgré que les cultivateurs (*vivre*) très loin les uns des autres, ils seront tous là pour la veillée.

c. Pourvu qu'ils (*se mettre*) en route de bonne heure, tous les voisins arriveront à temps.

d. On va envoyer un petit mot au violoneux pour que nous (*avoir*) de la musique.

e. Aussitôt qu'il (*arriver*) il se mettra à nous raconter les exploits des aventuriers de chez nous.

f. Dès qu'il nous (*raconter*) tout cela, il se mettra à jouer.

g. Soit qu'il (*apprendre*) seul à jouer du violon, soit qu'il (*prendre*) des leçons, il sait très bien jouer.

h. Il a joué très fort de façon que tout le monde (*pouvoir*) l'apprécier.

i. Pour que les invités (*être*) contents, nous avons préparé des plats appétissants.

j. Parce que les tout petits enfants (*se fatiguer*) vite, on les couche en haut dans les chambres.

k. Amusons-nous jusqu'à ce que le violoneux (*s'en aller*).

l. Avant que les autres (*disparaître*) à leur tour, commençons à chanter les vieilles chansons de chez nous.

m. Bien qu'il (*se faire*) tard, personne ne veut rentrer.

4. Mettez les verbes entre parenthèses au temps et au mode qui conviennent. Attention à la concordance des temps à l'indicatif et au subjontif.

Modèle: Afin que nous (**pouvoir**) rentrer après la veillée, il est venu nous chercher en voiture.

Afin que nous **puissions** rentrer après la veillée, il est venu nous chercher en voiture.

a. Avant même que la neige ne (*disparaître*), les gens du pays parlaient de venir veiller chez nous.

b. Malgré qu'ils (*vivre*) très loin les uns des autres et que le voyage pour se rendre chez nous (*être*) parfois difficile, tous voulaient être des nôtres.

c. Nous avons invité le violoneux pour qu'il (*venir*) faire de la musique.

d. Parce qu'il (*être*) en voyage la semaine précédente, le violoneux est arrivé avec un peu de retard.

e. Avant qu'il ne (*arriver*), nous avons passé le temps à chanter les vieilles chansons de chez nous.

f. Quand il (*arriver*) enfin, tout le monde l'a accueilli chaleureusement.

g. Dès qu'il (*s'excuser*) de son retard, il a commencé à jouer et les autres à danser.

h. Soit qu'il (*apprendre*) seul à jouer du violon, soit qu'il (*prendre*) des leçons, il savait très bien jouer.

i. Parce que les petits (*manger*) de bonne heure, on les avait couchés même avant l'arrivée du violoneux.

j. Moi, j'avais peur qu'ils ne (*dormir*) pas bien.

k. Mais, bien que nous (*faire*) beaucoup de bruit, les enfants ne se sont pas réveillés.

l. À plusieurs reprises nous avons offert à nos amis des sandwichs et quelque chose à boire et nous avons continué à danser jusqu'à ce que le soleil (*se lever*).

Lecture

Dépaysement   Texte extrait de *Trente Arpents* de Ringuet[1]

Euchariste Moisan est québécois et cultivateur. Il avait une petite ferme qu'il avait héritée de son père. Lui et sa femme y avaient bien travaillé et y avaient élevé leurs enfants. Maintenant, veuf et assez âgé, il se laisse déposséder par ses enfants. C'est un peu l'histoire du roi Lear. Il n'y a plus de place pour lui à la ferme et on l'envoie, pour se débarrasser de lui, chez le fils qui s'est installé aux États-Unis. Euchariste prend le train de nuit pour se rendre chez son fils. Il n'a jamais beaucoup voyagé; il ne parle pas anglais. Son fils, qui s'est marié à une Américaine, l'attend à la gare.

Après la trépidation du train, Euchariste eût voulu s'immobiliser quelques instants pour reprendre son aplomb et retrouver contact avec la réalité; la vue de son fils lui donnait enfin le sentiment que la bousculade du voyage était fini. Mais déjà Ephrem le remorquait à travers la

---

[1] Ringuet (le Dr Philippe Panneton) est né à Trois-Rivières, au Québec. Il a été médecin, écrivain et professeur à la Faculté de Médecine à l'Université de Montréal. Délégué au Brésil et en France, il était, au moment de sa mort en 1960, ambassadeur du Canada au Portugal.

gare où s'éparpillaient comme un limon les journaux du matin. Per- 5
sonne autour de lui qui ne courût. Un petit train de banlieue dégor-
geait son plein de travailleurs qui, sans s'arrêter, arrachaient à l'étalage
un journal et se jetaient dans un tram. Tout étourdi, le père se trouva
dans une voiture bleue garée sur la petite place.

— C'est pas à toi, Ephrem, c't'automobile-là? 10

Ephrem se mit à rire d'un rire prospère.

— *Well*, son père,[2] tout le monde icitte il a son char.[3]

On s'engagea dans une longue montée dont l'effort fit rugir le moteur. On était au sommet de la côte. Ephrem stoppa.

— Retournez-vous, son père, pi r'gardez en bas. 15

Moisan obtempéra. Tout au bas de la côte il vit à ses pieds, presqu'à
perte de vue, une espèce de champ noirâtre où couraient, parallèles,
des centaines de sillons bien alignés. Cela lui fit quelque chose
qu'ainsi, aux États, en pleine ville, on trouvât moyen de faire de la culture; et aussi que son fils, son Ephrem, s'arrêtât à le lui faire remar- 20
quer.

— Savez-vous c'que c'est qu'ça, son père?

Et sans attendre la réponse:

— Ça, c'est la couverture de la *shop* ous'que j'travaille.

— La couverture? 25

Alors, il apparut au père que ce qu'il avait pris pour une prairie bien
labourée aux sillons parallèles, était le toit indéfini d'une usine étalée
sur des acres de terrain, et dont les pans brisés simulaient les ados des
sillons. Cela faisait tout un champ métallique, un vaste pré stérile sous
lequel travaillaient les hommes comme des taupes, loin de la paternelle 30
lumière du soleil. Pour le père, cela était inimaginable. Pour le fils,
cela était glorieux.

La bagnole franchit quelques montagnes russes et longea un inter-
minable mur d'usine pour venir s'échouer dans une rue plate encaissée
entre des maisons ouvrières. 35

Elles étaient des douzaines, de part et d'autre, qui se succédaient
identiquement mornes. Neuves et fraîches, elles avaient dû être coquettes. Mais les soleils d'été avaient craquelé la peinture; les pluies et
les gels d'hiver l'avaient pelée; puis la suie des manufactures prochai-

---

[2] son père = mon père (formule québécoise)

[3] mots canadiens: icitte = ici; char = voiture

nes avait plâtré les gerçures d'une crasse qui faisait aux angles de lon- 40
gues coulures fangeuses.

Pourtant, Euchariste se sentit heureux d'arriver. Il gardait de sa nuit
dans le train une espèce d'engourdissement; tout un kaléidoscope qui
tournait des images incohérentes et saccadées. Pour la première fois
s'embuait en lui la seule vision nette qu'il eût jamais portée; celle de sa 45
vie coutumière entre l'horizon fermé de son pays de Québec. Sur cette
mer d'impressions nouvelles et houleuses il cherchait intérieurement
des yeux, comme un phare, le petit toit gris entre les deux grands or-
mes, et les bâtiments et les prés où il se fût senti chez lui. Mais tout
cela était brumeux; et quelqu'effort qu'il fît, rien de tout cela ne s'é- 50
clairait nettement. La fatigue aidant, il sentait une véritable nausée
physique.

— J's'rai pas fâché d'être rendu chez vous, dit-il à Ephrem.

— *Sure*, son pére on y est.

Enfin il allait se trouver dans quelque chose de fixe et qui ne pouvait 55
manquer de lui être familier et accueillant; parmi la famille de son fils
et les choses de son fils. Il se le figurait d'avance, cet intérieur, et le
voyait appareillé au sien, là-bas, avec un peu les mêmes meubles et les
mêmes images au mur; et la même atmosphère sereine, rassise, des
choses qui durent et survivent aux générations transitoires des hom- 60
mes.

Ephrem s'était emparé de la valise de son père et traversant un parterre incolore où l'hiver moisissait deux maigres plates-bandes, ouvrait
la porte d'un rez-de-chaussée.

— *Is that you, Jack?* 65

Euchariste resta là, figé, sur la carpette du salon. C'est en vain que
ses yeux cherchaient quelque chose d'amical à quoi se raccrocher;
quelque chose qui fût confortable à son esprit, où il pût se détendre et
se sentir à l'aise.

Il ne vit autour de lui que des meubles prétentieux et défraîchis. Aux 70
murs, des simili-tapisseries et des agrandissements photographiques
de paysages et de gens inconnus. Au-dessus de la fausse cheminée où
brûlait un feu de gaz, trônait le portrait au crayon d'un homme à lunettes qu'il ne connaissait point. Il se sentit envie de pleurer.

Le main tendue de sa bru le rappela à lui. Elle entrait au salon en 75
défroissant de la main sa robe que le cordon du tablier avait marquée à
la taille. Il avança le cou et les épaules pour l'accoler, pour embrasser
sur les deux joues, à la façon du Québec, la femme de son fils. Mais
elle le laissa là, bouche en cœur et coudes en l'air, empêtré dans sa propre aménité. 80

— *Glad to meet my Jack's father.*

Euchariste secoua vigoureusement la main lourdement baguée de sa bru; et, désemparé, marmonna rapidement:

— Comment allez-vous?. . . Très bien. . . Très bien. . . et se tut.

— Asseyez-vous son père, dit Ephrem. Vous devez être fatigué.   85

Euchariste se laissa choir sur une chaise qui se trouvait là. Fatigué, il l'était et perdu surtout; perdu comme un voyageur égaré dans l'infinie forêt laurentienne, cherchant en vain quelque signe certain par quoi se repérer.

▎Travaux

1. Répondez aux questions suivantes. Attention à la concordance des temps à l'indicatif et au subjonctif.

   a. Pourquoi Euchariste, en arrivant devant la voiture d'Ephrem, avait-il perdu tout "contact avec la réalité"?

   b. Pourquoi Euchariste, en voyant le toit de l'usine, l'a-t-il comparé immédiatement à une prairie?

   c. À quoi Euchariste s'attendait-il avant d'entrer dans la maison de son fils? Pourquoi était-il arrivé à ces conclusions?

2. Développez les phrases suivantes en vous servant des éléments donnés. Inspirez-vous du texte de Ringuet et de votre propre imagination.

   Modèle: Le père d'Ephrem aurait préféré vivre à la campagne. (**bien que**)
   Bien qu'il ait accepté de venir voir son fils aux États-Unis, le père d'Ephrem aurait préféré vivre à la campagne puisqu'il y était né.

   a. Le voyage a fatigué Euchariste. (*Ephrem a peur que. . .*)

   b. Le bruit a étourdi le vieillard. (*Ephrem a cru que. . .*)

   c. Ephrem avait stationné la voiture sur la place. (*Afin que. . .*)

   d. Il a freiné la voiture. Son père n'a pas compris pourquoi il l'a fait. (*Sans que. . .*)

   e. Euchariste pensait trouver une maison pareille à la sienne. (*Jusqu'à ce que. . .*)

   f. Les maisons étaient mornes. Neuves, elles avaient été coquettes. (*Il était convaincu. . .*)

   g. Sa belle-fille l'a accueilli avec froideur. (*C'est dommage que. . .*)

   h. Elle savait que son beau-père ne parlait pas l'anglais. (*Bien que. . .*)

   i. Chez son fils, Euchariste ne pouvait pas se détendre. (*Quoi que. . .*)

    j. Un feu brûlait dans la cheminée. (*De façon que...*)

    k. Euchariste se trouvait perdu. (*Soit que... soit que...*)

    l. Il a cherché un point de repère. (*En admettant que...*)

    m. Euchariste ne pourrait jamais vivre en ville. (*Il est possible...*)

3. Complétez les phrases suivantes en ajoutant **quelque, quelques, quel(le) que, quel(le)s que** selon le cas.

    a. ... beau qu'il soit, je ne vous conseille pas d'acheter ce petit chien.

    b. ... soient ses défauts, ce vétérinaire nous a été bien gentil.

    c. ... problèmes que tu as eus, tu ne t'es jamais découragé.

    d. ... soient ses problèmes, il les résout toujours.

    e. ... obéissante qu'elle soit, je ne me fie pas à cette bête.

    f. ... soit la tentation de les critiquer, n'y cédez pas.

    g. ... soit notre décision, elle n'abandonnera pas le chat qu'elle a depuis des années.

    h. ... décisions que vous ayez prises, l'avenir nous semble toujours assez sombre.

    i. ... soient les décisions que vous avez prises, je ne pourrai jamais vous appuyer.

    j. ... difficile que ce voyage vous paraisse, il faut le faire.

    k. ... insupportable que soit cet enfant gâté, il ne faut pas le critiquer devant ses parents.

    l. ... bavard que soit ce perroquet, ne l'achetez pas. Il a un vocabulaire un peu déconcertant!

    m. ... adorables que soient ces lapins, ne les adopte pas. Tu n'as pas de jardin chez toi.

    n. ... envie que vous ayez d'avoir un cheval à vous, il faut vous poser la question: Où est-ce que je pourrai le mettre?

    o. ... beaux qu'ils soient, je trouve toujours les poissons rouges un peu stupides.

    p. ... soit l'opinion qu'il s'est faite de vous, ne lui en voulez pas.

4. Faites des phrases en vous servant des locutions suivantes. Montrez que vous en saisissez le sens et que vous savez vous en servir à bon escient.

    a. non que...
                         e. qui que...

    b. sans que...
                         f. où que...

    c. dès que...
                         g. la dernière fois que...

    d. de manière que
                     h. il n'y a que lui qui...

Thèmes

1. Traduisez en français les phrases suivantes.

   a. Unless you hurry, we'll miss the party.

   b. Supposing you are right, what are you going to do?

   c. It was the most astonishing house I'd seen.

   d. Whatever explanations he offers, don't believe him.

   e. Whatever his plans are, he'll never talk about them.

   f. Whatever you say, don't betray me.

   g. He doubted you would come here.

   h. She is afraid that he will not speak to her.

   i. They were pleased that we had arrived early.

   j. Whomever you may be talking to, don't hang up.

   k. Whoever she was, you would have liked her.

   l. However difficult the work is, she will do it for you.

   m. He denies that you told him that you would do that.

2. Traduisez en français le passage suivant.

   Whoever you are, you are always welcome at the Moisans'. Their farm-house is two stories high and made of wood, painted yellow. Their grand-parents built it many years ago.

   Both were most independent. Whatever problems they had, they solved them by themselves. They had wanted a house which would be easy to maintain and which would be warm in winter and cool in summer. They added a big kitchen onto the main building. It was here that the family spent most of its time during the winter. And a wide veranda — called a *galerie* — ran the full length of the facade. There were always wooden rocking chairs on the veranda. In summer, after the day's work was finished, everyone gathered on the veranda, relaxing until darkness fell. Inside there was a big living room, large enough for family reunions and *veillées*. A steep staircase led up to the bedrooms on the upper floor.

   The grandparents had built their house right beside the road. All the farmers in this sparsely populated land did this, however big their farms or however independent they might feel. They wanted their families to be as close as possible to the road, which linked farms, villages and towns. Of course, it's possible that there was another explanation — curiosity. Even today, no one can travel unnoticed along the country roads.

À vous la parole

Vocabulaire supplémentaire
Pour discuter avec les autres

Si je vous comprends bien. . .
En d'autres mots. . .
Prenons un exemple. . .
Par exemple. . .
Je vous donne un exemple. . .
Permettez-moi de vous dire que. . .
Je tiens à vous faire voir que. . .
J'ai entendu dire que. . .
Non, je ne suis pas d'accord.
Ce n'est pas là la question.
Il ne s'agit pas de ça.
N'oubliez pas que. . .

Pour parler de la campagne

le champ, le pré, le pays, le paysage, la grange, l'étable, semer,
la semence, labourer un champ, la moisson, faire la récolte,
cultiver, le cultivateur, le colon, coloniser, la culture

Pour parler de l'émigration

la nostalgie, le mal du pays, le dépaysement, la patrie,
les ancêtres, les moeurs, les habitudes, les traditions,
la désorientation, l'adaptation, le milieu, l'assimilation,
la mosaïque, le creuset des nationalités

Dialogues

Inventez un dialogue sur *un* des sujets suivants.

1. **Qu'est-ce que je vais faire de lui?**
   Ephrem; un camarade à qui il parle à l'usine
   Discussion des problèmes suscités par l'arrivée d'Euchariste.

2. **Ce que je ne comprends pas.**
   Euchariste; une francophone qu'il rencontre et à qui il peut confier ses ennuis
   Discussion des problèmes auxquels il doit faire face.

▌Décisions

Essayez de résoudre le problème suivant.

Vous faites partie d'une famille nombreuse. C'est Noël et la famille tout entière se réunit chez vos parents. Il y a toujours de la place parce que vos parents ont une très grande maison. Un de vos frères annonce, en arrivant, qu'il s'est fiancé dernièrement et il présente sa fiancée à la famille. Celle-ci ne parle ni français ni anglais. Vous ne connaissez pas la jeune fille. Comment allez-vous l'accueillir? Va-t-elle se sentir acceptée ou rejetée? Si vous l'acceptez, qu'est-ce que vous allez faire pour la convaincre de votre amitié?

▌Discussions

Discutez des sujets suivants.

1. La maison d'Ephrem. D'après des descriptions données par Ringuet, qu'est-ce qu'elle nous révèle d'Euchariste, d'Ephrem et d'Elsie, la femme d'Ephrem?
2. *Pour le père, cela était inimaginable. Pour le fils, cela était glorieux.* Discutez de ce qu'ils cherchaient, le père et le fils. Qu'est-ce que c'était, pour eux, que la vie?
3. Problèmes pratiques de l'immigrant.
4. Différences culturelles entre l'Américain et le Canadien francophone.
5. Différences culturelles entre l'Américain et le Canadien anglophone.
6. Jusqu'à quel point l'immigrant devrait-il abandonner son héritage culturel?
7. Le Canada, devrait-il limiter l'immigration?

▌Compositions

Faites une composition sur *un* des sujets suivants. Faites un plan pour bien organiser vos idées avant de commencer à écrire.

1. Portrait d'Euchariste.
2. La maison, reflet fidèle de ceux qui l'habitent.
3. Moi, je suis immigrant(e). . .
4. Les rapports actuels — économiques, politiques, culturels — entre le Québec et les États-Unis.

11

Le hasard

Éléments de langue

Les pronoms démonstratifs
  Rôle des pronoms démonstratifs
  Quel pronom choisir?
Les pronoms indéfinis
  Les pronoms indiquant une identité
  générale
  Pronoms indiquant la quantité
  Pronoms marquant la ressemblance ou la
  différence

Situation

Deux voyageuses se perdent au cours d'une
promenade en voiture
Le rôle du hasard dans la vie
Texte: **Le hasard** — extrait de *La Route
          d'Altamont* de Gabrielle Roy

Activités de communication

Employer des pronoms démonstratifs et
indéfinis

Raconter un voyage fait en auto
Trouver des ressemblances et des différences
Exprimer des vues personnelles sur le rôle du
hasard

Les pronoms démonstratifs

Vous ne savez pas marquer les ressemblances et les différences? Vous ne savez pas dire qu'il y a un choix à faire? Vous ne savez pas indiquer la possession sans vous servir de noms? C'est le pronom démonstratif qu'il vous faut.

> **Je m'engageai dans *celle* des deux routes qui parut la plus complètement étrangère.**
>
> **Gabrielle Roy**

Rôle des pronoms démonstratifs

Les pronoms démonstratifs[1] se rapportent aux personnes, aux choses et aux idées. Ils attirent notre attention sur une différence à noter ou sur un choix à faire. Rappelez-vous toujours que le pronom démonstratif est un pronom qui *remplace un substantif, un pronom ou une proposition.*

TABLEAU 11-1   Pronoms démonstratifs

	masculin	féminin	neutre
pronoms variables singulier pluriel	**celui** **ceux**	**celle** **celles**	
pronoms invariables			**ce** **ceci** **cela** **ça**

Le pronom variable: *celui/celle/ceux/celles*

Ce pronom s'accorde en genre et en nombre avec l'antécédent. *Il ne peut pas exister seul.* Il faut toujours quelque chose pour en compléter le sens. Ajoutez:

1. Une proposition subordonnée introduite par un pronom relatif.

> Ces deux valises se ressemblent, mais je prendrai **celle qui est dans la vitrine.**
> *These two suitcases are alike, but I'll take the one in the window.*

[1] this, that, these, those, this one, that one, these ones, those ones, the one, the ones, the former, the latter

Quels cours suivez-vous? Je suis **ceux que vous m'aviez conseillés.**
What courses are you taking? I'm taking the ones you advised.

2. La préposition **de** plus un nom, indiquant la possession.

Ma voiture à moi est vieille; **celle de ma soeur** est toute neuve.
*My car is old; **my sister's** is brand new.*

Voici ma bicyclette; **celle de Claude** est une 12-vitesses.
Here is my bicycle; Claude's is a 12-speed.

3. Les adverbes **-ci** ou **-là.** Ces adverbes marquent:
   a. Une *distinction* entre les gens ou les choses.

   Ces pneus-ci sont très bons; **ceux-là** ne valent rien.
   These tires are fine; those are no good.

   b. La *proximité* dans l'espace ou le temps. Les pronoms composés avec
   -ci indiquent la proximité; ceux avec **-là** marquent l'éloignement.

   Quels beaux arbres le long de la rue! **Ceux-là** sont des chênes,
   ceux-ci sont des érables.
   *What beautiful trees along the street! Those (ones) are oaks, these (ones)
   are maples.*

   c. L'*opposition* (entre *the latter* et *the former*).

   Ma cousine et mon oncle ne pouvaient s'entendre. **Celle-là** voulait
   partir à l'aube, **celui-ci** voulait attendre que son journal arrive.
   *My cousin and my uncle couldn't agree. The former wanted to leave at
   dawn, the latter wanted to wait until his paper arrived.*

> ALLEZ-Y, exercices 1, 2

▌Les pronoms invariables: *ceci, cela, ça, ce*

Ces pronoms représentent des faits ou des idées. Ce sont des pronoms
neutres qui servent à désigner ou à opposer.

Les pronoms *ceci, cela, ça*

1. En général, **ceci** désigne ce qui est ici ou ce qui va venir dans l'espace et
   dans le temps; **cela** et **ça** désignent ce qui précède. Dans la langue courante **ça** remplace très souvent **cela.**

   Ne m'en parlez pas. **Ça** ne m'intéresse plus.
   Don't tell me any more about it. That no longer interests me.

   Mettez-moi au courant. Tout **ceci** m'intéresse.
   Bring me up to date. All this interests me.

2. **Ceci, cela, ça,** traduisant *this, that, it,* servent en général de sujet à tout verbe autre que **être** (voir aussi p. 261).

> **Ça** dépend.
> *That depends.*

> **Cela** ne va pas.
> *It's not O.K.*

Le pronom *ce*

Ce se rapporte aux faits, aux choses et même aux personnes. Il est suivi soit d'un pronom relatif, soit du verbe **être**. La voyelle est élidée devant les formes verbales commençant par **e** ou **a**. Le verbe est normalement au singulier.

> **C'est** nous.
> *It's we/us.*

Mettez le verbe au pluriel s'il est suivi d'un pronom tonique à la troisième personne du pluriel ou d'un substantif au pluriel.

> **Ce sont** eux.
> *It's they/them.*

> **Ce sont** nos amis.
> *It's our friends.*

Ce + **pronom relatif.** Le pronom représente une idée ou une proposition. Il s'emploie dans le style direct et aussi dans le style indirect (voir Chapitres 1 et 7). Il est souvent précédé de **tout**.

> **Ce que** vous dites est juste.
> *What you are saying is correct.*

> Je sais que **ce qu'**il vient de faire n'est pas raisonnable.
> *I know that what he has just done isn't reasonable.*

> **Ce dont** tu m'as parlé est invraisemblable!
> *What you told me about is incredible!*

> **Tout ce qu'**il vient de dire est vrai.
> *Everything he has just said is true.*

Ce + *être.* **Ce,** sujet du verbe **être,** sert à identifier et à mettre en valeur.

1. *Identification.* Le pronom s'emploie:

   a. devant un *nom,* un *pronom,* ou un *adverbe.* Il traduit l'expression anglaise *it is.*

C'est vous.
It's you.

C'est ici.
It's here.

C'est le village que nous cherchons.
It's the village we are looking for.

C'est Mme Sauvé.
It's Mrs. Sauvé.

b. devant un *adjectif* ou un *adjectif suivi d'un infinitif*.

C'est facile.
It's easy.

C'est facile à faire.
It's easy to do.

c. devant un *nom qualifié représentant une personne*. **Ce** se traduit ici par le pronom personnel *he, she, they*.

C'est une cycliste célèbre.
She's a famous cyclist.

Ce sont des explorateurs bien connus.
They are famous explorers.

Attention: Si le nom n'est pas qualifié, employez comme sujet le pronom personnel. Le nom non-qualifié est considéré comme un adjectif. Supprimez donc l'article indéfini. En général, le nom non-qualifié indique la profession, la religion ou la nationalité.

Elle est cycliste.
She's a cyclist.

Ils sont explorateurs.
They are explorers.

2. *Mise en relief.* Le pronom **ce** aide à souligner un mot ou même une proposition.

a. Si le sujet est un nom, **ce** le reprend devant le verbe. Il met ainsi le nom en valeur. **Ce**, employé de cette façon, ne se traduit pas en anglais.

Le problème, c'est sa franchise.
The problem is his candour.

b. Si le sujet est une proposition, **ce** résume cette proposition et la met en relief.

> **Ce qui lui plaît, c'est** de filer à toute vitesse.
> *What pleases him is driving as fast as possible.*

> **Ce qu'elle aimerait avoir, c'est** une voiture tout terrain.
> *What she would like is an all-terrain vehicle.*

c. **Ce** fait partie des formules **c'est. . . qui, c'est. . . que** qui vous aident à mettre en valeur certains éléments de la phrase (voir Chapitre 7).

> **C'est** elle **qui** vous regarde.
> *She's watching you.*

> **C'est** mon père **que** tu as vu!
> *You saw **my father**!*

ALLEZ-Y, exercice 3

Quel pronom choisir?

Ce, cela, ça, il ou **elle**? À quoi correspond le pronom *it* dans l'expression anglaise *it is* ? Choisissez le *pronom démonstratif*, le *pronom personnel* ou le *pronom neutre*, selon le cas.

Règle générale

Choisissez le pronom démonstratif (**ce, cela, ça**). Mettez **ce** normalement devant le verbe **être**. Le verbe peut être suivi d'un nom, d'un pronom tonique, d'un adverbe, d'un adjectif, ou d'un adjectif plus un infinitif. Il peut être précédé de l'auxiliaire **pouvoir** ou **devoir**.

> **Ce sera** facile.
> *It will be easy.*

> **Ce doit être** difficile pour vous.
> *It must be difficult for you.*

Ce devient **c'** devant la voyelle **e**.

> **C'est** l'autoroute.
> *It's the expressway.*

> **C'est** facile à faire.
> *It's easy to do.*

Mettez **ç'** si **être** est à un temps composé.

>**Ç'aurait été** difficile.
>*It would have been difficult.*

Employez **cela** ou **ça** si un pronom personnel (complément d'objet) précède le verbe **être**.

>**Ça nous est** égal.
>*It's all the same to us.*

▌Exceptions

Le pronom personnel (*il, elle*)

Ce pronom se rapporte à un substantif déjà présenté. Employez-le si l'anté-cédent précède immédiatement le pronom. N'oubliez pas de faire accorder le pronom personnel avec l'antécédent.

>Où est ma **voiture**? **Elle** est là devant le garage.
>*Where is my car? It is there in front of the garage.*

>Tout près de la fontaine il y a un **chêne** centenaire. **Il** est très beau.
>*Very close to the fountain there is a century-old oak. It's very beautiful.*

Le pronom neutre (*il*) + *être*

Le pronom neutre est suivi des formules suivantes.

Adjectif + infinitif + complément d'objet (de l'infinitif). La préposi-tion **de** introduit l'infinitif qui est, en effet, le sujet réel du verbe. Le com-plément d'objet de l'infinitif peut être:

1. un nom ou un pronom:

>**Il est** facile **de faire cela.**
>*It is easy to do that.*

>**Il est** difficile **de trouver le bon chemin.**
>*It is difficult to find the right road.*

2. une proposition substantive:

>**Il** est difficile **de dire qu'on a tort.**
>*It's difficult to say that you're wrong.*

Mais notez que, dans la langue courante, **ce** remplace souvent **il**.

>**C'est** difficile de trouver le bon chemin.

>**C'est** difficile de dire qu'on a tort.

Adjectif + proposition subordonnée. Mettez le verbe subordonné à l'indicatif ou au subjonctif selon les règles générales gouvernant le mode subjonctif (voir Chapitre 9).

> **Il est** vrai **que la question est épineuse.**
> *It's true that the question is tricky.*

> **Il est** douteux **que vous puissiez la résoudre.**
> *It is doubtful that you can deal with it.*

Des expressions qui marquent l'heure:

> Quelle heure **est-il?**
> *What time is it?*

> **Il est** cinq heures dix.
> *It is ten after five.*

Le pronom neutre (*il*) + *faire*

Plusieurs expressions indiquent des conditions atmosphériques.

> **Il fait** beau aujourd'hui.
> *It's fine today.*

> **Il fait** du vent.
> *It's windy.*

TABLEAU 11-2   Comment traduire *it is*

pronom	verbe	détails	exemple
ce, c'	+ être	+ nom	**C'est l'automne.**
		+ pronom tonique	**C'est toi.**
		+ adverbe	**C'est là-bas.**
		+ adjectif	**C'est facile.**
		+ adjectif + infinitif	**C'est facile à faire.**
ç'	+ être	(à un temps composé)	**Ç'aurait été facile.**
cela/ça	+ être	précédé d'un pronom personnel (complément)	**Cela nous est égal.**
il/elle	+ être	remplaçant un substantif	**Où est la voiture? Elle est là!**
il	+ être	+ adjectif + *de* + infinitif + complément	**Il est difficile de faire cela.**
	+ être	+ adjectif + proposition subordonnée	**Il est vrai qu'elle a raison.**
	+ être	+ expression indiquant l'heure	**Il est dix heures.**
	+ faire	+ expression indiquant le temps qu'il fait	**Il fait du brouillard.**

ALLEZ-Y,   exercices 4, 5

Les pronoms indéfinis

Vous voulez parler en termes généraux? Vous voulez éviter à tout prix les substantifs, modifiés ou non? Le pronom indéfini fera votre affaire.

> **Je vous le dis, ces routes composent comme une sorte**
> **de vaste jeu troublant et, si *on* s'y trompe une seule fois,**
> **l'erreur va ensuite se multipliant à l'infini.**
>
> **Gabrielle Roy**

Les *pronoms indéfinis* se rapportent à des êtres ou à des choses indéfinis, imprécis. Ils indiquent des valeurs vagues de quantité, de ressemblance, d'opposition et de négation. N'oubliez pas que la fonction d'un pronom est de remplacer un substantif. Ainsi, les pronoms indéfinis ne peuvent *jamais* modifier un nom.

> **Chacun** voulait prendre le volant.
> *Each one wanted to drive the car.*
> (**chacun**: pronom indéfini sujet du verbe)

Par contre, les **adjectifs indéfinis**, qui leur sont apparentés, se mettent toujours devant le substantif qu'ils qualifient (voir Chapitre 19).

> **Chaque** étudiant voulait prendre le volant.
> *Each student wanted to drive the car.*
> (**chaque**: adjectif indéfini qualifiant **étudiant**)

Nous allons étudier d'abord les pronoms qui indiquent une identité générale, ensuite ceux qui marquent la quantité, et finalement ceux qui traduisent une ressemblance ou une différence.

Pronoms indiquant une identité générale

On

Pronom sujet. On (*one, you, we, he, she, it*) est toujours sujet et se rapporte aux personnes. Mettez le verbe à la troisième personne du singulier.

1. **On** a plusieurs sens. C'est le contexte qui nous permet de choisir la tournure qui conviendra le mieux:

> **On** a toujours besoin d'une deuxième voiture.
> *One always needs a second car.*
> *We always need a second car.*
> *You always need a second car.*
> *He/she always needs a second car.*
> *People always need a second car.*
> *A second car is always needed.*

Pour des raisons d'euphonie, et surtout dans la langue écrite, **l'on** peut être substitué à **on** après **et, ou, qui, si.** Cet emploi est facultatif.

> Si **l'on** savait ce que j'avais vu!
> *If they knew what I had seen!*

2. **On** est généralement masculin. Mais dans le style courant, si le contexte ou les circonstances indiquent qu'il s'agit d'une femme ou de plusieurs personnes, vous pouvez faire l'accord. Mettez l'adjectif au féminin ou au pluriel, selon le cas.

> **On** peut porter n'importe quoi quand **on** est si **belle.**
> *You can wear anything at all when you're so beautiful.*

> Vous voilà enfin arrivés! **On** est **prêts** à partir maintenant?
> *You finally got here! Are we ready to leave now?*

3. **On** sert aussi à éviter le passif (voir Chapitre 16).

> **On** m'a dit que vous alliez partir.
> *I was told that you were going to leave.*

> Dans cette station-service **on** parle français.
> *French is spoken in this service station.*

Pronom complément d'objet. Le rôle de complément d'objet est joué par le pronom personnel, ou le pronom réfléchi, selon le cas.

1. Employez le *pronom réfléchi* **se** pour indiquer un complément d'objet de verbe se rapportant au sujet **on.** Mettez **soi** comme complément de préposition dans les mêmes circonstances.

> On **s'**est fait mal!
> *You've hurt yourself!*
> (**se**: complément d'objet du verbe)

> Si on est content de **soi,** on travaille bien.
> *If you are pleased with yourself, you work well.*
> (**soi**: complément de la préposition)

2. Mais si les pronoms (complément de verbe ou de préposition et se rapportant à **on**) se trouvent dans une proposition différente, employez les *pronoms personnels* **te, toi, nous, vous,** selon le sens. Le pronom réfléchi **se** n'est pas indiqué puisqu'il se rapporte toujours au sujet de la proposition où il se trouve.

> **On** fait la queue. La caissière **vous** donne un billet.
> *You line up. The cashier gives you a ticket.*

> **On** attend des heures. Enfin le garagiste **nous** voit.
> *We wait for hours. Finally the garage owner sees us.*

Pronoms formés à partir de *quelque*

Quelqu'un (*someone*) **est synonyme de** *on.* Il s'applique à des personnes et s'emploie au masculin singulier. (**Quelqu'une** est très rare.) **Quelqu'un** peut être sujet ou objet de verbe; et parfois le verbe est en ellipse.

> **Quelqu'un** m'a téléphoné.
> *Someone telephoned me.*

> Il la prend pour **quelqu'un** d'important.
> *He takes her for someone important.*

> Qui a téléphoné? **Quelqu'un.**
> *Who phoned? Someone.*

Quelques-un(e)s (*some*) **s'appliquent aux personnes et aux choses.** Les pronoms sont variables, s'accordant en genre avec le mot qu'ils représentent. Le verbe se met à la troisième personne du pluriel.

> Bien des artistes habitent ce petit hameau. **Quelques-uns** ont déjà exposé leurs oeuvres dans la métropole.
> *A lot of artists live in this little village. Some have already put their works on display in the big city.*

Vous pouvez faire suivre **quelques-un(e)s** de la préposition **de** + *nom* ou bien de la préposition **d'entre** + *pronom.*

> **Quelques-unes de ces toiles** ont attiré l'attention des critiques d'art.
> *Some of these canvases have attracted the attention of the art critics.*

> **Quelques-uns d'entre nous** ont acheté ces toiles.
> *Some of us bought those paintings.*

Quelque chose (*something*) **est un pronom neutre, toujours au masculin singulier.** Le verbe se met à la troisième personne du singulier.

> **Quelque chose** lui est arrivé.
> *Something has happened to him.*

Avez-vous vu **quelque chose** d'intéressant?
Did you see anything interesting?
(Voir Chapitre 19.)

Grand-chose, peu de chose, autre-chose. Ces trois pronoms indéfinis, neutres et invariables, se forment aussi avec **chose**.

Il ne fait pas **grand-chose**.
He is not doing very much.

Peu de chose lui suffit.
He needs very little.

Parlons d'**autre-chose**.
Let's talk about something else.

Certain(e)s

Certain(e)s (*some, certain ones*) s'emploie seulement au pluriel, s'accordant en genre avec l'antécédent. Le pronom **certains** correspond à **quelques-uns; certaines** correspond à **quelques-unes** (comparez Chapitre 19).

Les féministes se réuniront demain. **Certaines** sont déjà en ville.
(**Quelques-unes sont** déjà en ville).
The feminists will be meeting tomorrow. Some are already in town.

Vous pouvez modifier **certain(e)s** en ajoutant **de** plus un substantif ou **d'entre** plus un pronom tonique.

Certains de ces voyageurs font du camping.
Some of these travellers go camping.

Certains d'entre eux sont descendus à l'hôtel.
Some of them stayed at the hotel.

▎Pronoms indiquant la quantité

Plusieurs

Plusieurs (*several*) se rapporte aux personnes et aux choses. Ce pronom s'emploie toujours au pluriel et représente les deux genres. Il peut s'employer seul ou suivi d'un substantif ou d'un pronom tonique. Mettez la préposition **d'entre** devant le pronom tonique.

Plusieurs de ses amis l'ont accompagné dans ces randonnées.
Several of his friends went with him on these hikes.

Ces sacs de couchage me plaisent. Je vais **en** acheter **plusieurs**.
I like these sleeping bags. I'm going to buy several of them.

Plusieurs d'entre nous sont déjà partis.
Several of us have already left.

Chacun(e)

Chacun(-e) (*each, each one*) s'emploie toujours au singulier. Il se rapporte aux personnes et aux choses et prend le genre du mot qu'il représente.

Chacun a voulu s'adresser au garagiste.
Each one wanted to speak to the owner of the garage.

Chacune de ces voitures fonctionne bien.
Each of these cars runs well.

Tout

Le pronom **tout** s'emploie de diverses façons.

Tout. Ce pronom (*all, everything*) est un pronom neutre, invariable. Il exprime la totalité des choses et s'emploie toujours au singulier.

Tout va bien.
Everything is OK.

Elle s'occupe de **tout**.
She is looking after everything.

Tous, toutes. Ces pronoms (*all*) désignent des personnes et des choses.

1. Les pronoms se rapportent à un nom ou à un pronom déjà mentionné ou indiquent une collectivité. Ils s'emploient toujours au pluriel et s'accordent en nombre et en genre avec l'antécédent. Notez que le **s** final de **tous** se prononce [tus].

Que d'enfants! Et **tous** crient à tue-tête.
What a lot of children! And all (of them) are yelling their heads off.
(**tous**: masculin pluriel s'accordant avec l'antécédent **enfants**)

Donnez à **tous**.
Give to all (people).
(**tous**: une collectivité)

2. Ils servent aussi à mettre en relief le pronom personnel.

Ils avaient **tous** payé l'amende.
They had all paid the fine.

3. Notez que les pronoms **tous, toutes,** se référant à un pronom personnel, ne sont *jamais* suivis de la préposition **de.**

> Nous y sommes **toutes.**
> *All of us are here.*

> Ils avaient **tous** beaucoup voyagé.
> *All of them had travelled a lot.*

> Nous **tous** avons raison.
> *All of us are right.*

ALLEZ-Y, exercices 6, 7

Pronoms marquant la ressemblance ou la différence

Autre

Autre (*other*) montre une différence entre certaines personnes ou choses. Il est toujours précédé de l'article défini (**l'autre, les autres**) ou bien de l'article indéfini (**un autre, d'autres**).

1. **Un(e) autre** (*another*) et **d'autres** (*others*) indiquent qu'il est question de quelque chose de différent.

> Ce pneu-ci est crevé. Donnez-m'en **un autre.**
> *This tire is flat. Give me another.*

> Ces clients-là sont partis mais **d'autres** vont venir.
> *Those customers have left but others are going to come.*

2. **L'un(e). . . l'autre, les un(e)s. . . les autres** opposent les personnes ou les choses de la même façon que les pronoms démonstratifs **celui-ci, celui-là.**

> **L'une** se lève tôt, **l'autre** fait la grasse matinée.
> (**Celle-ci** se lève tôt, **celui-là** fait la grasse matinée.)
> *One gets up early, the other sleeps in.*

> **Les uns** pique-niquent, **les autres** dînent à l'hôtel.
> *Some are picnicking, others are dining at the hotel.*

Oui, je connais ces deux villages. **L'un** est perché sur la montagne, **l'autre** se cache dans les bois.
(**Celui-ci** est perché sur la montagne, **celui-là** se cache dans les bois.)
Yes, I know those two villages. One is perched on the mountainside, the other is hidden in the woods.

3. **L'un(e) l'autre, l'un(e) à l'autre** et leurs pluriels, **les un(e)s les autres, les un(e)s aux autres,** expriment la réciprocité — *each other, one another.* On les trouve surtout servant à renforcer le sens des verbes pronominaux. **L'un** représente le sujet du verbe et **l'autre** le complément du verbe ou de la préposition.

Ils se parlaient tous **les uns aux autres.**
They were all talking (to each other).

Le frère et la soeur se promenaient souvent **l'un avec l'autre.**
Brother and sister often used to go for walks together.

On peut employer aussi les formules:

l'un et l'autre = *both*
l'un ou l'autre = *one or the other*
ni l'un ni l'autre = *neither one*
l'un après l'autre = *one after another*

Ni l'un ni l'autre ne nous a parlé.
Neither one spoke to us.

Maintenant, c'est à vous!

Allez-y!

1. Répondez aux questions suivantes en vous servant du pronom démonstratif et des indications données.

   Modèle: Voici deux maisons. Laquelle préférez-vous? (. . . **qui est entourée d'arbres**)
   Je préfère **celle** qui est entourée d'arbres.

   a. Voici deux camions. Lequel préférez-vous? (. . . *qui ne m'oblige pas à faire le plein tous les deux jours*)
   b. Voici des voitures. Lesquelles préférez-vous? (. . . *qui sont décapotables*)
   c. Voici deux agents. Lequel préférez-vous? (. . . *aux lunettes de soleil*)
   d. Voici deux routes. Laquelle préférez-vous? (. . . *qui pénètre dans la montagne*)
   e. Voici des villages. Lesquels préférez-vous? (. . . *qui sont perchés sur la colline*)
   f. Voici deux chalets. Lequel préférez-vous? (. . . *au toit rouge*)
   g. Voici des stations-service. Lesquelles préférez-vous? (. . . *où il y a le libre-service*)
   h. Voici des rétroviseurs. Lesquels préférez-vous? (. . . *qui me permettent de bien voir ce qui me suit*)

2. Répondez aux questions suivantes en vous servant du pronom démonstratif et des indications données.

   Modèle: Quelle voiture conduisez-vous? (**la voiture de Georges**)
   Je conduis **celle de Georges.**

   a. Quelle voiture avez-vous prise? (*la voiture de ma mère*)
   b. Quel camion avez-vous emprunté? (*le camion de Janine*)
   c. De quelle bicyclette vous servez-vous? (*la bicyclette de Michel*)
   d. Quelle histoire avez-vous racontée? (*l'histoire du village enchanté*)
   e. De quel voyage parlez-vous? (*le voyage que j'ai fait l'année dernière*)
   f. De quels conseils avez-vous besoin? (*les conseils qui m'aideront*)
   g. À quel projet vous intéressez-vous? (*le projet de la signalisation routière*)

h. À quelle motocyclette pensez-vous? (*la motocyclette que ma soeur vient d'acheter*)

i. De quels accidents vous occupez-vous? (*des accidents qui ont lieu sur l'autoroute*)

3. Complétez les phrases suivantes en ajoutant **c', ç, ça** selon le cas.

Modèle: . . . y est!
   Ça y est!

a. . . . va?

b. . . . est mon amie.

c. . . . aurait été beau.

d. . . . est un acteur célèbre.

e. . . . m'étonnerait.

f. . . . est comme ça.

g. . . . a été un honneur.

h. . . . est magnifique!

i. . . . aurait été possible.

j. . . . me semble évident.

k. . . . nous fait de la peine.

l. . . . n'a pas d'importance.

m. . . . est Toronto.

n. . . . n'est pas vrai.

o. . . . aurait été lui.

4. Complétez les phrases suivantes en ajoutant **ce** ou **il** selon le cas.

Modèle: . . . est décourageant de croire cela.
   Il est décourageant de croire cela.

a. . . . est important.

b. . . . est important de le dire.

c. . . . est beau!

d. . . . est impossible de tout prédire.

e. . . . est l'heure.

f. . . . est temps de partir.

g. . . . est mon frère.

h. . . . fait beau.

i. . . . fait chaud.

j. . . . est dix heures du matin.

k. . . . fait du brouillard.

l. . . . est inutile.

m. . . . est inutile de l'encourager.

n. . . . est camionneur.

o. . . . est facile.

p. . . . est facile à faire.

q. . . . est beaucoup plus facile de faire cela.

5. Complétez les phrases suivantes en ajoutant le pronom indéfini qui convient.

   a. Je vais vous dire. . . d'intéressant.

   b. Qui me l'a dit? . . . que vous ne connaissez pas.

   c. . . . est bien content de voir venir le printemps.

   d. Quelles belles fleurs! Donnez-m'en. . .

   e. Oui, je vois que. . . sont un peu fânées, mais donnez-les-moi quand même.

6. Complétez les phrases suivantes par le pronom indéfini qui convient.

   a. Frères, soeurs, cousins, cousines,. . . sont venus me souhaiter bon voyage.

   b. . . . de mes amis avaient déjà fait ce voyage.

   c. Mes petites soeurs n'ont pas voulu me quitter. . . . disait qu'elle voulait m'accompagner même au collège.

   d. Elles étaient. . . très enthousiastes.

   e. . . . m'a offert un livre à lire en route.

   f. Je vois qu'elles ont pensé à. . .

7. Complétez les phrases suivantes par le pronom indéfini qui convient.

   a. J'ai déjà deux cartes routières dont je me sers chaque fois que je pars en voiture. Mais donnez-m'en. . .

   b. Vous en avez plusieurs? Alors, donnez-m'en. . .

   c. . . . me servira au Manitoba, . . . en Ontario.

   d. Les voyageurs qui sont descendus de l'autobus là-bas m'intéressent. . . . portent des appareils photographiques; . . . ont des magnétophones.

   e. Ils se parlent. . . et ne se décident pas à entrer dans le restaurant.

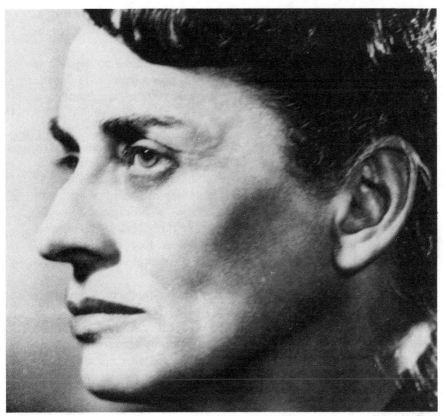

Gabrielle Roy

Lecture

Le hasard   Texte extrait de *La Route d'Altamont* de Gabrielle Roy[2]

Connaissez-vous les petites routes rectilignes, inflexibles, qui sillon-
nent la Prairie canadienne et en font un immense quadrillage au-dessus duquel le ciel pensif a l'air de méditer depuis longtemps quelle
pièce du jeu il déplacera, si jamais il se décide. On peut s'y perdre, on
s'y perd souvent. Ce que j'avais devant moi, c'étaient, à la fois se rejoi-   5
gnant et se quittant, étendues à plat dans les herbes comme les bras
d'une croix démesurée, deux petites routes de terre absolument identiques, taciturnes, sans indication, taciturnes autant que le ciel, autant

---

[2] Gabrielle Roy était une Canadienne française qui a grandi au Manitoba. C'était une romancière très célèbre dont le chef d'oeuvre, *Bonheur d'occasion*, a été couronné du prix
Fémina. Elle aimait faire des vignettes de la vie au Manitoba telle qu'elle l'avait connue. La mère qui figure dans ce conte est une Québécoise qui est allée s'installer avec
sa famille au Manitoba. Il lui manque toujours les collines et les montagnes du Québec.

que la campagne silencieuse tout autour qui ne receuillait que le bruis-
sement des herbes et, de temps à autre, le trille lointain d'un oiseau in-   10
visible.

Avais-je complètement oublié les indications données au départ par
mon oncle : tourner à gauche, puis à droite, puis à gauche. Je vous le
dis, ces routes composent comme une sorte de vaste jeu troublant et, si
on s'y trompe une seule fois, l'erreur va ensuite se multipliant à l'in-   15
fini. Mais peut-être était-ce cela même que je souhaitais. A cet em-
branchement solitaire, est-ce que je ne fus pas fascinée au point de ne
plus vouloir rien décider par moi-même — les routes inconnues
m'ayant toujours attirée autant que certains visages anonymes aperçus
au milieu de la foule. Je m'engageai, je pense, au hasard — pourtant   20
est-ce le hasard qui fit ce jour-là des choses si prodigieuses ? — je
m'engageai dans celle des deux routes qui parut la plus complètement
étrangère. Cependant les deux me l'étaient, au fond. Se peut-il que
l'une, pourtant si pareille à l'autre, m'eût fait comme une sorte de signe intelligible?   25

Cette petite route prise au hasard depuis quelque temps paraissait
monter, sans effort visible, par légères pentes très douces sans doute.
Pourtant le moteur s'essoufflait un peu et, si cela n'eût pas suffi à me
l'indiquer, à l'air plus sec, plus enivrant, j'aurais reconnu que nous
prenions de l'altitude, sensible comme je l'ai toujours été aux moin-   30
dres variations atmosphériques. Les yeux clos, je reconnaîtrais, à la
première aspiration, je pense, l'air de la mer, l'air de la plaine aussi, et
certainement celui des hauts plateaux à cause de la légèreté gracieuse
qu'il me communique, comme si, en montant, je jetais du poids — ou
des fautes.   35

Alors, comme nous nous élevions toujours, il me semble voir, étirée
contre le ciel, une lointaine chaîne de petites collines bleues, à moitié
transparentes.

Ce sont là des nuages, me dis-je, rien de plus, et pourtant je poussai
en avant comme pour atteindre avant qu'elles ne se fussent effacées ces   40
petites collines pleines de douceur.

Alors, brusquement, ma mère s'éveilla.

Avait-elle été avertie dans son sommeil que les collines étaient re-
trouvées ? En tout cas, au plus beau du paysage, elle ouvrit les yeux,
comme je me proposais justement de la tirer par la manche en lui   45
disant : «Regarde, mais regarde donc ce qui t'arrive, *mamatchka* !»

D'abord elle parut livrée à un profond égarement. Se crut-elle trans-
portée dans le paysage de son enfance, revenue à son point de départ,
et ainsi toute sa longue vie serait à refaire ? Ou bien lui parut-il que le
paysage se jouait de ses désirs en lui proposant une illusion   50
seulement ?

Mais je la connaissais mal encore. Au fond, bien plus prompte que moi à la foi, au réel, maman saisit aussitôt la simple, l'adorable vérité.

— Christine, te rends-tu compte! Nous sommes dans la montagne Pimbina. Tu sais bien, cette unique chaîne de montagnes du sud du Manitoba![3] Toujours j'ai désiré y entrer. Ton oncle m'assurait qu'aucune route ne la pénétrait. Mais il y en a une, il y en a une ! Et c'est toi, chère enfant, qui l'as découverte !

Alors maman me saisit le bras avec une sorte d'agitation.

— Christine, me demanda-t-elle, c'est par erreur que tu as trouvé cette merveilleuse petite route?

— Donc, l'étourderie de la jeunesse a quelque chose de bon ! lui répondis-je en manière de plaisanterie.

Mais je la vis réellement inquiète.

— En sorte, dit-elle, que tu ne sauras peut-être pas la retrouver l'an prochain quand nous reviendrons chez ton oncle, que peut-être tu ne la retrouveras jamais. Il y a, Christine, des routes que l'on perd absolument. . .

À ce moment, les collines s'ouvrirent un peu; logé tout entier dans une crevasse parmi des sapins débiles, nous apparut un petit hameau se donnant l'air d'un village de montagne avec ses quatre ou cinq maisons agrippées à des niveaux divers au sol raboteux; sur l'une d'elles brillait la plaque rouge de la Poste. À peine entrevu, le hameau nous était dérobé déjà, cependant que le chant de son ruisseau, quelque part dans les rocs, nous poursuivit un moment encore. Maman avait eu le temps de saisir sur la plaque de la Poste le nom de l'endroit, un nom qui vint, je pense, se fixer comme une flèche dans son esprit.

— C'est Altamont, me dit-elle, rayonnante.

— Eh bien, tu as ton repère, lui dis-je, toi qui voulais en ce voyage du précis.

— Oui, fit-elle, et n'allons jamais l'oublier, Christine. Gravons-le dans notre mémoire; c'est là notre clé pour les petites collines, tout ce que nous connaissons de certain : la route d'Altamont.

Et comme elle parlait, brusquement nos collines s'affaissèrent, se réduisirent en mottes à peine soulevées de terre, et presque instantanément la plaine nous reçut, étale de tous côtés dans son immuabilité effaçant, niant ce qui n'était pas elle. Maman et moi ensemble nous nous sommes retournées pour regarder en arrière de nous. Des petites collines rentrées dans le soir, il ne restait presque rien déjà. Seulement, contre le ciel, un contour léger, une ligne tout juste perceptible comme en font les enfants lorsque sur papier ils s'amusent à dessiner le ciel et la terre.

3 Pimbina: au sud-ouest de Winnipeg, près de la frontière.

▎Travaux

1. Dans le deuxième paragraphe de l'extrait de *La Route d'Altamont,* relevez les pronoms démonstratifs.

2. Répondez aux questions suivantes.

   a. À quoi Gabrielle Roy compare-t-elle la prairie canadienne? Comment développe-t-elle cette comparaison au cours du passage?

   b. Quel est le rôle du hasard dans ce conte?

   c. Que signifie, selon vous, le titre choisi par Gabrielle Roy: *La Route d'Altamont?*

3. Répondez affirmativement aux questions suivantes en suivant le modèle.

   Modèle: Nous nous renseignons sur la route à suivre. C'est difficile?
   Oui, il est difficile de se renseigner sur la route à suivre.

   a. Nous voyageons en voiture. C'est agréable?

   b. Vous suivez un itinéraire. C'est obligatoire?

   c. Il part de bonne heure. C'est plus sûr?

   d. Nous faisons le plein. C'est nécessaire?

   e. Il vérifie les pneus. C'est facile?

   f. Nous ne voyageons pas la nuit. C'est plus prudent?

   g. Vous ne prenez pas de risques. C'est important?

4. Refaites les phrases suivantes afin de mettre en relief le sujet de la phrase. Imitez le modèle.

   Modèle: La promenade en voiture me plaît.
   Ce qui me plaît c'est la promenade en voiture.

   a. La vue des champs dorés qui s'étendent de tous les côtés nous enchante.

   b. Le spectacle des nuages amoncelés à l'horizon est inoubliable.

   c. Le trille lointain d'un oiseau invisible se fait entendre.

   d. L'essoufflement du moteur nous indique que nous prenons de l'altitude.

   e. La montée de ce chemin nous surprend.

   f. L'air sec de la montagne m'enivre.

   g. La beauté de la scène nous coupe la parole.

   h. L'apparition de ce village caché dans le brouillard nous étonne.

   i. Le chant du ruisseau quelque part dans les rocs nous poursuit.

5. Reliez les deux phrases pour en former une seule.

Modèle: Le terrain est très accidenté. C'est incontestable.
Ce qui est incontestable c'est que le terrain est très accidenté.

a. Elle avait pris le mauvais chemin. C'est inadmissible.

b. Elle l'avait fait exprès. C'est faux.

c. Sa mère s'est endormie. C'est vrai.

d. Nous nous sommes perdues en route. C'est incontestable.

e. Nous avons trouvé ce petit chemin depuis longtemps oublié. C'est curieux.

6. Complétez les phrases suivantes au moyen du pronom indéfini.

Modèle: Il n'y a pas de montagnes au Manitoba. . . . le sait.
Il n'y a pas de montagnes au Manitoba. **Chacun** le sait.

a. Elles avaient trouvé tout à fait par hasard la montagne Pimbina. . . . s'y intéressait pour des raisons personnelles.

b. Ce jour-là, . . . leur semblait mystérieux.

c. On voyait à l'horizon des nuages; . . . ressemblaient à des collines bleues à moitié transparentes, . . . à des mottes à peine soulevées de terre.

d. Les deux femmes se parlaient . . . à voix basse cherchant à comprendre ce qui se passait.

e. Elles s'étonnaient de . . . et de . . .

f. Plus tard, quand elles avaient raconté cette aventure à des amis, personne ne les a crues. . . . disaient qu'elles avaient tout bonnement inventé l'histoire; . . . affirmaient qu'elles s'étaient endormies et qu'elles avaient fait de beaux rêves.

7. Composez vous-mêmes des phrases en vous servant des pronoms indéfinis ci-dessous.

a. tous

b. l'un l'autre

c. l'une à l'autre

d. d'autres

e. l'un. . . l'autre

f. quelques-un(e)s

g. tout

h. chacun

8. Refaites les phrases suivantes en remplaçant les expressions en italiques par le pronom démonstratif approprié.

Modèle: Elle aime respirer l'air de la mer, **l'air** de la plaine aussi.
Elle aime respirer l'air de la mer, **celui** de la plaine aussi.

a. J'ai visité beaucoup de villages mais jamais *le village* dont vous parlez.

b. Mon oncle et son voisin se disputent beaucoup. *Mon oncle* croit à l'existence d'une région montagneuse au Manitoba; *son voisin* n'y croit pas.

c. *Ces gens-ci* se perdent en pleine campagne; *ces gens-là* se perdent en allant chez le dépanneur au coin de la rue.

d. *Le fait que les champs de la prairie ressemblent à un échiquier* la fait rêver.

e. Que de plaisirs nous attendent! *Le plaisir* d'entendre le trille des oiseaux, *le plaisir* de voir passer les nuages.

f. Il ne peut pas admettre *que cette ligne à peine perceptible représente l'horizon.*

g. Les collines se dressent tout autour de nous. *Les collines qui se trouvent* à l'ouest nous cachent le coucher du soleil.

h. *Cette route-ci* s'en va à gauche; *cette route-là*, à droite.

▌Thèmes

1. Traduisez en français les phrases suivantes. Servez-vous du style familier. Évitez la traduction littérale.

a. The meeting was well organized. Those who were going to speak in favour of the proposal were seated on the left of the speaker. Those who were against were on his right. The former were much more numerous than the latter.

b. Several women and a few men asked questions. Some were easy to understand; others were much more difficult.

c. They were all talking to each other and each one was complaining about something.

d. "It's the roads." "They are in very bad shape." "There are no signs." "Everyone gets lost sooner or later."

e. "It's not surprising that we don't have a lot of tourists." "Tourists want to drive quickly from one town to another."

f. An old farmer stood up quietly. "It's not quite like that. Some like highways; others like the unexpected and the unknown. Those are the ones who don't mind getting lost. But let's just try to sell better maps."

2. Traduisez en français le passage suivant. Servez-vous du style familier. Évitez la traduction littérale.

It is difficult to decide. Both roads look exactly alike. This one? That one? We have to choose one or the other. Let's take the one that leads off to the north.

The road begins to climb. But that's impossible. We're in Manitoba where everything is flat. Just the same, hills appear. The ones ahead are bigger than those we have just passed through. There are trees everywhere. The air seems lighter, brighter. We zigzag through the hills and there before us is a little village — a real village whose name we can read on the front of the Post Office.

We look at each other in amazement.

"I feel I'm back in my own country," whispers my mother, born and bred in the mountains of Quebec.

But here comes the mist. Suddenly clouds sweep down upon us. The village vanishes and, as we go down towards the plain, even the mountains disappear.

Both of us look back. Is there something on the horizon? Mountains? One single mountain? Perhaps a cloud?

À vous la parole

Vocabulaire supplémentaire
Pour mettre en relief ce qu'on pense

N'oubliez pas que. . .
Notez bien que. . .
Voyez que. . .
Je veux dire que. . .
Regardez. . .
Examinons. . .
En d'autres mots. . .
Souvenez-vous bien que. . .
Vous savez que. . .
C'est-à-dire que. . .
On peut dire que. . .
Attendez. . .
Voyons un peu. . .
Je voudrais élaborer sur cette phrase.
Pour en venir au fait. . .

Pour voyager en auto

la rue, la route, l'autoroute, le chauffeur,
le passager/la passagère, conduire une voiture, être en voiture,
partir en voiture, être à bord d'une Citroën,
la plaque d'immatriculation, rouler sur la route,
faire une randonnée, faire une balade, entrer en voiture,
conduire quelqu'un en voiture, filer à 100 à l'heure, rouler à 100,
circuler en ville, traverser la ville en voiture, rouler à petite allure,
avoir le permis de conduire

Savez-vous conduire? Allez-vous prendre le volant?

▌Dialogues

Choisissez *une* des situations suivantes. Développez-la oralement avec votre voisin(e).

1. *Christine* raconte à *un(e) ami(e)* le voyage à Altamont. L'ami(e) l'interrompt à chaque instant: "Et ensuite?" "Qu'est-ce que tu as fait?" "Non, ce n'est pas vrai!" "Dis-moi encore!"

2. En rentrant, *la mère* raconte à *son frère* ce qui leur est arrivé. Le frère a de la difficulté à accepter le fait que les montagnes existent au Manitoba et contredit sa soeur à chaque instant.

▌Décisions

Essayez de résoudre le problème suivant.

Au cours d'un voyage en auto vous vous arrêtez pour pique-niquer dans un petit parc tout près de l'autoroute. Un groupe de jeunes s'apprêtent à quitter le parc au moment où vous arrivez. Ils y ont fait des dégâts considérables: on voit partout des sandwichs à moitié mangés, des poubelles renversées, des papiers qui traînent, même des bouteilles cassées. Ils ont consommé un peu trop d'alcool. Vous connaissez quelques-uns de ces jeunes. En plus vous notez la plaque d'immatriculation de leur voiture. Qu'est-ce que vous allez faire? Comment justifiez-vous votre décision?

▌Discussions

Répondez aux questions suivantes.

1. Dans ce récit, Gabrielle Roy nous fait douter de la réalité. Analysez les

méthodes dont elle se sert pour nous rendre sceptiques. Rapportez-vous autant que possible au texte.

2. Il n'y a rien de mieux que la vie dans les montagnes. Expliquez pourquoi vous êtes de cet avis.

3. Il n'y a rien de mieux que la vie dans les plaines. Expliquez pourquoi vous êtes de cet avis.

4. Le hasard, quel rôle joue-t-il dans la vie? Quel rôle dans votre vie à vous?

▌Compositions

Choisissez *un* des sujets suivants. Faites un plan en organisant logiquement vos idées. Développez-les ensuite en essayant de capter, dès le premier instant, l'attention de votre lecteur.

1. Racontez, à la première personne, un voyage cauchemardesque.

2. Racontez, à la troisième personne, un voyage comique.

3. Racontez, en vous servant du pronom **on,** un voyage tragique.

12 Trop tard!

Éléments de langue

Les pronoms indéfinis (suite)
  Les pronoms plus complexes indiquant une
  identité générale
  Les pronoms indéfinis de sens négatif
Les pronoms interrogatifs
  Les formes simples
  Les formes renforcées
  Les formes composées
  L'interrogation indirecte

Situation

Un jeune, cherchant à laisser tomber son
amie, trouve qu'elle ne veut plus de lui.

Texte: **Trop tard!** — extrait de *Avec ou sans
  amour* de Claire Martin

Activités de communication

Employer les pronoms indéfinis et
interrogatifs

Analyser les composantes d'une nouvelle

Porter un jugement sur la conduite du héros et
de l'héroïne d'une nouvelle

S'exprimer sur le mariage, la cohabitation

Débattre le rôle de l'homme et de la femme
dans la société actuelle

Les pronoms indéfinis (suite)

Au cours du chapitre précédent nous avons passé en revue quelques-uns des pronoms indéfinis. Il en reste d'autres plus difficiles à manier. Il s'agit de certains pronoms indéfinis marquant une identité générale, et des pronoms indéfinis de sens négatif.

> *Rien* de plus stimulant que de constater qu'on a les nerfs assez solides pour écouter calmement, répondre gentiment et rester sur ses positions.
>
> **Claire Martin**

Les pronoms plus complexes indiquant une identité générale

Les formes plus complexes de ces pronoms — telles que **n'importe qui** (*anyone at all*), **quiconque** (*anyone who*), **qui que ce soit qui** (*whoever*) — posent des problèmes. Il faut savoir manier les différentes composantes de chaque pronom indéfini. Il faut toujours faire attention à la signification précise du pronom et à son rôle dans la phrase, car les pronoms à piège ne sont pas interchangeables. Certains de ces pronoms s'emploient seuls; d'autres sont toujours qualifiés d'une proposition relative. Notez qu'en général ils n'ont pas d'antécédent précis.

N'importe qui, n'importe quoi, n'importe lequel

Ces pronoms (*anyone at all, anything at all, any one*) indiquent que celui qui parle vous offre un choix libre parmi des êtres ou des choses interchangeables. Il ne s'intéresse pas à l'identité précise de la personne ni à l'objet en question.

1. **N'importe qui, n'importe quoi** sont *invariables*. Ils peuvent être sujet de verbe ou complément de verbe ou de préposition. **N'importe qui** se rapporte aux personnes, **n'importe quoi** aux choses.

> **N'importe qui** vous mettra au courant.
> *Anyone (at all) will bring you up to date.*
>
> Il dira **n'importe quoi**.
> *He will say anything at all.*
>
> Je le dirai à **n'importe qui**.
> *I'll tell it to anyone (at all).*

2. **N'importe lequel,** se rapportant aux personnes et aux choses, s'accorde en genre et en nombre avec l'antécédent.

> Prenez un livre, **n'importe lequel.**
> *Take a book, any one at all.*
>
> Prenez des pommes, **n'importe lesquelles.**
> *Take some apples, any ones at all.*
>
> Il a cherché un agent, **n'importe lequel.**
> *He looked for a police officer, any one at all.*

3. Attention! Les pronoms de ce groupe-ci (**n'importe qui/quoi/lequel**) *ne peuvent pas être qualifiés*. Il ne faut pas les faire suivre d'une proposition subordonnée commençant par **qui** ou **que** (voir Chapitre 9).

4. Attention aussi aux expressions adverbiales **n'importe où, n'importe quand, n'importe comment.** Celles-ci ne peuvent pas être qualifiées. Comme les pronoms indéfinis **n'importe qui/quoi/lequel,** elles indiquent l'indifférence de la part de celui qui parle.

> Il ira **n'importe où.**
> *He will go anywhere at all.*
>
> Téléphonez-moi **n'importe quand.**
> *Phone me any time at all.*

Quiconque

Ce pronom (*whoever, anyone who*), qui se rapporte aux personnes, est *invariable*.

> Il en parle mieux que **quiconque.**
> *He talks about it better than anyone.*

Mais suivi d'une subordonnée, il a une double fonction. Il peut être sujet de la subordonnée et, en même temps, sujet ou complément du verbe principal.

> **Quiconque** se présente comme témoin sera le bienvenu.
> (Celui qui se présente comme témoin sera le bienvenu.)
> *Anyone who comes as a witness will be welcome.*
> *Whoever comes as a witness will be welcome.*
> (**quiconque**:   sujet de **se présente**
>   sujet de **sera**)
>
> On va poser des questions à **quiconque** se présente comme témoin.
> *We are going to question anyone who comes forward as a witness.*
> (**quiconque**:   complément d'objet indirect de **va poser**
>   sujet de **se présente**)

Qui que, quoi que

Ces pronoms (*whoever, whomever, whatever*) ont des formes simples et aussi des formes renforcées.

1. *Les formes simples* (**qui que, quoi que**) se complètent toujours par une subordonnée où le verbe est au subjonctif (voir Chapitre 10). **Qui que** se rapporte aux personnes et peut être attribut ou complément du verbe.

> **Qui que vous soyez,** vous n'avez pas le droit de dire cela.
> *Whoever you are, you haven't the right to say that.*

> **Qui que vous rencontriez,** ne tardez pas à rentrer.
> *Who(m)ever you meet, don't be late coming home.*

Quoi qui/que se rapporte aux choses.

> **Quoi que tu fasses,** je te pardonne.
> *Whatever you do, I'll forgive you.*

2. *Les formes renforcées* (**qui que ce soit qui/que** et **quoi que ce soit qui/que**) peuvent être sujet d'un verbe ou complément d'objet d'un verbe ou d'une préposition. Elles se complètent par une subordonnée où le verbe est au subjonctif (voir Chapitre 10). Ainsi, dans les formes renforcées, il y a *deux verbes au subjonctif qui se suivent.*

TABLEAU 12-1   Formes renforcées

	personnes	objets
sujet	**qui que ce soit *qui***	**quoi que ce soit *qui***
complément (verbe ou préposition)	**qui que ce soit *que***	**quoi que ce soit *que***

Dans les formes renforcées, le premier mot, **qui** ou **quoi,** nous dit si on parle d'une personne ou d'un objet. Le dernier mot, **qui** ou **que,** nous apprend le rôle du pronom dans la phrase. Il faut déterminer si le pronom est sujet ou complément d'objet du verbe.

> **Qui que ce soit qui ait dit** cela, ne sait rien de ce qui se passe.
> *Whoever said that knows nothing of what is going on.*
> (sujet de **ait dit**)

> **Quoi que ce soit qui vous plaise** comme boisson, moi je préfère les boissons gazeuses.
> *Whatever pleases you in the way of drinks, I prefer soft drinks.*
> (sujet de **plaise**)

Quoi que ce soit que vous fassiez, n'oubliez pas de me mettre au
courant de ce qui se passe.
Whatever you do, don't forget to keep me informed of what is going on.
(complément de **fassiez**)

Qui que ce soit, quoi que ce soit

Qui que ce soit (*anyone at all*) se rapporte à des personnes; **quoi que ce soit**
(*anything at all*) se rapporte à des choses. Ces pronoms indéfinis ont un sens
plus fort que **n'importe qui** et **n'importe quoi**. Au négatif, **qui que ce soit**
veut dire **personne** et **quoi que ce soit** signifie **rien**.

> Dites-le à **qui que ce soit**.
> *Tell that to any one at all.*

> Il **ne** se fie à **qui que ce soit**.
> Il **ne** se fie **à personne**.
> *He doesn't trust anyone at all.*

> Elle **n'**a besoin de **quoi que ce soit**.
> Elle **n'**a besoin de **rien**.
> *She doesn't need anything at all.*

Notez que **qui que ce soit** et **quoi que ce soit** ne sont pas modifiés.

ALLEZ-Y,   exercice 1

Les pronoms indéfinis de sens négatif

Attention aux pronoms indéfinis tels que **personne, rien, aucun(-e), pas
un(-e), nul(-le),** qui sont analysés dans le chapitre sur la négation (voir Chapitre 14). Le pronom peut se placer *devant le verbe* (s'il en est le sujet), *après
le verbe ou la préposition* (s'il en est le complément d'objet), ou *seul* (s'il constitue une réponse complète où le verbe est en ellipse). N'oubliez pas que
l'adverbe **ne** se met immédiatement devant le verbe (s'il y en a un).

> **Personne** n'est venu.
> *No one came.*

> Je **n'**ai parlé **à personne**.
> *I spoke to no one.*

> **Aucune** de ses amies **ne** m'a parlé.
> *Not one of her friends spoke to me.*

> Qu'a-t-elle vu? **Rien**.
> *What did she see? Nothing.*

N'oubliez pas que chacun de ces pronoms de sens négatif se traduit en anglais de *deux* façons:

1. La négation est marquée par le pronom.

> Je ne dirai rien.
> *I'll say **nothing**.*

2. Ou bien la négation est indiquée par le verbe.

> Je ne dirai rien.
> *I **won't** say anything.*
> *I'll **not** say anything.*

ALLEZ-Y, exercice 2

Les pronoms interrogatifs

Les pronoms interrogatifs vous permettent de poser des questions. Le problème c'est de savoir quelle forme du pronom interrogatif choisir. Faut-il dire **qui** ou **que, qui est-ce qui** ou **qu'est-ce que** ou même **qu'est-ce que c'est que**? Et que faire du pronom interrogatif **lequel**?

> *Qu'est-ce que c'est que* ce grignotement sur le palier?
>
> **Claire Martin**

Le pronom interrogatif pose une question sur l'identité de la personne ou de la chose dont on parle. Les formes simples (**qui, que, quoi**) sont invariables. Les formes renforcées (**qui est-ce qui, qu'est-ce qui, qui est-ce que, qu'est-ce que**) indiquent nettement si on a affaire au sujet ou à un complément de verbe ou de préposition. Les formes composées (**lequel/laquelle/lesquels/lesquelles**) sont variables.

TABLEAU 12-2   Pronoms interrogatifs: simples et renforcés

		personnes	choses
formes simples	sujet	**qui**	—
	complément d'objet direct	**qui**	**que**
	complément de préposition	**qui**	**quoi**
formes renforcées	sujet	**qui est-ce qui**	**qu'est-ce qui**
	complément d'objet direct	**qui est-ce que**	**qu'est-ce que**
	complément de préposition	**qui est-ce que**	**quoi est-ce que**

Les formes simples

Les *formes simples* du pronom interrogatif, complément de verbe ou de préposition, exigent l'inversion du sujet et du verbe.

Qui **a-t-il rencontré**?
Whom did he meet?

> À qui **avez-vous fait** du mal?
> *Whom did you hurt?*
>
> Qu'**avait-elle fait**?
> *What had she done?*
>
> À quoi **penses-tu**?
> *What are you thinking about?*

Mais si **qui** est sujet et se rapporte à une personne, il se met au commencement de la phrase. Il n'y a pas d'inversion du sujet et du verbe.

> **Qui** vous **a téléphoné**?
> *Who telephoned you?*

Les formes renforcées

Les *formes renforcées* du pronom interrogatif se trouvent plutôt dans le style familier. Elles exigent toujours l'ordre normal du sujet et du verbe.

> **Qui est-ce qui** lui a envoyé cette lettre?
> *Who sent him that letter?*
>
> **Contre quoi est-ce que** vous protestez?
> *What are you protesting about?*

Notez qu'il n'existe pas de forme simple pour le sujet représentant une chose. La forme renforcée est obligatoire.

> **Qu'est-ce qui** se passe chez vous?
> *What is going on at your place?*

ALLEZ-Y,   exercice 3

Comment se composent les formes renforcées?

Les formes renforcées se composent du pronom interrogatif simple suivi de la formule **est-ce qui** ou **est-ce que**. D'abord, mettez le pronom interrogatif au commencement de la phrase pour indiquer que vous avez affaire à une personne ou à une chose. Ensuite, ajoutez la formule pour préciser le rôle joué par le pronom dans la phrase: **est-ce qui** marque le sujet, et **est-ce que** marque le complément d'objet du verbe ou bien le complément d'une préposition déjà indiquée.

a   b

Qui est-ce **qui** t'a invité à dîner?
Who invited you out for dinner?
> *a.* Le pronom interrogatif se rapporte à une personne.
> *b.* La formule (**est-ce qui**) indique qu'il s'agit du sujet du verbe.

a   b

Qui est-ce **qu'** elle a interviewé?
Whom did she interview?
> *a.* Le pronom interrogatif se rapporte à une personne.
> *b.* La formule (**est-ce que**) indique qu'il s'agit de l'objet direct du verbe.

a   b

Qu'est-ce **que** vous faites?
What are you doing?
> *a.* Le pronom interrogatif se rapporte à une chose.
> *b.* La formule (**est-ce que**) indique qu'il s'agit de l'objet direct du verbe.

a   b

À **qui est-ce qu'**ils ont refusé de parler?
To whom did they refuse to speak?
> *a.* Le pronom interrogatif se rapporte à une personne.
> *b.* La formule (**est-ce que**) indique qu'il s'agit du complément d'une préposition — **à**.

a   b

De **quoi est-ce que** tu te plains?
What are you complaining about?
> *a.* Le pronom interrogatif se rapporte à une chose.
> *b.* La formule (**est-ce que**) indique qu'il s'agit du complément de la préposition — **de**.

ALLEZ-Y, exercice 4

Les formes composées

Lequel et les autres formes composées du pronom interrogatif indiquent un choix à faire entre plusieurs personnes ou plusieurs choses. Le pronom s'accorde en genre avec l'antécédent et obéit aux règles de la contraction en présence des prépositions **à** et **de**.

TABLEAU 12-3   Pronoms interrogatifs: formes composées

	personnes et choses	
	singulier	pluriel
sujet ⎫ complément de verbe ⎬ complément de préposition ⎭	lequel laquelle	lesquels lesquelles
complément de *de*	duquel de laquelle	desquels desquelles
complément de *à*	auquel à laquelle	auxquels auxquelles

1. Si le pronom est sujet du verbe, observez l'ordre normal du sujet et du verbe (comme pour le pronom simple **qui**).

   > Il connaît deux avocates. **Laquelle** s'occupe de son affaire?
   > *He knows two lawyers. Which one is working on his case?*
   > (**laquelle**: sujet du verbe)

2. Si le pronom est complément d'objet d'un verbe ou d'une préposition, n'oubliez pas l'inversion qui s'impose, comme pour les pronoms interrogatifs simples.

   > Vous dites que vous vous intéressez aux musées. **Lesquels** avez-vous visités?
   > *You say you are interested in museums. Which ones did you visit?*
   > (**lesquels**: complément d'objet du verbe)

   > Vous dites que, en tant que journaliste, vous avez visité plusieurs prisons. Dans **lesquelles** les prisonniers peuvent-ils se maintenir en forme?
   > *You say that, as a reporter, you have visited several prisons. In which ones were the prisoners able to keep fit?*
   > (**lesquelles**: complément de la préposition)

En ceci, le pronom aux formes renforcées ressemble au pronom simple.

ALLEZ-Y,   exercice 5

L'interrogation indirecte

Les pronoms interrogatifs que nous venons d'étudier s'emploient dans *l'interrogation directe*, où l'on reproduit les paroles mêmes de celui qui parle (voir Chapitre 1).

"**Qui (est-ce qui)** arrive?" a-t-elle demandé.
"Who is coming?" she asked.

Dans l'*interrogation indirecte* on rapporte les paroles que quelqu'un a prononcées. La question posée se transforme en proposition subordonnée.

Je me demande **qui arrive**.
I wonder who is coming.

▋ Les formes simples

Dans la subordonnée, il faut:

1. employer la forme simple du pronom interrogatif;
2. placer le sujet avant le verbe;
3. mettre un point à la fin de la subordonnée — le point d'interrogation disparaît.

Qui est-ce qui a répondu?
Who answered?

Je ne sais pas **qui** a répondu.
I don't know who answered.

▋ TABLEAU 12-4   Les formes simples dans l'interrogation indirecte

	personnes	choses, idées
sujet	qui	ce qui
complément d'objet	qui	ce que
complément de préposition	qui	ce + préposition + quoi

1. Pronoms se rapportant aux personnes:

Qui va parler?
Qui est-ce qui va parler?
Who is going to speak?

Je ne sais pas **qui** va parler.
I don't know who is going to speak.

Qui avez-vous vu?
Qui est-ce que vous avez vu?
Whom did you see?

Nous ne savons pas **qui** vous avez vu.
We don't know who(m) you saw.

À **qui** s'est-elle adressée?
À **qui est-ce qu'**elle s'est adressée?
Who(m) did she apply to?

Dites-moi à **qui** elle s'est adressée.
Tell me who(m) she applied to.

2. Pronoms se rapportant à une chose ou à une idée:

Qu'est-ce qui arrive?
What is happening?

Je ne sais pas **ce qui** arrive.
I don't know what is happening.

Que disent-ils?
Qu'est-ce qu'ils disent?
What are they saying?

Elle veut savoir **ce qu'**ils disent.
She wants to know what they are saying.

À **quoi** le journaliste s'intéresse-t-il?
À **quoi est-ce que** le journaliste s'intéresse?
What is the reporter interested in?

Nous ne savons pas **(ce) à quoi** le journaliste s'intéresse.
We don't know what the reporter is interested in.

Notez que si une préposition précède le pronom interrogatif (se rapportant à une chose ou à une idée), l'emploi de **ce** est facultatif. Le plus souvent, surtout dans le style de la conversation, on le laisse tomber.

À **quoi** pense-t-elle?
What is she thinking of?

Je me demande **(ce) à quoi** elle pense.
I wonder what she is thinking of.

▍Les formes composées

Dans la subordonnée, respectez l'ordre normal du sujet et du verbe et terminez la phrase par un simple point. N'oubliez pas que **lequel** s'accorde en genre et en nombre avec son antécédent et se rapporte aux personnes et aux choses. Attention: dans l'interrogation indirecte, **lequel**, complément de préposition et se rapportant à une chose, n'est jamais précédé de **ce**.

Deux écrivains? **Lequel** est le mieux connu?
Two writers? Which is the better known?

Elle nous demande **lequel** est le mieux connu.
She asks us which is the better known.

Il y a plusieurs maisons à vendre. **Laquelle** préfère-t-il?
There are several houses for sale. Which one does he prefer?

Je me demande **laquelle** il préfère.
I wonder which one he prefers.

Il y aura trois séances. À **laquelle** allez-vous assister?
There will be three meetings. Which one are you going to?

Dites-moi à **laquelle** vous allez assister.
Tell me which one you are going to.

▌ Le pronom interrogatif et la définition

La formule **qu'est-ce que** ou la formule renforcée **qu'est-ce que c'est que**
indique qu'on cherche une définition. **Qu'est-ce que c'est que** s'emploie
surtout dans la langue parlée.

Qu'est-ce qu'un journal?
Qu'est-ce que c'est qu'un journal?
What is a newspaper?

Dans l'interrogation indirecte, **qu'est-ce que** se transforme en **ce que** et
qu'est-ce que c'est que en **ce que c'est que**.

Elle ne peut pas dire **ce qu'est** un journal.
Elle ne peut pas dire **ce que c'est qu'**un journal.
She can't say what a newspaper is.

ALLEZ-Y,   exercice 6

Maintenant, c'est à vous!

Allez-y!

1. Complétez les phrases suivantes en vous servant du pronom indéfini qui s'impose.

Modèle: Je parlerai à. . .
Je parlerai à **n'importe qui.**

a. Tout ça est sans importance. Dites-lui. . .
b. C'est facile à faire. . . . peut le faire.
c. Il y a dans mon bureau plusieurs livres sur l'Arctique. Dites-leur de prendre. . .
d. Il nous faut des serveurs. J'accepterai. . . se présente.
e. . . . tu fasses, n'arrive pas trop tôt. Tu gâcheras tout.
f. . . . il dise, nous n'accepterons pas son témoignage.
g. Vous feriez. . . pour avoir de l'argent.
h. . . . se lève de bonne heure réussira.
i. . . . vous soyez, on ne vous invitera pas à rester ici sans preuves définitives.
j. Ils sont tous pareils, ces journaux. Prenez. . .
k. Ne te confie pas à. . .

2. Complétez les phrases suivantes en employant le pronom indéfini de sens négatif qui s'impose.

Modèle: Il ne m'a. . . donné.
Il ne m'a **rien** donné.

a. . . . n'est fini.
b. . . . n'a su répondre à cette question.
c. . . . de ces projets ne leur a plu.
d. Qui est venu ce matin? . . .
e. . . . des commerçantes n'a approuvé cette installation.
f. . . . ne nous a accompagnés au concert.

3. Vous n'entendez pas très bien ce qu'on vous dit et vous posez des questions pour savoir les détails. Employez des pronoms interrogatifs.

Modèle: J'ai vu mon frère qui est journaliste.
. . . avez-vous vu?
Qui avez-vous vu?

a. Je parlais à Jean-Luc avant la pause. À. . . parlais-tu?

b. Nous nous sommes plaints des épreuves écrites. De. . . avez-vous parlé?

c. Mon frère a dit qu'il ne s'était pas bien préparé. . . . vous a-t-il dit?

d. J'ai apporté mon livre d'histoire, pas de politique. . . . as-tu à la main?

e. Je vais aller en classe quand même. . . . vas-tu faire?

f. Je pense à mon professeur qui est dynamique. À. . . est-ce que tu penses?

g. Elle doit réfléchir aux épreuves à corriger. À. . . doit-elle réfléchir?

h. Oui Suzette, on veut bien manger dans un restaurant ce soir. À. . . réponds-tu?

i. Nous allons tous prendre l'autobus pour aller en ville. . . . va prendre l'autobus?

j. Nous allons commander des hamburgers géants et des frites. . . . allons-nous commander?

k. Moi, je vais prendre plutôt du poulet frit. . . . allez-vous prendre?

l. Chacun va payer sa part. . . . va payer?

4. Reprenez les phrases ci-dessus. Employez, cette fois-ci, la forme renforcée du pronom interrogatif. Attention à l'ordre du sujet et du verbe.

   Modèle: J'ai vu mon frère qui est journaliste.
   Qui est-ce que vous avec vu?

5. Complétez les phrases suivantes en vous servant de la forme composée du pronom interrogatif.

   Modèle: J'ai ici deux livres. . . . est à vous?
   Lequel est à vous?

   a. Je vous offre deux sandwichs, l'un au jambon, l'autre au fromage. . . . préférez-vous?

   b. Voici des pommes et des oranges. . . . aime-t-il mieux?

   c. Il y a deux magasins en ville. À. . . est-elle allée?

   d. Plusieurs romans viennent de paraître. De. . . est-ce que le professeur a parlé en classe?

   e. Il y a un restaurant tout près d'ici et un autre de l'autre côté de la ville. . . . vous plaît?

   f. J'ai deux compositions à faire. . . . dois-je faire ce soir?

   g. Vous dites qu'il y a deux conférences demain soir et à la même heure? À. . . allons-nous assister?

6. Refaites les phrases suivantes sous forme d'interrogation indirecte en vous servant des éléments donnés.

Modèle: Qui est là? (**je ne sais pas**)
Je ne sais pas qui est là.

a. Qu'est-ce qu'il a fait? (*je me demande*)
b. À quoi pense-t-elle? (*savez-vous?*)
c. Qu'est-ce que c'est? (*je ne sais pas*)
d. De quoi avez-vous besoin? (*dites-moi*)
e. Sur qui compte-t-elle? (*je ne sais pas*)
f. À qui ressemble-t-elle? (*il se demande*)
g. Qui va être nommé à ce poste? (*savez-vous?*)
h. De qui avez-vous besoin? (*dites-moi*)
i. Qu'est-ce qu'il vous a dit? (*je me demande*)
j. De quoi se souvient-elle? (*je vous demande*)
k. Qu'est-ce que vous avez oublié de faire? (*nous savons*)
l. À quoi vous préparez-vous? (*vous ne m'avez jamais dit*)
m. À qui répondez-vous? (*elle ne sait pas*)
n. Que ferez-vous demain? (*allez-vous me dire?*)
o. Qu'est-ce que c'est que ça? (*expliquez-moi*)

Lecture

Trop tard!   Texte extrait de *Avec ou sans amour de* Claire Martin[1]

Il croit qu'il ne l'aime plus. Il veut se débarrasser d'elle. Il lui envoie une lettre lui expliquant la situation.

Il ne voulait plus voir cette femme. Il savait bien que tout n'irait pas tout seul. Il y aurait des jours, peut-être même des semaines, de récriminations, de larmes versées dans le cornet du téléphone. Il connaissait ça. Il s'agissait de ne pas se laisser avoir. Rien de plus stimulant que de constater qu'on a les nerfs assez solides pour écouter calmement, répondre gentiment et rester sur ses positions. Il s'en tirerait, cette fois-ci encore, tout à fait de la façon qu'il avait décidée. Enfin il se coucha, claqué mais satisfait, le dos résolument tourné au passé.   5

---

[1] Claire Martin (Mme Roland Faucher, née Claire Montreuil) est québécoise. Elle a été annonceur à Radio-Canada; elle est romancière et aussi mémorialiste.

Il dormit tard le lendemain et ce fut la sonnette du téléphone qui
l'éveilla. Onze heures ? Le premier courrier était distribué. Ça com- 10
mençait. Il eut envie de ne pas décrocher puis il se dit qu'il fallait à
tout prix en finir, choisit mentalement sa voix la plus rogue et répon-
dit. C'était sa mère. Il s'habilla, très vite, craignant et espérant la prochaine sonnerie, les nerfs un peu dansant. Rien. Soulagé, il partit pour
le journal en sifflotant. 15

En sortant du journal, Jean lui dit : «Tu viens dîner tout de suite ?»
Il balança. Et puis non. Il passerait d'abord chez lui et irait ensuite
dîner tranquillement dans un bon petit restaurant. Tout seul.

Il grimpa son escalier d'un pas vif. Mais sous la porte, il n'y avait pas
de lettre. Ah ! 20

Il prit son bain, n'eut pas envie de se rhabiller, se fit du café et gri-
gnota deux biscottes et un bout de fromage. Il s'installa sur la chaise
longue, avec ce livre formidable qu'il avait commencé hier, ses cigaret-
tes et un whisky sur la petite table, et se mit à lire. Bon Dieu ! ce qu'on
est bien tout seul ! 25

Dès neuf heures, il referma le livre. Lui qui, toute la soirée d'hier,
l'avait couvé d'un œil concupiscent, ce livre. Il le lança à l'autre bout
de la pièce et vida son verre.

Qu'est-ce que c'est que ce grignotement sur le palier ? Il se leva si-
lencieusement, ouvrit la porte d'un coup. Il n'y avait rien. Au même 30
moment le téléphone sonna et il bondit. Enfin ! ça n'était pas trop tôt.

Surtout ne pas se laisser attendrir. «Ma petite, ma décision est inéluctable.» Cette fois-ci c'était sa soeur. Mais, qu'est-ce qu'ils avaient dans la famille à le poursuivre comme ça ?

Ah ! là là ! Quelle journée ! Autant se coucher et dormir. Il s'étendit, 35
ferma les yeux. De quelle façon répondra-t-elle ? La colère ou les larmes ? Le courrier du soir, c'était vraiment un peu tôt. Demain matin, sûrement. Sûrement...

Ce fut le bruit du papier glissé sous la porte qui le jeta hors du lit le lendemain matin. Une facture, une invitation. Les yeux baissés, il re- 40
gardait ce maigre butin. Ça n'allait pas. Ça n'allait pas du tout.

Il téléphona au journal, dit qu'il écrirait son article chez lui. Café, fromage, biscottes. Ah ! ça n'allait pas bien fort.

Ni le lendemain, ni le surlendemain n'apportèrent de courrier. Ni d'appels téléphoniques. Nourri la moitié du temps de café et de biscot- 45
tes, il avait maigri.

Quel jour était-ce donc aujourd'hui ? Vendredi. C'est dimanche soir qu'il lui avait écrit. Et si elle n'avait pas reçu sa lettre ? Si elle s'était absentée ? Tout le monde, un jour ou l'autre, est obligé de partir à l'improviste. Il marmotta : «Elle va en faire une tête quand elle trou- 50
vera ma lettre, en rentrant.» Enfantinement, il s'agrippa à cette idée, trouvant dix explications à ce voyage impossible. Mais comment savoir ?

À huit heures, il téléphona en déguisant sa voix. Elle venait justement de sortir. Pour toute la soirée, oui. Il demanda stupidement : 55
«Avec qui ?», rougit violemment pour lui tout seul, bafouilla : «Pardon» précipitamment et raccrocha. Sortie ? Qu'est-ce que cela voulait dire ?

Il endossa son veston et descendit l'escalier en courant. Arrivé sur le trottoir, il ne sut plus où aller. Cette femme, il ne connaissait presque 60
rien d'elle à part les heures qu'elle venait passer avec lui. Qui voyait-elle ? Où allait-elle ?

Toute la journée du lendemain, il téléphona, téléphona, sans plus songer à déguiser sa voix. Sortie, toujours sortie.

Alors, il s'est assis à cette même table où il avait peiné sur la lettre de 65
rupture et, tout d'une haleine, sans une rature, il lui a demandé pardon en six pages qu'il a fait porter sans attendre.

Soulagé, heureux, il est allé manger et boire comme il n'avait mangé ni bu depuis six jours.

Il n'était pas assez sot pour croire qu'elle allait répondre tout de 70
suite. Et il n'allait pas lui en vouloir pour ça. Il aurait une réponse dans deux ou trois jours, pas avant. Il chantonna tout le reste du jour.

La réponse lui vint dès le lendemain. Trois petits mots, au milieu du papier. «Non, trop tard.»

Travaux

1. Répondez brièvement aux questions suivantes.

   a. Qu'est-ce qu'un journaliste?

   b. Qu'est-ce qu'un facteur?

   c. Qu'est-ce que le courrier du soir?

   d. Qu'est-ce qu'une lettre de rupture?

   e. Qu'est qu'une "décision inéluctable"?

2. Répondez aux questions suivantes.

   a. Pourquoi, le premier jour, a-t-il refusé l'invitation de son ami Jean de dîner avec lui? Où a-t-il dîné? Qu'est-ce qu'il a fait ce soir-là?

   b. Pendant la semaine d'attente qu'est-ce qu'il a fait?

   c. À quelle décision est-il arrivé à la fin de la semaine? Le lendemain comment se comportait-il?

   d. Qu'est-ce qui lui a fait un coup?

3. *Mini-dialogues*: Vous êtes allé(e) voir Marc à son bureau. Vous lui parlez de son ami, mais il vous écoute d'un air distrait. Il vous pose des questions et vous lui répondez en lui fournissant des détails encore plus complets. En vous posant des questions il doit se servir de pronoms interrogatifs. Complétez alors les phrases suivantes.

   Modèle: Moi: Je veux voir le rédacteur.
   Marc: **Qui voulez-vous voir?**
   Moi: **Je veux voir le rédacteur en chef du journal. Est-il dans son bureau?**

   a. J'ai quelque chose à lui dire.

   b. Je m'intéresse à cette histoire.

   c. J'ai pris des photos de cette vedette.

   d. Je ferais n'importe quoi pour les voir publier.

   e. Votre photographe n'était pas à l'aéroport.

   f. Il vous a fait savoir qu'il travaillait à la maison.

   g. Son ami Jean me l'a dit.

4. Faites des phrases en vous servant des pronoms indéfinis suivants:

a. quiconque	e. qui que
b. quoi que ce soit	f. quoi que ce soit que
c. personne	g. n'importe qui
d. rien	h. n'importe lesquelles

Thèmes

1. Traduisez en français les phrases suivantes.

   a. Which of the reporters you know wrote that report?

   b. What is an "editorial"?

   c. What is that reporter afraid of?

   d. Do you know what he's afraid of?

   e. He's afraid the computer will stop working.

   f. He gave us a good piece of advice. Which one of us is going to accept it?

   g. Who told you that the newspaper offices were on the third floor?

   h. Who does the sports page?

   i. Do you know who did the photos for that article on our universities?

   j. There are two daily papers in our town. Which one do you read?

   k. Do you want to know who wrote the article that appeared on the front page?

2. Traduisez en français le passage suivant.

   After having eaten a rather unappetizing meal in the restaurant downstairs, she came up to her hotel room, intending to watch T.V. She was tired at the end of a long day spent mainly in airports. She checked the T.V. programmes. Not one interested her. What had she brought with her? Her camera, of course, and a tape-recorder. Some books too. Who had sent her here? The editor of her paper. Why was she here? To interview a well-known singer. Which one? The one who had a very big farm just outside the little town.

   She sighed. Whatever she did, she was always assigned interviews a long way from home. Whoever the interviewees were, they always lived near a small, uninteresting town.

   Putting a tape in the recorder, she settled down with one of the books she had brought. But she didn't feel comfortable. What she had done the preceding week continued to bother her. Wasn't there anything she could do to persuade her fiancé to forgive her? She was really sorry for what she had done. Would he call her here at the hotel? Would anyone phone? Maybe he would leave her a message at home? For the moment, she would have to be patient.

À vous la parole

Vocabulaire supplémentaire
Pour parler de la maison

avoir du courrier, monter le courrier,
attendre un coup de téléphone, attendre un coup de fil, le facteur,
les timbres, la boîte aux lettres, la distribution du courrier,
une lettre recommandée, l'annuaire de téléphone,
la cabine téléphonique, l'interurbain, la tonalité,
un numéro de téléphone, un répondeur

Pour parler de la souffrance

le noir, avoir le cafard, désillusionner, désabuser,
être désenchanté, la désillusion, le désenchantement, l'égoïsme,
la misanthropie, souffrir, la souffrance

Pour parler de journaux

le rédacteur, la rédactrice (en chef), l'éditorial, l'hebdomadaire,
le magazine, la revue, les faits divers,
les annonces classées (les petites annonces),
la chronique financière, la rubrique sportive,
le communiqué officiel, un reportage photographique, l'actualité,
les titres d'actualité, à la une, les salles de rédaction,
les bureaux de rédaction, la date limite, l'heure limite,
l'article de tête

Dialogues

Analysez avec un camarade la technique narrative de Claire Martin. Prenez les thèmes suivants. L'un(e) de vous posera des questions employant surtout des pronoms interrogatifs. L'autre répondra à ces questions.

1. Le rôle des lettres (contenu, composition, genre) dans le déroulement de la nouvelle.
2. Le rôle du facteur dans la nouvelle.
3. Le rôle du téléphone dans la nouvelle.
4. L'évolution de l'état émotif du jeune homme.

▌Décisions

Essayez de résoudre le problème suivant.

Vous êtes étudiante à l'université. Votre fiancé veut se faire avocat. Il veut que vous abandonniez vos cours pour prendre un poste en ville. Comme ça, vous aurez assez d'argent pour lui permettre de faire son droit. Il dit que plus tard, il subventionnera, à son tour, vos études universitaires. Avez-vous assez de confiance en lui pour accepter cette proposition?

▌Discussions

Discutez des sujets suivants.

1. Le héros et l'héroïne de ce récit s'amusent à jouer un jeu dangereux. Ce jeu dangereux est-il acceptable dans la société de nos jours? L'approuvez-vous ou non?
2. Qu'est-ce que c'est que le mariage parfait? Existe-t-il? Pour le faire durer, qu'est-ce qu'il faut?
3. Avantages et désavantages de la cohabitation.
4. Le rôle de l'homme dans la société de nos jours et celui de la femme.

▌Compositions

Faites une composition bien organisée sur *un* des sujets suivants.

1. Portrait du jeune homme qui figure dans *Trop tard!*
2. Portrait de l'homme avec qui je voudrais bien me marier; ou bien: Portrait de la femme avec qui je voudrais bien me marier.
3. Moi, j'aimerais être journaliste. . .
4. L'attitude de Claire Martin envers la vie.

13

Mis à la

retraite

Le mode conditionnel

Que signifie le mode conditionnel? Quand et pourquoi s'en sert-on? Quelle différence y a-t-il entre le mode conditionnel et le temps conditionnel du mode indicatif?

> Si *nous n'avions pas* su que vous pouviez faire vivre votre père très confortablement *nous aurions* peut-être *essayé* de lui donner une plus forte pension . . .
>
> **Roger Viau**

Le mode conditionnel, tout comme le mode subjonctif, nous aide à présenter un point de vue. Le conditionnel, c'est surtout le mode de la *supposition* qui nous permet de formuler des hypothèses et de noter des possibilités. Les faits, tels quels, ne comptent pas. Il s'agit plutôt de ce qui pourrait arriver, ou de ce qui aurait pu se passer.

Le mode conditionnel se compose de *deux* temps: le conditionnel présent (**je parlerais** = *I would speak*) et le conditionnel passé (**j'aurais parlé** = *I would have spoken*).

> S'il vous aimait vraiment, il **reviendrait** lundi.
> *If he loved you truly, he would come back Monday.*
> (Conditionnel présent du mode conditionnel. On indique une supposition — pas un rapport temporel.)

> S'il vous avait aimé vraiment, il **serait revenu** lundi.
> *If he had truly loved you, he would have come back Monday.*
> (Conditionnel passé du mode conditionnel. On indique une supposition — pas un rapport temporel.)

Ne confondez pas les deux temps du mode conditionnel et les deux temps dits "conditionnels" du mode indicatif. Ces deux temps-ci ont la même forme que les temps du mode conditionnel, mais ils représentent tout simplement un temps futur par rapport au passé, sans aucune nuance de supposition (voir Chapitre 4).

> Elle a dit qu'elle **reviendrait** lundi.
> *She said she would return on Monday.*
> (Conditionnel présent de l'indicatif. On marque seulement un rapport temporel.)

Elle était sûre que nous **serions arrivés** avant vous.
She was sure that we would have arrived before you.
(Conditionnel passé de l'indicatif. On marque seulement un rapport temporel.)

Emplois du mode conditionnel

Le mode conditionnel peut servir à transformer et à modifier les faits.

1. Mettez le verbe au conditionnel présent si vous voulez exprimer un *souhait*.

   Il **aimerait** bien un manteau chaud.
   He would like a warm coat.

2. Le conditionnel adoucit et atténue. Voilà pourquoi on le trouve dans les *formules de politesse*.

   Auriez-vous la gentillesse de passer me voir demain?
   Would you be kind enough to come and see me tomorrow?

   Mettez le verbe au conditionnel passé si vous voulez être encore plus poli(e). Le conditionnel passé adoucit et atténue encore plus que le conditionnel présent.

   J'aurais aimé vous accompagner mais . . .
   I would have liked to go with you but . . . (I didn't like to impose.)

3. Mettez le verbe au mode conditionnel si vous voulez exprimer un *fait douteux* ou un fait dont vous avez entendu parler mais que vous ne pouvez pas vérifier vous-même. Le conditionnel présent marque ce qui a lieu (probablement) ou ce qui aura lieu (vraisemblablement); le conditionnel passé indique ce qui a probalement eu lieu.

   Le comité **se réunirait** le mois prochain à la maison de retraite.
   The committee will meet next month at the retirement home.

   According to knowledgeable sources,
   Apparently, } *the committee will meet next*
   We are told that *month at the retirement home.*

   Un camion **se serait renversé** sur l'autoroute.
   A truck overturned on the highway.

   We have been informed that
   It seems that } *a truck overturned on the highway.*
   The police report that

   Notez qu'en anglais on ne peut pas indiquer ces nuances sans ajouter d'autres expressions.

4. Attention à certains auxiliaires de mode (**devoir, pouvoir, savoir, vouloir**) qui, au conditionnel, ont chacun un *sens spécial* (voir Chapitre 17). Par exemple, le conditionnel présent de **devoir** indique qu'on offre un conseil; le conditionnel passé indique qu'on fait un reproche.

> Elle **devrait** accepter ce poste.
> *She should take that job.*
>
> Tu **aurais dû** accepter ce poste.
> *You should have taken that job.*

5. Mettez au mode conditionnel le *verbe principal* de certaines propositions conditionnelles. Ce sont les phrases conditionnelles en général que nous allons étudier maintenant.

ALLEZ-Y,   exercice 1

Les phrases conditionnelles

Les phrases conditionnelles se construisent toujours selon certaines règles fixes. Chacune se divise en deux parties représentant:
1. l'énoncé d'une condition introduit toujours par la conjonction **si**;
2. le résultat possible de cette condition qui forme la proposition principale.
L'ordre des deux parties n'est pas fixe. Le résultat possible peut se placer devant ou après l'énoncé de la condition.

Dans les phrases conditionnelles, le verbe subordonné est toujours à l'indicatif. On peut diviser les phrases conditionnelles en deux catégories:

1. celles qui notent des faits réels ou possibles;
2. celles qui présentent des faits non-réalisés ou contraires à la réalité.

Faits réels ou possibles

Les phrases conditionnelles de cette catégorie marquent une hypothèse pure et simple. Dans la subordonnée on note certains faits ou on impose certaines conditions. Les conséquences de la réalisation de ces conditions se trouvent dans la proposition principale. Mettez le verbe subordonné à l'indicatif et le verbe principal à l'indicatif ou à l'impératif.

La subordonnée se rapporte au présent ou au futur. Mettez le verbe *subordonné* toujours au *présent* de l'indicatif. Mettez le verbe *principal* au *temps voulu* de l'indicatif ou bien à l'impératif.

> Si vous **avez** soixante-cinq ans, vous **avez** droit à la sécurité sociale.
> *If you are sixty-five, you have a right to Old Age Security.*

> Si tu **travailles** bien, on te **donnera** une augmentation de salaire.
> *If you work well, you will be given an increase.*

> Si vous **arrivez** en retard, **entrez** sans frapper.
> *If you arrive late, come right in.*

> S'il **se met** tout de suite à faire ses comptes, il **aura** tout fini avant midi.
> *If he starts right away to bring his accounts up-to-date, he will have everything finished before noon.*

> Si vous **êtes** prête à sept heures, je **passerai** vous prendre.
> *If you are ready at seven o'clock, I'll come by and pick you up.*

Aux anglophones de noter qu'en français on ne met *jamais* le verbe subordonné d'une phrase conditionnelle à un temps futur.

La subordonnée se rapporte au passé. Le verbe *subordonné* se met toujours au *passé composé*. Le verbe *principal* se met au *temps voulu* de l'indicatif ou bien à l'impératif.

> Si vous **avez dit** la vérité, vous n'**avez** rien à craindre.
> *If you have told the truth, you have nothing to fear.*

> Si vous **avez dit** la vérité, vous n'**aurez** rien à craindre.
> *If you have told the truth, you will have nothing to fear.*

> Si vous **avez voté** pour ce candidat, vous **avez fait** voir du courage.
> *If you voted for this candidate, you showed you were courageous.*

> S'il **a refusé** de nous aider, c'est parce qu'il **avait** peur.
> *If he refused to help us, it was because he was afraid.*

> Si vous **avez assisté** à la réunion, **racontez**-nous ce qui s'est passé.
> *If you were at the meeting, tell us what went on.*

▥ Faits non-réalisés ou contraires à la réalité

Les phrases conditionnelles de cette catégorie présentent une condition qui ne s'est pas réalisée au moment dont on parle, ou bien un fait contraire à la réalité présente ou future. Dans ces cas-ci, mettez le verbe subordonné à l'indicatif et le verbe principal au mode conditionnel.

La subordonnée se rapporte au présent ou au futur . Mettez le verbe *subordonné* à l'*imparfait* de l'indicatif et le verbe *principal* au *conditionnel présent*.

> Si tu **répondais** à cette question, tu te **trahirais**.
> *If you answered that question, you would betray yourself.*
> *If you were to answer that question, you would betray yourself.*
> *If you should answer that question, you would betray yourself.*

> S'il **était** malade, il **irait** voir un médecin.
> *If he were sick, he'd go and see a doctor.*

La subordonnée se rapporte au passé. Mettez le verbe *subordonné* au *plus-que-parfait* de l'indicatif et le verbe *principal* au *conditionnel passé*.

> Si tu **avais répondu** à cette question (hier), tu te **serais trahi**.
> *If you had answered that question (yesterday), you would have betrayed yourself.*
> *If you were to have answered that question (yesterday), you would have betrayed yourself.*

Attention: ne mettez jamais le verbe subordonné au mode conditionnel.

TABLEAU 13-1   Propositions conditionnelles

temps auquel se rapporte le verbe subordonné	proposition subordonnée: condition imposée **si** + verbe	proposition principale: conséquences
Faits réels ou possibles		
a. présent futur	**présent (indicatif)**	**présent (indicatif)** futur futur antérieur impératif
b. passé	**passé composé (indicatif)**	présent (indicatif) futur futur antérieur passé composé imparfait impératif
Faits non réalisés ou contraires à la réalité		
a. présent futur	**imparfait (indicatif)**	**présent (conditionnel)**
b. passé	**plus-que-parfait (indicatif)**	**passé (conditionnel)**

ALLEZ-Y,   exercice 2

Cas spéciaux

Sens particuliers de *si*

Si *= if, whether.*   Quand une subordonnée introduite par **si** présente un choix à faire ou une option à choisir, nous n'avons pas affaire à une proposition conditionnelle. Il s'agit d'une question exprimée dans le style indirect. Donc, les règles établies pour le mode conditionnel dans le tableau 13-1 ne s'appliquent plus. Choisissez le temps de l'indicatif qui convient logiquement au sens de la phrase (voir Chapitres 1 et 4).

> Elle vous demande **si** vous pourrez venir dîner chez elle demain soir.
> *She asks you if you will be able to come and dine at her place tomorrow evening.*
>
> Je ne savais pas **s'**il répondrait à ma question.
> *I didn't know if (whether) he would answer my question.*

Pour être sûr de bien choisir entre la phrase conditionnelle et la question au style indirect, essayez de substituer *whether* au mot anglais *if*. Si vous réussissez à le faire, vous avez affaire à une question indirecte.

Si *= suppose.*   Il s'agit ici d'une invitation ou d'une suggestion. Mettez le verbe à l'imparfait de l'indicatif.

> **Si** nous y allions?
> *Suppose we go there.*
> *Let's go there.*
> *How about going there?*
>
> **Si** on se dépêchait!
> *Suppose we hurry up!*
> *Let's hurry up.*
> *We'd better hurry up.*

La phrase conditionnelle et le subjonctif

Exceptionnellement, dans deux cas seulement, le subjonctif peut s'employer dans la proposition conditionnelle (voir Chapitre 10).

1. Quand deux subordonnées se suivent, présentant des conditions différentes, la deuxième subordonnée peut être introduite par **que**, le verbe se mettant au subjonctif. Ce tour permet d'éviter la répétition de la conjonction **si**. Il se trouve dans le style littéraire ou dans un style familier assez recherché.

Si la grève se termine et **qu'elle soit** prête à partir, elle prendra l'avion demain.
If the strike is over and (if) she is ready to leave, she'll take the plane tomorrow.

2. Dans le style littéraire, le plus-que-parfait du subjonctif peut se substituer au plus-que-parfait de l'indicatif et aussi au conditionnel passé. Ainsi la proposition conditionnelle:

S'il **avait attaqué** à ce moment-là, il **aurait remporté** la victoire.
If he had attacked at that moment, he would have won.

peut se présenter dans un texte littéraire de la façon suivante:

S'il **eût attaqué** à ce moment-là, il **aurait remporté** la victoire.
S'il **avait attaqué** à ce moment-là, il **eût remporté** la victoire.
S'il **eût attaqué** à ce moment-là, il **eût remporté** la victoire.

> ALLEZ-Y, exercices 3, 4

▌Variantes

Les tournures suivantes peuvent exprimer une condition, remplaçant **si** et la proposition conditionnelle.

La proposition adverbiale

Les conjonctions suivantes introduisent une subordonnée où le verbe est au *subjonctif* (voir Chapitre 10).

pourvu que, en cas que, au cas que, si tant que, à moins que, à condition que

Pourvu qu'il réponde à toutes les questions, il aura une bonne note.
Provided he answers all the questions, he will have a good mark.
(S'il répond à toutes les questions, il aura une bonne note.)

Les conjonctions ci-dessous introduisent un verbe subordonné au mode *conditionnel*.

au cas où, dans le cas où, pour le cas où, dans l'hypothèse où

Au cas où il y aurait des retards, prenez le train de dix heures.
In case there should be delays, take the ten o'clock train.
(S'il y a des retards, prenez le train de dix heures.)

Une question oratoire, à laquelle on donne la réponse

> **Vous voulez me parler?** Attendez-moi dans mon bureau.
> *You want to speak to me? Wait for me in my office.*
> (Si vous voulez me parler, attendez-moi dans mon bureau.)

Un ordre, suivi d'un verbe indiquant les conséquences de cet ordre

> **Dis** un seul mot de plus, je pars.
> *Say one word more, and I'm leaving.*
> (Si tu dis un seul mot de plus, je pars.)

Le gérondif ou le participe présent

> **Me parlant** ainsi, tu risques de me mettre en colère.
> *Talking to me in that way, you run the risk of making me angry.*
> (Si tu me parles ainsi, tu risques de me mettre en colère.)

> **En vous expliquant** tout ceci, il cherche à vous faire comprendre toute l'étendue du problème.
> *In explaining all this to you, he is trying to make you understand the full extent of the problem.*
> (S'il vous explique tout ceci, c'est qu'il cherche à vous faire comprendre toute l'étendue du problème.)

L'infinitif précédé de *à*

> **À vous entendre parler,** on croirait au triomphe du socialisme.
> *Hearing you speak, one will believe that socialism will triumph.*
> (Si on vous entendait parler, on croirait au triomphe du socialisme.)

ALLEZ-Y, exercice 5

Maintenant, c'est à vous!

▍Allez-y!

1. Voici les nouvelles du soir telles que l'annonceur d'un petit poste de radio est censé les lire. Mais l'annonceur est un peu méfiant. Il n'est pas sûr qu'on puisse vérifier tous ces faits. Il se protège en changeant le temps de chaque verbe, indiquant ainsi qu'il ne peut pas assurer l'authenticité des faits.

   Modèle: Le premier ministre est rentré hier soir.
   Le premier ministre **serait rentré** hier soir.

   a. Les premiers ministres se réuniront demain.
   b. Le gouvernement a approuvé une augmentation de dix pour cent.
   c. On ouvrira, au centre-ville, un nouveau foyer pour personnes âgées.
   d. Les retraités se sont réunis la semaine dernière devant les bureaux du ministre.
   e. Ils ont protesté contre la mise à la retraite à 60 ans.
   f. Le ministre promet de revoir la situation.
   g. Le geste des retraités l'a beaucoup impressionné.
   h. Les retraités sont en train de s'organiser.
   i. Ils seront bientôt assez forts pour obliger le gouvernement à modifier certaines lois.

2. Complétez les phrases suivantes en mettant le verbe au temps voulu.

   Modèle: Si elle (**accepter**) ce poste, elle ne le regrettera pas.
   Si elle **accepte** ce poste, elle ne le regrettera pas.

   a. S'il (*travailler*) bien, on lui donnera une augmentation de salaire.
   b. Si vous (*arriver*) de bonne heure, on vous féliciterait.
   c. S'il était parti avant l'heure, le contremaître le (*savoir*).
   d. Si nous (*détester*) le patron, personne ne le saurait.
   e. Si elle (*critiquer*) la patronne, j'en aurais entendu parler.
   f. Si on le (*mettre*) à la porte, il ne nous l'a jamais dit.
   g. Qu'est-ce que vous (*faire*), si on vous renvoie?
   h. S'il (*faire*) des erreurs, il le regrette.
   i. Si les syndicats (*être*) moins forts, les ouvriers seraient moins bien payés.

j. Si les syndicalistes (*ne pas critiquer*) le système, on n'aurait jamais amélioré les conditions de travail.

k. La direction (*être*) bien contente si les ouvriers travaillaient d'une façon plus consciencieuse.

l. Si la patronne (*vouloir*) vous parler, elle vous aurait mandé à son bureau.

m. Si on vous (*offrir*) un meilleur poste, acceptez-le vite.

3. Complétez les phrases suivantes. Vérifiez avec votre voisin(e) les différentes valeurs de **si** — **si** dans une phrase conditionnelle, **si** représentant une question en style indirect et **si** proposant un certain acte.

Dialogue:

a. — Je me demande si le comité (*se réunir*) bientôt.

b. — On me l'aurait fait savoir, si on (*changer*) d'idée.

c. — Quand même, le patron nous aurait téléphoné, s'il (*manquer*) le train.

d. — Ce matin il ne savait même pas s'il (*assister*) à la réunion.

e. — Vous ne savez même pas s'il (*venir*)?

f. — Non, mais il avait dit qu'il viendrait, s'il (*ne pas avoir*) trop à faire.

g. — En ce cas-là, si nous (*aller*) dîner.

h. — On risque de manquer le coup de téléphone. Si nous (*commander*) des sandwiches et du café?

i. — Bonne idée. Mais je ne sais pas si on (*livrer*) au bureau.

j. — Si tu leur (*faire*) un coup de téléphone pour voir.

k. — Non, non. Sortons quand même. Je me demande si le patron nous (*téléphoner*) ce soir, ou non.

l. — C'est vrai. De toute façon, si personne ne (*répondre*) à l'appel, il rappellerait un peu plus tard. Je le connais bien.

m. — Alors, si on (*manger*)!

4. Reprenez les phrases ci-dessus. Chaque fois que **si** introduit une question, composez la question; chaque fois que **si** vous invite à adopter une ligne de conduite, refaites la phrase en employant le mode impératif.

Modèles: Il a demandé si nous allions au théâtre ce soir.
   "**Allons-nous au théâtre ce soir?**"
   "Si nous allions au cinéma!"
   "**Allons au cinéma!**"

5. Complétez les phrases suivantes en mettant le verbe au temps et au mode voulus.

> Modèle: À moins qu'elle (**être**) malade, elle assiste toujours aux réunions du syndicat.
>
> À moins qu'elle **ne soit** malade, elle assiste toujours aux réunions du syndicat.

a. Elle s'est demandé si dorénavant on la (*faire*) travailler la nuit.

b. Au cas où on la (*faire*) travailler la nuit, elle est prête à refuser le poste.

c. Elle acceptera le poste, pourvu qu'on ne la (*faire*) pas travailler la nuit.

d. S'il (*pleuvoir*) demain, la réunion des syndicalistes n'aura pas lieu.

e. Au cas où il (*pleuvoir*) demain, les syndiquées se réuniront à l'usine même.

f. Les syndiquées se réuniront demain à moins qu'il ne (*pleuvoir*).

g. S'il avait plu, qu'est-ce qu'on (*pouvoir*) faire?

h. Si les ouvrières (*décider*) de faire la grève, les contremaîtres se trouveraient dans une situation difficile.

i. Dans le cas où les ouvrières (*faire*) une grève du zèle, la direction fermerait les portes de l'usine.

j. Si la patronne leur (*proposer*) une semaine de trente heures, est-ce que les ouvrières en seraient satisfaites?

▌Lecture

▌Mis à la retraite   Texte extrait de *Le Déclin* de Roger Viau[1]

Plusieurs fois le fils, Charles, avait essayé de convaincre son père qu'il pouvait le faire vivre à l'aise, sans qu'il eût à travailler un jour de plus, mais le père protestait qu'il craignait l'inactivité comme l'enfer. Le fils lui avait offert à sa propre usine un poste beaucoup plus important que celui qu'il occupait chez Byron, mais le vieux était si attaché à son bureau que pour rien au monde il ne l'aurait abandonné.

Un samedi matin, un peu avant l'heure du départ, son patron le fit mander à son bureau. Une fois la porte fermée, M. Byron toussa deux ou trois fois et commença:

5

---

[1] Roger Viau est Québécois. Il est romancier, poète, historien et aussi peintre. Il a exposé à New York, à Montréal et à Toronto.

— Hum. . . hum. . . Vous êtes, M. Legault, un employé fidèle   10
comme il s'en trouve peu de nos jours.

— Je ne fais que mon devoir, M. Byron.

— Votre devoir si vous voulez. Vous êtes d'une ponctualité remar-
quable, je tiens à vous le dire. . . Euh. . . euh. . . vous êtes bien à notre
service depuis une quarantaine d'années?   15

— Quarante-deux ans exactement.

— Oui. . . je me souviens quand vous êtes entré, vous étiez un peu
plus âgé que moi. . . vous devez bien avoir soixante-dix ans maintenant?

— Soixante et onze.   20

— C'est tout de même un âge respectable, soixante et onze ans. . .
euh. . . euh. . . je crois que vous avez travaillé depuis si longtemps
que. . . euh. . . vous méritez un repos.

— Un repos! Je n'ai pas besoin de repos. Mon bureau est pour moi
toute ma vie.   25

— Oui. . . oui. . . tout de même à votre âge on veut jouir un peu de
ses vieux jours. . . euh. . . euh. . . et il vous faut prendre soin de vous-
même. Je crois. . . je suis certain qu'un repos vous ferait du bien.

— . . .

— . . . euh. . . après avoir discuté votre cas avec mes associés, nous   30
en sommes venus à la conclusion que vous méritez votre retraite.

— Ma retraite!

La semaine suivante le vieux Legault sortit à peine de sa chambre. Il mangea si peu qu'il avait déjà maigri après quelques jours. Les enfants qui aimaient bien entendre les histoires du passé furent vivement ra- 35
broués chaque fois qu'ils lui demandèrent un conte. Si bien qu'à la fin de la semaine Charles Legault décida d'aller voir Byron. Celui-ci le re-
çut aimablement, bien qu'il fût mal à l'aise.

— Vous comprenez la situation, dit Byron. Votre père n'est plus jeune, loin de là. Son travail s'en ressentait. Il a fait depuis quelques 40
mois des erreurs assez coûteuses pour nous. Je ne lui en ai rien dit pour ne pas le blesser, mais nous ne pouvions plus le garder.

— Vous avez sans doute raison, cependant vous lui avez ni plus ni moins signifié son arrêt de mort. En une semaine il est devenu vieillard. 45

— Je le regrette beaucoup, mais. . . il est impossible pour nous de continuer à payer un salaire inutile. . . Si nous n'avions pas su que vous pouviez faire vivre votre père très confortablement nous aurions peut-être essayé de lui donner une plus forte pension. . .

— Oui. . . oui. . . il y a peut-être moyen de s'entendre, M. Byron. 50
Que diriez-vous si je vous offrais de payer moi-même le plein salaire de mon père et vous le reprendriez à son ancien poste.

— Ah. . . en effet. . .

— Vous lui donneriez à faire son travail habituel, quitte à le faire re-
viser par son remplaçant. Cela ne vous coûterait pas un sou. 55

— Oui. . .

— Alors, c'est entendu. . . Il ne faudrait pas que d'autres que nous connaissent la combine, si cela venait à ses oreilles, il serait plus humi-
lié que jamais.

— Soyez sans crainte. Dites à votre père de revenir lundi, il repren- 60
dra ses fonctions.

De retour chez lui, le fils monta voir le vieux.

— Père, dit-il, j'ai eu un téléphone de Byron.

— Ah. . . et tu as daigné lui parler?

— Bien oui. . . . sais-tu ce qu'il voulait? 65

— Non, et je ne tiens pas à le savoir.

— Eh bien, il veut que tu reprennes ton poste. Il demande que tu re-
tournes travailler dès lundi.

Les yeux du vieillard brillèrent.

— Ah ben, le vieux maudit! il s'aperçoit qu'il a fait une erreur mo- 70
numentale et il compte maintenant sur moi pour le sortir du pétrin.

Le père Legault éclata de rire.

— Ah. . . ah. . . ah. . . elle est bonne. . . mais il peut toujours se fouiller. . . s'il pense que je vais aller trimer là jusqu'à ce que je sois épuisé, j'en ai assez fait pour lui pendant quarante-deux ans. . . le 75 vieux maudit !

Il mordit dans ses mots avec une joie de cannibale. Il continua avec force:

— Allons dîner. . . je crève de faim. . . Eh, les enfants, venez vite à table si vous voulez entendre un fameux conte. . . Sais-tu, Charles, tu 80 vas m'acheter un damier. . . Il est temps que je commence à profiter de la vie, moi aussi. Allez ouste ! tout le monde à table !

▌Travaux

1. Répondez aux questions suivantes.
   a. Pourquoi M. Byron se trouve-t-il gêné quand il annonce au père Legault qu'il va le mettre à la retraite?
   b. Quelle transformation se fait dans le comportement du père Legault à partir de ce jour fatidique?
   c. Pour quelles raisons Charles Legault va-t-il voir M. Byron?
   d. À quoi est-ce que M. Byron consent?
   e. Comment le père Legault reçoit-il la nouvelle qu'il a toujours son poste chez Byron?
   f. Pourquoi réagit-il de cette façon?

2. Les phrases suivantes ont été prononcées sur un ton brusque. Refaites les phrases pour leur donner un ton plus adouci, plus poli. Inventez pour chaque phrase une situation qui justifie le mode qu'on a choisi. Donnez autant de variantes que possible.

   Modèle: Dites-moi la vérité, dit le père à ses deux fils qui ce jour-là ont reçu une contravention.

   Voudriez-vous bien me dire la vérité? dit le père, essayant d'amadouer les deux fils et de les amener à lui expliquer la situation.

   a. Je veux qu'on m'explique la situation.
   b. Dites-moi pourquoi vous voulez ce poste.
   c. Donnez-moi ce livre-là.
   d. Faites-la parler!

e. Veux-tu bien te reposer!

f. Je vous dis que vous avez tort.

g. Va-t-en!

3. Complétez les phrases conditionnelles suivantes en mettant le verbe au temps voulu et en ajoutant beaucoup de détails. Inspirez-vous du conte de Roger Viau. . . ou bien de votre propre imagination.

Modèle: Si vous acceptez le poste. . .

Si vous acceptez le poste qu'on vous offre, vous n'aurez rien à regretter.

a. Si le père avait voulu l'accepter. . .

b. S'il le reçoit la porte fermée, M. Byron. . .

c. Si nous sommes du même âge, a dit M. Byron. . .

d. S'il. . ., pourra-t-il jouir d'un peu de repos?

e. Qu'est-que vous auriez dû faire, si. . .

f. Si le fils. . . c'était qu'il désespérait de la vie de son père.

g. Si. . ., je n'accepterai pas de lui parler.

h. Je leur raconterai une belle histoire ce soir, si. . .

i. Si. . ., mettez-vous à table.

j. Le patron se mettra en colère, si. . .

k. Si vous demandiez une augmentation de salaire, . . .

l. Si je n'avais pas besoin de repos, . . .

4. Refaites les phrases suivantes. Trouvez des variantes pour remplacer la proposition subordonnée.

Modèle: Si elle arrive avant l'heure, installez-la dans mon bureau.

Au cas où elle arriverait avant l'heure, installez-la dans mon bureau.

ou bien: **Elle arrive avant l'heure? Installez-la dans mon bureau.**

Dialogue:

a. — Si je veux toucher de l'argent, où dois-je aller?

b. — Si vous allez à la banque, vous aurez de l'argent.

c. — Si j'y allais de bonne heure le matin, est-ce qu'on s'occuperait de moi?

d. — Si vous n'arriviez pas avant 8 heures, vous n'auriez pas de problème.

e. — Si je vous disais ce qui m'est arrivé, vous ne me croiriez pas.

f. — Oui, si vous me disiez qu'un voleur vous a dévalisé, je ne vous croirais pas.

g. — Si vous touchez à la sonnette d'avertissage, je vous abats, a-t-il dit à la caissière.

h. — Si vous me dites qu'il a blessé la caissière, vous mentirez.

i. — Mais si vous l'aviez vue à la salle des urgences, vous m'auriez cru.

5. Faites, vous-même, des phrases conditionnelles en vous servant des locutions suivantes.

a. vivre à l'aise

b. faire une erreur

c. crever de faim

d. éclater de rire

e. profiter de la vie

f. prendre du repos

g. prendre la retraite

▌Thèmes

1. Mettez en français les phrases suivantes.

a. Would you please answer my question?

b. Would you have telephoned me to tell me you were not going to arrive on time?

c. If he had started earlier, he would have been here before noon.

d. If they were more ambitious, they would have better jobs.

e. Our work is almost finished. Suppose we leave at 4:00.

f. If you left now, you would arrive home before six o'clock and you could watch your favourite T.V. show.

g. We would like to go on the night shift.

h. If they allow us to do that, they will have problems with the other workers.

i. He should have accepted that job in the Maritimes.

j. If she has fired him, she will tell us immediately.

2. Traduisez en français le passage suivant.

Retired people in good health (and there are more and more of them these days) do not accept the idea of being mere spectators, sitting quietly in their rocking chairs. They all have plans — big plans. If you were to ask them where they want to travel, they would probably say: "We'd like to go to China — to Australia — to Africa — to Russia." Then off they would go. They play an active role in politics; they take courses in preparation for university degrees; they play tennis and swim; they ski and they jog. Each one has a hobby. They do watercolours, they play the guitar, they sculpt. If you ask them how old they are, they will answer: "I'm seventy-two" or "I'm eighty." But if you were to ask them how they feel, the answer would be: "I feel fine — like a twenty-year-old." Of course, they could do without the wrinkles and the white hair. But these they forget as they think about the future. "Suppose we do this, today," they say. "Suppose we do that, next week."

À vous la parole

Vocabulaire supplémentaire
Pour utiliser le langage des gestes

1. le haussement d'épaules = **"Je m'en fiche."**

2. le serrement des mains = **"Bonjour"** quand on se rencontre
   = **"À bientôt"** quand on se sépare

3. l'accolade = **"Que je suis content(e) de vous voir!"**
   (On s'embrasse sur les deux joues.)

4. les mains en avant, paumes en haut, petit mouvement à droite et à gauche
   = **"Voilà, je vous ai tout expliqué."**

5. les mains en avant, paumes en bas, petit mouvement à droite et à gauche
   = **"Non, non. Je n'en veux pas."**

6. la main à plat, horizontale devant soi, agitée de droit à gauche comme un papillon = **"Comme ci, comme ça."**

7. la moue = **"Je n'en suis pas sûr(e)."**

8. l'index levé = **"Attention, je vais vous dire quelque chose de très important."**

9. la petite toux = **"Je suis un peu gêné(e)."**

10. le jeu de la voyelle **eu** = du remplissage. **"Euh. . . Je ne sais pas. . . euh. . . précisément. . . euh. . . ce que. . . euh. . . je veux dire."**

Pour parler des retraités

prendre la retraite, être à la retraite, la mise à la retraite,
une pension, une rente, le rentier, la rentière, le viager,
les rentes viagères, vieillir, le vieillissement, la vieillesse,
les valides, les invalides, l'âge d'or, le troisième âge,
la sécurité sociale, la solidarité familiale, l'assistance publique

la gérontologie, les handicapés physiques ou moteurs,
les inadaptés, la maison de retraite, le foyer, le personnel,
la direction, l'hospice, l'aide-ménagère,
maintenir les personnes âgées à domicile,
l'allongement de la vie humaine

reprendre des activités, reprendre une occupation,
se faire une vie, un dada, un violon d'Ingres

▌Dialogues

Développez *une* des saynètes suivantes. N'oubliez pas d'employer autant
que possible le langage des gestes.

1. Qu'est ce que nous allons faire?

le fils; sa femme

Les deux discutent du problème du père mis obligatoirement à la retraite.

2. Ce n'est pas juste!

le père; un collègue chez Byron

Les deux discutent des conditions de travail et de la mise à la retraite.

3. *Mis à la retraite*

Relisez le passage avec un(e) camarade. Essayez de retrouver les gestes
des personnages. Trouvez le moyen d'indiquer par les gestes l'interrogation, l'étonnement, le désespoir, la réjouissance, etc.

▌Décisions

Examinez le problème de la violence faite aux femmes.

Il y a une petite vieille qui habite pas trop loin de chez vous. Vous la connaissez bien puisque, autrefois, quand vous étiez jeune, elle venait donner
un coup de main à votre mère. En effet, elle a aidé votre mère à vous élever.

Maintenant, elle vit seule et presque sans argent. Deux ou trois fois par semaine, son fils unique, un vrai costaud, arrive chez elle. Vous êtes sûr(e) qu'à chaque visite il la bat. Que faut-il faire?

Discussions

Discutez des sujets suivants.

1. Problèmes et défis de la vieillesse.
2. Le rôle politique et social des personnes âgées dans la société de nos jours.
3. Anniversaire fatidique! Devrait-on être obligé de prendre la retraite à l'âge de 65 ans?
4. La crise des enfants: que dire à un père (une mère) qui prend la retraite.
5. Les responsabilités de la société en général envers les personnes âgées et vice versa.
6. Les sports et la santé chez les personnes âgées.

Compositions

Faites une composition sur *un* des sujets suivants. N'oubliez pas de bien organiser la composition.

1. Mon grand-père (ma grand-mère) à moi.
2. Portrait du père (qui figure dans le conte de Viau).
3. Visite (vraie ou imaginaire) à une maison de retraite.
4. Des plus-de-soixante-ans célèbres.
5. Le défi des jeunes de la société actuelle: comment subvenir aux besoins de la population vieillissante.

14

L'individu

et la société

Éléments de langue

La négation
    La place des éléments de négation
    Les adverbes de négation
    Les pronoms de négation
    Les adjectifs de négation
    La conjonction **ni . . . ni**
    Cas spéciaux

Situation

L'importance de la vie privée au cours des siècles

Texte: **L'individu et la société** — extrait de *Quand la vie privée devient publique* (Michel Winock interviewé par Sylvie Halpern)

Activités de communication

Mettre des phrases au négatif, employer des expressions négatives

Discuter de la vie et de la religion au Moyen Âge

Déterminer la valeur de l'alphabétisation

Comparer l'histoire telle qu'on l'enseignait dans le passé à l'histoire telle qu'on la conçoit aujourd'hui

Évaluer la société de nos jours

S'intéresser aux recherches archéologiques

La négation

Comment refuser quelqu'un? Comment rejeter quelque chose? Comment dire "Non"?

> On *ne* peut ignorer l'histoire événementielle, politique, *ne* serait-ce *que* parce que l'État joue un rôle considérable dans la vie des gens; mais on *ne* peut *pas non plus* comprendre un événement sans analyser ses racines profondes.
>
> **Michel Winock**

Le plus souvent, en français, la transformation d'une phrase affirmative en phrase négative se fait par l'addition d'une expression de négation. L'expression de négation se compose de deux éléments:

- un élément de négation générale (l'adverbe **ne**);
- un élément de négation spécifique.

Le terme spécifique peut être un adverbe (**pas** ou **jamais**), un pronom (**rien, personne**), un adjectif (**aucun(e)**) ou même une conjonction répétée (**ni. . . ni. . .**).

▌La place des éléments de négation

1. Placez *entre les deux termes* de négation:

- le verbe à un temps simple ou à l'impératif:

    Je **ne** vois **pas** le problème.
    I don't see the problem.

    Ne parlez **plus**.
    Don't speak any more.

- l'auxiliaire du verbe à un temps composé ou au passif:

    Il **n'**avait **pas** assisté à la conférence.
    He hadn't been at the lecture.

    Elle **n'**a **jamais** été vue.
    She hasn't ever been seen.

- le verbe ou l'auxiliaire précédé de pronoms personnels, compléments d'objet direct ou indirect:

Il **ne** m'en parle **plus**.
He no longer speaks to me about that.

Elle **n'**en a **guère** profité.
She didn't really take advantage of that.

• le verbe ou l'auxiliare suivi du pronom sujet:

Ne puis-je **pas** vous aider?
May I not help you?

Ne vous a-t-il **pas** vu hier?
Didn't he see you yesterday?

2. Si la négation porte sur l'infinitif (présent ou passé), mettez les *deux termes ensemble* devant l'infinitif.

Elle a promis de **ne pas** oublier le secteur privé.
She promised not to forget the private sector.

Il est content de **ne pas** avoir trahi son pays.
He is glad he didn't betray his country.

Dans le cas de l'infinitif passé, vous pouvez mettre le second terme après l'auxiliaire.

Il est content de **n'**avoir **pas** trahi son pays.

3. *Exceptions*: placez **personne** et **nulle part** après l'élément qu'il complète: le participe passé ou l'infinitif.

Elle **n'**a vu **personne**.
She saw no one.

Je **ne** l'ai vu **nulle part**.
I didn't see him anywhere.

Tu a promis de **ne** voir **personne**.
You promised to see no one.

Les adverbes de négation

Les adverbes de négation les plus courants sont:

ne. . . pas, ne. . . point, ne. . . plus, ne. . . jamais,
ne. . . pas encore, ne. . . nulle part, ne. . . pas non plus

Ne. . . point, synonyme de **ne. . . pas**, s'emploie surtout dans le style littéraire.

Pour renforcer **ne. . . pas**, employez **ne. . . pas du tout, ne. . . aucune-ment, ne. . . nullement**.

> Il **ne** croit **plus** à ce que vous dites.
> *He no longer believes what you say.*

> Il **ne** vous croit **pas du tout**.
> *He doesn't believe you at all.*

> Elle **ne** m'a **jamais** parlé de cela.
> *She never spoke to me about that.*

> **Ne** vous en a-t-il **jamais** expliqué les circonstances?
> *Did he never explain the circumstances to you?*

> Vous avez promis de **ne plus** faire le fou.
> *You promised not to play the fool again.*

Les pronoms de négation

Les pronoms de négation (**personne, rien, aucun(e), pas un(e)**) peuvent être sujet de verbe ou complément d'objet de verbe ou de préposition. N'oubliez pas l'élément général de la négation, **ne**, que vous devez mettre toujours devant le verbe.

Rien

Rien (*nothing, not anything*) est invariable. Il peut être:

1. complément d'objet de verbe:

> Je **n'**ai **rien** dit.
> *I said nothing.*

2. sujet de verbe (qui se met toujours à la troisième personne du singulier):

> **Rien n'**est arrivé.
> *Nothing happened.*

3. complément de préposition:

> Je **ne** m'attendais à **rien**.
> *I was expecting nothing.*

Personne

Personne (*no one, not anyone*) est invariable. Il peut être:

1. complément d'objet de verbe (placé après le participe passé à un temps composé ou après l'infinitif):

> Elle **n'**a consulté **personne** sur ce problème.
> *She hasn't consulted anyone about this problem.*

2. sujet de verbe:

> **Personne ne** m'a parlé.
> *No one spoke to me.*
> (Le verbe se met à la troisième personne du singulier.)

3. complément de préposition:

> Vous **n'**avez porté plainte à **personne?**
> *You didn't bring a charge against anyone?*

Aucun(e), pas un(e), nul(le)

Ces pronoms (*no one, not anything*) sont variables. Ils s'accordent en genre seulement avec l'antécédent, s'employant toujours au singulier. L'antécédent est normalement un groupe de personnes ou de choses. Ces pronoms peuvent être:

1. complément d'objet de verbe:

> Je ne connais **aucune** de ses amies.
> *I don't know any of her friends.*

2. sujet de verbe:

> **Pas un** de ses amis **n'**a contribué au succès de son projet.
> *Not one of his friends helped to make his projet a success.*

3. complément de préposition:

> Il **ne** se fie à **aucun** d'entre eux.
> *He trusts none of them.*

Nul(le), synonyme d'**aucun(e)**, s'emploie surtout dans la langue littéraire ou administrative.

> **Nul** n'est censé ignorer la loi.
> *Ignorance of the law is no excuse.*
> (*No one should be unaware of the law of the land.*)

ALLEZ-Y, exercices 1, 2, 3

Les adjectifs de négation

Aucun(e) et **nul(le)** sont des adjectifs qui se mettent toujours à côté du nom qu'ils qualifient. Ils s'accordent en genre avec ce nom. Ils sont au singulier puisque le nom qu'ils qualifient — sujet de verbe, complément d'objet de verbe ou de préposition — est au singulier. N'oubliez pas de mettre **ne** devant le verbe.

> Il **ne** s'attendait à **aucune récompense.**
> *He wasn't expecting any reward.*

> **Aucun livre ne** te plaît.
> *No book pleases you.*

> Elle **n'**a **aucune envie** de partir en voyage.
> *She has no desire at all to go travelling.*

La conjonction *ni . . . ni*

1. Cette conjonction négative (*neither. . . nor, not. . . either. . . or*) s'emploie normalement avec **ne**. Elle se répète devant chaque terme du sujet ou du complément d'objet. Elle sert à relier deux ou plusieurs termes distincts — noms, pronoms, infinitifs, propositions subordonnées.

> Vous vous trompez. Je **n'**écris **ni** à vous **ni** à votre fils.
> *You're wrong. I'm not writing either to you or to your son.*

> Elle **ne** sait **ni** qui va venir **ni** à quelle heure ils vont arriver.
> *She doesn't know either who is going to come or when they are going to arrive.*

2. Si **ni. . . ni** se place devant le sujet, le verbe se met au pluriel ou au singulier, selon le sens de la phrase (voir Chapitre 15).

> **Ni** l'archéologue **ni** l'architecte **ne seront** présents.
> *Neither the archeologist nor the architect will be present.*
> (On parle de deux personnes.)

> **Ni** l'archéologue **ni** l'architecte **ne présidera** la réunion.
> *Neither the archeologist nor the architect will chair the meeting.*
> (La réunion ne peut être présidée que par une personne.)

3. Quand **ni** introduit le complément de verbe, le sens de la phrase détermine la présence ou l'absence de l'article (voir Chapitre 8).

> Elle **n'**aime **ni** les livres **ni** la musique.
> *She doesn't like either books or music.*
> (Sens général: on met l'article défini.)

Il **n'a ni** amis **ni** argent.
He has neither friends nor money.
(Sens partitif: on supprime l'article après le verbe au négatif.)

4. Mettez **ni** toujours devant le terme qu'il limite. Si le terme est précédé d'une préposition, mettez **ni** devant la préposition.

Il **ne** parle **ni** à vous **ni** à moi.
He isn't speaking either to you or to me.

Cas spéciaux

Sens des expressions négatives

Attention aux expressions négatives **rien, personne, aucun(e), pas un(e), ni. . . ni.** Les phrases où se trouvent ces expressions peuvent se traduire de *deux* façons en anglais.

1. Le pronom (ou l'adjectif) marque la négation et le verbe est à l'affirmatif.

Je n'ai vu **personne**.
I saw no one.

Rien n'est arrivé.
Nothing happened.

Tout cela **n'a aucune** importance.
All that is of no importance.

2. Le pronom (ou l'adjectif) prend une forme affirmative et le verbe se met au négatif.

Je **n'ai vu** personne.
I did not see anyone.

Il **n'a** rien **dit**.
He did not say anything.

Tout cela **n'a** aucune importance.
All that is not important.

Le choix de mettre le verbe au négatif ou à l'affirmatif existe en anglais, mais pas en français. En français, quand vous employez ces expressions négatives, mettez toujours *le verbe* au négatif.

Il **n'a parlé** à personne.
He spoke to no one.
He did not speak to anyone.

▮ Les expressions à sens restrictif

Ne. . . que

1. **Ne. . . que** veut dire *only*. Mettez **que** directement devant le mot (ou la proposition) qu'il limite. Notez que **ne. . . que** est synonyme de l'adverbe **seulement**.

> Je **n**'ai lu **que** ce livre-ci.
> (J'ai lu seulement ce livre-ci.)
> *I read only this book.*

> Il **n**'a pu faire cette composition **qu**'après avoir fermé le téléviseur.
> (Il a pu faire cette composition seulement après avoir fermé le téléviseur.)
> *He was able to write that composition only after shutting off the T.V.*

2. N'employez pas **ne. . .que** dans les trois cas suivants. Utilisez **seulement** ou bien l'adjectif **seul**.

   a. Le mot **que** se trouve déjà dans la phrase.

   > Elle a répondu **seulement que** la conférence lui a plu.
   > *She answered only that the lecture had pleased her.*

   b. Il n'y a pas de verbe dans la phrase.

   > Qui avez-vous vu à la conférence? **Seulement** des étudiants.
   > *Whom did you see at the lecture? Only students.*

   c. La restriction porte sur le sujet du verbe.

   > **Seule** Marie sait le faire.
   > **Seulement** Marie sait le faire.
   > *Only Marie knows how to do that.*

3. Dans les deux derniers cas cités ci-dessus, il est possible d'employer **ne. . . que** si vous trouvez le moyen d'éviter le problème. Exemples:

   • ajoutez un verbe à la phrase:

   > Je **n**'ai vu **que** les étudiants qui ont assisté à la conférence.

   • ou bien refaites la phrase:

   > Il **n**'y a **que** Marie qui sache le faire.

Ne. . . guère

Cette expression (*hardly, scarcely*) veut dire **pas très, pas beaucoup, pas souvent.**

> Il n'aime **guère** expliquer cela.
> *He doesn't really like explaining that.*

> Elle n'avait **guère** envie de vous voir.
> *She had very little desire to see you.*

ALLEZ-Y,   exercices 4, 5, 6

▌La négation multiple

En français il est possible de combiner plusieurs expressions négatives. Chaque expression se met à la place prévue par les règles déjà expliquées.

ne. . . plus jamais	*nevermore*
ne. . . jamais plus	*nevermore*
ne. . . plus que	*no longer any more*
ne. . . plus rien	*no longer anything*
ne. . . plus guère	*hardly anything more*

À l'encontre de l'usage anglais, deux expressions négatives, mises ensemble en français, continuent à marquer la négation. N'oubliez pas que c'est l'adverbe **ne** qui indique la négation. Les autres expressions le complètent.

> Il **ne** le fera **jamais plus.**
> *He will never do that again.*

> Il n'y a **plus que** des ruines.
> *There are only ruins left.*

On peut même multiplier les termes négatifs.

> Il a promis de **ne plus jamais** en parler à **personne.**
> *He promised to never again speak of that to anyone.*

> **Personne** ne l'a **jamais plus** revue **nulle part.**
> *No one ever saw her again anywhere.*

Seul l'adverbe **pas** ne peut jamais se combiner avec un autre terme de négation.

▌La négation sans verbe

1. Certaines expressions négatives s'emploient sans verbe. Elles indiquent une négation générale, et s'emploient seules:

> non, jamais, rien, personne, nulle part

Vous pouvez les renforcer:

> pas vraiment, absolument pas, jamais de la vie,
> pas le moins du monde, rien du tout, mais non

Mais puisqu'il n'y a pas de verbe, supprimez **ne**.

> Viendrez-vous avec nous? **Absolument pas!**
> *Will you come with us? Absolutely not!*
>
> Où allez-vous? **Nulle part.**
> *Where are you going? Nowhere.*
>
> Qui est là? **Personne.**
> *Who is there? No one.*
>
> Que faites-vous? **Rien.**
> *What are you doing? Nothing.*

2. Attention, en particulier, à l'adverbe **non**. Il indique une réponse négative.

> Vous me croyez, n'est-ce pas? **Non.**
> **Non**, je **ne** vous crois **pas.**
> Mais **non**, je **ne** vous crois **pas.**
> *You believe me, don't you? No.*
> *No, I don't believe you.*

Non représente également une proposition négative.

> A-t-il raison? Je pense que **non.**
> (Je pense qu'il n'a pas raison.)
> *Is he right? I don't think so.*

Si on ajoute des détails pour compléter le sens de la phrase, **non** peut être suivi de **pas**.

> Il étudie l'histoire du Moyen Âge et **non** (pas) celle du vingtième siècle.
> (Il étudie l'histoire du Moyen Âge et il n'étudie pas celle du vingtième siècle.)
> *He is studying the history of the Middle Ages and not the 20th Century.*

▌ Les articles et la négation

Si le verbe est au négatif, remplacez l'article partitif par **de** ou **d'**. Peu importe si le nom est au singulier ou au pluriel.

affirmation	négation
Il a des amis. *He has friends.* →	Il n'a jamais **d'**amis. *He never has any friends.*
Elle a de l'argent. *She has money.* →	Elle n'a plus **d'**argent. *She has no more money.*

Remplacez l'article indéfini par **de** ou **d'**. Les anglophones doivent faire un effort particulier pour faire cette transformation.

J'ai **un** livre. *I have a book.* →	Je n'ai **pas de** livre. *I haven't a book.*
Vous avez **un** bureau? *Do you have an office?* →	Vous n'avez **pas de** bureau? *Don't you have an office?*

Avec **être**, gardez toujours l'article partitif ou indéfini, même au négatif. Il ne s'agit pas ici de *négation* mais d'*identification*. Vous dites, en effet: ce n'est pas ceci, c'est cela.

Est-ce un gréviste? *Is he on strike?* →	Non, ce n'est pas **un** gréviste. C'est le médiateur. *No, he is not on strike. He's the arbitrator.*
C'est de la folie. *It's madness.* →	Non, ce n'est pas **de la** folie. C'est un geste généreux qu'il vient de poser. *No, it's not madness. That's a generous gesture he has just made.*

▌ L'emploi de *pas* et de *non*

Vous pouvez mettre **pas** et **non** devant un adjectif, un adverbe ou un pronom, pour marquer une valeur négative. **Pas** s'emploie dans la langue courante et **non** dans un style plus soigné.

Les travaux **pas** terminés l'inquiètent.
Les travaux **non** terminés l'inquiètent.
Unfinished work bothers him.

Lui aime la vie en plein air. **Pas** moi.
He likes outdoor life. Not I.

Non peut se mettre aussi devant certains substantifs. N'oubliez pas le trait d'union qui l'unit au nom.

> la non-conformité, le non-paiement, le point de non-retour, la non-intervention

ALLEZ-Y, exercices 7, 8

▌Négation-affirmation

1. Notez l'opposition affirmative/négative des expressions suivantes. Le terme affirmatif s'emploie toujours avec un verbe à l'affirmatif; le terme négatif accompagne un verbe au négatif.

affirmatif	négatif
tout	rien
tout le monde	personne
quelqu'un	personne
tous/toutes	aucun(e), pas un(e)
plusieurs	aucun(e), pas un(e)
quelque chose	rien
partout	nulle part
quelque part	nulle part
toujours	jamais
parfois	jamais
quelquefois	jamais
souvent	jamais
encore	plus
et. . . et	ni. . . ni
aussi	non plus
déjà	pas encore

Avez-vous **quelque chose** à me dire?
Have you something to say to me?

Je **n'**ai **rien** à vous dire.
I have nothing to say to you.

Voulez-vous **encore** du thé?
Do you want some more tea?

Non, je **n'**en veux **plus**.
No, I don't want any more.

Toutes les chansons sont bien connues.
All the songs are well known.

Aucune de ces chansons **n'**est bien connue.
Not one of these songs is well known.

Est-il **déjà** parti?
Has he left already?

Non, il **n'**est **pas encore** parti.
No, he hasn't left yet.

2. **Jamais** peut avoir une valeur affirmative aussi bien que négative. Si le verbe est à l'affirmatif, **jamais** veut dire *ever.*

Elle **ne** m'a **jamais répondu.**
She never answered me.

Vous **a**-t-elle **jamais répondu?**
Did she ever answer you?

3. Attention aux conjonctions **oui, non** et **si. Oui** marque une réponse positive à une question, **non** une réponse négative.

Elle a lu cet article?
She has read that article?

Oui, elle l'a lu. / **Non,** elle **ne** l'a **pas** lu.
Yes, she has read it. / No, she hasn't read it.

Si marque la contradiction. Celui qui parle s'attend à une réponse négative à sa question, mais vous donnez une réponse positive.

Vous n'avez pas assisté à cette conférence?
You didn't go to that lecture?

Si, j'y ai assisté.
Yes, I did go.

Oui et **si,** comme **non,** peuvent représenter une proposition.

Il compte parler au professeur?
He intends to speak to the professor?

Je crois que **oui.** / Je crois que **non.**
I believe he does. (I think so.) / I believe not. (I don't think so.)

Il ne compte pas parler au professeur?
He doesn't intend to speak to the professor?

Je crois que **si.**
I believe he does.

ALLEZ-Y,   exercice 9

▌Présence ou absence de *ne*

Ne **seul.**   Sans le deuxième élément de négation, **ne** suffit à signaler la né-gation avec certains verbes tels que **cesser, oser, pouvoir, savoir,** surtout dans le style littéraire.

>Elle **n'ose** le faire.
>*She dares not do that.*
>
>Elle **ne peut** le faire.
>*She cannot do that.*

Ne **absent.**   Par contre, dans le style très familier de la conversation, **ne** tend à disparaître, tandis que le deuxième élément de négation reste. N'em-ployez pas ce tour dans le français écrit.

>Je sais **pas** le faire.
>(Je ne sais pas le faire.)
>*I don't know how to do it.*
>
>Dis **pas** ça.
>(Ne dis pas ça.)
>*Don't say that.*

Ne **explétif.**   Devant un verbe subordonné, **ne** s'emploie parfois sans va-leur négative. Il ne se traduit même pas. On l'emploie dans les cas suivants:

1. *comparaisons d'inégalité ou d'égalité* (voir Chapitre 21):

Dans les comparaisons d'*inégalité* où le verbe principal est à l'affirmatif, mettez **ne** *explétif* devant le verbe subordonné.

>Il est mieux connu que je **ne** le croyais.
>*He is better known than I believed.*

Dans les comparaisons d'*inégalité* où le verbe principal est au négatif, n'employez pas **ne** *explétif*.

>Ce projet n'est pas meilleur que nous croyions.
>*This project isn't better than we thought.*

Dans les comparaisons d'*égalité*, **ne** *explétif* ne s'emploie jamais.

>C'est aussi mal fait que je croyais.
>*It's as badly made as I thought.*

2. *verbes et locutions exprimant la crainte ou l'empêchement:*

Les expressions les plus utilisées sont: **craindre, avoir peur, de crainte que, de peur que, éviter, empêcher, garder, prendre garde.**

- Si le verbe principal est à l'affirmatif, mettez **ne** *explétif* devant le verbe subordonné.

> J'ai peur qu'elle **ne** soit en retard.
> *I'm afraid she will be late.*

> Prenez garde qu'il **ne** tombe.
> *Watch out he doesn't fall.*

- Si le verbe principal est au négatif, n'employez pas **ne** *explétif*.

> Je ne crains pas qu'elle soit en retard.
> *I'm not afraid that she will be late.*

- Dans les deux cas, si vous voulez que le verbe subordonné soit au négatif, ajoutez un adverbe de négation.

> J'ai peur qu'elle **ne** soit **pas** en retard.
> *I'm afraid she will not be late.*

3. *verbes de doute et de négation, tels que* **douter, nier, désespérer**:

- Si le verbe principal est au négatif ou à l'interrogatif, employez **ne** *explétif*.

> Je ne doute pas qu'il **n**'échoue à l'examen.
> *I don't doubt that he will fail the exam.*

- Si le verbe est à l'affirmatif, **ne** *explétif* ne s'emploie pas.

> Je doute qu'elle réussisse.
> *I doubt that she will succeed.*

4. *les conjonctions* **avant que** *et* **à moins que**:

Après ces conjonctions, mettez **ne** devant le verbe subordonné.

> À moins que tu **ne** fasses de ton mieux, tu vas échouer à l'examen.
> *Unless you do your best, you are going to fail the exam.*

5. Notez que, dans la langue parlée et dans les oeuvres de beaucoup d'auteurs modernes, **ne** *explétif* est en train de disparaître.

Maintenant, c'est à vous!

▌Allez-y!

1. Mettez au négatif les phrases ci-dessous en suivant les indications données.

   Modèle: Elle s'y connaît en histoire. (**pas**)
   Elle **ne** s'y connaît **pas** en histoire.

   a. L'histoire de la deuxième guerre mondiale la passionne. (*plus*)
   b. Suit-elle toutes les émissions documentaires à la télévision? (*pas*)
   c. Elle s'intéresse aux avions de l'époque. (*pas du tout*)
   d. Elle a des livres sur l'histoire de l'aviation. (*plus*)
   e. Elle donne des conférences sur ce sujet. (*jamais*)
   f. Écrit-elle des articles sur les héros et les héroïnes de la Résistance en France? (*plus*)
   g. Elle nous parlera du "miracle" de Dunkirk. (*jamais plus*)
   h. Elle publie un livre sur le rôle que le Canada a joué dans l'aviation militaire à cette époque. (*pas*)
   i. Nous fait-elle comprendre l'angoisse des citoyens des pays occupés? (*pas*)
   j. Elle loue les exploits de la marine et de la marine marchande? (*jamais*)
   k. Elle justifie le bombardement des villes alliées. (*point*)
   l. Elle s'inscrira dans les forces armées de son pays. (*pas*)

2. Mettez les phrases suivantes au négatif en suivant les indications données.

   Modèle: Tu t'es documenté sur l'histoire du Canada. (**jamais**)
   Tu **ne** t'es **jamais** documenté sur l'histoire du Canada.

   a. Tu t'es intéressé aux rapports entre les autochtones et les colons anglais et français. (*pas*)
   b. Nous as-tu parlé des traités faits entre les autochtones et les colons? (*pas*)
   c. Tu nous as dit le pourcentage de ces traités honorés par les colons. (*jamais*)
   d. Tu nous as expliqué pourquoi on a établi les réserves indiennes. (*pas*)

e. Nous as-tu fait comprendre les problèmes des Amérindiens et des Inuit? (*jamais*)

f. Tu nous as fait voir la contribution artistique et culturelle des autochtones au Canada. (*point*)

g. Tu nous avais annoncé la participation des autochtones dans le gouvernement du pays. (*jamais*)

h. T'étais-tu rappelé les premiers jours des colonies françaises et anglaises au Canada? (*pas*)

i. Tu nous avais raconté les exploits des aventuriers qui avaient exploré les prairies et qui avaient traversé les Rocheuses pour arriver à la côte Pacifique. (*jamais*)

3. Répondez aux questions suivantes en vous servant des indications données.

Modèle: Qui va lire votre journal intime? (**personne**)
Personne ne va lire mon journal intime.

a. Qu'est-ce que vous avez mis dans vos lettres? (*rien*)

b. Qu'est-ce qui vous intéresse? (*rien*)

c. Qui vous a parlé de ces commentaires? (*personne*)

d. Lesquels de ces volumes ont été publiés en 1900? (*aucun*)

e. C'est un problème difficile à résoudre. Qui vous l'a expliqué? (*personne*)

f. Ces chroniques sont très importantes. En avez-vous étudié? (*aucun*)

g. Ces lettres envoyées du Canada au 17ᵉ siècle me fascinent. En avez-vous lu? (*aucun*)

h. Qu'est-ce que vous allez faire pour vous procurer ces documents? (*rien*)

4. Répondez aux questions suivantes en vous servant de **aucun** (adjectif).

Modèle: A-t-il fait des livres sur la beauté féminine?
Non, il **n'a fait aucun livre** sur la beauté féminine.

a. Avez-vous lu ces journaux intimes qu'on vient de publier?

b. Est-ce que les chercheurs vous intéressent?

c. Toutes ces publications ont-elles été nécessaires?

d. Est-ce que quelques-uns de ces historiens ont parlé du problème de l'analphabétisme?

5. Dans les phrases suivantes remplacez **seulement** par l'expression **ne. . . que.**

> Modèle: Il a lu seulement le premier chapitre de ce livre.
> Il **n**'a lu **que** le premier chapitre de ce livre.

   a. Elle veut seulement nous parler.

   b. Il a parlé seulement à sa soeur.

   c. Tu réponds seulement aux questions faciles.

   d. Vous êtes venu nous voir seulement après avoir terminé vos études.

   e. À midi, elle mange seulement un bout de pain et une pomme.

   f. Lui prend seulement un café noir.

   g. Ils s'absentent seulement le samedi.

6. Reliez les deux phrases en une seule proposition.

> Modèle: On n'étudiait pas les moeurs. On n'étudiait pas les habitudes.
> On **n**'étudiait **ni** les moeurs **ni** les habitudes.

   a. Il n'est pas anthropologue. Il n'est pas philosophe.

   b. Elle ne se fie pas aux classes aisées. Elle ne se fie pas à l'aristocratie.

   c. Il ne s'intéresse pas aux batailles. Il ne s'intéresse pas aux villes as-siégées.

   d. La religion ne compte pas. L'alphabétisation ne compte pas non plus.

   e. Il ne m'a pas remercié de ces lettres. Elle ne m'a pas remercié de ces lettres.

7. Répondez aux questions suivantes par un seul mot ayant un sens négatif.

   a. Qu'est-ce que vous avez fait?

   b. Qui lui a téléphoné?

   c. Qui avez-vous vu en ville?

   d. Qu'est-ce que vous allez nous offrir?

   e. Avez-vous jamais fait des études historiques?

   f. Qui vous a conseillé de les faire?

8. Mettez les phrases suivantes au négatif.

> Modèle: J'ai des amis.
> Je **n**'ai **pas d**'amis.

   a. Elle a un gros chien.

   b. Il a des voitures à vendre.

   c. Nous avons des devoirs à faire.

   d. Il est historien.

e. C'est un historien.

f. Elle ose lui parler.

g. Vous avez des cousines?

h. Tu as de l'argent.

i. C'est un professeur bien connu.

j. C'est une folie.

k. C'est de la folie.

l. Tu as un stylo.

9. Mettez les phrases suivantes au négatif.

Modèle: J'ai toujours confiance en lui.
  Je **n**'ai **jamais** confiance en lui.

a. Avez-vous déjà lu ces documents?

b. Il a voyagé partout.

c. Ils se sont toujours consacrés à leurs recherches.

d. Elle a beaucoup écrit sur la vie au 16e siècle.

e. Tout le monde vous a compris.

f. Quelque chose d'intéressant est arrivé.

g. Tous ces livres sont à lui.

h. Tout a été bien organisé.

i. Je l'ai vue quelquefois à la bibliothèque.

j. Quelqu'un m'a dit de vous suivre.

k. Est-ce qu'ils nous ont souvent critiqués?

▌Lecture

▌**L'individu et la société**   Texte extrait de *Quand la vie privée devient publique* (Michel Winock[1] interviewé par Sylvie Halpern de *L'Actualité*)

C'est un paradoxe qu'au moment où on n'enseigne plus l'histoire dans les écoles, elle ne s'est jamais mieux portée. La télévision la découpe en grands documentaires. Les biographies, les grands essais deviennent des best-sellers. Des chercheurs mettent les dernières techniques scientifiques à profit. Mais surtout, l'histoire moderne étudie les   5

---

[1] Michel Winock, professeur à l'Institut d'études politiques de Paris, a eu l'idée de *l'Histoire de la vie privée en Occident*, oeuvre monumentale réalisée par une trentaine d'historiens français et dont les deux premiers volumes viennent de paraître.

mœurs, les habitudes, le développement des peuples plutôt que les dynasties, les batailles et les traîtés comme jadis. La nouvelle histoire, c'est nous!

L'Actualité: *Pourquoi les historiens s'intéressent-ils à la vie privée?*

Michel Winock: Mais ils s'intéressent à tout! L'historien est devenu   10
anthropologue, sociologue du passé, philosophe, même psychanalyste!
L'histoire s'est beaucoup enrichie depuis 20 ans: elle a élargi ses objets, ses curiosités. Longtemps on a négligé la vie de Monsieur Tout-le-Monde, l'histoire de l'homme de la rue. L'histoire, c'était toujours
celles des États, des règnes, des Grands. Et aujourd'hui justement, un   15
énorme travail sur l'anonyme s'est mis en branle, stimulé par un public qui s'est renouvelé et dont l'appétit culturel est immense.

L'Actualité: *Mais alors, l'histoire n'a plus de limites?*

Michel Winock: C'est vrai. Prenons l'histoire du corps et des mentalités: les recherches tous azimuts pullulent. Il y a des livres sur l'his-   20
toire de l'accouchement, sur l'évolution des rapports entre parents et enfants. Des ouvrages sur les maladies aussi, la médecine et la sexualité — un champ d'étude impensable il n'y a pas si longtemps. Ou l'histoire de l'hygiène, l'évolution des canons de la beauté féminine...

L'Actualité: *La «nouvelle histoire», quoi! L'histoire politique tradition-*   25
nelle, chronologique, c'est fini?

Michel Winock: Non! En fait, les deux convergent. On ne peut ignorer l'histoire événementielle, politique, ne serait-ce que parce que l'État joue un rôle considérable dans la vie des gens; mais on ne peut pas
non plus comprendre un événement sans analyser ses racines profon-   30
des. On a longtemps eu une histoire un peu simpliste qui consistait en l'inventaire plus ou moins talentueux des événements chronologiques — quand ça n'a pas été une histoire moralisatrice ou de type idéologique: l'historien s'intéressait surtout au politique. Aujourd'hui, le politique a plus que jamais conservé son intérêt mais il s'est élargi.   35
Évidemment, le risque aujourd'hui, c'est celui d'une histoire éclatée, sans axe.

L'Actualité: *Mais qu'est-ce que c'est, la vie privée?*

Michel Winock: La notion de vie privée a beaucoup évolué et d'ailleurs le mot même est récent. La définition la plus simple pose la ques-   40
tion de la coupure entre ce qui est étatique, collectif, et ce qui est personnel, qui n'appartient qu'à moi. La vie privée, par exemple, s'exprime par ce sentiment très fort qu'on a lorsqu'on a été cambriolé. On sait que quelqu'un a ouvert des tiroirs, lu des lettres, regardé des photos. Eh bien! ce sentiment-là n'a pas toujours existé: on n'a pas tou-   45

jours connu la maison fermée avec ses portes, ses serrures, sa division
des pièces. . . Ainsi, au haut Moyen Âge, tout était communautaire,
on vivait tous ensemble, un peu comme les populations nomades aujourd'hui. La famille réduite à papa-maman et les enfants n'existait
pas, il y avait beaucoup de monde sous le même toit et on faisait à peu   50
près tout devant tout le monde.

    Plus nous approchons de notre époque, plus le privé est partout.
Prenez simplement les correspondances privées ou les journaux intimes, un genre qui éclôt aux 17e et 18e siècles, voilà une énorme docu-
mentation sur la vie de tous les jours. Et il y a les lois, les archives,   55
l'architecture, la littérature: une montagne de sources à consulter. . .

L'Actualité: *Les sources concernant sans doute longtemps l'aristocratie,*
les classes aisées. . .

Michel Winock: Oui, on a longtemps des sources sur l'aristocratie, au
mieux sur les classes moyennes. Je pense aux riches bourgeois des 14e   60

et 15e siècles qui commencent à se faire faire leur portrait alors que jusque-là, la peinture était toujours religieuse, donc collective. C'est après la naissance de l'imprimerie qu'on commence à en savoir plus sur la vie privée du peuple, des masses paysannes. Au 19e siècle encore, l'individu du milieu rural vit toujours très encadré par la communauté paroissiale villageoise. Il vit en transparence et tout le monde sait ce qui se passe chez les autres. . . La vie privée au sens moderne a vraiment commencé avec la formation de la famille nucléaire — parents et enfants — parce que c'est là que s'est constituée «la maison», cet espace clos que nous connaissons aujourd'hui.   70

    Prenez la religion. Avant, elle était communautaire, très collective, puis avec la confession, elle s'est particularisée, singularisée. L'imprimerie puis, plus tard, l'alphabétisation ont été d'autres étapes essentielles: dès lors, je peux aller dans un coin lire silencieusement mon livre, c'est énorme. Longtemps on n'a lu qu'à voix haute, pour les autres. Car l'espace privé, c'est aussi la possibilité d'être seul. Longtemps on a pensé qu'être seul, c'est une grande calamité: la solitude était une ascèse et l'ermite, celui qui, vivant seul, choisissait de souffrir. Ce n'est que très tard — c'est net au 17e siècle — que des gens commencent à apprécier la solitude pour méditer. . .   80

L'Actualité: *Tout à l'heure, vous avez évoqué le capitalisme, la concurrence: alors, la vie privée à l'Est?*

Michel Winock: C'est la grande question du totalitarisme, de l'emprise de l'État sur la vie privée. Au fond, on pourrait définir un État totalitaire moderne comme celui dans lequel il n'y a pas de vie privée.   85
Toute la pensée utopique des 18e et 19e siècles, quand elle nous dépeint les sociétés futures harmonieuses, nous les montre presque toutes sans vie privée: c'est terrifiant.

▌Travaux

1. Répondez aux questions suivantes.

    a. Quelles preuves y a-t-il que le public s'intéresse vivement à l'histoire?

    b. Qu'est-ce qui intéressait surtout les historiens du passé? Et ceux d'aujourd'hui?

    c. Si vous viviez au Moyen Âge, en quoi votre vie serait-elle différente de celle que vous menez au vingtième siècle?

    d. Comment, selon Michel Winock, l'imprimerie et l'alphabétisation ont-elles révolutionné la vie des gens?

    e. Selon Michel Winock, qu'est-ce que le totalitarisme? A-t-il raison?

2. Répondez aux questions suivantes en mettant l'infinitif (présent ou passé) au négatif. Précédez chaque réponse par une expression négative de votre choix.

Modèle: Préférez-vous nous expliquer le problème?
   Absolument pas. Je préfère **ne pas vous expliquer** le problème.

   a. Avez-vous peur d'être cité dans les revues sociologiques?
   b. Comptez-vous leur donner tous ces faits?
   c. Vous reprochez-vous de leur avoir présenté ces données?
   d. Êtes-vous content d'avoir fait des recherches sur la préhistoire?
   e. Avez-vous peur de nous dire la vérité?
   f. Regrettez-vous de nous avoir donné ces renseignements?

3. Répondez négativement aux questions suivantes.

Modèle: A-t-elle lu quelque part l'histoire de l'imprimerie?
   Non, elle **n**'a lu **nulle part** l'histoire de l'imprimerie.

   a. Quelqu'un vous a parlé de la famille nucléaire?
   b. Est-ce que quelque chose vous a isolé de la société?
   c. Allez-vous quelque part pour continuer vos études?
   d. A-t-il encore ces documents?
   e. Y a-t-il quelqu'un qui sache interpréter ce document?
   f. Est-ce que quelqu'un vous a révélé l'importance de cette découverte?

4. Transformez les phrases suivantes en vous servant de **ne. . . que, seul(e)** ou **seulement**. Pour certaines phrases il n'existe qu'une ou deux transformations possibles. Pour d'autres, il y en a plusieurs. Donnez autant de variantes que possible. Attention! Les phrases que vous allez créer n'auront pas toutes le même sens.

Modèle: L'histoire sert à nous expliquer le passé.
   Seule l'histoire sert à nous expliquer le passé.
   Il **n**'y a **que** l'histoire qui serve à nous expliquer le passé.
   L'histoire **ne** sert **qu**'à nous expliquer le passé.
   L'histoire sert **seulement** à nous expliquer le passé.

   a. Autrefois on étudiait l'histoire chronologique.
   b. Les biographies sont devenues des bestsellers.
   c. On a commencé à étudier la famille nucléaire.
   d. Au Moyen Âge on a lu à haute voix pour les autres.
   e. L'historien s'intéresse à la vie privée des gens.

    f. Le totalitarisme nous offre une vie communautaire.

    g. Ils ont étudié l'emprise de l'état sur la vie privée.

    h. La télévision nous offre de grands documentaires.

    i. Cette étude nous présente l'évolution des rapports entre parents et enfants.

    j. On comprend des événements en analysant leurs racines profondes.

    k. Les journaux intimes nous révèlent tous les détails de la vie quotidienne.

    l. Au 14e et au 15e siècles, les riches bourgeois ont commencé à se faire faire leur portrait.

5. Exprimez autrement les phrases suivantes en utilisant **ne. . . que** ou **ne. . . guère** à bon escient.

    Modèle: Il n'est pas très intelligent.
             Il **n**'est **guère** intelligent.

    a. Elle n'a pas très envie d'étudier l'histoire traditionnelle.

    b. L'historien d'autrefois traitait seulement de politique.

    c. Ce n'était pas très intéressant.

    d. On s'occupait très peu de lettres et de photos.

    e. Ils considéraient seulement la vie communautaire des gens.

    f. Elle n'en parle pas très souvent.

    g. Lui seul a compris l'importance de l'espace privé.

    h. Certains chercheurs ne profitent pas beaucoup des dernières techniques scientifiques.

    i. Cette maison d'édition publie seulement des romans historiques.

    j. Seule l'histoire se porte de mieux en mieux dans nos écoles.

    k. En critiquant si sévèrement la famille nucléaire, vous ne vous montrez pas très poli.

6. Faites des phrases en vous servant de termes négatifs multiples.

    Modèle: plus. . . rien
             Je **n**'ai **plus rien** compris.

    a. plus. . . jamais. . . rien

    b. rien. . . personne

    c. personne. . . nulle part

    d. jamais. . . rien. . . personne

    e. pas. . . non plus

Thèmes

1. Traduisez les phrases suivantes.

   a. It wasn't a hotel. It was just a small country inn.
   b. When I came back to my room in the evening, the door wasn't closed and there were no lights.
   c. I hadn't left the door open when I had gone out. Certainly not!
   d. I had nothing of value in that room and I hadn't forgotten to keep my travellers' cheques and my camera with me.
   e. Wasn't there a burglar behind that door? A burglar with a gun in his hand?
   f. So I went to find the owner of the inn.
   g. "No one is in your room. No one! No burglar can get in here!"
   h. But he didn't look very happy as he opened the door and turned on the lights in the room.
   i. No, there was no burglar. . . no gun. . .
   j. But there was indeed a noise — a very loud purring.
   k. Curled up on the foot of the bed was the huge black and white cat belonging to the inn. His name? Minouche, of course.

2. Traduisez le passage suivant.

   In towns and villages throughout Canada, some of the beautiful houses of the past are being restored and turned into museums. But these houses are not ordinary museums. You have only to open the front door to realize that historians are trying to recreate life as it was a century ago. You don't see anyone, of course. But you are convinced that people are still living there. There are fresh flowers on the dining room table and there is no dust anywhere. In the living room you can see a piece of half-finished embroidery. It was a girl who was working on it, wasn't it? Has she gone to get some thread of the right colour? On the wall is the portrait of the head of the family, an imposing gentleman with a rather grim expression. The portrait isn't signed. Was it a woman who did the portrait? Did she never sign her work? Didn't she ever complain about the unheated room in which she painted? Didn't she say: "Never again will I paint another portrait!" No, that really doesn't explain the grim look on the sitter's face. Nothing can do that. He was probably born that way. Who was he, anyway? Hundreds of questions to ask. And no answers.

À vous la parole

Vocabulaire supplémentaire
Pour contredire

être en désaccord, ne pas être du même avis, être contre

Tant pis. Je regrette mais. . . Je déteste ça. Ça alors!
Jamais de la vie! Moi, je crois que. . . Moi, je suis d'avis que. . .

Pour parler de l'histoire et de la sociologie

le peuple, les peuples, le monde entier

la bourgeoisie, les classes moyennes, la classe ouvrière, l'ère,
la période, l'époque, l'âge, l'ère chrétienne

900 apr.J.-C. (après Jésus-Christ)
200 av.J.-C. (avant Jésus-Christ) la natalité, la dénatalité,
la mortalité, la dépopulation, la décroissance de la population,
la démagogie

l'historicité, l'authenticité

la solitude, l'isolement, les loisirs, le temps libre

l'être, l'être humain, l'individu, le groupe social,
la communauté, l'intérêt public, le bien public,
l'opinion publique

la campagne d'alphabétisation, le degré d'alphabétisation

Dialogues

Développez *un* des dialogues suivants.

1. **"Moi, je veux être historien parce que. . . "**
   "Moi, je veux faire de la politique parce que. . . "

   Deux étudiants se justifient, l'un(e) à l'autre, la carrière à laquelle ils se
   destinent. Très enthousiastes, ils parlent avec conviction et cherchent à
   mettre des mots et des idées en relief.

2. **"Moi, je veux être anthropologue parce que. . . "**
   "Moi, je veux être journaliste parce que. . . "

   Même scénario. N'oubliez pas la mise en relief.

Décisions

Trouvez une solution au problème suivant.

Tous vos amis savent que vous vous intéressez à l'histoire des autochtones de chez nous. Vous collectionnez des livres, des cartes, des photos. Un copain, à court d'argent, s'approche de vous et vous offre trois pointes de flèches — argent comptant bien sûr. Il est probable que ces pointes proviennent du site d'un village amérindien que les archéologues ont l'intention d'ouvrir sous peu. Allez-vous accepter ces pointes? Qu'est-ce que vous allez dire à votre copain?

Discussions

Discutez des problèmes suivants.

1. Avantages et inconvénients de l'isolement de l'individu dans la société du vingtième siècle.
2. Avantages et inconvénients de la vie communautaire.
3. Conséquences de l'alphabétisation de la société européenne et nord-américaine.
4. L'alphabétisation et les peuples du Tiers-Monde.
5. Qu'est-ce que c'est que l'histoire? Pourquoi devrait-on l'étudier? Comment et à qui devrait-on l'enseigner?
6. Les télé-romans historiques — pourquoi ont-ils tant de succès?

Compositions

Écrivez une composition sur *un* des sujets suivants. N'oubliez pas de bien organiser vos idées.

1. Vous êtes français(e) et vous vivez au Moyen Âge. Décrivez la vie que vous menez.
2. Vous êtes Inuk et vous vivez dans le nord du Canada. Décrivez la vie des Inuit.
3. Problèmes d'un(e) illettré(e) au Canada au vingtième siècle.
4. Rapports entre la vie privée et les programmes sociaux organisés par le gouvernement (formation professionnelle, assistance sociale, régime des retraités, assurance contre la maladie, etc.)

15 Bien manger

Éléments de langue

Les espèces de verbes
  Transitifs/intransitifs
  Personnels/impersonnels
L'accord du verbe
Le nom: genre et nombre

Situation

La révolution culinaire faite par les micro-
ondes
Texte: **Bien manger** — extrait de *L'appétissant
      miracle des micro-ondes* de Françoise
      Kayler

Activités de communication

Situer la révolution culinaire dans la vie du 20e
siècle
Discuter de la préparation des aliments
Échanger des recettes
Parler de restaurants et de cafés
Analyser les rapports entre nourriture et santé

Les espèces de verbes

Qu'est-ce qu'un verbe? Quel rôle joue-t-il dans la phrase? Quelles sont les différentes espèces de verbes?

> **Les compagnies de produits alimentaires l'*ont* si bien *compris* d'ailleurs qu'elles *ont* souvent *lancé* des produits cuisinés qui *laissent* au consommateur l'initiative de la touche finale.**
>
> Françoise Kayler

Le verbe, élément très important à la phrase, marque une action ou un état. *Les verbes d'action* marquent une action faite ou subie par le sujet.

> Vous **réchauffez** le café?
> *You are reheating the coffee?*
>
> Le café **a été réchauffé.**
> *The coffee has been reheated.*

Les verbes d'état marquent l'état du sujet. Les verbes d'état les plus usités sont:

> avoir l'air, demeurer, devenir, être, paraître, passer pour, rester, se faire, se rendre
>
> Tout **est** prêt.
> *Everything is ready.*

Il y a différentes catégories de verbe. Ainsi on distingue entre les verbes transitifs et intransitifs; les verbes personnels et impersonnels.

Verbes transitifs/intransitifs

Verbes transitifs

Les verbes transitifs s'accompagnent toujours d'un complément d'objet direct.

> Nous préparons **un pique-nique.**
> *We're preparing a picnic.*
> (**pique-nique**: complément d'objet direct)

Nous savons **que vous aimez bien les pique-niques.**
We know that you like picnics.
(**que vous aimez bien les pique-niques**: complément d'objet direct)

Un second complément — indirect — peut compléter le verbe.

Je **vous** ai donné **une tarte** aux pommes
I gave you an apple pie.
(**vous:** complément d'objet indirect
tarte: complément d'objet direct)

▥ Verbes intransitifs

Les verbes intransitifs peuvent s'employer sans complément ou avec un complément d'objet indirect. Mais ils ne prennent *jamais* le complément d'objet direct.

Il **chante** bien.
He sings well.

Elles **entrent** dans le restaurant.
They go into the restaurant.

▥ Choix de catégorie

Certains verbes peuvent s'employer de façon transitive ou intransitive. Tout dépend du sens de la phrase. Les verbes suivants sont les plus usités de ce groupe:

appeler, attendre, boire, chanter, commencer, courir, coûter, finir, pleurer, porter, pousser, réfléchir, réussir, vivre

Ce petit-là **mange** bien.
That child eats well.
(verbe intransitif)

Ce petit-là **a mangé** une banane et trois pommes.
That child ate a banana and three apples.
(verbe transitif)

N'oubliez pas le petit groupe de verbes indiquant le déplacement — **descendre, monter, passer, sortir**. Intransitifs, ils se conjuguent avec **être**; transitifs, ils se conjuguent avec **avoir**.

Je **suis monté** au dernier étage.   Elle **a monté** les valises.
I went up to the top floor.   *She took up the suitcases.*

ALLEZ-Y,   exercice 1

Verbes personnels/impersonnels

Tous les verbes en français sont des verbes *personnels* sauf un petit groupe de verbes *impersonnels*. Les verbes personnels peuvent être transitifs ou intransitifs. Les verbes impersonnels sont tous intransitifs.

Verbes personnels

Les verbes personnels peuvent se conjuguer au singulier et au pluriel et à toutes les personnes.

> Je vous **parle**.
> *I am speaking to you.*

> Nous **croyons** que vous avez raison.
> *We believe that you are right.*

> Le chef **a** bien **travaillé**; tous les plats **étaient** excellents.
> *The chef did a good job; all the courses were excellent.*

Verbes impersonnels

Les verbes impersonnels ont normalement comme sujet le pronom neutre **il** (= *it, there*) et se mettent uniquement à la troisième personne du singulier. Parfois le pronom neutre **ce** peut servir de sujet (voir Chapitre 11). Les verbes impersonnels marquent une action pour laquelle il n'y a pas d'agent défini. N'oubliez pas que le participe passé d'un verbe impersonnel est invariable (voir Chapitre 3).

Il y a deux groupes de verbes impersonnels: ceux qui sont *toujours* impersonnels, et ceux qui sont *parfois* impersonnels:

Verbes toujours impersonnels

Les verbes toujours impersonnels ne se trouvent qu'à la troisième personne du singulier. Ils se conjuguent avec **avoir**.

• Le verbe impersonnel le mieux connu est **falloir**.

> Il **faudra** partir.
> *It will be necessary to leave.*

> Il **a fallu** que vous partiez.
> *You had to leave.*

• Les autres verbes impersonnels décrivent des phénomènes atmosphériques: **pleuvoir, neiger, grêler, tonner, geler, dégeler**.

> Il **pleut** beaucoup.
> *It is raining a lot.*

Il **a gelé** pendant la nuit.
It froze overnight.

Verbes parfois impersonnels

Les verbes parfois impersonnels sont des verbes personnels qui, de temps en temps, changent de rôle et se transforment en verbes impersonnels. Les plus usités sont **avoir, être, faire** et certains verbes intransitifs ou pronominaux.

1. Le verbe **avoir** (dans l'expression impersonnelle **il y a**) sert à:

   • présenter des faits:

   Il y **a** une tarte aux pommes au four.
   There is an apple pie in the oven.

   Il y **a** des gens qui n'aiment pas faire la cuisine.
   There are people who don't like cooking.

   • indiquer la durée de temps ou un moment précis:

   Il y **a** une heure que je vous attends.
   I've been waiting for you for an hour.

   J'ai fait sa connaissance il y **a** dix ans.
   I met him ten years ago.

2. Le verbe **être** (dans des expressions marquant l'heure ou le moment) est impersonnel.

   Il **est** deux heures et demie.
   It is half past two.

   Il **est** temps de revenir.
   It is time to come back.

   Il **était** tard quand je suis revenu à la maison.
   It was late when I came back to the house.

   Il **était** une fois. . .
   Once upon a time. . .

3. Dans le style littéraire, et surtout dans la poésie, **il est** peut remplacer **il y a.**

   Il **est** des parfums. . .
   Doux comme les hautbois. . .
   —Baudelaire
   There are perfumes. . .
   Soft as the music of oboes. . .

4. Le verbe **faire** (suivi d'un adjectif ou d'un nom et indiquant un état atmosphérique) est impersonnel.

> il fait beau, il fait beau temps, il fait frais, il fait doux,
> il fait humide, il fait lourd, il fait gris, il fait sombre,
> il fait du soleil, il fait un vent terrible, il fait de l'orage,
> il fait des éclairs, il fait un temps superbe, il fait jour,
> il fait du brouillard

> **Il fait beau** mais **il fait** toujours un peu **frais**.
> *The weather is good but it's still a little cool.*

5. Certains verbes intransitifs peuvent s'employer comme verbes personnels ou impersonnels.

> arriver, convenir, courir, importer, rester, suffire, valoir, venir

> Il **vaut** mieux partir tout de suite.
> *It would be better to leave immediately.*
> (verbe impersonnel)

> Les bananes **valent** plus d'un dollar et demi le kilo.
> *Bananas are worth more than $1.50 a kilo.*
> (verbe personnel)

Assez souvent la transformation en verbe impersonnel se fait pour mettre un mot en relief. Le verbe impersonnel attire notre attention sur ce mot.

> Il est arrivé un **accident**.
> (Un accident est arrivé.)
> *An accident occurred.*

> Il **manque** deux pages.
> (Deux pages manquent.)
> *Two pages are missing.*

6. Certains verbes se mettent à la forme pronominale et s'emploient comme verbes impersonnels dans des expressions figées.

> Il **se passe** des choses bizarres.
> *Bizarre things are happening.*

> Il **se peut** qu'il réussisse.
> *It is possible that he will succeed.*

> Il **s'agit** de bien comprendre le problème.
> *It is a matter of really understanding the problem.*

> Il **se fait** tard.
> *It is getting late.*

ALLEZ-Y, exercice 2

L'accord du verbe

Comment sait-on s'il faut mettre le verbe au singulier ou au pluriel? Et à quelle personne doit-on le mettre? À quelles règles doit-on obéir?

> *Combien* de sandwiches, de boîtes de conserve ouvertes sur le coin de la table. . . *sont oubliés* depuis qu'*on peut* faire des pommes de terre au four en quelques minutes.
>
> **Françoise Kayler**

▌Règles générales

1. Le verbe doit toujours s'accorder en nombre et en personne avec *le sujet*.

    Je vais au café.
    I'm going to the café.
    (première personne du singulier)

    Elles s'installent à une table à la terrasse.
    They are sitting down at a table on the terrace.
    (troisième personne du pluriel)

2. Faites accorder un verbe subordonné avec l'*antécédent* du pronom relatif **qui**.

    C'est **moi** qui **ai** fait le petit déjeuner.
    I'm the one who made breakfast.

3. S'il y a un *sujet composé*, faites l'accord du verbe selon la priorité suivante: la première personne (**je/nous**) l'emporte sur les deux autres et la deuxieme (**tu/vous**) sur la troisième (**il/ils, elle/elles**).

    Jeanne et moi nous aimons la tarte aux bleuets.
    Jeanne and I like blueberry pie.

    Vous et votre soeur vous nous retrouverez au restaurant.
    You and your sister will meet us at the restaurant.

4. Mettez le verbe au *pluriel*:

    a. s'il y a deux sujets coordonnés par **et, ainsi que, comme, avec**:

    Le prof **et** les étudiants ont déjeuné ensemble pour célébrer la fin du cours.
    The prof and the students had lunch together to celebrate the end of the course.

Le chef **ainsi que** tous les apprentis ont passé de longues heures à
préparer ce plat.
The chef and all the apprentices spent long hours preparing this dish.

L'une **et** l'autre sont partis.
Both have left.

b. si le sujet est une expression de quantité suivie d'un complément au
pluriel, ou n'ayant pas de complément:

La plupart des étudiants ont réussi.
Most of the students passed.

Beaucoup ont voulu assister au dîner.
Many wanted to be present at the dinner.

5. Mettez le verbe au *singulier*:

a. si, dans une énumération, un mot tel que **tout, rien, chacun** résume
l'énumération:

La cuisine française, les vins italiens, le poulet frit à l'américaine,
tout lui plaît.
*French cuisine, Italian wines, American fried chicken, everything
pleases him.*

b. si le verbe est impersonnel:

Il a plu toute la journée.
It rained all day.

c. si le sujet est une expression de quantité suivie d'un complément au
singulier:

La plupart du monde ne sait pas que le problème existe.
Most people don't know that there is a problem.

6. Mettez le verbe au *singulier ou* au *pluriel* selon le sens de la phrase ou le
sens que vous voulez donner, vous-même, à la phrase.

a. Quand le sujet est un nom collectif — **une foule, un tas, un grand
nombre, une multitude** — mettez le verbe au pluriel si vous voulez
insister sur les individus qui composent le groupe.

Une foule de visiteurs **envahissent** le parc.
A crowd of visitors invade the park.

Mais si vous donnez une vue d'ensemble du groupe, mettez le verbe
au singulier.

Une foule de manifestants **peut** agir d'une façon imprévisible.
A crowd of demonstrators can behave unpredictably.

b. Avec **ou** ou **ni**, mettez le verbe:
- au pluriel, si vous additionnez les deux éléments, ou
- au singulier, si vous opposez les deux éléments ou considérer séparément chacun des deux éléments (voir Chapitre 14).

Ni la chaleur **ni** le bruit ne l'**ont découragé.**
(Les deux éléments, combinés, ne l'ont pas découragé.)

Ni la chaleur **ni** le bruit ne l'**a découragé.**
(La chaleur ne l'a pas découragé. Le bruit non plus.)
Neither the heat nor the noise discouraged him.

La pluie **ou** le brouillard l'**ont empêchée** de voyager.
(La combinaison des deux éléments l'a empêchée de voyager.)

La pluie **ou** le brouillard l'**a empêchée** de voyager.
(C'est la pluie qui l'a empêchée de voyager, ou bien peut-être le brouillard.)
Either the rain or the fog stopped her from travelling.

ALLEZ-Y, exercice 3

Le nom: genre et nombre

Comment sait-on le genre d'un nom? Comment met-on les noms au pluriel?
Quels noms s'emploient toujours au masculin? au féminin? au pluriel?

> Les *Français*, plus précis, lui donnent un *nom* un peu
> rébarbatif, en l'appelant «*enceinte à micro-ondes*».
>
> **Françoise Kayler**

Le nom (substantif) désigne des êtres (personnes ou animaux), des choses
ou des actions, des idées ou des sentiments. Il appartient soit au genre masculin, soit au genre féminin. Il peut être singulier ou pluriel.

Il y a plusieurs sortes de noms. Les noms *concrets* désignent des êtres et
des choses qu'on peut voir ou toucher — **un enfant, une voiture.** Les noms
abstraits représentent des qualités, des sentiments, des idées — **la pitié,
l'espoir.** Les noms *propres* désignent des êtres d'une façon personnelle —
Yvonne, Édouard.

Genre du nom

Il n'existe pas de règles absolues gouvernant le genre en français. Certains
principes généraux peuvent nous aider. Mais, attention! Il y a toujours des
exceptions. Mieux vaut apprendre par coeur le genre de chaque substantif
en apprenant toujours le substantif avec son article. Les règles suivantes
peuvent vous servir de guide.

Noms féminins

1. Les noms indiquant des êtres de sexe féminin.

> la mère, la fille, la reine, l'institutrice, la vendeuse

2. Les noms abstraits se terminant en **-té, -tié** ou **-eur.**

> la bonté, la propreté, l'amitié, la moitié, la pitié, la douleur,
> la couleur, la chaleur
> *mais*: le bonheur, un honneur

3. Les noms se terminant en **-tion, -sion, -son, -çon, -ance, -ence, -oire**.

> la nation, la passion, la maison, la façon, la chance, la faïence, la mémoire
> *mais*: un hameçon, le silence, le laboratoire

4. Les noms géographiques se terminant en **e** *muet*.

> l'Amérique, Terre-Neuve, la Colombie-Britannique, la France
> *mais*: le Mexique, le Cambodge

▓ Noms masculins

1. Les noms indiquant des êtres de sexe masculin.

> le père, le fils, l'oncle, l'acheteur, le chat, le cheval, le roi, le président

2. Les noms se terminant en **-isme, -asme, -ment, -age**.

> le capitalisme, l'enthousiasme, le désarmement, le langage
> *mais*: la page, une image

3. Les mots se terminant par une voyelle autre que l'**e** *muet*.

> le piano, le cinéma, le feu, le couteau, le hibou

4. Les mots se terminant par une consonne.

> le lac, le riz, l'amour, l'hiver, le trottoir

5. Les noms géographiques qui ne se terminent pas en **e** *muet*.

> les États-Unis, le Japon, le Danemark, le Canada, le Manitoba, le Nouveau-Brunswick, le Texas
> *mais*: la Saskatchewan

6. Les noms indiquant les langues, les dates, le système métrique, les points cardinaux, l'alphabet.

> le français, l'anglais, le lundi, le premier juillet, le mètre, le nord, le sud-ouest, le **b**, l'**e** *muet*

7. Les noms formés à partir d'un infinitif.

> le parler, le savoir-faire, le laisser-aller, un aller et retour

▌Correspondants féminins des noms masculins

1. Le plus souvent on ajoute un **e** à la forme masculine.

        un cousin → une cousine
        un ami → une amie

2. Si le nom se termine en **-er,** mettez un accent grave à l'**e** qui précède la consonne. Ajoutez l'**e** final.

        un boulanger → une boulangère
        un romancier → une romancière

3. Les noms en **-eur** se transforment en **-euse,** les noms en **-teur** se transforment en **-trice**.

        un danseur → une danseuse
        un instituteur → une institutrice

4. Si le nom se termine en **l, n, t,** doublez la consonne avant d'ajouter l'**e**.

        un criminel → une criminelle
        un baron → une baronne
        un chat → une chatte
        mais: un candidat → une candidate
                un avocat → une avocate

5. Notez les changements phonétiques et orthographiques:

   a. les noms en **f** et **p** donnent **-ve**:

        un veuf → une veuve
        un loup → une louve

   b. les noms en **x** donnent **-se**:

        un époux → une épouse

   c. les noms en **c** donnent **-que**:

        un Grec → une Greque

6. Certains substantifs ont la même forme au masculin et au féminin. On ne change que l'article.

        un/une élève   un/une collègue
        un/une enfant   un/une locataire
        un/une camarade   un/une touriste
        un/une dentiste   un/une artiste

7. Parfois la racine du mot masculin est différente de celle du mot féminin.

le coq → la poule   le parrain → la marraine
l'oncle → la tante   le gendre → la bru

Noms toujours féminins

1. Certains noms s'appliquant aux personnes sont toujours féminins.

une vedette, une victime, une sentinelle

2. Certains noms s'appliquant aux animaux des deux sexes sont aussi toujours féminins.

une souris, une araignée, une hirondelle

On dit alors, pour distinguer le masculin du féminin, **une souris mâle** et **une souris femelle**.

Noms toujours masculins

Certains noms de personnes, désignant des hommes et aussi des femmes sont de genre uniquement masculin. Ce sont surtout des termes administratifs ou professionnels.

un ambassadeur, un auteur, un chauffeur, un député,
un écrivain, un juge, un magistrat, un maire, un ministre,
un peintre, un professeur, un sculpteur, un témoin

Pour mettre ces noms au féminin on ajoute traditionellement le mot **femme**. Vous avez alors **une femme auteur** et **un professeur femme**. Le mot **mairesse**, par exemple, existe, mais s'applique à la femme du maire, et la femme qui est maire est **Madame le Maire**. On cherche, au Canada et en France, à trouver des termes plus simples. Au Canada, par exemple, on dit souvent **une auteure, une écrivaine, une ministre, une professeure**.

Noms à deux genres

1. Certains noms sont soit masculins soit féminins. Ils changent de sens selon le genre.

le crèpe (*fabric*)   la crèpe (*pancake*)
le critique (*critic*)   la critique (*criticism*)
le livre (*book*)   la livre (*pound*)

le manche (*handle*)	la manche (*sleeve*)
le manœuvre (*labourer*)	la manœuvre (*manœvre*)
le mode (*mood*)	la mode (*fashion*)
le moule (*mould*)	la moule (*mussel*)
l'oeuvre (m) (*ensemble of an author's work*)	l'oeuvre (f) (*one single work by an author*)
le page (*pageboy*)	la page (*page*)
le poêle (*stove*)	la poêle (*frying pan*)
le poste (*post*)	la poste (*post office*)
le somme (*nap*)	la somme (*total*)
le tour (*circuit, trip*)	la tour (*tower*)
le trompette (*trumpet player*)	la trompette (*trumpet*)
le vapeur (*steam boat*)	la vapeur (*steam*)
le vase (*vase*)	la vase (*mud*)
le voile (*veil*)	la voile (*sail*)

2. Le mot **gens** (toujours au pluriel) change de genre mais ne change pas de sens. Il est normalement masculin. Mais les adjectifs qui le précèdent se mettent au féminin; ceux qui le suivent sont au masculin.

> Les **bonnes gens hospitaliers** de la région m'ont très bien accueilli.
> *The good hospitable people of the area treated me very well.*

▌Noms composés

1. Les noms composés (formés à l'aide d'un trait d'union) prennent *normalement* le genre du mot principal.

un avant-bras	une avant-scène
un sous-produit	une chauve-souris

2. Les noms composés qui commencent par un verbe sont généralement masculins.

un garde-boue	un essuie-mains
un porte-monnaie	un tire-bouchon
mais: une garde-robe	

3. Les noms composés désignant des personnes sont masculins ou féminins selon le cas.

un/une garde-malade
un/une va-nu-pieds
un/une sans-coeur

Nombre

Comme pour le genre des substantifs en français, il n'y a pas de règles absolues gouvernant la formation du pluriel des noms. On peut, toutefois, noter les principes généraux. Mais gare aux exceptions!

Formation du pluriel des noms

1. En règle générale, on ajoute un **s** final au masculin singulier ou au féminin singulier.

> l'appareil → les appareils
> la lampe → les lampes

2. Un nom terminé par **s, x** ou **z** au singulier ne change pas au pluriel.

> une fois → deux fois
> la voix → les voix
> le nez → les nez

3. On ajoute un **x** aux noms ayant au singulier:

a. la terminaison **-au** ou **-eu**:

> le chapeau → les chapeaux
> l'eau → les eaux
> le neveau → les neveux
> le cheveu → les cheveux

b. la terminaison **-ou** (six mots seulement):

> les bijoux, les poux, les hiboux, les cailloux, les genoux,
> les joujoux

Notez que, en général, les mots en **-ou** forment leur pluriel d'après la règle générale.

> un sou → des sous
> un voyou → des voyous

4. La plupart des mots se terminant en **-al** et **-ail** se transforment en **-aux**.

> le journal → les journaux   l'émail → les émaux
> le cheval → les chevaux   le travail → les travaux

> *mais*:   les bals, les carnavals, les cérémonials, les festivals,
> les récitals, les régals

5. Les noms propres ne changent pas normalement au pluriel. S'il s'agit d'une famille, on met seulement l'article, pas le nom, au pluriel.

> Je suis allé voir **les Dupont** hier.
> *I went to see the Duponts yesterday.*

Mais, ajoutez **s** au substantif si le nom propre désigne une famille célèbre ou des oeuvres d'artistes.

> Qui n'a pas entendu parler des **Tudors**?
> *Who hasn't heard of the Tudors?*

> Elle vient d'acheter deux **Batemans** et trois **Carrs**.
> *She has just bought two Batemans and three Carrs.*

6. Certains noms s'emploient toujours au singulier.

> la foi, la paix, la patience

7. Certains noms s'emploient toujours au pluriel en français.

> les fiançailles (*engagement/betrothal*)
> les frais (*costs, expenses*)
> les funérailles (*funeral service*)
> les gens (*people*)
> les moeurs (*customs*)
> les munitions (*ammunition*)
> les ténèbres (*darkness*)
> les vivres (*supplies*)

8. Certains noms changent de sens selon qu'on les met au singulier ou au pluriel.

la connaissance (*knowledge*)	les connaissances (*learning*)
le conseil (*a piece of advice*)	les conseils (*advice*)
l'effet (*effect*)	les effets (*possessions*)
le gage (*pledge*)	les gages (*wages*)
le renseignement (*a piece of information*)	les renseignements (*information*)
la vacance (*a vacancy*)	les vacances (*holidays*)

9. Certains noms ont des pluriels doubles, chacun ayant un sens un peu différent.

le ciel (*sky*)	les cieux (*skies*)
	les ciels (*skies* — art, poésie)
l'idéal	les idéals (*ideals* — philosophie)
	les idéaux (*ideals* — littérature)
l'oeil (*eye*)	les yeux (*eyes*)
	les oeils-de-boeuf (*small circular windows*)

▌Formation du pluriel des noms composés

C'est une question épineuse où il n'y a pas de règles fixes. À la moindre indécision, il vaut mieux consulter le dictionnaire.

1. Nom composé écrit comme un seul mot: ajoutez **s**.

> le passeport → les passeports
> le portefeuille → les portefeuilles
> *mais*:   Madame → Mesdames
>   Mademoiselle → Mesdemoiselles
>   un bonhomme → des bonshommes

2. Nom composé écrit avec trait d'union: mettez les noms et les adjectifs au pluriel. Ne touchez pas aux verbes, aux adverbes ni aux prépositions.

> le grand-père → les grands-pères
> le chou-fleur → les choux-fleurs
> le bien-aimé → les bien-aimés
> le tire-bouchon → les tire-bouchons

Mais si, à cause du sens, un des noms ne peut pas se mettre au pluriel, n'y touchez pas.

> le chef-d'oeuvre → les chefs-d'oeuvre
> l'arc-en-ciel → les arcs-en-ciel
> le gratte-ciel → les gratte-ciel
> le tête-à-tête → les tête-à-tête
> le chemin-de-fer → les chemins-de-fer

ALLEZ-Y,   exercice 4

Maintenant, c'est à vous!

‖ Allez-y!

1. Complétez les phrases suivantes en mettant les verbes au passé. Choisissez bien le temps du passé. Ensuite, demandez à votre voisin(e) d'identifier les verbes transitifs et intransitifs.

   Modèle: Nous (**faire**) une belle promenade.
             Nous **avons fait** une belle promenade. (**verbe transitif**)

   a. Le soleil (*briller*).
   b. Nous (*marcher*) longtemps en admirant les arbres et les fleurs.
   c. Les fleurs (*pousser*) partout.
   d. Des enfants (*jouer*) près des balançoires.
   e. Les jeux animés qu'ils (*jouer*) nous faisaient rire.
   f. Ils (*sauter*), ils (*crier*), ils (*lancer*) des balles.
   g. En rentrant, nous (*trouver*) un petit restaurant.
   h. Nous (*entrer*) dans le restaurant.
   i. Nous (*s'installer*) à la terrasse et nous (*commander*), chacun, un café.
   j. Mais, malgré le beau temps, le vent (*souffler*) un peu fort.
   k. Nous (*suivre*) le conseil du garçon qui nous (*proposer*) des places à l'intérieur.
   l. Nous (*quitter*) la terrasse et on nous (*trouver*) une table, tout près d'une fenêtre donnant sur la rue.
   m. Ces places nous (*plaire*).
   n. Nous (*se dire*) que nous avions eu de la chance.

2. Trouvez le verbe impersonnel qui convient. Mettez les verbes au présent.

   Modèle: . . . du vent.
            Il fait du vent.

   a. . . . du brouillard.
   b. . . . beaucoup de monde ici, malgré le mauvais temps.
   c. . . . tard.
   d. . . . neuf heures et demie.
   e. . . . de plus en plus noir.
   f. . . . d'attendre avec le plus de patience possible.

g. Voilà! . . . déjà moins de brouillard.

h. . . . à faire beau!

i. Crac! Le premier feu d'artifice s'élance dans l'air! . . . toujours avoir de la patience les jours de fête.

3. Complétez les phrases suivantes en faisant attention à l'accord du sujet et du verbe. Mettez les verbes au passé, en choisissant bien le temps du verbe.

a. Un grand nombre de gens (*attendre*) devant le magasin.

b. Tous (*être*) là parce qu'on (*venir*) d'annoncer une vente tout à fait sensationnelle.

c. Casseroles, bouilloires, couteaux et passoires, tout (*aller*) être vendu à des prix de rabais.

d. Vous et les autres (*se trouver*) déjà devant la porte quand nous (*arriver*).

e. Mon frère, ma soeur et moi, (*avoir*) du retard parce que nous (*venir*) en voiture et il (*falloir*) trouver un stationnement.

f. Mon frère et ma soeur, (*chercher*) tous les deux un micro-four bon marché.

g. Moi, (*aller*) me contenter d'une poêle pour faire des omelettes.

h. Celle que je (*avoir*), (*brûler*) tout.

i. Ma soeur (*dire*) que la plupart de ses casseroles (*être*) usées et bosselées.

j. Quant à mon frère, il (*chercher*) aussi une cocotte-minute à offrir à sa fiancée.

k. Les gens autour de nous (*s'amuser*) de notre conversation.

l. Combien d'entre eux (*vouloir*) offrir une cocotte-minute à leur bien-aimée?

4. **Mini-concours**: Rivalisez avec votre voisin(e) pour identifier comme il faut les noms suivants. Qui va gagner?

a. Mettez l'article indéfini — **un** ou **une** — devant chacun des noms suivants.

image, roi, coq, chance, science, prière, histoire, allée, fabricant, sarcasme, alcool, banc, bar, chemise, problème, objet, cinéma, ceinture, conjugaison, musée, paquet, accueil, docteur, feuille, papier, néant, changement, traité, chanson, son, printemps, appartement, élément, guerre, roue bureau, secret, recueil, ingénieur, chaleur, savoir-faire, langage, journal, enfance, patience, mal, rouge, blanc, compromis, poésie, chef-d'œuvre, mardi, tête-à-tête, honneur, vie, sud-ouest, jour, journée, amitié, réflexion, aller et retour, amie, kilomètre, durée, rue

b. Mettez les noms suivants au pluriel.

un vitrail	un moineau
une nièce	un général
un hibou	un chandail
un chapeau	un clou
une voix	un détail
un bal	une leçon
une maladie	une avenue
un nez	un ciel
un neveu	un récital
un joujou	une danseuse
un travail	un idéal

c. Mettez les noms suivants au pluriel.

un porte-monnaie	un aide-cuisinier
un timbre-poste	un clin d'oeil
un passeport	une année-lumière
un grand-père	un pied-à-terre
un arrière-grand-père	un chef-d'oeuvre
un chemin de fer	un chasse-neige
une pomme de terre	un perce-neige
un coffre-fort	un couvre-feu
Mademoiselle	un pique-nique
Madame	un passe-partout
Monsieur	un gagne-pain
un casse-tête	un porte-bonheur
un haut-parleur	une arrière-boutique
un bain-marie	un pot au feu

d. Mettez l'article défini approprié (si besoin) devant les noms suivants.
Saskatchewan, Nouvelle-Écosse, Manitoba, Ontario, Terre-Neuve, Nouveau-Brunswick, Territoires du Nord-Ouest, Québec, Alberta, Colombie-Britannique, Floride, Texas, Maine, New York, Californie, Louisiane, Orégon, Massechusetts, Caroline du Nord, France, Danemark, Angleterre, Écosse, Cuba, Égypte, Tiers-Monde, Moyen-Orient, Chine, Japon, Australie, Nouvelle-Zélande, Corée, U.R.S.S.

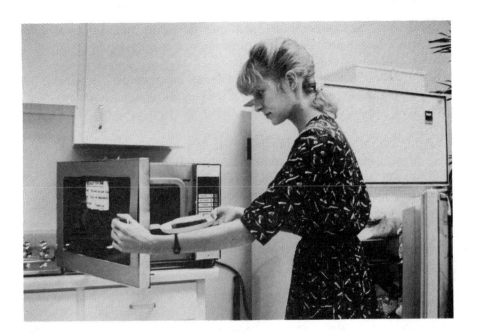

Lecture

Bien manger
Texte extrait de *L'appétissant miracle des micro-ondes* de Françoise Kayler[1]

Écouter Radio Tombouctou sur un lac gelé du nord des Laurentides ou réussir des vraies confitures en 10 minutes, c'est presque faire la même chose: de la magie en jouant avec les ondes. Il suffit de posséder une petite boîte et de savoir quand et comment tourner les boutons. Alors la sarabande commence. Celle des ondes courtes dans le premier 5
cas. Celle des ultra-courtes dans le second.

C'est pour cela qu'on l'a appelé micro-ondes, ce fameux appareil ménager dont bientôt personne ne pourra plus se passer. On l'appelle «four», à tort, à cause de sa forme. Les Français, plus précis, lui donnent un nom un peu rébarbatif en l'appelant «enceinte à micro-ondes». 10

Elles sont très petites et elles s'agitent avec une telle rapidité, ces micro-ondes, que, lorsqu'elles assiègent une pomme de terre qu'on leur offre en pâture, il leur suffit de quelques secondes pour en faire une «patate» bouillante. C'est qu'elles ont une attirance farouche pour les molécules d'eau. Elles les font virevolter en les entraînant dans une 15
danse effrénée. Dans l'enclos hermétique de la pelure, elles les font se

---

[1] Françoise Kayler: journaliste au magazine *L'Actualité*.

frotter les unes aux autres si fortement que toute cette humidité en ef-
fervescence fait monter la température interne et que la pulpe cuit.
Autour, tout est sec et tout reste froid.

Il n'y a pas de magie. Mais le miracle des micro-ondes demeure. 20
Non pas que ce «four» fasse disparaître tous les autres appareils ména-
gers, mais il peut changer nos vies. Il fait tout, ou presque, vite et
bien.

Le miracle, avec les micro-ondes, c'est de pouvoir manger comme
un gourmet sans la moindre contrainte. Les micro-ondes c'est, pour
celui qui s'en sert, la liberté, l'indépendance, l'autonomie. Tradition- 25
nellement, la responsabilité des chaudrons revient aux femmes. Ce
n'est pas sans problème de conscience qu'elles réussissent à couper le
cordon qui les attache à la queue de la poêle. Les compagnies de produits alimentaires l'ont si bien compris d'ailleurs qu'elles ont souvent
lancé des produits cuisinés qui laissent au consommateur l'initiative de 30
la touche finale, pour faire comme si c'était Maman qui avait mis la
main à la pâte. L'utilisation des micro-ondes par le mari, le père ou les
enfants est une vraie bénédiction.

Chacun peut, à l'heure qui est la sienne et comme il veut, préparer 35
un grand ou un petit repas. Et manger aussi bien, pour le goût et pour
la santé, que si la Reine du foyer trônait encore à plein temps. Combien de sandwiches, de boîtes de conserve ouvertes sur le coin de la table, de biscuits et de croustilles grignotés, de *TV-dinners* réchauffés
sont oubliés depuis que l'on peut faire des pommes de terre au four en 40
quelques minutes?

Mais le miracle, avec les micro-ondes, ne se produit que si on les
comprend bien. Trop souvent, cet appareil extraordinaire est sous-
estimé, réduit à un banal appareil ménager bon à faire dégeler ou réchauffer. S'il est vrai que mieux que n'importe quel autre il peut le 45
faire, ce n'est pas sa vocation.

Jehane Benoit[2] attribue cet usage limité au manque de documenta-
tion disponible, ou au recours, dans les manuels existants, à un langage qui n'est pas celui de la cuisine.

Il y a 15 ans que Jehane Benoit se sert de cet appareil si extraordi- 50
naire qu'elle lui confie 90% de la préparation de ses plats. Pour convaincre les hésitants elle dit: «Vous négligez le poisson parce que vous
n'aimez pas le faire cuire, vous n'aimez pas l'odeur qu'il dègage, vous
n'aimez pas son goût, vous ne savez pas comment le présenter. Con-

---

[2] Jehane Benoit: Québécoise, auteur de plusieurs manuels sur la cuisine canadienne et
sur la cuisine aux micro-ondes.

fiez-le aux micro-ondes. Aucune odeur ne se répand dans la maison. Il   55
ne se déssèche pas et sa chair reste moelleuse. Rien ne colle ou n'attache et le four reste propre, ainsi que le plat de cuisson. Quant à la sa-
veur . . . tout est cent fois meilleur aux micro-ondes!»

Suppression d'une grande partie de la vaisselle puisque l'on peut
faire dans le même plat presque toutes les opérations, et que l'on peut   60
même cuisiner directement dans son assiette. Rapidité de l'exécution:
les heures deviennent des minutes. L'air reste propre: finies les odeurs
désagréables de poisson, de chou, de navets, de saucisses. On garde la
texture des aliments: il n'y a pas de déssèchement. Les qualités nutriti-
ves des aliments sont conservées et on peut réduire, presque éliminer,   65
le gras, sans risque de rater son plat . . . Qui dira que ces petites ondes
ne sont pas un miracle dans nos vies?

▌ Recette traditionnelle

Voici une recette traditionnelle que vous pouvez essayer vous-même. À
vous de l'adapter aux micro-ondes.

Boeuf en daube à la canadienne

1 kilo et demi de boeuf
15 mL d'huile d'olive
175 mL d'oignons émincés
325 mL de tomates en conserve
4 carottes grattées et coupées en rondelles (en morceaux)
5 mL de sel
3 mL de poivre
5 mL de basilic
5 mL de thym

Couper le boeuf en cubes de 3 cm chacun.
Faire chauffer l'huile.
Y faire dorer le boeuf à feu vif en ajoutant le sel et le poivre.
Le retirer de l'huile.
Baisser le feu.
Faire dorer les oignons à feu moyen.
Ajouter les tomates, les carottes et le boeuf.
Ajouter le basilic et le thym.
Amener à l'ébullution et faire bouillir pendant une minute.
Baisser le feu.
Couvrir et faire mijoter à petit feu pendant 2 heures.
Servir avec du riz chaud.

▌Travaux

1. Répondez aux questions suivantes.

    a. Comment le four à micro-ondes fonctionne-t-il?

    b. Comment ce petit four a-t-il transformé la vie de la famille au Canada?

    c. Pourquoi l'auteur dit-elle que *l'utilisation des micro-ondes. . . est une vraie bénédiction*?

    d. La santé générale des Canadiens va-t-elle s'améliorer grâce à l'emploi général des micro-ondes? Pourquoi?

    e. Que faut-il faire pour adapter la recette *Boeuf en daube à la canadienne* aux micro-ondes?

2. Parfois les francophones au Canada, dans la langue de tous les jours, ont conservé ou ont francisé un terme anglais comme, par exemple, des *T-V dinners*. Parfois ce sont les anglophones qui se sont approprié des termes français. En vous limitant aux expressions associées à la cuisine et à l'alimentation, donnez des exemples des deux procédés.

3. Pour chacun des verbes suivants faites deux phrases pour montrer

    • le sens transitif du verbe, et

    • le sens intransitif du même verbe.

    Modèle: appeler

        sens transitif: **J'appelle le garçon.**
        sens intransitif: **J'appelle et personne ne me répond.**

    a. manger

    b. boire

    c. payer

    d. attendre

    e. chanter

    f. monter

4. Refaites les phrases suivantes en transformant le verbe personnel en verbe impersonnel.

    Modèle: L'envie me prend de faire des expériences.
        Il me prend l'envie de faire des expériences.

    a. Le bruit court que le four aux micro-ondes est dangereux à la santé.

    b. Une idée m'est venue.

    c. Une réunion aura lieu demain au restaurant.

d. Le dessert reste à faire.

e. Un embouteillage se produit dans la rue.

f. Évidemment un accident est arrivé.

5. Mettez les phrases suivantes au féminin.

a. Mon oncle est directeur d'une école pour garçons.

b. M. Leblanc est le ministre à qui vous voulez parler.

c. Est-ce que votre époux vous accompagnera au concert?

d. Mon ami m'a fait signe de répondre à l'acteur.

e. C'est lui, le témoin que vous cherchez.

f. J'ai fait la connaissance de deux écrivains, un poète et un romancier.

g. Cet employé est le cousin du patron.

h. C'est un véritable héros!

i. Les Canadiens aiment bien les sports d'hiver.

6. Mettez le passage suivant au pluriel.

Là-dedans, il y a un fauteuil près de la fenêtre. Un tableau est accroché au mur. C'est un Carr. Il y a un journal sur le bureau. La fenêtre donne sur un canal où, quand il y a un carnaval, on peut voir passer le bateau où se trouve le roi. Aujourd'hui, une enfant est là, assise sur un cheval. Elle regarde le gratte-ciel qui se dresse tout près. Mais elle me dit, en passant, qu'elle préfère de beaucoup l'arc-en-ciel.

7. Utilisez les noms suivants dans des phrases.

a. une vedette

b. un ministre

c. une victime

d. un peintre

e. des connaissances

f. des fiançailles

g. le poste

h. la poêle

i. la livre

▌Thèmes

1. Traduisez en français les phrases suivantes.

a. Microwaves make molecules move very quickly in an enclosed space.

b. They force them to engage in a sort of dance — a real saraband.

   c. This creates intense heat, and these very high temperatures can cook a potato or a steak in just a few minutes.
   d. Furthermore, this heat is limited to the food being cooked.
   e. It is water that attracts microwaves. There is water in apples, for example, but none in a glass dish.
   f. Therefore the apples are cooked to perfection but the dish in which they are cooked remains cool and dry.

2. Traduisez en français le passage suivant.

Once upon a time a young woman worked full-time in a downtown office. In the tiny kitchen of her apartment, there was a stove, a refrigerator and a toaster, a table and two chairs. Nothing more. How she hated preparing meals! She used to come home from the office with just enough energy to open a can of beans and cook up an egg.

Then someone gave her a microwave oven. Now she leads an enchanted life. In 90 seconds, she can cook hamburgers which are better than the ones you get in restaurants. She can defrost strawberries in three minutes, reheat a casserole in five, or bake a cake in ten. She can even boil water in 3 minutes for tea or coffee! Unbelievable!

The world of the future is here. Science and technology have triumphed.

À vous la parole

Vocabulaire supplémentaire
Pour vous faire servir au restaurant

Garçon!
La carte, s'il vous plaît.
Oui, je suis prêt(e) à commander.
Un coke, s'il vous plaît.
Un café crème.
Moi, je prendrai un sandwich au jambon.
L'addition, s'il vous plaît.
Le service est compris?

Pour parler du restaurant

le chef, le maître d'hôte, le garçon, la serveuse, le patron,
la patronne, le restaurant, le café, le bistro, la terrasse,
le pourboire, la caisse, les toilettes, le libre-service, un café,
un apéritif, le pousse-café, l'eau minérale, les boissons douces,
l'eau potable, à la carte, le plat du jour,
commander un plat, la spécialité de la maison

Pour parler de la cuisine

le poêle, la poêle, le four, la cuisinière, la casserole,
la cocotte-minute, la batterie de cuisine, le grille-pain,
le malaxeur, l'ouvre-boîte, le réfrigérateur (frigo), le congélateur

le goûter, la collation, la dégustation, déguster, le dépanneur,
l'épicier, le supermarché, l'alimentation, le fast-food,
le chien chaud, le hamburger, les frites, les légumes frais,
les légumes surgelés, le lait en poudre

▌Dialogues

Développez *un* des dialogues suivants.

1. **C'est exactement ce qu'il vous faut!**
   la vendeuse; le client

   La vendeuse sort tous les arguments possibles pour convaincre le client récalcitrant des mérites d'un four aux micro-ondes.

2. **Ça ne répond pas à mes besoins!**
   la cliente; le patron

   La cliente essaie d'obliger le patron à reprendre le four aux micro-ondes acheté tout récemment.

▌Décisions

Trouvez la solution au problème suivant.

Vous avez passé la journée à préparer un repas spécial à plusieurs plats. Quelques minutes avant de vous mettre à table, vous découvrez que la nouvelle amie de votre invité d'honneur est allergique au poisson — le plat principal de votre repas. Vous ne connaissez pas bien cette personne et vous ne voulez pas risquer de la blesser. Que faites-vous? Pourquoi?

▌Discussions

Discutez des problèmes suivants.

1. La révolution apportée par les appareils électriques dans la cuisine de nos jours.
2. La nutrition et les Canadiens d'aujourd'hui et de demain.
3. Quelle sera la cuisine de l'avenir? Qu'est-ce qu'on mangera? Comment préparera-t-on les repas? Quand et où?
4. L'influence du fast-food sur nous tous.
5. Le rôle des restaurants au Canada.
6. Vos recettes préférées.

▌Compositions

Faites une composition sur *un* des sujets suivants. N'oubliez pas de bien organiser vos idées.

1. Une recette qui me plaît.
2. Voici mon plat préféré et voici pourquoi je l'aime.
3. Moi, je préfère la cuisine chinoise (française, scandinave) parce que. . .
4. Visite à mon restaurant favori.
5. Comment manger pour rester en forme.

16

Demande

d'emploi

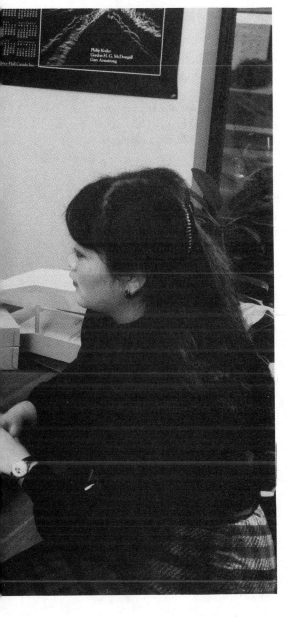

Éléments de langue
Les formes du verbe
   La forme active et la forme passive
   La forme pronominale
   Comment éviter le passif

Situation
Les tests à subir si on cherche à se faire
engager
Texte: **Demande d'emploi** — extrait de
   Recrutement: la leçon d'anatomie de
   Geneviève Lamoureux

Activités de communication
Transposer de la forme active à la forme
passive et vice versa
Employer les verbes pronominaux

Parler de la chasse à l'emploi
Découvrir les pièges de recrutement
Se préparer à passer des interviews
Simuler des interviews

Les formes du verbe — Le verbe actif, passif ou pronominal

Est-il facile de transformer un verbe actif en verbe passif?

Comment peut-on présenter l'agent qui a fait telle ou telle chose?

Comment est-ce que les verbes pronominaux fonctionnent?

Toutes ces questions se rapportent aux formes du verbe.

> Les enterprises ne *peuvent* plus *se permettre* de *se charger* d'un collaborateur qui, au bout du compte, ne *fera* pas l'affaire ou *aura* du mal à *s'intégrer*.
>
> **Geneviève Lamoureux**

Pour les verbes d'action, il y a en français trois *formes*, ou *voix*. Le verbe peut être *actif*, *passif*, ou *pronominal* et chaque forme nous fait voir un aspect différent du verbe. Certains verbes — comme **mettre** — offrent les trois formes. D'autres ne s'emploient qu'à la forme active ou pronominale.

mettre	
verbe actif	**J'ai mis** mon manteau. *I put on my coat.*
verbe passif	Le livre **a été mis** en vente. *The book has been put on sale.*
verbe pronominal	Elle **s'est mise** à écrire. *She began to write.*

La forme active et la forme passive

Le verbe actif

Si le sujet *fait* l'action, le verbe est à la *forme active*. (Et en français le verbe est presque toujours à la forme active.) Le verbe peut être transitif (ayant un complément d'objet direct) ou intransitif.

Les candidates **sont arrivées.**
The candidates have arrived.
(verbe actif intransitif)

Les chercheurs **ont publié** les résultats de cette expérience.
The researchers have published the results of that experiment.
(verbe actif transitif)

▌ Le verbe passif

Si le sujet *subit* l'action, le verbe est à la *forme passive*.

Trois employés **ont été renvoyés.**
Three employees have been dismissed.

Le passif est formé du verbe **être** suivi du *participe passé du verbe* en question.

1. C'est le verbe **être** qu'on met au temps voulu. Le participe passé du verbe en question s'accorde en genre et en nombre avec le sujet.

   L'interview **sera terminée** à quatre heures.
   The interview will be over at 4 o'clock.

   Les notes **ont été publiées.**
   The notes were published.

2. Notez qu'à un temps composé vous avez, en effet, deux participes passés qui se suivent. Le premier — le participe passé de l'auxiliaire **être** — est invariable.

   Les interviews **ont été enregistrées** sur bande magnétique.
   The interviews were recorded on tape.

   Les primes d'assurance sociale **avaient été payées.**
   Social security had been paid.

3. Ne confondez pas les verbes passifs et les verbes actifs conjugués avec l'auxiliaire **être**.

   Il **était respecté** de tous.
   He was respected by all.
   (verbe passif à l'imparfait)

   Il **était arrivé** à midi.
   He had arrived at noon.
   (verbe actif au plus-que-parfait)

▌Transformation de l'actif en passif

1. Vous pouvez mettre un verbe actif (transitif) à la forme passive. Le complément d'objet direct du verbe actif se transforme en *sujet* du verbe passif.

> Le photographe **a pris** de belles **photos.**
> *The photographer took some beautiful pictures.*
> (forme active)

> De belles **photos ont été prises.**
> *Beautiful pictures were taken.*
> (forme passive)

Le *sujet* du verbe actif — le photographe — se transforme en *agent* introduit par la préposition **par.**

> De belles photos ont été prises **par le photographe.**
> *Some beautiful pictures were taken by the photographer.*
> (verbe passif)

L'agent peut être une personne ou une chose.

> Elle a été réveillée **par les sirènes.**
> *She was awakened by the sirens.*

▌TABLEAU 16-1   Transformation de la phrase active en phrase passive

phrase active	**sujet + verbe + objet direct**
phrase passive	**sujet + verbe + agent**

2. En français, pour faire cette transformation de l'actif en passif, il faut que le verbe actif ait un *complément d'objet direct*. Cela veut dire que le verbe actif doit être *transitif*. Un verbe intransitif ne peut pas se mettre au passif (voir Chapitre 15).

> La patronne **a examiné le dossier.**
> *The boss examined the file.*
> (**a examiné**: verbe actif transitif
> **le dossier**: complément d'objet direct)

> Le dossier **a été examiné** par la patronne.
> *The file was examined by the boss.*
> (**a été examiné**: verbe passif)

Mais:

> Elle **arrive** toujours au bureau avant moi.
> *She always arrives at the office before I do.*
> (**arrive**: verbe actif intransitif)
> (On ne peut pas transformer le verbe en verbe passif.)

Notez que **obéir, désobéir, pardonner** sont des verbes intransitifs en français.

> Il **a obéi** à son père.
> *He obeyed his father.*

> Tu **as pardonné** à ton fiancé?
> *You have forgiven your fiancé?*

Mais, exceptionnellement, vous pouvez mettre ces trois verbes au passif.

> Il **a été obéi**.
> *He was obeyed.*

> Tu **as été pardonné**.
> *You have been forgiven.*

3. Quand le verbe est au passif, vous introduisez l'*agent* par la préposition **par** ou **de**.

   a. S'il s'agit d'une action précise, mettez **par** devant le complément d'agent:

   > Ces tests ont été préparés **par un psychologue distingué**.
   > *These tests have been prepared by a distinguished psychologist.*

   b. Mais s'il s'agit d'une situation statique ou habituelle, mettez **de** devant le complément d'agent.

   > Le fichier est couvert **de poussière**.
   > *The filing cabinet is covered with dust.*

   > Il est toujours accompagné **de son saint-bernard**.
   > *He is always accompanied by his Saint Bernard.*

   Les verbes suivants marquent très souvent une situation statique ou habituelle. Employez alors la préposition **de**.

   accompagner, aimer, craindre, entendre, haïr, obéir, précéder, respecter, suivre, voir

   > Le chef d'entreprise **est respecté de** tous.
   > *The head of the company is respected by everyone.*

c. Il n'est pas obligatoire de mentionner spécifiquement l'agent, qui peut être tout simplement sous-entendu.

> Tous les employés ont été bouleversés. (**par cette nouvelle**)
> *All the employees were upset. (by that piece of news)*

ALLEZ-Y, exercices 1, 2

4. Gare au passif piégé.

a. On sait qu'en français le complément d'objet indirect d'un verbe actif ne peut pas devenir le sujet du verbe mis au passif. Cependant, en anglais, cette transformation est naturelle et correcte. Par exemple:

> *The photographer sent some photos to the journalist.*
> (verbe actif)

Cette phrase devient au passif:

> *The journalist was sent some photos by the photographer.*
> (verbe passif)

Cette forme du passif, admissible en anglais, est inadmissible en français.

b. Pour éviter ce piège, il y a trois possibilités:

- un passif admissible en français:

> Des photos **ont été envoyées** au journaliste.
> *Photos were sent to the journalist.*

- un verbe actif dont le sujet est le pronom **on**:

> **On a envoyé** des photos au journaliste.
> *Photos were sent to the journalist.*

- un verbe actif qui convient au sujet **journaliste**:

> Le journaliste **a reçu** les photos envoyées par le photographe.
> *The journalist received the photos sent by the photographer.*

c. Attention aux verbes qui sont transitifs en anglais mais intransitifs en français. Les verbes de ce groupe peuvent se mettre au passif en anglais mais pas en français. Prenons, par exemple, le verbe anglais transitif *to answer*. On peut dire:

> *He answered the questions.*
> (forme active)

et aussi:
> *Questions were answered.*
> (forme passive)

Mais **répondre** est un verbe français intransitif. Il faut qu'il reste à la forme active.

Il **a répondu** aux questions.

Pour créer l'effet du passif, il faut employer le pronom **on**.

On a répondu aux questions.

Les verbes suivants, intransitifs en français, sont transitifs en anglais:

défendre à	*to forbid*
demander à	*to ask*
dire à	*to tell*
nuire à	*to harm*
ordonner à	*to order*
permettre à	*to permit*
promettre à	*to promise*
répondre à	*to answer*
téléphoner à	*to telephone*

La forme pronominale

La forme pronominale signifie que le verbe se conjugue avec un pronom (complément d'objet direct ou indirect) qui représente le sujet. Ce pronom est toujours le *pronom personnel réfléchi* et le verbe est conjugué avec l'auxiliaire **être**.

Nous **nous** sommes tus.
We remained silent.

Il y a *cinq* groupes de verbes à la forme pronominale: verbes pronominaux de sens réfléchi, verbes pronominaux de sens réciproque, verbes pronominaux de sens passif, verbes toujours pronominaux et verbes parfois pronominaux.

1. Verbes pronominaux de sens réfléchi

Le pronom personnel, complément d'objet, représente uniquement le sujet.

Vous **vous** croyez capable de le faire.
You believe yourself capable of doing that.

Il **se** fait beaucoup d'amis.
He makes a lot of friends for himself.

▎2. Verbes pronominaux de sens réciproque

a. Le pronom personnel réfléchi, complément d'objet, représente le sujet et, en plus, une ou plusieurs autres personnes (ou choses). Ce qu'il faut souligner ici c'est l'idée de la réciprocité. L'action exprimée par le verbe est à la fois accomplie et reçue par le sujet et par les autres personnes (ou choses). Il faut, du reste, distinguer toujours entre le complément d'objet direct et le complément d'objet indirect.

> Les Canadiens et les Américains **se** comprennent.
> *Canadians and Americans understand one another.*
> (Les Canadiens comprennent les Américains et vice-versa.)
> (**se**: complément d'objet direct)
>
> Marie et Ji Ho **se** parlent de leurs notes.
> *Marie and Ji Ho are talking to each other about their marks.*
> (Marie parle à Ji Ho. Ji Ho parle à Marie.)
> (**se**: complément d'objet indirect)
>
> Fiers de nos bonnes notes, nous **nous** félicitons.
> *Proud of our good marks, we congratulate each other.*
> (**nous**: complément d'objet direct)

b. Pour souligner davantage la réciprocité, ajoutez d'autres expressions telles que **réciproquement, mutuellement, les uns les autres, les uns aux autres**.

> Nous nous félicitons **mutuellement** de nos notes.
> *We are congratulating each other on our marks.*
>
> Ils se parlaient **les uns aux autres** du dernier sondage.
> *They were talking to each other about the latest poll.*

c. Mettez le verbe toujours au pluriel, sauf si le pronom **on** sert de sujet.

> **On se félicite** de toutes ces bonnes notes.
> *We are congratulating ourselves on all those good marks.*

▎3. Verbes pronominaux de sens passif

Le verbe pronominal peut avoir un sens passif.

> Le bruit des sirènes **s'entend** tout près.
> *The sound of the sirens is heard close by.*

Il y a deux conditions à noter:

a. le verbe marque toujours une action habituelle ou normale;

b. l'agent n'est jamais exprimé.

> Est-ce que cela **se fait**?
> *Is that done?*

> L'anglais **se parle** aux États-Unis.
> *English is spoken in the United States.*

Mais attention: le verbe pronominal n'est pas toujours l'équivalent exact du verbe passif.

▌4. Verbes toujours pronominaux

Certains verbes n'existent qu'à la forme pronominale. Le pronom objet se lie au verbe d'une façon très étroite. Il est presque impossible de déterminer si le pronom est un complément d'objet direct ou indirect. Il fait corps avec le verbe. Voici les verbes les plus usités de ce groupe de verbes exclusivement pronominaux:

> s'absenter, s'abstenir, s'accroupir, s'agenouiller, s'adonner,
> se blottir, se dédire, s'écrier, s'écrouler, s'enfuir, s'enquérir,
> s'évader, s'évanouir, s'exclamer, s'extasier, s'insurger,
> se méfier, se méprendre, se raviser, se renfrogner, se repentir,
> se souvenir

> Ils **se souviennent** de nous avoir rencontrés.
> *They remember meeting us.*

> "Non, non, **s'écrie**-t-elle, ce n'est pas vrai."
> *"No, no," she cries out. "It isn't true."*

▌5. Verbes parfois pronominaux

Certains verbes peuvent exister comme verbe *non-pronominal* ou comme verbe *pronominal*. Le plus souvent ils changent de sens quand ils se mettent à la forme pronominale. Les verbes les plus usités de ce groupe sont:

amuser	*to amuse*	**s'amuser**	*to have a good time*
appeler	*to call*	**s'appeler**	*to be named*
attendre	*to wait for*	**s'attendre à**	*to expect*
demander	*to ask for*	**se demander**	*to wonder*
douter de	*to doubt*	**se douter de**	*to suspect*
élever	*to raise*	**s'élever**	*to rise*
entendre	*to hear*	**s'entendre**	*to get along with*

lever	to raise up	se lever	to get up
mettre	to put	se mettre à	to begin
passer	to pass	se passer de	to do without
plaindre	to pity	se plaindre	to complain
porter	to carry, wear	se porter	to be (health)
rappeler	to call back	se rappeler	to remember
retourner	to return	se retourner	to turn around
tromper	to deceive	se tromper	to be mistaken
trouver	to find	se trouver	to be situated
rire	to laugh	se rire de	to make fun of

Elle **est retournée** chez elle.
She went back to her home.

Elle **s'est retournée** pour mieux nous voir.
She turned around in order to see us better.

▌L'accord du participe passé

Verbes pronominaux de quatre groupes: réfléchis, réciproques, parfois pronominaux, et de sens passif

Ces verbes obéissent aux règles générales de l'accord établies pour les verbes non-pronominaux conjugués avec **avoir** (voir Chapitre 3).

Le participe passé s'accorde en genre et en nombre avec le complément d'objet direct si l'objet direct précède le verbe. Pour cette raison il est important de déterminer si le pronom personnel est un complément d'objet direct ou indirect.

a. Elle **s'est coupée**.
She cut herself.

complément d'objet direct	**se**
place	avant le verbe
antécédent	**elle**
complément d'objet indirect	—

Le participe passé s'accorde avec l'objet direct et se met au féminin singulier.

b. Elle **s'est demandé** ce que nous allions faire.
She wondered what we were going to do.

complément d'objet direct	**ce que nous allions faire**
place	après le verbe
antécédent	—
complément d'objet indirect	**se**

Le participe passé est invariable.

c. Les questions qu'il **s'est posées** étaient difficiles.
   The questions he asked himself were difficult.

complément d'objet direct	**que**
place	avant le verbe
antécédent	**questions**
complément d'objet indirect	**se**

Le participe passé s'accorde avec l'objet direct et se met au féminin pluriel.

d. Les candidats **s'étaient succédé.**
   The candidates had followed one after the other.
   (Chaque candidat avait succédé à un autre.)

complément d'objet direct	—
place	—
antécédent	—
complément d'objet indirect	**se**

Le participe passé est invariable.

Notez que le participe passé de **se rire** et de **se sourire** est toujours invariable.

Elle **s'est ri** de nous.
She laughed at us.

Verbes pronominaux du cinquième groupe (toujours pronominaux)

Le participe passé s'accorde en genre et en nombre avec le *sujet*. L'accord se fait avec le sujet parce qu'il n'est pas toujours possible de déterminer si le pronom réfléchi est un objet direct ou indirect. En effet, le pronom réfléchi fait corps avec le verbe. Ainsi il n'est pas nécessaire de s'inquiéter de la distinction entre le complément d'objet direct ou indirect, ni de la nature des prépositions qui peuvent accompagner ces verbes.

Elles **s'est souvenue** de notre adresse.
She remembered our address.

Ils **se sont méfiés** de nous.
They distrusted us.

ALLEZ-Y, exercice 3

Comment éviter le passif

Le passif, dont on se sert si fréquemment en anglais, ne s'emploie pas très souvent en français. Autant que possible, les francophones préfèrent tout mettre à la forme active. Voici ce qu'il faut faire pour éviter le passif.

L'agent est exprimé

Si, dans une phrase au passif, l'agent est exprimé, refaites la phrase tout entière pour la mettre à l'actif. Le complément d'agent devient le sujet de la phrase active.

> Les documents ont été postés **par l'étudiant.**
> *The documents were mailed by the student.*

> **L'étudiant** a posté les documents.
> *The student mailed the documents.*

L'agent n'est pas exprimé

Si, dans une phrase au passif, l'agent n'est pas exprimé, mettez le verbe à l'actif en tenant compte des circonstances suivantes.

1. Si le sujet du verbe passif *n'est pas une personne*, remplacez le passif par un des tours suivants:

   - **on** + verbe actif:

     > Ces livres **sont vendus** ici.
     > *These books are sold here.*

     > **On vend** ces livres ici.
     > *These books are sold here.*

   - un verbe pronominal de sens passif:

     > Ces livres **se vendent** ici.
     > *These books are sold here.*

   En général les deux formules sont interchangeables. Cependant il y a de légères différences de signification.

   - **On** plus le verbe actif marque un fait qui n'est pas nécessairement connu de tout le monde.

     > **On parle** français dans l'Île du Prince-Édouard.
     > *French is spoken on Prince Edward Island.*

• Le verbe pronominal exprime une action normale, habituelle.

> Le français **se parle** au Québec.
> *French is spoken in Quebec.*

2. Si le sujet du verbe passif *est une personne*, employez **on** plus le verbe actif.

> **Elles** ont été évaluées.
> *They have been evaluated.*
>
> **On** les a évaluées.
> *They have been evaluated.*

L'emploi du verbe pronominal ici donnerait un sens tout différent.

> Elles **se sont évaluées.**
> *They evaluated themselves.*

3. Le passif "piégé", admissible en anglais et inadmissible en français, doit toujours se traduire par **on** plus le verbe actif.

> *I was told that you would contradict me.*
> **On** m'**a dit** que vous me contrediriez.
>
> *The question will be answered.*
> **On répondra** à la question.

ALLEZ-Y, exercice 4

Maintenant, c'est à vous!

Allez-y!

1. Mettez les phrases suivantes à la forme passive.

Modèle: La patronne a prié son secrétaire de mettre une annonce dans le journal.

Le secrétaire a été prié par la patronne de mettre une annonce dans le journal.

a. On a mis l'annonce dans le journal la semaine dernière.

b. Le secrétaire a prié Annette de soumettre son curriculum vitae aussi vite que possible.

c. Le secrétaire trie le courrier dès son arrivée au bureau à neuf heures.

d. On rejette tous ceux qui ne répondent pas aux critères de base.

e. On invite les candidats qui restent à venir au bureau subir des tests psychologiques.

f. Enfin la patronne interviewera tous ceux qui ont les qualités requises.

g. On a accepté la candidature d'Annette.

h. Et la patronne lui offre le poste.

2. Mettez les phrases suivantes au passif.

Modèle: Tout le monde aime ce chien-là.

Ce chien-là est aimé de tout le monde.

Idylle:

a. Dans le jardin, de petites fleurs blanches couvrent les cerisiers.

b. Des tulipes rouges et des jonquilles jaunes remplissent les parterres.

c. De hautes haies d'un vert foncé entourent le jardin.

d. Le jardinier taille les haies.

e. La femme ouvre la porte du jardin.

f. Un gros chien noir l'accompagne.

g. Ce gros chien l'accompagne toujours.

h. La femme lance une balle rouge en l'air.

i. Le gros chien noir attrape la balle.

j. La femme cueille des fleurs pour en faire un bouquet.

3. Mettez les phrases suivantes au passé en vous servant du passé composé. Attention aux accords.

   Modèle: Maia se rappelle son premier poste.
   Maia **s'est rappelé** son premier poste.

   a. Maia se souvient de son premier poste.
   b. Elle se rend au bureau à l'heure du déjeuner.
   c. Les autres employés se précipitent pour l'accueillir.
   d. Ils se présentent tous à elle.
   e. Ils se parlent les uns aux autres.
   f. Ils s'offrent des brioches et du café.
   g. Maia s'installe à sa place derrière le bureau.
   h. La patronne, entrant dans la pièce, s'arrête pour lui faire la bienvenue.
   i. Maia se lève.
   j. — Ah, mon dieu! s'écrie-t-elle.
   k. Elle se rend compte à ce moment-là qu'elle porte une robe identique à celle de la patronne.

4. Trouvez le moyen d'éviter le passif.

   Modèle: Ce livre a été publié en deux langues.
   On a publié ce livre en deux langues.

   Ce livre a été vendu à un prix très élevé.
   Ce livre s'est vendu à un prix très élevé.

   a. Le courrier a été trié.
   b. L'examen du dossier a été vite fait.
   c. Trois candidats ont été éliminés.
   d. Une demande d'emploi a été refusée par le patron.
   e. La réponse à la lettre a déjà été dictée.
   f. Elle a été tapée à la machine.
   g. Nous n'avons pas été découverts.
   h. Le problème sera résolu.
   i. La lettre ne sera pas refaite.
   j. Est-ce que le brouillon en a été détruit?
   k. Est-ce que la boîte aux lettres a été vidée?
   l. Tous les candidats ont été encouragés.
   m. Cet homme est admiré de tout le monde.

Lecture

Demande d'emploi Texte extrait de *Recrutement: la leçon d'anatomie* de Geneviève Lamoureux.[1]

Vous venez de répondre à une offre d'emploi . . . À partir de maintenant, vous allez être déshabillé, analysé, filtré, interviewé, classé, accepté ou rejeté.

Fini le temps où l'on vous embauchait sur un coup de cœur, sur la recommandation du comptable ou de la fille du patron. Crise oblige, 5
les entreprises ne peuvent plus se permettre de se charger d'un collaborateur qui, au bout du compte, ne fera pas l'affaire ou aura du mal à s'intégrer. De plus, elles sont submergées de candidatures.

Désormais, pour limiter les risques, les chefs d'entreprise font de plus en plus souvent appel à des cabinets de recrutement, et certains se 10
réfugient derrière des graphologues, morphopsychologues, chirologues, astrologues et autres . . . jusqu'à se décharger parfois de leur propre responsabilité.

Le tri des dossiers s'effectue en plusieurs étapes. Une première lecture permet d'éliminer les candidats qui ne répondent pas aux critères 15
imposés par la fonction : expérience, salaire, formation . . . Ensuite, environ 70% des entreprises ont recours aux services d'un grapholo-

---

[1] Geneviève Lamoureux, journaliste à la revue *L'Express*.

gue. «Nous évaluons, (dit-on,) le degré d'affirmation de soi, la sociabi-
lité, l'optimisme ou le pessimisme, le dynamisme, le rythme et, enfin,
très important, les motivations.»   20

Les recruteurs ont plus d'un tour dans leur sac. De nombreux spécialistes utilisent, pour compléter l'étude graphologique, une science
ancienne, mais entrée à pas de loup dans les mœurs professionnelles :
la morphopsychologie. C'est l'étude des relations entre les formes du
visage ou les attitudes du corps et le caractère, effectuée à partir d'une   25
photo ou d'un entretien. Un profil aérodynamique révèle l'homme
d'action ; un menton lourd est synonyme de prudence ; des lèvres fi-
nes traduisent le contrôle de soi ; une bouche large, la convivialité. Les
heurts de la vie, les expériences s'inscrivent dans les rides, les cernes,
les commissures des lèvres.   30

Pourtant, la morphopsychologie est loin de faire l'unanimité : le candidat se sent jugé sur sa bonne mine et non sur ses capacités. La méthode a le côté policier des fiches anthropométriques et l'odeur de
soufre du «délit de sale gueule». «C'est pourquoi, explique un mor-
phopsychologue, nous privilégions l'entretien, qui nous permet de   35
compléter notre étude et de rassurer les candidats, souvent peu con-
fiants dans leur propre valeur.»

Deux autres sciences, beaucoup plus marginales, commencent à fi-
gurer dans l'arsenal des techniques d'embauche : l'astrologie et la chirologie. La première, souvent assimilée aux sciences occultes, suscite   40
beaucoup de réserves chez les candidats, et aucun cabinet de recrutement n'ose avouer qu'il flirte avec elle. «Pourtant, (explique-t-on,)
nous ne faisons, en aucune façon, des prédictions. L'étude des cycles
planétaires et des signes astrologiques procure des indices sur le caractère et le potentiel d'évolution d'un individu.»   45

La chirologie n'a rien à voir, non plus, avec les pratiques des diseu-
ses de bonne aventure. Remise au goût du jour par un jeune psychologue, elle décrit le caractère et le tempérament à partir de la forme et
des lignes de la main. Une main froide, fine, étroite traduit un caractère cérébral, passif et abstrait ; tandis qu'une main chaude et ronde   50
correspond à un tempérament actif, physique et passionné. La ligne
de vie exprime le degré de vitalité, la ligne de tête, le style d'intelli-
gence, et la ligne de cœur, le type d'affectivité.

Un même objet pour ces différentes approches : évaluer l'aptitude
d'un individu à s'adapter à un poste. Et si les techniques diffèrent, les   55
spécialistes «sérieux» se rejoignent sur un point : aucune de ces méthodes n'est, en elle-même, une panacée ; c'est le recoupement de toutes
les analyses qui, en complément du dossier de candidature, donnera
l'image la plus juste de la personne. Enfin, l'entretien donne une
chance au candidat de se défendre et, peut-être, de séduire.   60

Les demandeurs d'emploi ont déjà l'impression d'être traqués et dis-
séqués. Ils n'ont pas encore tout vu. Tandis que certains recruteurs
tiennent compte du facteur humain, d'autres inventent la «machine à
sélectionner». Imaginez toute votre vie réduite en système binaire et
confiée à un ordinateur. Une société d'informatique a mis au point   65
deux logiciels pour trouver, en moins de cinq minutes, le meilleur candidat possible, au prix raisonnable de 15 000 à 50 000 Francs. Au Japon, la torture est encore plus raffinée. C'est à partir d'une prise de
sang qu'on vous cataloguera bon ou mauvais ingénieur. Si vous appar-
tenez au groupe O, vous êtes prétentieux, éloquent et péremptoire ;   70
A : bûcher, froid, tatillon et courtois ; B : non conformiste et
créateur ; et AB : pragmatique et sociable. C'est pourtant simple!

▌Travaux

1. Complétez les phrases suivantes en mettant l'infinitif entre parenthèses
   au passé composé. Attention aux accords.

   Jeannine raconte comment elle a eu son nouveau poste.

   a. Après avoir soumis ma demande d'emploi je (*subir*) des tests à n'en
   plus finir.

   b. On me (*examiner*), (*classer*) et enfin (*accepter*).

   c. En examinant ma signature les graphologues (*s'étonner*) de la façon
   dont je barrais les **t**.

   d. Les morphopsychologues (*se mettre*) à examiner une photo qu'on avait
   faite de moi le mois dernier.

   e. Ils (*affirmer*) que les expériences de la vie s'étaient inscrites dans les
   cernes m'entourant les yeux.

   f. Les astrologues (*se pencher*) sur les cartes astrologiques.

   g. Ils (*se poser*), les uns aux autres, des centaines de questions.

   h. Ils (*se demander*) si j'avais bien dit la vérité.

   i. Quant aux chirologues, ils (*se quereller*) bel et bien ne sachant pas interpréter la ligne de tête.

   j. Ils (*se mettre d'accord*) pour me déclarer idiote de naissance.

   k. Ils (*se moquer*) de moi, et moi, je (*se rendre compte*) de cela.

   l. À l'interview je (*se conduire*) bien et on me (*engager*).

   m. Et voilà! je (*s'adapter*) à mon poste.

2. Faites des phrases en vous servant des verbes suivants.

a. s'abstenir	d. s'écrier
b. s'enfuir	e. se souvenir
c. se méprendre	f. s'évanouir

3. Faites des phrases pour montrer la différence de signification entre le verbe pronominal et le verbe non-pronominal.

a. douter	se douter
b. porter	se porter
c. passer	se passer
d. attendre	s'attendre
e. mettre	se mettre
f. plaindre	se plaindre

4. Faites des phrases pour montrer la différence de signification entre le verbe non-pronominal et le verbe pronominal à sens réfléchi.

a. dire	se dire
b. parler	se parler
c. montrer	se montrer
d. entretenir	s'entretenir

▌Thèmes

1. Traduisez en français les phrases suivantes.

   a. You were asked to write out your application in your own handwriting instead of typing it?

   b. You know why they did that, don't you?

   c. After studying your writing, graphologists know if you are optimistic or pessimistic, motivated or not.

   d. The degree of self-confidence is determined.

   e. The graphologists' opinion may be favourable or unfavourable.

   f. But the final decision is made by the employer.

   g. That's done everywhere these days.

2. Traduisez en français le passage suivant.

   I immediately distrusted the young woman who greeted me as I opened the office door. Very tall, thin lips revealing complete self-control, she showed me into a small room where there were half a dozen computers.

   "Surname? First name? Date of birth?"

   Questions were asked. Answers were given. Facts were recorded.

   The whole of my life was being reduced to a binary code. I realized that one very small diskette would hold all the secrets of my character, temperament, I.Q., past life and future prospects. I had been analysed, filtered, classified — and either accepted or rejected. I wondered if I would ever be interviewed.

   A knock on the door. As I turned around, a technician entered.

"I'm here to take a sample of your blood," he announced. "Your blood type will determine whether or not we will accept you . . ." He stopped speaking and moved towards me menacingly, needle in hand.

In the silence that followed I woke up. What a nightmare!

À vous la parole

Vocabulaire supplémentaire
Pour parler de la chasse à l'emploi

une offre d'emploi, une demande d'emploi, l'entretien, l'interview, interviewer, l'interviewer, engager, embaucher, renvoyer, mettre à la porte, licencier, démissionner, être renvoyé, être licencié, être mis en chômage, se trouver en chômage, la satisfaction du travail

le curriculum vitae, la lettre de recommandation, un emploi, un poste, une place, un(e) job, l'entreprise, la compagnie, la firme, chercher du travail, être à la recherche d'un emploi, faire une bonne (mauvaise) impression à quelqu'un, faire une demande d'emploi, être candidat(e) à un poste, poser sa candidature à un poste, le régime d'assurances sociales

Pour parler de l'informatique

le logiciel, l'imprimante, l'écran, le clavier, la programmation, le listage, le programmeur, la programmeuse, l'ère de l'ordinateur, l'ère de l'informatique, la société à l'heure de l'informatique, être dans l'informatique

Dialogues

Développez *un* des dialogues suivants.

a. **Analyse**
   deux étudiant(e)s
   Essayez de vous analyser l'un(e) l'autre en vous servant de la morphopsychologie ou de la chirologie.

b. **Je réponds à votre offre d'emploi.**
   l'interviewer; le candidat/la candidate

On demande:
- agent(e) d'information touristique
- vendeur/vendeuse de disques
- gérant(e) d'une société électronique

▌Décisions

Essayez de résoudre le problème suivant.

Vous cherchez un poste. Vous avez posé votre candidature, vous avez passé tous les tests. On vous a interviewé(e) et enfin on vous a accepté(e). Le poste tant désiré est à vous. Mais . . . vous n'avez pas dit que vous êtes épileptique. Personne n'en sait rien puisque vous prenez des médicaments et il n'y a aucun danger ni pour vous ni pour ceux avec lesquels vous allez travailler. Est-ce que vous allez révéler tout ceci à la patronne ou est-ce que vous allez essayer de tout cacher? Pourquoi êtes-vous arrivé(e) à cette décision?

▌Discussions

Avec quelques camarades ou avec la classe tout entière, discutez des problèmes suivants.

1. Les exigences des employeurs d'aujourd'hui sont-elles justifiées?
2. Les employeurs ont-il raison de se servir de toutes ces nouvelles méthodes de recrutement?
3. Si les conditions économiques s'améliorent, les employeurs vont-ils abandonner tous les tests auxquels ils se fient aujourd'hui en temps de crise?
4. Le rôle de l'ordinateur dans la société de nos jours.
5. À quoi sert l'entretien?
6. Approuvez-vous ou non le recruteur et le bureau de recrutement?
7. Comment je procéderais, moi, pour évaluer un(e) employé(e).

▌Compositions

Écrivez une composition sur *un* des sujets suivants. N'oubliez pas de bien organiser vos idées.

1. Ce que je cherche, moi, comme emploi, c'est . . .
2. Visite chez la diseuse de bonne aventure.
3. Les tests que j'ai dû subir avant d'être engagé(e).

17 La métamor

phose des zoos

Éléments de langue

L'infinitif
  Formes
  Fonction
  Le verbe et l'infinitif
  Est-ce à ou **de**?
Les semi-auxiliaires
  Fonctions
  Laisser et les verbes de perception
  Le semi-auxiliaire comme verbe principal

Situation

Discussion du rôle des zoos à l'époque actuelle

Texte: **La métamorphose des zoos,** extrait de
    Les zoos se libèrent de Louise Desautels

Activités de communication

Employer les infinitifs, les semi-auxiliaires et
les verbes de perception

Évoquer le souvenir du zoo traditionnel

Évaluer les zoos qu'on aménage aujourd'hui

Se renseigner sur les espèces en voie
d'extinction

Définir le rôle des zoos et du public dans cette
lutte pour la préservation des espèces

L'infinitif

À quoi sert l'infinitif? Existe-t-il uniquement pour identifier le groupe auquel le verbe appartient et nous aider ainsi à conjuguer le verbe comme il faut? Évidemment, non. Il sert à préciser et à compléter le sens de certains termes. Il sert également à condenser: à lui seul il est capable de résumer une proposition tout entière. L'infinitif nous aide ainsi à éviter la répétition et la verbosité.

> On pense à *aménager* de vastes terrains où la faune américaine se développerait en semi-liberté. . . On prévoit *construire* des habitats reproduisant le climat d'origine d'espèces exotiques . . .
>
> **Louise Desautels**

L'infinitif identifie le verbe auquel nous avons affaire. Il nous donne pour ainsi dire le nom de famille du verbe et nous permet de le mettre dans la catégorie appropriée — verbe du premier ou du deuxième groupe, verbe auxiliaire, verbe irrégulier. Nous savons ainsi comment procéder à la conjugaison de ce verbe. De plus, il s'emploie comme nom et comme verbe. Il sert de complément d'objet d'un verbe ou bien il remplace une proposition circonstantielle. Il peut même se substituer à un verbe principal. L'infinitif, passé souvent presque sous silence, est d'une importance capitale.

Formes de l'infinitif

L'infinitif peut se mettre au présent ou au passé (voir Appendice A).

1. Le présent de l'infinitif indique que l'action a lieu en même temps que celle du verbe principal (marquant la simultanéité) ou bien que l'action a lieu plus tard (indiquant la postériorité).

> Je préfère vous **voir** ici.
> *I prefer seeing you here.*
>
> Il tient à vous **parler** demain.
> *He wants to speak to you tomorrow.*
>
> Tu as voulu **partir**.
> *You wanted to leave.*

2. Le passé de l'infinitif exprime une action qui précède celle du verbe principal (marquant l'antériorité).

> Elle sera contente de l'**avoir fini**.
> *She will be pleased to have finished that.*
>
> Il était content de l'**avoir fini**.
> *He was glad to have finished that.*

3. Notez que le temps du verbe principal n'entre pas dans la décision. Ce sont les rapports de simultanéité, de postériorité et d'antériorité qui comptent.

4. L'infinitif présent se met également au *passif*, marquant toujours la simultanéité ou la postériorité. L'infinitif passif se compose de l'infinitif de l'auxiliaire **être** plus le *participe passé du verbe* en question.

> Elle préfère vous **être présentée** demain.
> *She prefers to be introduced to you tomorrow.*

5. L'infinitif passé peut même se mettre au passif, bien qu'il se trouve rarement à cette forme.

> Elle aurait préféré **avoir été présentée** hier.
> *She would have preferred to have been introduced yesterday.*

▌Fonctions de l'infinitif

L'infinitif peut jouer le rôle de plusieurs parties du discours.

Substantif

L'infinitif peut être sujet de verbe ou complément d'objet.

> **Voir** c'est croire.
> *Seeing is believing.*
> (**voir**: sujet du verbe)

Notez que l'infinitif se traduit en anglais par l'infinitif ou bien par un substantif verbal (mot qui se termine en -*ing*).

> J'aime **lire**.
> *I like to read.*
> *I like reading.*

Verbe à l'impératif

L'infinitif peut remplacer l'impératif dans certains cas (voir Chapitre 1).

> **Mettre** au four pendant 15 minutes.
> *Bake for 15 minutes.*
>
> **S'adresser** au gardien.
> *Speak to the keeper.*

Proposition indépendante

L'infinitif exclamatif constitue parfois à lui seul une proposition indépendante — en particulier une proposition exclamative ou interrogative.

> Que **faire**!   Où **aller**?
> *What am I to do!*   *Where shall we go?*
> *What was she to do!*   *Where can he go?*
> *What shall we do!*   *Where were we to go?*
> *What to do!*   *Where to go?*

En traduisant en anglais l'infinitif exclamatif, vous choisissez le sens qui convient le mieux au contexte.

Complément de verbe

L'infinitif est très souvent complément de verbe.

1. Normalement, c'est le sujet du verbe principal qui accomplit l'action (subordonnée) de l'infinitif.

> **Elle** espère **réussir**.
> *She hopes to succeed.*
> *She hopes (that) she will succeed.*

2. Si un sujet autre que celui du verbe principal fait l'action subordonnée, il faut employer une proposition subordonnée et non pas l'infinitif.

> **Elle** espère que **vous** réussirez.
> *She hopes that you will succeed.*

Notez que le sujet du verbe principal n'est pas celui du verbe subordonné.

3. Mais l'infinitif s'emploie toujours après certains verbes de commandement et les autres verbes à formule, même si le sujet du verbe principal et celui du verbe subordonné ne sont pas identiques.

> **Elle** ne permet pas au **chien** d'aboyer.
> *She doesn't allow the dog to bark.*

Nous l'empêchons de nous mordre.
We stop it from biting us.

Complément d'une préposition

Les prépositions suivantes servent à introduire l'infinitif.

> à, afin de, après, avant de, de façon à, en vue de, jusqu'à, pour, sans

1. L'infinitif s'emploie quand le sujet du verbe principal est celui qui accomplit l'action exprimée par l'infinitif.

> **Avant de partir, il** nous a parlé de l'environnement.
> *Before leaving, he spoke to us about the environment.*
> *Before he left, he spoke to us about the environment.*

2. Si un autre sujet accomplit l'action exprimée par l'infinitif, utilisez une proposition subordonnée introduite par une conjonction.

> **Avant qu'il** ne parte, **nous** lui avons parlé de l'environnement.
> *Before he left, we spoke to him about the environment.*

Le verbe et l'infinitif

Certains verbes sont suivis de l'infinitif, sans préposition; d'autres exigent la présence de la préposition **à** ou **de** devant l'infinitif; d'autres encore changent de sens selon la préposition qui précède l'infinitif. Voici les principaux verbes de chaque catégorie.

Verbes suivis de l'infinitif sans préposition

- les auxiliaires de mode:

> devoir, faire, falloir, laisser, pouvoir, savoir, vouloir

- les verbes de perception:

> écouter, entendre, regarder, sentir, voir

- les verbes intransitifs indiquant le déplacement (et conjugués avec **être**):

> aller, courir, descendre, entrer, monter, rentrer, revenir, sortir, venir

- quelques verbes très employés:

> aimer, aimer mieux, affirmer, compter, déclarer, espérer, penser, préférer, sembler, souhaiter, valoir mieux

• certains verbes et locutions:

> avoir beau, être censé, faillir, se figurer, s'imaginer, se rappeler

Verbes suivis de *à* + infinitif

> aider à, apprendre à, arriver à, chercher à, condamner à, consentir à, continuer à, demander à, enseigner à, hésiter à, penser à, persister à, renoncer à, réussir à, servir à, songer à, tarder à, tenir à

> s'apprêter à, s'attendre à, se décider à, s'habituer à, se mettre à

> mettre (deux jours) à, passer (trois heures) à, perdre (deux heures) à, rester assis à, rester debout à

> Elle **a réussi à** répondre.
> *She succeeded in answering.*

> Il **a demandé à** parler aux délégués.
> *He asked to speak to the delegates.*

Verbes suivis de *de* + infinitif

> achever de, arrêter de, cesser de, conseiller de, craindre de, défendre de, douter de, empêcher de, essayer de, finir de, offrir de, oublier de, parler de, permettre de, promettre de, refuser de, regretter de, tâcher de

> se dépêcher de, s'empresser de, se souvenir de, se vanter de

> Il **a oublié de** faire cela.
> *He forgot to do that.*

> Nous **regrettons de** vous avoir fait attendre.
> *We are sorry to have kept you waiting.*

Verbes suivis de *à/de* + infinitif, où le sens du verbe ne change pas

commencer $\begin{cases} \text{à} \\ \text{de} \end{cases}$

continuer $\begin{cases} \text{à} \\ \text{de} \end{cases}$

s'efforcer $\begin{cases} \text{à} \\ \text{de} \end{cases}$

> Il **commence à (de)** nous parler.
> *He begins to speak to us.*

Verbes qui changent de préposition et de sens

(voir Chapitre 22)

commencer $\begin{cases} \text{à} \\ \text{de} \\ \text{par} \end{cases}$ finir $\begin{cases} \text{de} \\ \text{par} \end{cases}$

demander $\begin{cases} \text{à} \\ \text{de} \end{cases}$ manquer $\begin{cases} \text{à} \\ \text{de} \end{cases}$

s'empresser $\begin{cases} \text{à} \\ \text{de} \end{cases}$ venir $\begin{cases} \text{à} \\ \text{de} \end{cases}$

Il **a fini de** nettoyer les cages.   Il **a fini par** nettoyer les cages.
He finished cleaning the cages.   *He ended up cleaning the cages.*

Verbes comme *forcer* et *obliger*

Ces verbes changent de préposition en passant de l'actif au passif. La préposition **à** indique la forme active; **de**, la forme passive.

    Il l'a obligée à parler.   **J'ai été obligé de** lui répondre.
    He forced her to speak.   *I was obliged to answer him.*

▌Est-ce *à* ou *de*?

▌**L'**infinitif peut compléter le sens d'un *nom*, d'un *adjectif* ou d'un *adverbe*. Dans ces cas-ci, il est précédé de la préposition **de** ou **à**.

De + infinitif

1. L'expression verbale exprime un sentiment, une émotion ou une opinion.

   • **être** + adjectif

   > être charmé de, être content de, être enchanté de, être heureux de, être mécontent de, être obligé de, être ravi de, être satisfait de

   > Elle **est enchantée de** faire votre connaissance.
   > *She is very pleased to meet you.*

   • **avoir** + substantif

   > avoir besoin de, avoir envie de, avoir honte de, avoir la chance de, avoir l'intention de, avoir le plaisir de, avoir raison de, avoir tort de

   > **Ont-ils l'intention d'**en profiter?
   > *Do they intend to profit from that?*

• **faire** + adverbe

    faire bien, faire mal, faire mieux

      Il ferait mieux de vous en débarrasser.
      It would be better to get rid of it.

2. L'expression impersonnelle **il est** précède l'adjectif. L'infinitif est suivi d'un complément d'objet (voir Chapitre 11).

      Il est facile de faire cela.
      It's easy to do that.

Rappelez-vous bien que, si l'infinitif n'a pas de complément, il faut employez **ce** et la préposition **à**.

      C'est facile à faire.
      That's easy to do.

À + infinitif

1. L'infinitif décrit et précise en indiquant la fonction, le but, la tendance.

• substantif + **à**

    une chambre **à coucher**
    une machine **à écrire**

• adjectif + **à**

    agréable **à voir**
    bon **à manger**
    prêt **à porter**

• nombre ordinal, **dernier, seul,** + **à**

    Vous êtes **le troisième à** entreprendre la direction du zoo.
    You are the third person to take over running the zoo.

    Elle est **la seule à** s'occuper du kangourou malade.
    She's the only one looking after the sick kangaroo.

2. L'infinitif a une valeur passive.

    un appartement **à louer** = *an apartment for rent, to be rented*
    une maison **à vendre** = *a house for sale, to be sold*
    un choix **à faire** = *a choice to be made*
    à vendre = *for sale*

Dans ces cas, employez toujours l'infinitif actif et non pas l'infinitif passif.

ALLEZ-Y,   exercices 1, 2

Les semi-auxiliaires

Qu'est-ce qu'un verbe auxiliaire? Qu'est-ce qu'un verbe semi-auxiliaire? Pourquoi sont-ils importants? En quoi les verbes de perception ressemblent-ils aux semi-auxiliaires?

> L'absence de progéniture *se fait* encore plus cruellement *sentir* lorsqu'il s'agit d'espèces en voie d'extinction.
>
> **Louise Desautels**

On se sert normalement de deux verbes auxiliaires — **avoir** et **être**. On les appelle verbes *auxiliaires* parce qu'ils aident à la conjugaison des verbes et surtout à la formation des temps composés.

> Elle nous **a dit** qu'elle **était allée** au zoo hier.
> *She told us that she had been to the zoo yesterday.*

Mais il y a aussi d'autres verbes auxiliaires qui modifient le sens du verbe principal. Ils marquent soit le temps, soit le mode. Pour les distinguer des deux auxiliaires proprement dits, on les appelle les *semi-auxiliaires*.

Fonctions des semi-auxiliaires

Semi-auxiliaires de temps

Certains semi-auxiliaires modifient l'infinitif pour transposer l'action au futur ou au passé ou pour mettre en relief le présent. Les trois semi-auxiliaires de temps — **être (en train de)**, **aller**, **venir (de)** — marquent ainsi la simultanéité, l'antériorité et la postériorité.

simultanéité	Elle **était en train de** regarder la télévision quand je suis arrivé. *She was busy watching TV when I arrived.*
	Il **sera en train de** regarder la télévision quand vous arriverez. *He will be busy watching TV when you arrive.*

postériorité (temps après le moment dont on parle)	Tu **vas** nous accompagner à la gare. *You are going to accompany us to the station.*
	Il **allait** nous accompagner à la gare quand vous nous avez téléphoné. *He was going to accompany us to the station when you phoned.*
antériorité (temps avant le moment dont on parle)	Je **viens** d'arriver. *I have just arrived.*
	Il **venait** d'arriver quand l'orage a éclaté. *He had just arrived when the storm broke.*

Attention à **venir de** qui ne s'emploie qu'au présent et à l'imparfait.

▌Semi-auxiliaires de mode

D'autres semi-auxiliaires marquent des nuances de mode. L'infinitif présente l'action ou l'état; le semi-auxiliaire le transforme en y ajoutant certains éléments de doute, de probabilité, d'obligation, de supposition. Voici les semi-auxiliaires de mode les plus courants:

devoir, faillir, faire, falloir, laisser, pouvoir, savoir, vouloir

Devoir

Comme semi-auxiliaire, **devoir** a plusieurs sens. Il exprime l'obligation morale, la probabilité, la supposition, le conseil et même le reproche. Le sens de **devoir** varie selon le temps employé. Et certains temps de **devoir** peuvent avoir plusieurs sens déterminés par le contexte.

1. **Devoir** indique:

- *l'obligation*

le présent	Elle **doit** partir. *She must leave.*
l'imparfait (période non-précisée)	Tu **devais** travailler dur. *You had to work hard.*
le passé composé (action accomplie)	Il **a dû** partir immédiatement. *He had to leave immediately.*
le futur	Je **devrai** travailler pour réussir à l'examen. *I'll have to work in order to pass the exam.*

• *la probabilité*

le présent

Elle **doit** avoir faim.
She must be hungry.

l'imparfait
(période non-précisée)

Le concert **devait** être intéressant.
The concert was probably interesting.

le passé composé
(action accomplie)

Sa visite **a dû** vous surprendre.
His visit must have surprised you.
His visit probably surprised you.

• *l'intention*

le présent

Elle **doit** donner à manger aux animaux.
She is supposed to feed the animals.

l'imparfait

Elle **devait** donner à manger aux animaux.
She was supposed to feed the animals.

• *le conseil*

le conditionnel présent

Vous **devriez** vous reposer.
You ought to rest.
You should rest.

• *le reproche*

le conditionnel passé

Tu **aurais dû** m'attendre.
You ought to have waited for me.
You should have waited for me.

2. Notez qu'un seul temps de **devoir** peut se traduire de différentes façons. Prenez, par exemple, le présent. C'est toujours le contexte qui vous aidera à bien saisir le sens de la phrase.

> Elle **doit** nous obéir.
> *She must obey us.*
> (obligation)

> Elle **doit** avoir soif.
> *She must be thirsty.*
> (probabilité)

> Elle **doit** arriver de bonne heure.
> *She is supposed to arrive early.*
> (intention)

3. Notez aussi qu'il n'y a pas de conditionnel passé de *ought* en anglais. Ainsi, pour exprimer le reproche, on traduit le conditionnel passé de **devoir** par l'infinitif passé.

> *He ought to have done that.*
> Il **aurait dû** le faire.

TABLEAU 17-1   Les différents sens de *devoir*

Un x indique le temps à choisir.

	présent	futur	impar-fait	passé composé	condi-tionnel présent	condi-tionnel passé
obligation	X	X				
obligation (durée)			X			
obligation (action accomplie)				X		
probabilité	X		X			
probabilité (action accomplie)				X		
intention	X					
conseil					X	
reproche						X

Falloir

Falloir marque l'obligation et la nécessité imposées par des circonstances extérieures. Il s'emploie uniquement à la forme impersonnelle.

> Il **faut** partir.
> *You must leave.*
>
> Il **faut** nous dépêcher.
> *We must hurry.*
>
> Il **a fallu** nous occuper de la tortue.
> *We had to look after the tortoise.*
>
> Il **faut** me conduire à la maison.
> *You have to drive me home.*
>
> Il ne **faut** pas parler.
> *You must not speak.*

1. Il n'est pas nécessaire de signaler dans la phrase même les circonstances extérieures, mais il est sous-entendu qu'elles existent et qu'elles jouent un rôle important dans la décision que vous prenez.

2. Souvenez-vous que, pour exprimer la nécessité, **falloir** est plus fort que **devoir** qui, à son tour, est plus fort que **avoir à**. Les trois phrases suivantes ont des sens différents, mais se traduisent d'une seule façon en anglais.

Il **faut** nous dépêcher.
We must hurry.
(L'heure avance et si nous ne nous dépêchons pas nous allons manquer le dernier autobus.)

Nous **devons** nous dépêcher.
We must hurry.
(On s'attend à nous voir et si nous ne sommes pas à l'heure on va être déçu.)

Nous **avons à** nous dépêcher.
We must hurry.
(Ce serait une bonne idée de ne pas trop traîner.)

ALLEZ-Y,   exercice 3

Savoir

Savoir veut dire **avoir des connaissances profondes et précises** ou bien **avoir des connaissances intellectuelles d'une technique.**

1. En général, comme semi-auxiliaire, il traduit *to know how to.*

> **Savez-**vous conduire?
> *Do you know how to drive?*
> *Can you drive?*

> Il ne **savait** pas jouer du piano.
> *He didn't know how to play the piano.*
> *He couldn't play the piano.*

2. Au passé composé, il veut dire **apprendre.**

> Il a démissionné la semaine dernière. Je ne l'**ai su** que ce matin.
> *He resigned last week. I found out about that only this morning.*

Pouvoir

Pouvoir s'oppose à **savoir**. En général, il met en relief la capacité physique ou mentale. Mais il marque aussi la possibilité, et il demande ou accorde l'autorisation d'agir de telle ou telle façon.

1. **Pouvoir** exprime:

 • *la capacité physique*

> Elle ne **peut** pas jouer du piano; elle vient de se casser le doigt.
> *She can't play the piano; she has just broken her finger.*

> **Pouvez-**vous nager jusqu'au bateau?
> *Can you swim out to the boat?*

Notez qu'au passé composé, **pouvoir** indique que vous avez réussi à faire quelque chose (voir Chapitre 3).

Elle **a pu** nager jusqu'au bateau.
(Elle a réussi à nager jusqu'au bateau.)
She was able to swim to the boat.

• *la possibilité*

Je **peux** me tromper.
I may be mistaken.

Qu'est-ce que ça **peut** bien être?
Whatever can that be?

Vous **auriez pu** vous tuer!
You could have been killed!

• *la permission*

Pouvez-vous me donner un coup de main?
Can you give me a hand?

Pourriez-vous me trouver un taxi?
Could you find a taxi for me?

Oui, tu **peux** répondre à la question.
Yes, you may answer the question.

Notez que, à l'interrogatif de la première personne au singulier, on dit: **Puis-je?** ou bien **Est-ce que je peux?**

Puis-je vous aider?
May I help you?

2. En français, on ne distingue pas, comme on le fait en anglais, entre *can* et *may*.

Tu peux répondre à la question.
You may answer the question.
You can (are able to) answer the question.

En anglais, on ne distingue pas, comme on le fait en français, entre *to be able to* et *to know how to*.

Savez-vous conduire?
Can you drive?
Do you know how to drive?

Pouvez-vous conduire?
Can you drive?
Are you able to drive?

ALLEZ-Y, exercice 4

Faillir

Faillir est rare, sauf au passé composé. Il indique que quelque chose a été prêt à se produire mais ne s'est pas produit.

>**J'ai failli** tomber.
>(Je suis presque tombé.)
>(J'ai manqué de tomber.)
>*I almost fell.*

Vouloir

Vouloir marque surtout la volonté et la détermination. Mais paradoxalement, à d'autres moments, il peut adoucir ou nuancer le sens du verbe principal. C'est pourquoi on l'emploie si souvent dans les formules de politesse. Ainsi **vouloir** exprime:

• *le désir*

>Il **veut** aller au cinéma ce soir.
>*He wants to go to the movies this evening.*

>Elle **voudrait** rentrer de bonne heure.
>*She would like to go home early.*

• *la détermination*

>Nous **voulons** être libres!
>*We want to be free!*

>Elle ne **voulait** pas nous parler.
>*She didn't want to speak to us.*

Notez qu'au passé composé, **vouloir** a le sens très fort de **vouloir absolument** (voir Chapitre 3).

>Il **a voulu** partir à l'aube.
>*He insisted on leaving at dawn.*

• *le souhait*

Au conditionnel, il aide à formuler des souhaits.

>Je **voudrais** bien voyager en Chine.
>*I would like to travel in China.*

Au conditionnel et à l'impératif, il fait partie des formules de politesse.

>**Voudriez**-vous venir me voir?
>*Would you come and see me?*

>**Veuillez** croire à l'assurance de ma considération . . .
>*Yours sincerely . . .*

Faire causatif

Le semi-auxiliaire **faire** est *causatif*. Le sujet du semi-auxiliaire provoque l'action mais ne le fait pas lui-même. Il oblige quelqu'un d'autre à l'accomplir. Notez bien qu'une phrase où se trouve **faire** *causatif* peut se traduire en anglais de plusieurs façons. Attention: il faut chercher le sens précis de chaque phrase.

Règles générales.

1. Ne séparez pas **faire** de l'infinitif qui le complète.

> Elle **a fait peindre** la maison.
> *She had the house painted.*

> **A**-t-il **fait distribuer** les brochures?
> *Did he have the pamphlets distributed?*

Deux exceptions. **Faire** est séparé de l'infinitif quand:

• le verbe est au négatif et à un temps simple:

> Elle **ne fait pas** repeindre la maison.
> *She doesn't have the house repainted.*

• le verbe est à l'impératif et un pronom objet le suit:

> **Fais-la** peindre.
> *Have it painted.*

• le verbe est suivi d'un infinitif pronominal:

> Ces animaux, on les **a fait se reproduire.**
> *They got these animals to reproduce.*

2. Placez les compléments d'objet de la façon suivante:

• le substantif suit l'infinitif;

• le pronom précède le semi-auxiliaire (sauf à l'impératif).

Mise en pratique.

1. *Un seul complément.* Suivez les règles générales citées ci-dessus.

> Je fais chanter **les étudiants.**
> *I have the students sing.*
> *I make the students sing.*

> Je **les** fais chanter.
> *I have them sing.*
> *I make them sing.*

Je fais chanter **les chansons**.
I have the songs sung.

Je **les** fais chanter.
I have them sung.

C'est le contexte qui détermine le sens de la phrase.

2. *Deux compléments.* Vous avez un complément d'objet direct et un complément d'agent. Transformez le *complément d'agent* en *complément d'objet indirect*. Si l'agent est indiqué par un substantif, mettez la préposition **à** devant le substantif. S'il est indiqué par un pronom, choisissez le pronom personnel, complément d'objet indirect.

Je fais chanter **la chanson aux étudiants**.
I have/make the students sing the song.
I have the song sung by the students.

Elle **leur** fait chanter **la chanson**.
She has/makes them sing the song.

Tu **la leur** fais chanter.
You have/make them sing it.

Il **nous la** fait chanter.
He has/makes us sing it.

3. *Cas ambigus.* Notez qu'il y a forcément des cas où le sens du complément d'objet indirect n'est pas tout à fait clair. La phrase

Je ferai chanter la chanson **aux étudiants**.

se traduit:

*I will have the song sung **by** the students.*
ou bien:
*I will have the song sung **to** the students.*

Si vous voulez indiquer que la chanson est chantée *par* les étudiants, remplacez à par la préposition **par**.

Je fais chanter la chanson **par les étudiants**.
I have the song sung by the students.
I have/make the students sing the song.

Je **la** fais chanter **par les étudiants**.
I have/make the students sing it.

Si vous remplacez **par les étudiants** par un pronom, ce pronom doit être, bien entendu, le complément d'objet indirect.

Tu **leur** fais chanter la chanson.
You have/make them sing the song.

Tu la **leur** fais chanter.
You have/make them sing it.

4. *Participe passé invariable.* À un temps composé, le participe passé de **faire** *causatif* est invariable (voir Chapitre 3).

La chanson que je leur ai **fait chanter** est difficile.
The song I had/made them sing is difficult.

5. *Sens passif.* Le *pronom réfléchi* peut s'employer avec **faire** *causatif.* Il donne à la phrase un sens passif.

Il **se fait** couper les cheveux.
He has his hair cut.

Je **me suis fait** faire un complet.
I had a suit made for myself.

6. *Faire ou rendre?* Attention: **faire** *causatif* est toujours suivi d'un infinitif. Si vous voulez un verbe de causalité suivi d'un *adjectif*, employez le verbe **rendre.**

Cette bonne nouvelle l'**a rendue** heureuse.
That piece of good news made her happy.

> ALLEZ-Y,   exercice 5

Laisser et les verbes de perception

Laisser est un semi-auxiliaire. Les verbes de perception (**entendre, regarder, sentir, voir**) ne sont pas des semi-auxiliaires. Mais, suivis d'un infinitif, ils jouent un rôle pareil à celui de **laisser.**

Les verbes de perception se complètent souvent d'un infinitif et de plusieurs noms ou pronoms. Ceux-ci peuvent être sujet ou objet de l'infinitif. S'ils sont sujet de l'infinitif, ils sont en même temps, normalement, complément d'objet du verbe. De façon générale, il suffit de compter les substantifs et les pronoms pour savoir comment procéder.

Place des compléments

Les substantifs et les pronoms doivent bien se placer par rapport à l'infinitif, et leur place dépend de leur nombre.

Un seul nom ou pronom

S'il y a un seul nom, mettez-le après l'infinitif. Le nom peut être sujet ou objet de l'infinitif.

> Je laisse manger **l'ours noir**.
> *I let the black bear eat.*

> Il regarde nourrir **les deux petits gorilles**.
> *He is watching the two little gorillas being fed.*

Mais si une expression adverbiale termine la phrase, vous pouvez mettre le substantif entre le verbe principal et l'infinitif.

> Il regarde **les deux chiens** jouer **au fond du jardin**.
> *He is watching the two dogs playing at the end of the garden.*

Si un pronom personnel remplace le substantif, mettez-le toujours devant le verbe.

> Je **le** laisse manger.
> *I let him eat.*

> Il **les** regarde jouer.
> *He is watching them play.*

Deux noms ou pronoms

Dans le cas de deux compléments, la situation se complique.

1. En général, s'il y a deux substantifs, le premier est le complément du verbe et le second le complément de l'infinitif. Mettez le premier après le verbe et le second après l'infinitif.

   > Tu laisses **le chat blanc** manger de **la crème glacée**?
   > *You let the white cat eat ice cream?*

   > Je vois **Roger** préparer **le petit déjeuner** aux singes.
   > *I see Roger preparing breakfast for the monkeys.*

2. Si un pronom personnel remplace le premier substantif (complément du verbe), mettez-le devant le verbe. Si un pronom personnel remplace le second substantif (complément de l'infinitif), mettez-le devant l'infinitif.

   > Je vois **l'aigle** chercher **de la nourriture**.
   > *I see the eagle looking for food.*

   > Je vois l'aigle **en** chercher.
   > *I see the eagle looking for some.*

Je **le** vois chercher de la nourriture.
I see him looking for food.

Je **le** vois **en** chercher.
I see him looking for some.

▌Accord du participe passé

L'accord se fait quand l'objet direct du verbe précède le verbe. Ainsi, il faut savoir si le substantif qui accompagne un verbe de perception est l'objet direct du verbe ou de l'infinitif. Essayez de découvrir si la personne ou la chose désignée par le complément peut faire l'action indiquée par l'infinitif. Si elle peut la faire, elle est sujet de l'infinitif et donc objet direct du verbe.

Exemple où l'accord se fait:

Nous avons entendu gazouiller les serins.
We heard the canaries warbling.

Question: Qu'est-ce que vous avez entendu?
Réponse: Nous avons entendu les serins qui gazouillaient.

Les serins peuvent faire l'action de l'infinitif (gazouiller). Ainsi, **les serins** est le sujet de l'infinitif et l'objet direct du verbe. On dit, alors, en faisant l'accord:

Nous **les** avons **entendus chanter.**
We heard them singing.

Exemple où l'accord ne se fait pas:

Nous avons **vu peindre** les tableaux.
We saw the pictures being painted.

Question: Qu'est-ce que vous avez vu?
Réponse: Nous avons vu les tableaux.

Les tableaux ne peuvent pas faire l'action de l'infinitif (peindre). Ainsi, **les tableaux** n'est pas le sujet de l'infinitif. C'est l'objet de l'infinitif. Alors, à un temps composé, le participe passé est invariable.

Nous **les** avons **vu peindre.**
We saw them being painted.

▍Cas spéciaux

Ne confondez pas **entendre dire** (to hear) et **entendre parler de** (*to hear about*). Si vous obtenez des renseignements sur quelque chose en écoutant ce que disent les gens, employez:

1. **entendre dire** + proposition

> Elle **a entendu dire** que le tigre avait déjà attaqué le gardien plusieurs fois.
> *She heard that the tiger had already attacked the keeper several times.*

2. **entendre parler (de)** + nom ou pronom

> **Avez**-vous **entendu parler de** cet accident?
> *Have you heard about that accident?*

> Oui, j'en **ai entendu parler.**
> *Yes, I heard about it.*

> ALLEZ-Y, exercices 6, 7

▍Le semi-auxiliaire comme verbe principal

▍La plupart des verbes que nous venons d'étudier ont deux rôles à jouer. En tant que verbes semi-auxiliaires, ils se construisent toujours avec un infinitif. Comme verbes principaux, ils peuvent être suivis d'un nom, d'un pronom ou d'une proposition substantive. Le sens du verbe principal est souvent différent de celui du semi-auxiliaire.

Devoir

Le verbe principal veut dire *avoir une dette à payer*. Notez que ce verbe-ci ne peut pas introduire une proposition substantive.

> Elle me **doit** vingt dollars.
> *She owes me twenty dollars.*

Faire

Le verbe principal a le sens de *créer, produire.*

> Il **fait** de la photographie.
> *He does photography.*

> Tu **as fait** une bévue.
> *You made a blunder.*

Falloir

Falloir veut dire *être nécessaire.* Il s'emploie toujours à la forme impersonnelle. Quand il introduit une proposition, le verbe subordonné doit se mettre au subjonctif.

> Il **vous faut** de la patience.
> *You must have patience.*

> Il **faut** que vous **partiez.**
> *You must leave.*

Laisser

Comme verbe principal, **laisser** veut dire *abandonner.* Il est suivi d'un nom ou d'un pronom.

> **J'ai laissé** tous les documents sur la table.
> *I left all the documents on the table.*

Savoir

En tant que verbe principal, **savoir** veut dire *être informé de, être certain.*

> Il **sait** ses verbes.
> *He knows his verbs.*

> **Je le sais.**
> *I know that.*

> **Nous savons** que vous avez raison.
> *We know that you are right.*

1. Ne confondez pas **savoir** et **connaître. Savoir** indique une connaissance complète; **connaître,** une connaissance partielle. Employez **connaître** pour des personnes, des objets, des lieux. Ce verbe est toujours verbe

principal. Faites-le suivre d'un nom ou d'un pronom — jamais d'une proposition subordonnée.

>**Je vous connais.**
>*I know you.*

>**Je connais** ce pays-là.
>*I know that country.*

2. À l'occasion, vous pouvez employer soit **savoir** soit **connaître**. Mais **savoir** est plus catégorique que **connaître**.

>**Il sait (connaît)** la réponse à la question.
>*He knows the answer to the question.*

Vouloir

Vouloir, verbe principal, veut dire *désirer*. Quand il est suivi d'une proposition substantive, le verbe subordonné doit se mettre au subjonctif.

>**Je veux** du café.
>*I want some coffee.*

>**J'en veux.**
>*I want some.*

>**Je veux** que vous m'en **donniez.**
>*I want you to give me some.*

Maintenant, c'est à vous!

▌Allez-y!

1. Complétez les phrases suivantes en ajoutant, s'il le faut, la préposition qui convient.

   Modèle: Il est resté assis . . . regarder les arbres.
   Il est resté assis **à regarder** les arbres.

   a. Elle aimerait mieux . . . aller voir les serpents.
   b. Nous nous sommes habitués . . . y aller le matin après qu'on a fini . . . nettoyer les cages.
   c. Ils ont passé deux heures . . . regarder . . . jouer les phoques.
   d. Elle a été obligée . . . partir avant l'heure de la fermeture.
   e. Elle a essayé . . . donner des cacahuètes au petit singe.
   f. A-t-elle cessé . . . le tourmenter?
   g. Êtes-vous content . . . nous voir ici?
   h. Il a fini . . . nous reconnaître.
   i. J'ai l'intention . . . revenir bien des fois.
   j. Nous avons de la chance . . . avoir un beau zoo tout près de chez nous.
   k. N'avez-vous pas envie . . . la visiter?
   l. Ils ont bien fait . . . situer le zoo juste en dehors de la ville.
   m. Je ne suis pas d'accord. J'aurais aimé . . . le voir près de l'autoroute.
   n. Cela permettrait aux touristes . . . s'approcher facilement du zoo.
   o. Vous n'êtes pas le premier . . . vous demander pourquoi on ne l'a pas fait.
   p. Ç'aurait été tellement facile . . . faire.
   q. Il y a du terrain . . . vendre tout près du zoo.
   r. Croyez-vous qu'on va . . . acheter ce terrain? Si oui, il faut . . . agir vite.
   s. Il n'y a plus de temps . . . perdre.

2. Complétez les phrases suivantes en ajoutant la préposition qu'il faut. N'oubliez pas d'obéir aux règles de la contraction.

   Modèle: Il a ordonné . . . les photographes . . . ne pas utiliser les flashs.
   Il a ordonné **aux** photographes **de** ne pas utiliser les flashs.

    a. La directrice défend . . . les visiteurs . . . se mettre trop près des cages.

    b. Elle a conseillé . . . les fonctionnaires de la ville . . . mettre partout des affiches.

    c. Elle a même persuadé . . . le maire . . . discuter avec les membres du conseil la question de la sécurité générale.

    d. Avez-vous demandé . . . voir la directrice?

    e. Non, mais nous avons demandé . . . le vétérinaire . . . nous recevoir dans son bureau.

    f. J'ai décidé . . . mon frère . . . accepter ce poste puisqu'il aime les animaux.

    g. N'avez-vous pas pu . . . empêcher . . . cet homme . . . se moquer de la girafe?

    h. J'ai prié . . . la jeune femme à la caméra . . . photographier les gorilles.

    i. Est-ce que vous voulez . . . aller . . . voir l'ours polaire? Il vient . . . prendre son bain.

3. En vous servant de **devoir** ou de **falloir,** complétez les phrases suivantes. Attention aux indications qu'on vous donne.

    Modèle: Il . . . partir. (**commandement**)
          Il **faut** partir.

    a. Elle . . . prendre la direction du zoo. (*obligation future*)

    b. Vous . . . vous occuper du lion. Il a mal à la patte. (*conseil*)

    c. Elle . . . vous en parler plus tôt. (*reproche*)

    d. Il . . . avoir faim. (*probabilité*)

    e. Tu . . . nous attendre à la porte d'entrée. (*obligation au passé*)

    f. Il . . . défendre aux touristes de donner à manger aux animaux. (*nécessité*)

4. En vous servant de **savoir,** de **pouvoir** et de **connaître,** complétez les phrases suivantes.

    Modèle: Vous ne . . . pas venir?
          Vous ne **pouvez** pas venir?

    a. . . .-vous ce que je vais faire?

    b. . . .-vous mon amie Arlette?

    c. Elle nous dit qu'elle . . . être des nôtres ce soir.

    d. Il y a une piscine chez nous. . . .-vous nager?

e. Moi, je . . . nager. Mais toi, puisque tu portes toujours un plâtre au bras, tu ne . . . pas nager.

f. Il . . . bien la ville. Mais, quand même, il ne . . . que faire.

g. . . .-je vous demander si elle va accepter cette bourse?

h. Elle vient de l'accepter. Je le . . . à dix heures. Elle me l'a dit elle-même.

5. Complétez les phrases suivantes en vous servant de **faire** *causatif*.

Modèle: Il entre dans la cage. Je . . .
Je le fais entrer dans la cage.

a. Les singes montent dans les arbes. Nous . . .

b. Ils sautent d'un arbre à l'autre. Vous . . .

c. Il soigne les pingouins. Tu . . .

d. La vétérinaire examine la lionne. Tu . . .

e. La vétérinaire l'examine. Nous . . .

f. Les dorades jouent dans l'eau. Elle . . .

g. Il achète des cacahuètes. Tu . . .

h. Ils s'en vont. Faites . . .

i. Les touristes lisent les affiches. Je . . .

6. Complétez les phrases suivantes en vous servant de **faire** *causatif* ou d'un verbe de perception.

Modèles: Les oiseaux chantent. J'entends . . .
J'entends chanter les oiseaux.

Ils chantent. J'entends . . .
Je les entends chanter.

a. Les lions rugissent. Est-ce que tu entends . . .

b. Les oies s'envolent. Vous regardez . . .

c. Ils partent pour le nord. Je vois . . .

d. Le singe mange. Elle fait . . .

e. Le singe mange une banane. Je fais . . .

f. Il mange une orange et des raisins. Vous faites . . .

g. Le printemps vient. Je sens . . .

h. L'ours polaire baille. Tu vois . . .

i. Il nage dans l'eau froide. Je vois . . .

j. Les corbeaux croassent. Elle entend . . .

k. Les girafes arrivent. Elles voient . . .

l. Les serpents dorment. Je laisse . . .

m. La tigresse marche à pas lents. Vois-tu . . .

n. Les cygnes circulent. Nous regardons . . .

o. Ils circulent lentement sur le lac. Vous voyez . . .

7. Complétez les phrases suivantes en mettant le semi-auxiliaire au passé composé. Attention à l'accord du participe.

Modèle: Les cygnes, que nous (**voir circuler**) sur l'eau, scintillaient au soleil.

Les cygnes que nous **avons vus circuler** sur l'eau, scintillaient au soleil.

a. Les ours, que nous (*voir nager*) dans l'eau, nous ont fait rire.

b. Les cris, que vous (*entendre pousser*) dans la nuit, vous ont fait frissonner.

c. Les repas, que tu (*faire préparer*), sont bien nourrissants.

d. Les spectateurs, que je (*voir venir*), ont beaucoup applaudi.

e. Les chansons, que la musicienne (*entendre chanter*), lui ont inspiré certaines de ses mélodies.

f. La vétérinaire, que nous (*faire venir*), aime beaucoup les animaux.

Lecture

La métamorphose des zoos   Texte extrait de *Les zoos se libèrent*
de Louise Desautels.[1] L'article a paru dans *Québec Science*.

«*Si nous ne transformons pas nos zoos bientôt, les pressions du public les feront fermer.*»
Jacques Prescott, biologiste au Jardin zoologique du Québec, à Charlesbourg

«*Nous devons construire aujourd'hui des zoos capables de satisfaire les générations qui nous suivent.*» 5
Ghyslain Gagnon, directeur du zoo de Saint-Félicien, au Lac Saint-Jean

«*Je pense que le zoo-exhibition, le zoo-cirque — un animal/une cage — est une formule périmée, une conception du 19e siècle.*» 10
M. Doumenge, directeur du Zoo de Vincennes, à Paris

---

[1] Louise Desautels, journaliste québécoise.

Trois hommes, trois jardins zoologiques fort différents, mais une idée: détruire à jamais l'image de l'animal solitaire, galeux et rongé d'ennui derrière ses barreaux. Moins de cages et plus d'espace, de meilleurs soins, davantage d'individus d'un moins grand nombre d'espèces dont, en priorité, celles qui sont menacées d'extinction, le moins possible d'animaux prélevés directement dans la nature, voilà en matière de zoologie les nouveaux mots d'ordre. 15

Déjà accomplie dans les grands zoos américains et européens, la métamorphose s'amorce maintenant dans les jardins de moyenne envergure comme ceux que l'on retrouve au Québec. Sans renier leur vocation de divertissement, nos zoos cherchent à mieux respecter les besoins de la gent animale qui les peuple; ces mêmes animaux sauvages qui — les zoos en prennent de plus en plus conscience — se font maintenant rares en pleine nature. On pense à aménager de vastes terrains où la faune nord-américaine se développerait en semi-liberté . . . On prévoit construire des habitats reproduisant le climat d'origine d'espèces exotiques . . . On veut créer un vivarium où l'on puisse observer 20 25

l'activité de divers insectes . . . À Saint-Félicien, Granby, Charlesbourg, grand projets et petits budgets s'entrechoquent . . .   30

Le Québec compte actuellement une dizaine de parcs zoologiques
qui varient en dimension et en qualité. Avec leurs deux millions de visiteurs annuels, ces zoos sont avant tout perçus comme autant d'attrac-
tions touristiques. Les manèges, casse-croûte et kiosques de souvenirs
aménagés sur les lieux le confirment. Dans ces institutions pourtant   35
remplis d'animaux de tout acabit, les études scientifiques sont rarissi-
mes. Et les laboratoires de recherche, inexistants.

Depuis quelques années, l'accent est cependant mis sur le rôle de
diffuseur de connaissances que peut jouer le zoo. La tendance s'est
d'abord fait sentir par l'apparition de renseignements affichés près des 40
cages: le nom de l'animal, sa provenance, son mode d'alimentation. Le
zoo de Charlesbourg songe également à présenter des modules exploi-
tant certains thèmes: l'adaptation au froid, les espèces rares, la nidifi-
cation. Un peu dans le même esprit, Granby aura «une table de
sensation» où il sera possible de toucher des peaux et des fourrures,   45
d'entendre des appels amoureux, de goûter la moulée destinée aux
pensionnaires, etc.

Mais surtout, on s'attache de plus en plus à donner au visiteur une
idée du milieu physique dans lequel évolue normalement l'animal sauvage. Au minimum, cela prend la forme de décor peint au fond de la   50
cage. Au mieux, on concentre des animaux sur un territoire naturel ou
recréé auquel a accès le public. Les visiteurs en retirent un plus grand
enseignement puisque les animaux se livrent alors aux activités caractéristiques de leur espèce.

Pour mesurer la réussite d'un jardin zoologique, on n'a qu'à jeter un   55
œil sur ses performances en matière de reproduction. Elles sont sensi-
bles à la moindre erreur commise dans l'aménagement de l'habitat:
conditions hygiéniques et climatiques, espace disponible, proximité
des visiteurs et possibilité de se soustraire à leur présence, cohabitation
inadéquate. Un couple de rhinocéros, réputé infertile au zoo de San   60
Diego où il a partagé la même cage pendant dix ans, a eu une progéniture dès la première année quand on l'à introduit dans le Wild Animal
Park de cette même ville.

L'absence de progéniture se fait encore plus cruellement sentir lorsqu'il s'agit d'espèces en voie d'extinction. Prélever de nouveaux indi-   65
vidus dans la nature peut alors contribuer à leur disparition à l'état
sauvage. D'ailleurs, une convention internationale (CITES) signée par
85 pays, dont le Canada, limite le commerce de tels animaux.

Alors qu'au début du siècle, il disparaissait une espèce vivante chaque année, on peut compter aujourd'hui une extinction par jour. La   70
majorité de ces espèces sont des végétaux mais on estime que près de

deux milliers de mammifères, oiseaux, poissons, amphibiens et repti-
les sont menacés de disparition.

Parce qu'ils se sont parfois retrouvés avec les derniers représentants
d'une espèce disparue en nature, les jardins zoologiques se sont pro-   75
gressivement sentis concernés par le problème. S'ils voulaient jouer un
rôle dans ce domaine, les zoos québécois auraient fort à faire. À commencer pas posséder des représentants d'espèces menacées, ce qui
n'est pas le cas actuellement, même pour les espèces indigènes québé-
coises. Il faut aussi renoncer à présenter un grand nombre d'animaux à   80
peu près solitaires au profit de groupes suffisamment larges pour éviter la consanguinité. Pour minimiser cette contrainte, les zoos qui se
sont donné cette vocation se concentrent habituellement sur une seule
espèce menacée pour qui ils aménagent tout un territoire.

Le principe de conservation d'espèces dans les zoos se veut un pis-   85
aller. Parce que, bien sûr, une fois leur survie assurée, il est souvent
impossible de les réintroduire dans la nature, la cause de leur presque
extinction, elle, n'ayant pas disparue: il s'agit le plus souvent de la destruction de son habitat naturel. De plus, un séjour en captivité où la
nourriture est assurée fait perdre à l'animal ses comportements natu-   90
rels. Après les avoir fait se reproduire en assez grand nombre, des zoos
américains et européens ont réussi à relâcher dans le lieu d'origine de
leurs ancêtres certaines espèces rares nées en captivité: tamarins dorés
(singe brésilien), condor des Andes, oies des îles Hawaï. Ces individus
doivent d'abord être spécialement entraînés à trouver leur nourriture   95
et à se défendre contre les prédateurs. En comptant le salaire des édu-
cateurs qui se sont chargés de cette tâche, ce genre d'opérations coûte
une véritable fortune. «Mais la réintroduction n'est peut-être pas notre
rôle, avance Jacques Prescott. Le zoo n'est qu'un intervenant dans le
cycle.»   100
À côté de ces grandes ambitions, les projets des zoos québécois semblent bien prosaïques. Mais ils marquent quand même la fin de l'époque des zoos traditionnels.

▌Travaux

1. Répondez aux questions suivantes.

   a. Qu'est-ce que c'était qu'un zoo au dix-neuvième siècle?

   b. Qu'est-ce que c'est que le zoo au vingtième siècle?

   c. Comment cherche-t-on à attirer l'attention du public dans les zoos
      d'aujourd'hui? Donnez des exemples.

d. À quel problème important les zoos d'aujourd'hui doivent-ils faire face?

e. Pourquoi est-il souvent impossible de réintroduire certaines espèces dans la nature?

2. Dans les cinq derniers paragraphes de cet article, relevez tous les semi-auxiliaires.

3. À partir des éléments donnés, faites des phrases en vous servant de **faire** *causatif*. Ajoutez, à votre gré, des détails intéressants. Mettez le verbe principal au passé composé.

Modèle: payer / billets / visiteurs

On a fait payer très cher tous ces billets aux visiteurs venus en plein hiver visiter notre zoo.

a. photographier / dorades / photographe

b. peindre / paons / artiste

c. élever au biberon / lionceau / gardien

d. préparer / repas / diététicienne

e. plomber / dent / léopard

f. opérer / hippopotame / chirurgien

g. soigner / oreilles / vétérinaire

h. chauffer / pavillons / oiseaux

i. construire / balançoires / chimpanzés

j. repeindre / piscine / ours

k. nettoyer / cages / gardien

4. Refaites les phrases que vous venez de composer, mais remplacez les noms par des pronoms personnels.

Modèle: On a fait payer très cher les billets aux visiteurs venus en plein hiver visiter notre zoo.

On les leur a fait payer très cher.

5. En vous inspirant des phrases ci-dessous, formulez un conseil en vous servant du conditionnel présent de **devoir**.

Modèle: Les zoos traditionnels ne sont plus acceptables.

Nous devrions les remplacer le plus tôt possible.

a. On pense à aménager de vastes terrains où les animaux peuvent vivre en semi-liberté.

b. Les zoos ont vraiment fort à faire.

c. Les laboratoires de recherche sont souvent inexistants.

  d. Le comportement naturel d'un animal disparaît au cours de sa captivité.

  e. Réintroduire les espèces menacées dans la nature coûte cher.

6. Présentez un reproche en vous servant du verbe **devoir** au conditionnel passé.

   Modèle: Les zoos traditionnels ne sont plus acceptables.
   C'est notre faute. Nous n'aurions jamais dû les faire construire.

   a. Le zoo-cirque est une conception du dix-neuvième siècle.
   b. On préconise de meilleurs soins et un moins grand nombre d'espèces.
   c. On prévoit la construction d'habitats reproduisant le climat d'origine de certaines espèces.
   d. On affiche près des cages des renseignements intéressants et instructifs.
   e. Le zoo joue le rôle de diffuseur de connaissances.

7. Complétez les phrases suivantes en vous servant soit de **faire** *causatif* soit de **rendre**. Mettez les verbes au passé composé. Faites l'accord du participe passé là où il le faut.

   Modèles: L'emprisonnement le . . . méfiant.
   L'emprisonnement **l'a rendu** méfiant.

   L'emprisonnement le . . . penser à son pays natal.
   L'emprisonnement **l'a fait penser** à son pays natal.

   a. Le long voyage les . . . malades.
   b. La peur le . . . incapable de réagir.
   c. Le régime au zoo la . . . grossir.
   d. Un bon dîner les . . . heureux.
   e. Les gardiennes les . . . entrer dans la cage.
   f. Le froid . . . difficile l'approvisionnement des animaux.
   g. La pluie . . . presque impossible l'entretien des sentiers.
   h. Un orage nous . . . remettre notre visite au jardin zoologique.

▌Thèmes

1. Traduisez en français les phrases suivantes.

   a. Zoos which let animals live in a healthy environment are absolutely necessary.

b. The sight of a wild animal imprisoned in a small cage makes us unhappy and makes us renew our pledge to give all of them much more freedom.

c. Zoos are not just places where you go to look at strange animals from far-away places.

d. Zoos, big and small, must protect animals which are on the endangered species list.

e. We don't want any other species to die out.

f. In many cases species become endangered because we, members of the human race, have destroyed their natural habitat — usually for our own greedy purposes.

g. Their only refuge is the zoo where they can be cared for properly.

h. Perhaps one day, they, or their offspring, may be returned to the environment from which they came.

2. Traduisez en français le passage suivant.

Dear Simone,

I've just finished my first week at the Zoo. That's the job I was offered this year. I believe I was accepted because I studied biology and nutrition two years ago. Sometimes they have me prepare meals for the animals. Do you know that they give bananas, oranges and grapes to the monkeys? And everything must be of the best quality. We mustn't use anything damaged or over-ripe. And I hear they give Jello to the bats . . . who adore it. Anyway, we have to watch these animals to make sure they are in good health.

By the way, did you hear about the peregrine falcons? They brought eggs back from the north and got them to hatch here. Then they brought up the chicks very carefully and later released them. You'll never guess where! In cities: because falcons need skyscrapers! Peregrine falcons like to live on top of cliffs, you know. So now our falcons nest on top of the skyscrapers — and feed on pigeons. And, as you know, we've no shortage of pigeons. Great idea! We save an endangered species and reduce the problem of certain birds which multiply too freely.

It's getting late.

Write me soon.

Love,

Vandana

À vous la parole

Vocabulaire supplémentaire
Pour parler du zoo

> le jardin zoologique, le parc zoologique, le jardin d'acclimatation,
> se porter bien, s'adapter, être (se sentir) en bonne santé,
> être souffrant, faire une pneumonie, grandir, grossir,
> prendre du poids, perdre du poids, se faire soigner,
> la quarantaine, mettre en quarantaine,
> arrêter la propagation des maladies

> dormir, s'endormir, faire un somme, hiberner, l'hibernation,
> améliorer, l'amélioration, mettre bas (donner naissance à), naître,
> la nourriture, l'alimentation, alimenter, une antilope,
> une antilope mâle, une chauve-souris, une chauve-souris mâle

Dialogues

Inventez un dialogue.

1. Interview

La directrice du zoo pose des questions à *un employé éventuel*. Elle veut savoir pourquoi le candidat s'intéresse au poste.

2. Conversation

Deux visiteurs (visiteuses) cherchent à découvrir pourquoi on va au zoo. Que peut-on y faire?

Décisions

Essayez de résoudre le problème suivant.

Vous aimez avec passion les iguanes, qui ressemblent à des dragons verts, et vous voudriez bien en avoir un chez vous. Mais vous découvrez qu'il vous faut d'abord une cage spéciale. Ensuite, vous découvrez que les iguanes peuvent devenir très grands. Ils atteignent parfois plus de deux mètres. Si vous installiez votre dragon vert chez vous maintenant, dans quelques années il vous faudrait trouver un zoo qui accepte d'accueillir votre compagnon. Quelle décision allez-vous prendre?

▌Discussions

Discutez des problèmes suivants.

1. Peut-on se payer des zoos modernes?
2. Problèmes associés à l'extinction des espèces.
3. Comment peut-on apprendre aux gens l'importance des espèces — celles qui sont menacées aussi bien que celles qui ne le sont pas?
4. Quel est le rôle joué par les média pour informer le grand public des problèmes mondiaux associés à l'extinction des espèces?
5. Le plus souvent, on dit qu'au zoo ce sont les animaux qui font rire les gens. M. Durrell, fondateur de l'Arche stationnaire à Guernsay, dit que ce sont les animaux qui s'esclaffent de rire à la vue des visiteurs. A-t-il raison?

▌Compositions

Écrivez une composition sur *un* des sujets suivants. N'oubliez pas de bien préparer le plan de votre composition.

1. Visite à un zoo (moderne ou traditionnel).
2. Mes animaux préférés.
3. Une journée au zoo du point de vue d'un oiseau exotique.
4. Le travail que j'ai fait au zoo.

18 Un moment

de gloire

Éléments de langue

Les rapports temporels
La simultanéité
L'antériorité
La postériorité

Situation

Réjouissances dans une petite ville québécoise
à l'occasion de la Saint-Jean-Baptiste

Texte: **Un moment de gloire** — extrait de *Les
pieds nus dans l'aube* de Félix Leclerc

Activités de communication

Mettre en pratique les règles gouvernant
l'expression de la simultanéité, de l'antériorité
et de la postériorité

Examiner la vie d'une petite ville et de ses
habitants

Discuter de fêtes, de défilés, de parades

Les rapports temporels

Vous voulez indiquer que deux choses ont lieu en même temps. Comment le faire?

Vous savez qu'il existe plusieurs façons de dire que deux choses se passent en même temps. Laquelle choisir?

Et comment indiquer l'antériorité dans le cas où un événement en précède un autre?

Ou la postériorité, si un événement a lieu après un autre?

> On ne *remarquait* pas plus Eustache que les autres ouvriers jusqu'au jour où monsieur le curé et le maire de la place (un capitaine de l'ancienne guerre), *passant* en voiture ouverte devant chez nous, l'*avaient salué* poliment de la main comme s'il *eût été* un personnage important.
>
> Félix Leclerc

La simultanéité

Vous pouvez exprimer la simultanéité de deux actions ou de deux états au moyen de tournures très variées — participes présents, gérondifs, propositions subordonnées, infinitifs et même substantifs. Mais ces tournures ne sont pas interchangeables. Voici ce qu'il faut savoir pour en choisir la meilleure, celle qui convient le mieux à l'expression de votre pensée.

Le participe présent
Rôles

Le participe présent[1] a deux rôles à jouer. Il peut être verbe ou adjectif qualificatif. Il importe de ne pas confondre ces deux rôles. C'est le participe présent à valeur verbale qui exprime la simultanéité et que nous étudions dans ce chapitre.

---

[1] **donnant** = *giving*. Voir Formation du participe présent, Appendice A.

1. Le participe présent (adjectif) *qualifie un substantif* avec lequel il s'accorde en genre et en nombre. Il sert surtout à décrire (voir Chapitre 20).

> Quelle histoire **passionnante!**
> *What a fascinating story!*

2. Le participe présent (verbe) *marque une action* qui coïncide avec celle du verbe principal.

> **Ouvrant** la porte, il a vu devant lui une très vieille femme.
> *Opening the door, he saw in front of him a very old woman.*

Emplois

1. Marquez par le participe présent une action qui a lieu en même temps que celle indiquée par le verbe principal. Le temps du verbe principal (futur, présent ou passé) est sans importance.

> La femme **sort** de la maison **appelant** ses enfants à souper.
> *The woman comes out of the house, calling her children to supper.*
> (verbe principal au *présent*)

> Elle **est entrée** dans la maison, leur **disant** de la suivre.
> *She went into the house, telling them to follow her.*
> (verbe principal au *passé*)

> Il **avait trouvé** ses amis **jouant** dans le parc.
> *He had found his friends playing in the park.*
> (verbe principal au *plus-que-parfait*)

2. Le participe présent modifie soit le sujet soit le complément d'objet du verbe principal.

> J'ai rencontré cette jeune fille **allant** à la bibliothèque.
> *I met that young girl on her way to the library.*

> **Allant** à la bibliothèque, j'ai rencontré cette jeune fille.
> *On my way to the library, I met that girl.*

3. Le participe présent (de valeur verbale) est *invariable*.

▌Le gérondif

Précédé de la préposition **en**, le participe présent devient le gérondif.

1. Le gérondif, toujours *invariable*, précise ce qui se passe au moment de l'action exprimée par le verbe principal. Employez le gérondif là où le

sens admet une proposition subordonnée introduite par une conjonction telle que **quand, lorsque, au moment où.**

> **En entrant** dans la pharmacie, **elle** s'est foulé la cheville.
> (Au moment où elle est entrée dans la pharmacie, elle s'est foulé la cheville.)
> *As she was entering the drugstore, she sprained her ankle.*

Nous considérons dans ce chapitre le rôle du gérondif dans l'expression des rapports temporels. Le gérondif peut aussi exprimer la cause, la manière, le moyen ou la condition (voir Chapitre 22).

2. Le sujet du gérondif et celui du verbe principal doivent être *identiques.* Le gérondif — qu'il soit placé avant le sujet ou après le verbe — se rapporte toujours au sujet du verbe principal.

> **En quittant** le centre commercial j'ai pris l'autobus.
> J'ai pris l'autobus **en quittant** le centre commercial.
> *Leaving the shopping centre, I took the bus.*

3. Mettez **tout** devant le gérondif si vous voulez souligner encore plus la simultanéité de deux actions. En même temps, vous mettez en évidence la nature opposée de ces deux actions. N'oubliez pas que le sujet du verbe principal doit toujours être le même que celui du gérondif.

> **Tout en parlant** au chef d'orchestre, **elle prenait** des photos.
> *While she was talking to the bandmaster, she was photographing the musicians.*
>
> **Tout en** nous **grondant, le vieux** nous **souriait.**
> *All the time he was scolding us, the old man was smiling at us.*

4. Le gérondif s'emploie et dans la langue parlée et dans la langue écrite. Le gérondif précédé de **tout** se trouve surtout dans la langue écrite.

> ■ **ALLEZ-Y, exercice 1**

▌**La subordonnée temporelle**

1. Une subordonnée temporelle (proposition subordonnée introduite par une conjonction indiquant le temps) peut exprimer la simultanéité. Les conjonctions les plus utilisées sont:

> à mesure que, à présent que, au moment où, aujourd'hui que, aussi longtemps que, comme, chaque fois que, en même temps que, lorsque, maintenant que, quand, toutes les fois que

Ces conjonctions nous font comprendre que les actions de la proposition subordonnée se passent en même temps que celles de la proposition principale.

> **Chaque fois qu'**il **rentrait** chez lui, les villageois l'**attendaient** à la gare.
> *Each time he came home, the villagers would be waiting for him at the station.*

2. Attention! Si l'action ou l'état exprimé par le verbe principal se rapporte à un temps futur, mettez le verbe subordonné au futur simple. (Dans de tels cas, l'anglais préfère le présent.)

> Lorsque la parade **aura** lieu, vous **comprendrez** l'enthousiasme des villageois.
> *When the parade is held, you will understand the villagers' enthusiasm.*

Puisque vous présentez dans la subordonnée des faits réels ou des faits perçus comme réels, vous vous servez du mode indicatif.

> **ALLEZ-Y, exercice 2**

▌Le substantif

Vous pouvez aussi rendre le sens d'une subordonnée temporelle au moyen d'un substantif. Mais il faut trouver un nom ayant le même sens que la proposition — ce qui n'est pas toujours possible. Le substantif, s'il existe, est un nom abstrait, tel que **arrivée, départ, ouverture, développement, déclaration**. La préposition qui le précède aide à marquer la simultanéité.

> **À l'ouverture** de la séance, le maire s'est levé pour nous parler.
> (Au moment où la séance a été ouverte, le maire s'est levé pour nous parler.)
> *When the meeting was opened, the mayor got up to speak to us.*

À cause de la concision qu'elle apporte au style, cette tournure s'emploie très souvent en français.

▌L'infinitif présent

Si vous utilisez un verbe de perception (**apercevoir, écouter, entendre, regarder, sentir, voir**), vous pouvez le faire suivre d'un infinitif présent (voir Chapitre 17). L'infinitif marque ainsi la simultanéité.

J'**entends chanter** les enfants.
I hear the children singing.
(verbe principal au présent)

J'**ai entendu chanter** les enfants.
I heard the children singing.
(verbe principal au passé)

▌La subordonnée relative

Employez une subordonnée relative (proposition subordonnée introduite par un pronom relatif) pour donner des renseignements utiles et pour indiquer la simultanéité de deux actions ou de deux états.

L'homme **qui se lève** pour prendre la parole est le maire.
The man who is standing up to speak is the mayor.

À la séance **à laquelle nous avons assisté,** on a choisi deux délégués.
At the meeting we attended, two delegates were chosen.

Dans le style littéraire, une subordonnée relative peut compléter un verbe de perception. Mettez le verbe subordonné au temps qui convient au sens de la phrase.

Je le vois **qui entre** dans la caserne des pompiers.
(Je le vois entrer dans la caserne des pompiers.)
I see him going into the firehall.

Je l'ai vu **qui entrait** dans la caserne des pompiers.
(Je l'ai vu entrer dans la caserne des pompiers.)
I saw him going into the firehall.

Cependant, n'oubliez pas que les francophones préfèrent généralement compléter le verbe de perception par l'infinitif.

> ALLEZ-Y,   exercice 3

▌L'antériorité

Voici comment vous pouvez indiquer que certaines actions ont eu lieu *avant* l'action exprimée par le verbe principal.

1. Employez une *subordonnée relative* pour donner des détails précis marquant l'antériorité.

> La secrétaire **qui était arrivée** de très bonne heure nous a ouvert la porte.
> *The secretary who had arrived very early opened the door for us.*
>
> Deux déléguées, **qui seront venues exprès,** nous entretiendront de ce sujet.
> *Two delegates, who will have come here specially, will speak to us on that subject.*

2. Utilisez une *subordonnée temporelle* introduite par une conjonction qui indique d'une façon très claire l'ordre chronologique des événements. De telles conjonctions sont:

> après que, aussitôt que, d'aussi loin que, de plus loin que, depuis que, dès que, du moment que, lorsque, quand, une fois que
>
> **Après que** le maire **avait fini** son discours, nous sommes partis.
> *After the mayor had finished his speech, we left.*
>
> **Lorsque** le chef d'orchestre **sera arrivé,** la répétition aura lieu.
> *When the conductor has arrived, the rehearsal will be held.*

Il faut mettre le verbe subordonnée au mode indicatif puisqu'il s'agit toujours de faits réels déjà accomplis ou de faits futurs perçus comme réels.

3. Vous pouvez remplacer la subordonnée temporelle par *l'infinitif passé.*[2] Mais, attention!

a. Le sujet de la subordonnée doit être identique à celui du verbe principal.

b. Une préposition, et non pas une conjonction, doit introduire l'infinitif passé.

> **Après nous avoir encouragés,** le chef d'orchestre a commencé à battre la mesure.
> *After encouraging us, the bandmaster started to beat time.*

---

[2] **avoir parlé** = *to have spoken*; **être parti** = *to have left*. Voir Formation de l'infinitif passé, Appendice A.

4. Si vous voulez indiquer que certains événements précèdent immédiatement l'action marquée par le verbe principal, employez le *participe présent* ou le *gérondif*. En général, le participe présent et le gérondif marquent la simultanéité, mais ils peuvent aussi indiquer que les deux actions se suivent de tout près.

> **Arrivant** à la gare, elle s'est précipitée au guichet.
> **En arrivant** à la gare, elle s'est précipitée au guichet.
> *On arriving at the station, she rushed over to the ticket office.*
> (Elle arrive à la gare. Tout de suite après elle se précipite au guichet.)

5. Vous trouverez parfois la *forme composée du participe présent*.[3] Cette forme s'emploie surtout dans le style littéraire — rarement dans la langue parlée. Elle se rapporte en général au sujet du verbe principal.

> **M'ayant prévenu** de ce qu'il allait faire, il est allé parler à l'agent.
> *Having warned me of what he was going to do, he went to speak to the police officer.*
> (Il me prévient. Ensuite il va parler à l'agent.)
> Nous **ayant offert** ses condoléances, elle nous a quittés.
> *Having offered her sympathy, she left us.*
> (Elle nous a offert ses condoléances. Ensuite elle nous a quittés.)
> **Étant sortis** de la ville de bonne heure, ils nous ont attendus près de la forêt.
> *Having left the town early, they waited for us close to the forest.*
> (Ils sont sortis de la ville. Ensuite il nous ont attendus.)

6. Dans les textes de style littéraire, on remplace quelquefois la subordonnée temporelle par une tournure élégante, le *participe en construction absolue*. Cette construction absolue se compose du nom suivi du participe passé ou de la forme composée du participe présent. Il n'y a pas de verbe et le participe passé s'accorde avec le substantif qu'il qualifie.

> **Les étudiants partis**, le professeur se met à corriger les devoirs.
> **Les étudiants étant partis**, le professeur se met à corriger les devoirs.
> (Quand les étudiants sont partis, le professeur se met à corriger les devoirs.)
> *When the students have left, the teacher starts to correct the exercises.*

---

[3] **ayant parlé** = *having spoken*; **étant parti** = *having left*. Voir Formation de la forme composée du participe présent, Appendice A.

La répétition terminée, les musiciens sont rentrés chez eux.
(Quand la répétition a été terminée, les musiciens sont rentrés chez eux.)
When the rehearsal was over, the musicians went home.

Notez qu'il faut employer une subordonnée en anglais. Le sujet du verbe subordonné est toujours différent de celui du verbe principal.

7. N'oubliez pas qu'un *substantif*, précédé d'une préposition bien choisie, peut remplacer:

    a. une proposition introduite par une conjonction; ou bien

    b. un infinitif passé précédé d'une préposition.

C'est la préposition, précédant le substantif, qui marque l'antériorité.

Dès l'arrivée des pompiers, la foule s'est tue.
Dès que les pompiers sont arrivés, la foule s'est tue.
As soon as the firefighters arrived, the crowd fell silent.

Après la lecture du compte rendu, le secrétaire est parti.
Après avoir lu le compte rendu, le secrétaire est parti.
After reading the minutes, the secretary left.

> ALLEZ-Y,   **exercice 4**

▎La postériorité

▎**V**oici comment vous pouvez indiquer que certaines actions auront lieu *après* celles qui sont marquées par le verbe principal.

1. Employez une *subordonnée temporelle* en vous servant d'une des conjonctions suivantes. L'action exprimée par le verbe subordonné doit *suivre* celle du verbe principal.

    avant que, d'ici à ce que, en attendant que, jusqu'à ce que, jusqu'à tant que

    En attendant que les pompiers arrivent, nous continuions à crier: "Au secours!"
    While waiting for the firefighters to arrive, we kept on yelling "Help!"

    J'irai le voir **avant qu'il ne s'en aille** à l'hôpital.
    I'll go and see him before he goes off to the hospital.

    Vous resterez ici **jusqu'à ce que les agents aient tout vérifié**.
    You'll stay here until the police have checked everything.

Puisque les faits dont vous parlez dans la subordonnée n'ont pas encore été accomplis, vous les considérez comme incertains, peut-être même hypothétiques. Pour cette raison vous mettez le verbe subordonné au subjonctif.

2. Remplacez la proposition temporelle par l'*infinitif présent* précédé d'une préposition indiquant la postériorité. N'oubliez pas que le sujet de la subordonnée doit être identique à celui du verbe principal (voir Chapitre 22).

> Le secrétaire se lève **avant de nous parler**.
> *The secretary stands up before speaking to us.*
> *The secretary stands up before he speaks to us.*

3. Remplacez la subordonnée temporelle par un *substantif*, s'il en existe un ayant le même sens que la subordonnée. Une préposition, marquant la postériorité, doit précéder le substantif.

> **Avant l'ouverture de la séance**, le secrétaire nous a fait voir l'ordre du jour.
> **Avant qu'on n'ouvre la séance**, le secrétaire nous a fait voir l'ordre du jour.
> *Before the meeting started, the secretary showed us the agenda.*

▌Récapitulation

Antériorité:

> Terminant la conversation, l'agent s'est levé.
> En terminant la conversation, l'agent s'est levé.
> M'ayant parlé, l'agent s'est levé. (style littéraire)
> La conversation terminée, l'agent s'est levé. (style littéraire)
> Après qu'il m'avait parlé, l'agent s'est levé.
> L'agent qui m'avait parlé s'est levé.
> Après m'avoir parlé, l'agent s'est levé.
> À la fin de la conversation, l'agent s'est levé.
> *After speaking to me, the police officer stood up.*

Simultanéité:

> Me parlant, l'agent s'est levé.
> En me parlant, l'agent s'est levé.
> Tout en me parlant, l'agent s'est levé.
> Pendant qu'il me parlait, l'agent s'est levé.
> L'agent qui me parlait s'est levé.
> Au cours de notre conversation, l'agent s'est levé.
> *While speaking to me, the police officer stood up.*

Postériorité:

> Avant que vous ne me parliez, l'agent s'est levé.
> *Before you spoke to me, the police officer stood up.*
>
> L'agent qui allait me parler s'est levé.
> Avant de me parler, l'agent s'est levé.
> Avant cette conversation, l'agent s'est levé.
> *Before speaking to me, the police officer stood up.*

ALLEZ-Y,   exercice 6

TABLEAU 18-1   Antériorité, simultanéité, postériorité: formules de la subordonnée

Un x marque les tournures possibles.
Modèle: . . . (verbe) . . . l'agent s'est levé.

	antériorité	simultanéité	postériorité
participe présent	X	X	
gérondif	X	X	
tout + gérondif		X	
forme composée du participe	X		
construction absolue	X		
subordonnée temporelle	X	X	X
subordonnée relative	X	X	X
infinitif présent			X
infinitif passé	X		
substantif	X	X	X

Antériorité:

> Je t'ai vu après que tu étais entré dans le cinéma.
> *I saw you after you had gone into the theatre.*

Simultanéité:

> Je t'ai vu entrer dans le cinéma.
> Je t'ai vu qui entrais dans le cinéma.
> Je t'ai vu entrant dans le cinéma.
> Je t'ai vu au moment où tu entrais dans le cinéma.
> *I saw you going into the theatre.*

Postériorité:

> Je t'ai vu avant que tu ne sois entré dans le cinéma.
> *I saw you before you entered the theatre.*

TABLEAU 18-2   Antériorité, simultanéité, postériorité: verbes de perception

Un x marque les tournures possibles.
Modèle: Je l'ai vu . . . dans le cinéma.

	antériorité	simultanéité	postériorité
participe présent		X	
gérondif			
gérondif + **tout**			
forme composée du participe			
subordonnée temporelle	X	X	X
subordonnée relative		X	
infinitif présent		X	
infinitif passé			

Les tournures grammaticales (participes, infinitifs, propositions subordonnées et ainsi de suite) nous offrent la possibilité d'exprimer une seule idée de plusieurs façons. Nous pouvons éviter ainsi la répétition et la monotonie stylistique. Mais avant d'opter pour telle ou telle tournure, il faut considérer le sens précis que vous voulez donner à la phrase. De plus, il ne faut jamais oublier le niveau de langue que vous avez choisi. Presque tous les tours dont nous venons de parler s'emploient à la fois dans la langue écrite et dans la langue parlée. Trois de ces tournures — le participe présent, la forme composée du participe présent et le participe en construction absolue — se trouvent à peu près exclusivement dans le style littéraire.

Maintenant, c'est à vous!

Allez-y!

1. Liez les deux phrases en subordonnant la première à la seconde à l'aide du gérondif ou du gérondif plus **tout**.

   Modèle: Il lit les nouvelles. Il apprend l'étendue du désastre.
   En lisant les nouvelles, il apprend l'étendue du désastre.

   a. Elle s'installe devant le petit écran. Elle compte jouir du spectacle.
   b. Elle voit arriver l'heure de l'émission. Elle nous dit de nous dépêcher.
   c. Elle ouvre la porte. Elle nous dit d'entrer dans le salon.
   d. Elle nous demande de quoi nous avons besoin. Elle s'en va à la cuisine.
   e. Elle nous offre des boissons douces et des cacahuètes. Elle nous explique pourquoi cette émission doit nous intéresser.
   f. Nous nous installons devant le téléviseur. Nous lui cachons le fait que nous avons déjà vu l'émission.
   g. On a grignoté les cacahuètes. On a passé une très bonne soirée.
   h. Nous lui avons dit au revoir. Nous nous sommes promis de nous revoir la semaine suivante.

2. Combinez les deux phrases de façon à indiquer que les deux actions se passent en même temps. Employez le gérondif, si possible. Sinon, employez une subordonnée.

   Modèles: Marie ouvre le journal. Elle voit que la parade aura lieu demain.
   En ouvrant le journal, Marie voit que la parade aura lieu demain.

   Les enfants rentrent. Elle leur parle de la parade.
   Quand les enfants rentrent, elle leur parle de la parade.

   a. Nous prendrons le train. Nous espérerons y arriver à temps.
   b. Le train arrive à la gare. Nous découvrons qu'il ne nous reste pas beaucoup de temps.
   c. Nous nous dépêchons. Nous trouvons une bonne place.
   d. Les petits s'asseoient par terre. Ils peuvent se reposer.
   e. Nous voyons venir les clowns. Tout le monde se met à applaudir.
   f. Les clowns font rire les enfants. Ils lancent en l'air des ballons multicolores.
   g. La fanfare se fait entendre. Tous les spectateurs applaudissent.

h. Les enfants voient venir le char du Père Noël. Ils poussent des cris de joie.

i. Le Père Noël sourit aux enfants. Il les salue de la main.

3. Combinez les deux phrases en vous servant d'abord de l'infinitif, ensuite de la subordonnée relative.

Modèle: Il a entendu les chiens. Ils aboyaient.
   Il a entendu aboyer les chiens.
   Il a entendu les chiens qui aboyaient.

a. J'entends les cloches. Elles sonnent.

b. Avez-vous entendu les enfants? Ils criaient.

c. Nous avons vu les chars. Ils arrivaient tout décorés de fleurs.

d. Ce jour-là elle a entendu les cuivres. Ils jouaient.

e. Avez-vous vu le maire? Il est monté sur l'estrade.

f. Nous regardons les chevaux pomponnés. Ils passent devant nous.

4. Combinez les deux phrases pour montrer que la première précède la seconde. Employez l'infinitif passé si possible. Sinon, employez une subordonnée.

Modèles: La patronne déjeune en ville. Elle va au bureau.
   Après avoir déjeuné en ville, la patronne va au bureau.

   Nous avons tous déjeuné en ville. La patronne va au bureau.
   Après que nous avons tous déjeuné en ville, la patronne va au bureau.

a. Le secrétaire a bien préparé le projet. Il l'a présenté au maire.

b. Le secrétaire lui explique tout. Le maire réussit à convaincre les membres du conseil de la rentabilité du projet.

c. Il s'entend avec les fermiers et les marchands. Il sait que tout le monde approuve le projet.

d. On travaille dur pendant l'été. On sera content de se divertir à une foire au village au mois de septembre.

e. Les marchands ont délibéré longtemps. Ils sont prêts à décorer les chars.

f. Les fermiers ont beaucoup hésité. Ils contribueront les chevaux et les tracteurs.

g. Les musiciens approuvent le projet. Le chef d'orchestre promet d'organiser la fanfare.

h. Les villageois assistent à plusieurs répétitions. Les musiciens se montrent encore plus enthousiastes.

i. Les journalistes feront de la publicité. On verra venir beaucoup de monde.

j. On passera l'été à tout préparer. On aura un succès fou.

5. Combinez les deux phrases de façon à montrer que l'action de la seconde est postérieure à celle de la première. Employez soit la conjonction (+ verbe), soit la préposition (+ infinitif).

Modèles: Il est parti. Vous êtes allée le voir. (**avant de/avant que**)
   Avant qu'il ne parte, vous êtes allée le voir.

   Vous allez partir. Vous êtes allée le voir. (**avant de/avant que**)
   Avant de partir, vous êtes allée le voir.

   a. La petite voiture bleue a cogné la rouge. Le calme régnait. (*avant de/avant que*)

   b. Le chauffeur est sorti de sa voiture. Une foule s'est formée. (*avant de/avant que*)

   c. L'agent est arrivé. Les passants sont restés sur le trottoir. (*en attendant/en attendant que*)

   d. L'agent est arrivé. Le chauffeur a refusé de répondre aux questions. (*jusqu'à/jusqu'à ce que*)

   e. L'agent a demandé aux témoins de s'identifier. L'agent a pris la déposition du chauffeur. (*avant de/avant que*)

   f. L'agent a questionné les témoins. Il a examiné les deux voitures. (*avant de/avant que*)

   g. L'agent a terminé l'interview. Les deux chauffeurs ont été obligés de rester sur place et de répondre aux questions. (*jusqu'à/jusqu'à ce que*)

▌Lecture

▌**Un moment de gloire**   Texte extrait de *Les pieds nus dans l'aube* de Félix Leclerc[4]

Dans ce passage, l'action a lieu le 24 juin, la Saint-Jean-Baptiste.[5] C'est jour de fête au Québec, le jour ayant une signification à la fois civique et religieuse. Il y a partout des parades, des chars décorés, des fanfares — et souvent des feux d'artifice. L'auteur nous parle de la fête à laquelle il a assisté en compagnie de son camarade, Fidor.

---

[4] Félix Leclerc est célèbre surtout comme chanteur. Il est bien connu en France et au Canada pour ses chansons populaires et ses ballades. En France, où il jouit d'une très grande renommée, on l'a surnommé "le Canadien". Mais il est aussi conteur. Dans son livre intitulé *Les Pieds nus dans l'aube*, il nous raconte ses souvenirs et nous parle de sa vie dans une petite ville au Québec.

[5] Saint ou saint: Quand on veut désigner une fête ou un lieu, on écrit ce mot avec une majuscule et on le joint au nom propre qui le suit par un trait d'union. Quand on veut désigner un personnage, on écrit le mot avec une minuscule et on ne met pas de trait d'union.

Félix Leclerc

Il travaillait à la manufacture de pulpe, revenait le soir, fatigué, la figure et les mains barbouillées de suie, et repassait le lendemain, toujours, comme un bon journalier. Un peu plus grand que la plupart de
ses camarades, il portait sa boîte à dîner au bout d'un cordon de cuir,
en bandoulière comme un fusil.   5

Eustache était son nom. Il marchait toujours avec le nain, un compagnon de travail qui demeurait près du collège. On ne remarquait pas
plus Eustache que les autres ouvriers jusqu'au jour où monsieur le
curé et le maire de la place (un capitaine de l'ancienne guerre), passant
en voiture ouverte devant chez nous, l'avaient salué poliment de la   10
main comme s'il eût été un personnage important. Même le maire
avait crié:

— Ça va, Eustache?

Et Eustache avait fait signe que oui. Le même soir, j'avais demandé
à mon père pourquoi l'on saluait Eustache de la sorte. Mon père avait   15
répondu:

— Tu verras à la Saint-Jean-Baptiste.

La fête était loin, je l'oubliai et j'oubliai Eustache. Vint le vingt-quatre juin. La veille, j'avais entendu répéter dans la cuisine:

— C'est le jour à Eustache demain.   20

La messe terminée, la foule de plus en plus dense s'alignait le long
de la rue et guettait la tête de la procession.

Fidor et moi, à califourchon sur la clôture de bois près de l'estrade, nous pouvions voir jusqu'au fond de la rue comme dans le fond d'une bouche. Les premiers, nous aperçûmes là-bas dans le soleil, entre   25
deux maisons, un beau cavalier à chapeau de plumes sur un cheval blanc qui piaffait. C'était monsieur Larue, le chef de police, rose, bien rasé, bien astiqué, fier comme un général victorieux entrant en pays conquis. La foule, en se bousculant, le regardait, riait et applaudissait.

Suivait le corps de police: quatre par quatre, des hommes en bleu,   30
montés aussi sur des coursiers au poil luisant, ouvraient la parade[6] à la suite de leur chef. C'était magnifique.

Venaient ensuite les porteurs de drapeaux, de bannières, les députations de différents groupements civiques, les collégiens de la grande cour en pantalons et chandails blancs, les filles en robes blanches avec   35
leurs yeux de soleil, la fanfare avec ses instruments de cuivre d'où sortait la lumière, puis les chars allégoriques.[7]

Le premier: *la forge*. Un poêle fumait pour vrai dans une grosse voiture tirée par quatre chevaux fleuris et pomponnés: un homme poilu chauffait des fers en riant comme Satan. C'était drôle.   40

La glèbe[8]: deux vrais cultivateurs à peau brune, en chapeau de paille, semaient du vrai blé dans de la terre noire.

La voiture suivante était traînée au joug par deux bœufs rouges, cornus et pesants, les deux bœufs que j'avais aperçus dans la prairie en allant au Canton Mayou. Puis un autre char: *le moulin*; un autre: *la*   45
veillée,[9] plusieurs autres dont je ne me souviens plus. Après que le saint Jean-Baptiste fut passé, il y eut un brouhaha dans la foule, des bravos et des hourras. Plusieurs criaient:

— Les zouaves![10]

À cent pieds, là-bas, les zouaves s'avançaient avec majesté. Ah ! le   50
beau rythme! La belle formation ! Splendide régiment fier et déluré ! Ou aurait dit qu'il n'y avait qu'un seul zouave à plusieurs pattes, des pattes blanches qui se pliaient au genou et retapaient du talon comme un seul talon. Les bouffantes rouges, la ceinture bleue, la veste bleue, et l'orgueilleux képi qui dégageait si bien le front avec sa visière dorée,   55
et le balancement de ces corps bien sanglés ! Quelle merveille !

---

[6] **parade**: défilé, revue

[7] **char**: char (de carnaval), voiture décorée, portant des personnages figurant des scènes

[8] **glèbe**: champs qu'on travaille

[9] **veillée**: réunion, soirée

[10] **zouaves**: Membres d'une organisation religieuse associée au niveau paroissial à l'église catholique québécoise. L'uniforme qu'ils portent les jours de cérémonie ressemble à celui des Zouaves (corps de soldats français) — pantalon bouffant rouge, veste bleue et képi.

Boum ! bang ! Les dignitaires de l'estrade se raidissent, quelque
chose va se passer. Le maire-capitaine, d'un coup de jarret, se lève le
premier: une colonne de zouaves passe, triomphante.

Bang ! bang !   60

— Eustache ! lance un homme avec une grosse voix.

Bang ! bang ! par-devant, par-derrière, sur le côté, par-dessus, deux
mailloches à la fois, en croisant et décroisant, un tambour plein le ventre, le plus beau des zouaves paraît: Eustache ! Transformé,
méconnaissable ! Un sourire, tête fière, jambes nerveuses. Sa manche   65
était relevée et l'on voyait les nerfs de son poignet, bang ! bang ! C'é-
tait lui le centre, le point de mire, lui qui faisait piaffer tous ces hommes et se balancer toute cette foule. Eustache, rythmeur de parade !

▍Travaux

1. Relevez toutes les formes verbales qui se trouvent dans les deux passages
   de la ligne 21 à la ligne 29 et de la ligne 43 à la ligne 49. Justifiez l'emploi
   de ces formes verbales.

2. Répondez en français aux questions suivantes en notant tout particulièrement les rapports temporels de simultanéité, d'antériorité et de postériorité.

   a. Pourquoi l'auteur voyait-il Eustache tous les jours?

   b. Qu'est-ce qui a éveillé sa curiosité au sujet de cet homme?

   c. Comment a-t-il cherché à se renseigner sur Eustache?

   d. Pourquoi a-t-il mis de côté le problème?

   e. Quand et comment s'est-il rendu compte du rôle joué par Eustache
      dans la vie du village?

   f. Comparez l'Eustache de tous les jours à l'Eustache tel qu'il se pré-
      sente à la Saint-Jean-Baptiste.

3. Mettez les deux phrases au passé en les subordonnant l'une à l'autre d'a-
   près les indications (**s** = simultanéité; **a** = antériorité; **p** = postériorité).
   À vous de déterminer la subordonnée. Y a-t-il parfois plus d'une possibilité? Justifiez les variantes que vous proposez. Et attention à bien choisir
   le temps des verbes.

   Modèle: Il marche à côté de son ami. Il passe devant le collège.(**s**)
   > **Marchant à côté de son ami, il passait devant le collège.**
   > **En marchant à côté de son ami, il passait devant le collège.**

Tout en marchant à côté de son ami, il passait devant le collège.
Passant devant le collège, il marchait à côté de son ami.
En passant devant le collège, il marchait à côté de son ami.

a. Il travaille toute la journée à la manufacture de pulpe. Il rentre le soir très fatigué. **(a)**

b. Il va travailler. Il porte sa boîte à dîner au bout d'un cordon de cuir. **(s)**

c. Il revient le soir. Il ne parle pas. **(s)**

d. Le maire le salue de la main. Il s'adresse à Eustache. **(s)**

e. L'auteur a vu Eustache répondre au maire. Il est curieux. **(a)**

f. L'auteur assiste à la Saint-Jean-Baptiste. Il pose des questions. **(p)**

g. Les spectateurs attendent le long de la rue. Ils se bousculent. **(s)**

h. Nous nous approchons. Nous pouvons entendre la fanfare. **(s)**

i. Les collégiens portent des chandails blancs. Ils passent à côté de nous. **(s)**

j. Il voit passer les chars. Il bavarde avec son copain. **(p)**

k. Les spectateurs applaudissent. Ils attendant l'arrivée des zouaves. **(s)**

l. Le maire-capitaine se lève. Il voit venir Eustache. **(s)**

m. Eustache est le point de mire. Il ne cesse de sourire. **(s)**

n. Je vois le défilé. Je comprends pourquoi on admire Eustache. **(a)**

4. Remplacez la proposition subordonnée par un substantif.

Modèle: Dès qu'elle est entrée dans la salle, je me suis rendu compte qu'il y avait beaucoup de monde.
   Dès son entrée dans la salle, je me suis rendu compte qu'il y avait beaucoup de monde.

a. Dès qu'il est arrivé, tout le monde a été en émoi.

b. On parlait uniquement de la guerre qui allait probablement finir.

c. On avait longtemps attendu que les hostilités cessent.

d. Après que la guerre avait été déclarée, les jeunes gens étaient partis.

e. Dès qu'ils seraient enfin de retour, tout irait mieux.

f. Dès que la séance a été ouverte le délégué a voulu les mettre au courant de ce qui allait se passer.

g. Il leur a parlé d'usines qu'on allait rouvrir et de l'ère de bonheur qui allait commencer.

h. Avant qu'il ne parte, tous l'ont remercié des bonnes nouvelles qu'il leur avait apportées.

Thèmes

1. Traduisez en français les phrases suivantes. Servez-vous du style familier. Évitez la traduction littérale.

   a. After greeting Eustache, the Mayor asked him how he was.

   b. Well before June 24, I had forgotten the question I had asked.

   c. While we were waiting for the parade to start, we listened to the people talking around us.

   d. We spoke to the children watching the clowns and the majorettes.

   e. When the clowns have moved away, we'll be able to see the floats more clearly.

   f. As the bands passed in front of us, everyone started to applaud.

   g. There was Eustache playing the big bass drum.

   h. After working all year in the pulp mill, he was now the centre of attraction.

2. Traduisez en français le passage suivant.

   The 24th of June! National holiday in Quebec! And there we were driving down to our newly-built summer cottage on the lake. In all the villages along the way parades had been organized. After the parades were over, people gathered around the floats, chatting with friends and neighbours. Musicians were putting away their instruments while admiring children looked on.

   We arrived in our own little village late in the afternoon. Everyone was pleased to see us — and very unresponsive to our needs.

   "Turn on your electricity? Oh no! It's the 24th."

   "Deliver the bed you ordered a month ago? Quite impossible! It's St. John the Baptist's day!"

   "Drop off that firewood you bought last spring? Today? Now what can you be thinking of?"

   After buying buns and hot dogs and some fruit to tide us over, we drove rather sadly down to the cottage, resigned to sleeping on the floor. At least dinner by candlelight would be romantic.

   But, as we came up to the lake, we found several trucks and cars parked beside our cottage.

   "Can't let you sleep on the floor."

   "Oh yes, we know you have electric heaters. You might need them tonight."

   "Here's the wood. Hurry up and light a fire in that fireplace."

Waving cheerfully, our friends from the village rushed back to their cars and trucks and, leaning on their horns, disappeared into the night.

Yes, it was still St. John the Baptist's day.

À vous la parole

Vocabulaire supplémentaire
Pour parler de défilés et de carnavals

la procession, le défilé, la parade, le char, le carnaval, la kermesse, le jour férié

célébrer une fête, fêter quelqu'un, faire fête à quelqu'un, marcher en procession dans les rues, défiler dans les rues, prendre part à, participer à

le bal masqué (costumé, travesti), la fanfare, l'orchestre, le chef d'orchestre, les cuivres, le tambour, les majorettes, les clowns

Pour parler d'affaires municipales

le conseil municipal, les conseillers, le maire, le maire adjoint, ouvrir la séance, fermer la séance, le procès-verbal, l'ordre du jour, les contribuables, les impôts, les élections municipales, les pompiers, les agents, les gendarmes, la mairie/l'hôtel de ville

Dialogues

Imaginez le dialogue d'une des saynètes suivantes.

1. Pourquoi? Pourquoi?

un(e) touriste; Eustache

Un touriste s'attarde après la parade pour parler à Eustache. Le touriste, très curieux, franc, un peu indiscret, pose toutes sortes de questions à Eustache, cherchant à comprendre le rôle qu'il joue dans la petite ville. Eustache essaie de ne pas trop révéler au touriste.

2. **Ah! le beau jour!**

le maire; un conseiller

Le maire et ses conseillers se réunissent après la parade pour parler de ce qui a eu lieu. Le maire est très content de lui-même, de tous les habitants de la petite ville et surtout d'Eustache. Un des conseillers, plutôt déçu, critique tout.

▌Décisions

Essayez de résoudre le problème suivant.

L'organisateur du défilé vous demande de faire partie de la présentation d'un des chars. D'abord vous êtes très content(e) de l'honneur qui vous a été accordé. Ensuite vous découvrez qu'il faudra porter un costume assez osé. Accepterez-vous l'invitation? Expliquez votre décision.

▌Discussions

Cherchez à développer oralement les sujets suivants.

1. Les parades: la fête des roses, l'arrivée du Père Noël, le défilé militaire, la fête religieuse, la manifestation politique. Pourquoi les organise-t-on? À quoi servent-elles?
2. Les fêtes nationales: le 1er juillet, le 4 juillet, le 14 juillet, le 1er mai. Pourquoi célèbre-t-on les fêtes nationales? Comment les célèbre-t-on?
3. Le Carnaval: à Nice, à Rio, à La Nouvelle-Orléans, à Québec, à Toronto. À quoi sert le Carnaval? Y avez-vous jamais assisté? Est-ce que vous aimez les carnavals? Pourquoi?
4. Avantages (et/ou inconvénients) de la vie dans une petite ville.
5. À quoi est-ce que vous vous attendiez à la fin de ce conte de Félix Leclerc? L'auteur a-t-il bien préparé son effet? Discutez.

▌Compositions

Choisissez *un* des sujets suivants. Faites un plan en organisant logiquement vos idées. Développez-les ensuite en essayant de capter, dès le premier instant, l'attention de votre lecteur.

1. Description d'une parade qui vous a plu.
2. Ma petite ville à moi.
3. Moi, je veux être *tambour*.
4. La fête chez nous.

19

d'identité

Éléments de langue
Les adjectifs déterminatifs
Démonstratifs
Possessifs
Numéraux
Interrogatifs et exclamatifs
Indéfinis

Situation
Un Québécois s'en va au Far West. Il se fait
cow-boy et finit par devenir vedette à
Hollywood. Il est, en même temps, peintre et
auteur.

Texte: **Question d'identité** — extrait d'*Un
Québécois au Far West* de Paul Morisset

Activités de communication
Employer les différents adjectifs déterminatifs

Participer aux aventures de Will James
Faire revivre les premières années du cinéma à
Hollywood
Juger de l'importance de la réalisation de rêves
personnels
Peser les problèmes de l'alcoolisme

Les adjectifs déterminatifs

Qu'est-ce qu'un adjectif déterminatif? C'est un adjectif qui détermine ou qui précise le sens du substantif qu'il accompagne. Il ne sert pas à décrire ni à qualifier. Pour cette raison on l'appelle souvent un adjectif non-qualificatif. Il est indispensable pour marquer la possession, poser des questions, déterminer et analyser des objets. Les adjectifs possessifs et démonstratifs, interrogatifs et exclamatifs, numéraux et indéfinis sont tous des adjectifs déterminatifs.

> À *quinze* ans, il part en train pour la Saskatchewan avec la bénédiction réticente de *ses* parents, *dix* dollars en poche . . .
>
> **Paul Morisset**

Les adjectifs déterminatifs se mettent devant le substantif, remplaçant ainsi l'article défini ou indéfini. Ils s'accordent en genre et en nombre avec le nom qu'ils présentent.

Les adjectifs démonstratifs

Les adjectifs démonstratifs attirent notre attention sur telle ou telle chose ou personne. Ils montrent, pour ainsi dire, du doigt. Ils ont une valeur plutôt neutre, traduisant *this, that, these, those*, mais ne faisant pas de distinction entre les termes (voir Chapitre 11).

TABLEAU 19-1   Les adjectifs démonstratifs

	masculin	féminin
singulier	ce cet	cette
pluriel	ces	ces

Je n'aime pas tellement **cette** pièce.
I don't really like this (that) play.

Avez-vous entendu parler de **cet** auteur?
Have you heard of this (that) author?

1. La deuxième forme du masculin singulier, **cet**, s'emploie devant un substantif masculin commençant par une voyelle ou par un **h** *muet*.

Cet homme est très ambitieux.
That man is very ambitious.

Asseyons-nous à l'ombre de **cet** arbre.
Let's sit down in the shade of that tree.

2. Pour insister sur *this* ou *that*, comme en anglais, employez les formes renforcées de l'adjectif. Composez-les en ajoutant l'adverbe **-ci** ou **-là** au substantif. Les formes renforcées s'accompagnent souvent d'un geste de la main ou d'un signe de la tête.

Je n'aime pas tellement **cette pièce-là**.
*I don't really like **that** play.*

Cet auteur-ci est bien connu.
***This** author is well known.*

3. Les mêmes formes renforcées marquent la proximité et l'éloignement dans le temps et dans l'espace (voir Chapitre 11):

• **-ci** indique la proximité:

Ces jours-ci on préfère la science-fiction aux contes du Far West.
These days, people like science fiction more than tales of the Far West.

Dans ces pays-ci on admirait beaucoup les aventuriers.
In these countries adventurers were much admired.

• **-là** marque l'éloignement:

À cette époque-là il y avait beaucoup de bisons qui erraient dans les prairies.
At that time there were many buffalo wandering over the prairies.

Dans cette ville-là, tous les habitants se réunissaient à la gare, le soir, pour voir arriver le train.
In that town, all the inhabitants used to gather at the station to see the train come in.

4. Attention: Dans certains cas le français préfère employer l'article défini ou indéfini, alors que l'anglais utilise l'adjectif démonstratif.

• l'article défini:

Les voyageurs munis de billets sont priés d'embarquer.
***Those** travellers with tickets may board the train.*

• l'article indéfini:

À mon grand étonnement, **une** femme s'approche de moi.
*Very much to my surprise, **this** woman comes up to me.*

ALLEZ-Y, exercice 1

Les adjectifs possessifs

Les adjectifs possessifs marquent la possession (voir Chapitre 6). Ils s'accordent en genre et en nombre avec la chose possédée (ou avec les choses possédées), et ils indiquent en même temps s'il s'agit d'un possesseur ou de plusieurs possesseurs. Mais ils n'indiquent jamais, comme le fait souvent l'adjectif possessif en anglais, le genre du possesseur.[1]

TABLEAU 19-2   Les adjectifs possessifs

un possesseur	un objet possédé		plusieurs objets possédés	
	m	f	m	f
je	mon livre	ma chaise	mes livres	mes chaises
tu	ton livre	ta chaise	tes livres	tes chaises
il elle } on	son livre	sa chaise	ses livres	ses chaises
plusieurs possesseurs	un objet possédé		plusieurs objets possédés	
	m	f	m	f
nous	notre livre	notre chaise	nos livres	nos chaises
vous	votre livre	votre chaise	vos livres	vos chaises
ils elles }	leur livre	leur chaise	leurs livres	leurs chaises

J'ai laissé **mon** manteau chez moi.
I left my coat at home.

Elle a laissé **ses** affaires en désordre.
She left her things in disorder.

N'êtes-vous pas allée chez **votre** cousine?
Didn't you go to your cousin's place?

Vous n'avez pas salué **vos** cousins.
You didn't say hello to your cousins.

1. Mettez la forme masculine devant un nom féminin commençant par une voyelle ou un **h** *muet.*

---

[1] **mon/ma/mes** = *my;* **ton/ta/tes/votre/vos** = *your;* **son/sa/ses** = *his, her;* **notre/nos** = *our;* **leur/leurs** = *their*

Il se sent à **son** aise dans le fauteuil.
He feels comfortable in the armchair.

2. Puisque le genre du possesseur n'est pas indiqué, certaines phrases sont forcément ambiguës.

Shaka a dit à Claire que le garagiste venait de lui téléphoner au sujet de **sa** voiture.
Shaka told Claire that the mechanic had just telephoned him about his/her car.

Pour éclaircir le sens d'une telle phrase, ajoutez le pronom tonique précédé de **à**.

Shaka a dit à Claire que le garagiste venait de lui téléphoner au sujet de **sa** voiture **à lui/à elle**.

3. Répétez l'adjectif possessif devant chaque nom.

Je vais aller chercher **mon** père et **ma** mère.
I'm going to pick up my father and mother.

Exception: Si les deux substantifs se rapportent à la même personne ou au même objet, supprimez l'adjectif devant le second substantif.

Avez-vous fait la connaissance de Michel, **mon** ami fidèle et compagnon de voyage?
Have you met Michael, my faithful friend and travelling companion?

4. Utilisez l'adjectif possessif dans certains cas pour désigner les parties du corps.

● le substantif est qualifié (voir Chapitre 8):

Elle nous a montré **sa main gantée**.
She showed us her gloved hand.

Comme il était fier de **sa belle barbe blonde**!
How proud he was of his beautiful blond beard!

● le substantif, qualifié ou non-qualifié, est sujet de la phrase:

Ses yeux m'ont fait peur.
His eyes frightened me.

5. *Exception*: Si "le possesseur" est un objet, n'employez pas l'adjectif possessif. Utilisez l'article défini suivi de **en**.

Je voudrais vous parler de ce film mais **l'**intrigue **en** est trop compliquée.
I would like to talk to you about that film but its plot is too complicated.

Voici le vieux ranch où il a grandi. Il **en** a fait reconstruire **la** cheminée.
Here's the old ranch house he grew up in. He has had its chimney rebuilt.

6. Mettez l'adjectif possessif devant le substantif dans certaines locutions idiomatiques où l'anglais met un pronom personnel. Voici les expressions les plus utilisées.

aller à ma rencontre
aller à notre recherche
faire votre connaissance
rappeler à votre bon souvenir
venir à sa rencontre

Avez-vous fait la connaissance de ces deux auteurs? Non, je n'ai pas encore fait **leur connaissance.**
*Have you met those two authors? No, I haven't met **them** yet.*

ALLEZ-Y,   exercices 2, 3, 4

Les adjectifs numéraux

Les adjectifs numéraux (cardinaux ou ordinaux) se mettent devant le substantif.

Les adjectifs cardinaux

Les adjectifs cardinaux (indiquant un nombre précis) sont en général invariables. Ils peuvent être précédés d'un article ou d'un adjectif démonstratif ou possessif (voir Appendice C).

dix chevaux	ses **dix** chevaux	les **dix** chevaux qu'il a vendus
ten horses	*his ten horses*	*the ten horses he sold*

1. Si **vingt** et **cent** sont multipliés, ajoutez **s** à l'adjectif numéral.

Le ranch se trouve à **deux cents** kilomètres d'ici.
The ranch is two hundred kilometres from here.

Il n'y a là que **quatre-vingts** employés.
There are only eighty employees there.

Exception: Mais n'ajoutez pas **s** si un autre nombre les suit.

Tu habites à **deux cent cinquante** kilomètres d'ici?
Do you live two hundred and fifty kilometres from here?

Vous avez tort. Nous avons ici **quatre-vingt-dix** employés.
You're wrong. We have ninety employees here.

2. **Un** et ses composés (vingt et un, trente et un, etc.) s'accordent, en genre seulement, avec le substantif qu'ils présentent.

Il vient de nous livrer **cinquante et une chaises**.
He has just delivered fifty-one chairs.

3. **Mille** est invariable.

Il y avait plus de **vingt mille livres** dans cette salle.
There were more than twenty thousand books in that room.

4. Les adjectifs cardinaux peuvent se transformer en substantifs.

Le **six** a gagné!
Number six has won!

▌ Les adjectifs ordinaux

Les adjectifs numéraux ordinaux (indiquant l'ordre) s'accordent en genre et en nombre avec le substantif (voir Appendice C).

1. La plupart de ces adjectifs se forment en ajoutant **-ième** à l'adjectif cardinal. Si l'adjectif cardinal se termine en **e**, l'**e** tombe. Les adjectifs ordinaux sont toujours précédés d'un article ou d'un adjectif (possessif ou démonstratif).

sa deux**ième** moto	la vingt et un**ième** fois
ce trois**ième** jeu	le quatr**ième** lac

Deux adjectifs ordinaux ne se forment pas comme les autres. Ceux-ci suivent les règles générales de l'accord des adjectifs.

premier (-ère)	le premier dictionnaire
	une première fois
second (-e)	le second fils
	une seconde fois

2. Notez bien l'ordre des adjectifs quand l'adjectif numéral se met à côté de l'adjectif ordinal. Le numéral précède l'ordinal. C'est l'inverse en anglais.

> Les **dix premières** années
> *The first ten years*

3. L'adjectif ordinal (comme l'adjectif cardinal) peut s'employer comme substantif.

> Elle habite au **quatrième**.
> *She lives on the fourth floor.*

Les adjectifs interrogatifs et exclamatifs

Ces deux groupes d'adjectifs sont identiques en ce qui concerne la forme. Les adjectifs interrogatifs (*which*) indiquent qu'on interroge sur la qualité, la quantité ou l'identité des substantifs auxquels ils sont associés. Les adjectifs exclamatifs (*what*) traduisent l'étonnement, l'admiration, la joie ou la douleur, évoqués par les noms qu'ils présentent. Les adjectifs interrogatifs et exclamatifs s'accordent en genre et en nombre avec le nom et se mettent toujours devant celui-ci (voir Chapitre 12).

TABLEAU 19-3   Les adjectifs interrogatifs et exclamatifs

	singulier	pluriel
masculin	**quel**	**quels**
féminin	**quelle**	**quelles**

L'adjectif interrogatif

L'adjectif interrogatif se met immédiatement devant le nom qu'il qualifie.

> **Quel** artiste a fait ce tableau?
> *Which artist did this picture?*

> **Quelles** pièces préférez-vous?
> *What plays do you prefer?*

> Il refuse de nous dire **quelles** pièces il préfère.
> *He refuses to tell us which plays he prefers.*

Si vous employez le verbe **être**, mettez-le entre l'adjectif et le substantif. L'adjectif interrogatif nous permet ainsi de poser des questions sur la personne ou sur le rôle qu'elle joue.

> **Quel** est l'**artiste** qui a fait ce tableau?
> *Who is the artist who did this picture?*

> **Quel** est **cet artiste**? C'est un homme qui se spécialise dans les portraits de famille.
> *Who is this artist? He's a man who specializes in family portraits.*

Attention: Si vous voulez savoir l'**identité** de quelqu'un, employez le pronom interrogatif **qui** (voir Chapitre 12).

> **Qui** est cet artiste? C'est Will James.
> *Who is this artist? He's Will James.*

▌L'adjectif exclamatif

L'adjectif exclamatif se met toujours au début d'une phrase exclamative, et devant le substantif avec lequel il s'accorde en genre et en nombre.

> **Quelle** vue splendide vous avez de votre maison!
> *What a wonderful view you have from your house!*

> **Quel** temps exécrable il a eu!
> *What miserable weather he had!*

Très souvent le verbe est en ellipse.

> Quel temps!
> *What weather!*

> Quelle belle vue!
> *What a beautiful view!*

> Quelles montagnes magnifiques!
> *What magnificent mountains!*

Notez que, contrairement à l'anglais, l'article indéfini est inadmissible en français quand on utilise l'adjectif exclamatif.

> Quelle honte!
> *What a disgrace!*

> ALLEZ-Y, exercices 5, 6, 7

Les adjectifs indéfinis

Les adjectifs indéfinis ajoutent au nom une idée plus ou moins vague de quantité ou de qualité, de ressemblance ou de différence (voir Chapitre 12). Les principaux adjectifs indéfinis sont:

> aucun, autre, certain, chaque, différents, divers, même, n'importe quel, nul, pas un, plusieurs, quelconque, quelque, tout

En général, ils se mettent devant le nom et remplacent l'article défini ou indéfini.

Adjectifs indéfinis indiquant la quantité

Chaque

Cet adjectif (*each*) est invariable et s'emploie au singulier seulement.

> Il me téléphone **chaque** soir.
> *He phones me each evening.*

Quelque(s)

L'adjectif (*some, a few*) désigne une petite quantité ou un petit nombre. Il se réfère aux choses ou aux personnes. L'accord se fait avec le nom.

> Elle a **quelque argent**.
> *She has some money.*

> J'ai vu **quelques ranchs** dans le Far West.
> *I saw a few ranches in the Far West.*

> Avez-vous **quelques amis** prêts à vous aider?
> *Have you a few friends ready to help you?*

Plusieurs

L'adjectif (*several*) est invariable et s'emploie seulement au pluriel. Il indique un nombre indéterminé mais qui dépasse deux.

> Tu lui écris **plusieurs fois** par semaine?
> *You write him several times a week?*

> Nous aurons **plusieurs appartements** à louer la semaine prochaine.
> *We will have several apartments for rent next week.*

Aucun(e)/nul(le)/pas un(e)

Ces adjectifs indéfinis s'emploient généralement au singulier. Ils sont synonymes (*not one*) et indiquent toujours la négation. Ils s'accordent en *genre* avec le substantif qu'ils précèdent. **Nul,** appartenant au style littéraire, est plutôt rare. **Pas un(e)** est beaucoup plus fort que **aucun. Ne,** mis devant le verbe, complète la négation dans les trois cas (voir Chapitre 14).

> Il n'y a **aucune maison** à louer dans ce quartier.
> *There is no house for rent in this area.*

> Ferme abandonnée. **Pas un chat, pas un chien.**
> *An abandoned farm. Not a cat, not a dog.*

   Aucun(e) se met au pluriel si le nom qu'il qualifie s'emploie uniquement au pluriel (voir Chapitre 15).

> Vous n'aurez **aucuns frais.**
> *You will have no expenses.*

Tout(e)/tou(te)s

Cet adjectif (*all, every*) a plusieurs sens.

1. Au singulier, sans article, l'adjectif veut dire **chaque.**

> **Tout** homme veut de l'argent.
> *Anyone wants money.*

2. Au singulier et au pluriel, il signifie la totalité. L'accord se fait en genre et en nombre avec le nom. L'article ou l'adjectif possessif se met *entre l'adjectif indéfini et le nom.*

> **Tous** les touristes ont assisté au rodéo.
> *All the tourists went to see the rodeo.*

> **Toutes** les femmes ne cherchent pas la paix.
> *All women are not looking for peace.*

> **Toute** ma classe est allée au musée.
> *My entire class went to the museum.*

> **Tout** le monde est content.
> *Everyone is pleased.*

3. **Tout** peut servir d'adverbe signifiant **tout à fait** ou **entièrement.** Il est normalement invariable.

> Ils sont **tout** malheureux.
> *They are very unhappy.*

Elle est **tout** étonnée.
She is very astonished.

Elles sont **tout** heureuses.
They are very happy.

Mais il est variable devant un adjectif féminin commençant par une consonne ou un **h** *aspiré*. L'addition de la terminaison féminine fait prononcer le **t** final de l'adverbe. Alors, on considère **tout** comme un adjectif qui s'accorde en genre et en nombre avec le nom.

Elle est **toute** contente.
She is very pleased.

Elles sont **toutes** honteuses.
They are very ashamed.

Différent(e)s/divers(es)

Ces deux adjectifs sont synonymes, signifiant **plusieurs**. Ils se mettent devant un nom (au pluriel) avec lequel ils s'accordent en genre. Ils s'emploient sans article.

Elle avait visité **différents** pays.
She had visited various (several) countries.

Diverses personnes lui ont fait croire que tout ce qu'il faisait était bien.
Various (several) people made him believe that everything he did was right.

Mis après le nom, ces adjectifs changent de sens (voir Chapitre 20). **Différent** signifie **non semblable**; **divers** veut dire **varié**. Placés ainsi, ces adjectifs peuvent s'employer au singulier et au pluriel. Un article peut les précéder.

Cette robe me plaît. Mais j'en veux une d'une couleur **différente**.
I like this dress. But I want one in a different colour.

Ils ont exprimé des opinions **diverses**.
They expressed diverse (various) points of view.

L'accident? Je l'ai appris dans les faits **divers** du journal de ce matin.
The accident? I read about it in the "news in brief" in this morning's paper.

ALLEZ-Y, exercice 8

▌Adjectifs indéfinis indiquant la qualité

Certain(e)/certain(e)s

Cet adjectif indéfini (*certain*) se met devant le substantif. L'article indéfini précède l'adjectif au singulier mais aucun article ne le précède au pluriel. L'accord se fait en genre et en nombre avec le substantif.

> Un **certain** critique a beaucoup aimé ce film.
> *A certain critic liked this film very much.*

> **Certains** critiques ont beaucoup aimé ce roman.
> *Certain critics liked this novel very much.*

L'adjectif change de sens si on le met après le substantif (voir Chapitre 20).

> C'est un fait **certain**.
> *It's an absolute fact.*

Quel(le) que . . ./quel(le)s que . . .

Ces adjectifs (*whatever*) sont toujours suivis du verbe **être** au subjonctif (voir Chapitre 10). Ils s'accordent en genre et en nombre avec le substantif. Notez que le verbe sépare toujours l'adjectif du substantif.

> **Quelles que** soient les difficultés, il triomphera.
> *Whatever the difficulties, he'll win.*

> **Quels que** soient ses ennuis, elle ne vous quittera pas.
> *Whatever troubles she may have, she won't leave you.*

N'importe quel(le)/n'importe quel(le)s

Ces adjectifs-ci (qui correspondent à l'adjectif anglais *any*) se composent de deux éléments. **N'importe** reste invariable, et **quel** s'accorde en genre et en nombre avec le nom. Ils indiquent qu'on a un choix à faire entre plusieurs personnes ou plusieurs objets. Placez l'adjectif devant le nom.

> Prenez **n'importe quelle** rue.
> *Take any street.*

> **N'importe quel** enfant peut le faire.
> *Any child can do it.*

Quelconque(s)

Cet adjectif (*any at all*) indique un choix très libre. On se soucie peu des résultats du choix. L'accord se fait en nombre avec le substantif, et l'adjectif se met après le substantif.

Choisis un stylo **quelconque** parmi ceux-là.
Choose any pen (at all) from those.

Il a fourni des prétextes **quelconques**.
He offered excuses of some sort.

Par extension, l'adjectif peut signifier **banal, médiocre, de mauvais goût.**

Quelle vitrine **quelconque**!
What an ordinary-looking shop window!

C'est très **quelconque**.
It's very uninteresting.

ALLEZ-Y, exercice 9

▌Adjectifs indéfinis indiquant la différence
Autre(s)

1. L'adjectif a plusieurs sens. Mis devant le nom, **autre,** au singulier, signifie **différent**. Il est précédé de l'*article indéfini*.

Apportez-moi une **autre** tasse; celle-ci est ébréchée.
Bring me another cup; this one is chipped.

Si vous voulez additionner des éléments, ajoutez **encore**.

Apportez-moi **encore** une **autre** tasse. Il m'en faut deux.
Bring me another cup. I need two.

Au pluriel, **d'autres** veut dire *other*.

Apportez-moi **d'autres** tasses.
Bring me some other cups.

2. Précédé de l'*article défini*, **autre(s)** veut dire *the other*.

Elle habite de **l'autre** côté de la rue.
She lives on the other side of the street.

Les **autres** enfants sont déjà partis.
The other children have already left.

▌Adjectifs indéfinis indiquant la ressemblance

Même(s)

L'adjectif (*same, even*) s'accorde en nombre avec le substantif.

1. Mis avant le nom et désignant une personne ou un objet, l'adjectif indique la similitude.

> Ils avaient les **mêmes** goûts.
> *They had the same tastes.*

2. Mis après un nom (sans trait d'union), il le renforce.

> Ses amis **mêmes** refusent de l'accepter.
> *His friends themselves refuse to accept him.*
> *His very friends refuse to accept him.*

3. Mis après un pronom tonique (avec trait d'union), il sert à souligner (voir Chapitre 7).

> Nous-**mêmes** nous l'avons vu.
> *We (we ourselves) saw that.*

4. Mis après un nom indiquant une qualité, il sert à personnifier cette qualité.

> Claude est l'honnêteté **même**.
> *Claude is the personification of honesty.*
> *Claude is honesty itself.*

5. *Attention!* **Même** peut aussi servir d'*adverbe*. Et comme adverbe, il est invariable. Mettez-le normalement devant le mot ou l'expression qu'il modifie.

> **Même** malade, il a toujours le sourire.
> *Even sick, he is always smiling.*

> Elle est bien contente de cette petite ville et elle a **même** l'intention de s'y installer.
> *She likes that little town very much and she even intends to move there.*

Si vous voulez souligner davantage l'adverbe, mettez-le après le mot ou l'expression qu'il modifie.

> Elle nous accueille chez elle et elle nous embrasse **même**.
> *She welcomes us to her home and she even gives us a kiss.*

Tel(l)e/tel(le)s

Cet adjectif (*such, like, such as*) s'accorde en genre et en nombre avec le nom.

1. Il a une valeur démonstrative, comme **voilà**, et se met au début de la phrase.

   > **Tels** sont les événements qui l'ont conduit ici.
   > (Voilà les événements qui l'ont conduit ici.)
   > *Such are the events which brought him here.*

2. Il marque une ressemblance ou une équivalence, ayant comme synonyme **semblable à, pareil à** ou **comme**.

   > **Tel** père, **tel** fils.
   > *Like father, like son.*

   > Elle nous a présentés les faits **tels** qu'elle les a perçus.
   > *She gave us the facts as she perceived them.*

   > Une voiture **telle** que la vôtre attire l'attention de tout le monde.
   > *A car like yours attracts everyone's attention.*

3. **Tel** est parfois précédé de l'article indéfini, et veut dire *such*. Notez l'ordre des mots en français et en anglais.

   > **Une telle** réponse lui a déplu.
   > *Such an answer did not please him.*

   > **De tels** renseignements ne nous sont pas très utiles.
   > *Such information is not very useful to us.*

4. **Tel quel** signifie *sans modification*. L'accord se fait en genre et en nombre avec le nom.

   > Il veut vendre la voiture **telle quelle**.
   > *He wants to sell the car "as is".*

5. **Tel** peut jouer le rôle d'un nom propre, servant à indiquer une personne que vous ne voulez ou ne pouvez pas nommer.

   > **Un Tel** vous a appelé au téléphone.
   > *So-and-so called you on the phone.*

   > **Mme Une Telle** va faire une conférence ce soir sur les pionniers.
   > *Ms. What's-her-name is going to give a lecture this evening on the early settlers.*

ALLEZ-Y, exercice 10

Maintenant, c'est à vous!

▌Allez-y!

1. Complétez les phrases suivantes en ajoutant l'adjectif démonstratif qui s'impose.
   a. Que . . . maison cachée dans les bois a du charme!
   b. . . . jardin tout rempli de fleurs me plaît.
   c. Je vois que . . . arbre fruitier est en fleur.
   d. . . . fleurs- . . . vont se faner vite; . . . fleurs- . . . seront toujours fraîches à la fin de la semaine.
   e. De la colline on peut voir . . . champs verts qui s'étendent jusqu'à l'horizon.
   f. Je n'oublierai jamais . . . vue panoramique.
   g. Je venais ici quand j'étais petit. C'était ma tante qui habitait . . . chalet et je lui rendais visite en été.
   h. À . . . époque, j'avais l'impression qu'il faisait toujours soleil.

2. Complétez les phrases suivantes en y ajoutant l'adjectif possessif qui s'impose.
   Modèle: Ce livre est à vous. C'est . . . livre.
   　　　　　 C'est **votre** livre.
   a. Cette place est à moi. C'est . . . place.
   b. Ce cinéma est à eux. C'est . . . cinéma.
   c. Ces cinémas sont à eux. Ce sont . . . cinémas.
   d. Ces enfants sont à vous. Ce sont . . . enfants.
   e. Ces maisons sont à elle. Ce sont . . . maisons.
   f. Cette voiture est à lui. C'est . . . voiture.
   g. Cette cassette est à vous. C'est . . . cassette.
   h. Ces billets sont à elle. Ce sont . . . billets.
   i. Ces colis sont à lui. Ce sont . . . colis.

3. Refaites les phrases suivantes en vous servant de l'adjectif possessif. Attention! Il faut toujours signaler s'il s'agit d'un possesseur ou de plusieurs.
   Modèle: La visite de Jeanne et de Pierre nous a fait plaisir.
   　　　　　 Leur visite nous a fait plaisir.
   a. Les chansons des cow-boys vous ont-elles plu?

  b. Les films réalisés par ce photographe sont étonnants d'authenticité.
  c. Les succès remportés par ces acteurs sont à noter.
  d. L'orgueil de ce réalisateur est extraordinaire.
  e. L'audace de ces journalistes nous étonne.
  f. L'habileté de cette enfant est surprenante.
  g. Le scénario qu'il a écrit a été bien reçu.
  h. Les projets qu'ils envisagent vont coûter très cher.
  i. La pièce qu'elle a montée a déjà rapporté beaucoup d'argent.

4. Complétez les phrases suivantes en ajoutant soit l'article défini soit l'adjectif possessif. Attention aux articles qui se contractent avec les prépositions **à** et **de**.

  a. Cette enfant est bien jolie. Elle a . . . yeux brillants et . . . cheveux noirs.
  b. Il a pris . . . chandail, l'a mis sur . . . dos, et est parti sur . . . bicyclette.
  c. — Tu t'es lavé . . . mains? — Pas encore. Mais j'ai . . . mains bien sales. Voilà! Maintenant j'ai . . . mains propres.
  d. C'est Marie qui te demande au téléphone. J'ai reconnu . . . voix.
  e. — Je viens de me fouler . . . cheville. — Tu as bien mal . . . pied? — Oui, . . . pied me fait bien mal.
  f. — Ouvrez . . . main. Ouvrez . . . main gauche. Fermez . . . yeux.
  g. J'ai mis la couverture sur . . . genoux pour que vous ne souffriez pas du froid.
  h. Elle nous a reçus, un petit sourire à . . . lèvres.

5. Refaites les phrases suivantes en ajoutant les adjectifs indiqués. Écrivez les chiffres en toutes lettres.

  Modèle: Avez-vous rendu les **dollars** qu'il vous a prêtés? (**5**)
  Avez-vous rendu **les cinq dollars** qu'il vous a prêtés?

  a. Il ne m'a pas encore rendu les *dollars* que je lui ai prêtés la semaine dernière. (*20*)
  b. Avez-vous vu les *films* de cet artiste? (*dernier, 2*)
  c. Avez-vous fait la connaissance de ses *soeurs*? (*3*)
  d. Il a déjà vendu les *toiles* qu'il avait faites en prison. (*21*)
  e. Pour les *toiles* il a déjà reçu beaucoup d'argent. (*premier, 3*)

6. Complétez les phrases suivantes en écrivant en toutes lettres les chiffres indiqués.

  a. Avez-vous . . . dollars à me donner? (*300*)

b. Avez-vous . . . dollars? (*350*)

c. A-t-elle . . . ans? (*80*)

d. Non, elle en a . . . (*85*)

e. As-tu . . . dollars à me prêter? (*2000*)

f. Il a vécu au . . . siècle. (*16*)

g. Vous, vous allez vivre au . . . siècle. (*21*)

h. Elles habitent . . . rue Legrand. (*51*)

i. Toi, tu habites . . . boulevard de la Reine. (*71*)

7. Complétez les phrases suivantes en y ajoutant l'adjectif interrogatif ou exclamatif qui convient.

a. . . . toiles voulez-vous acheter?

b. Je me demande . . . artiste vous intéresse.

c. Que de monde aujourd'hui! . . . foule!

d. . . . prix a-t-il demandés?

e. Moi, je veux savoir . . . tableaux ont été vendus.

8. Complétez les phrases suivantes en ajoutant l'adjectif indéfini qui s'impose.

a. . . . fois que je vais la voir, il y a quelque chose à la maison qui ne marche pas. La cuisinière fonctionne mal; le frigo fait du bruit.

b. . . . les semaines, elle fait appel à l'électricien pour qu'il vienne faire des réparations.

c. Je sais même que . . . électriciens ont finalement refusé le travail qu'elle leur offre.

d. Ils trouvent tout cela un peu ridicule. À . . . reprises, ils se sont rendus chez elle pour trouver tout simplement que les plombs avaient sauté.

e. Les . . . appareils fonctionnent toujours bien quand elle n'est pas à la maison.

f. Ainsi, pour l'instant, . . . électricien ne veut aller chez elle.

g. Qui est-ce qui va l'aider? Oui, je crois qu'elle a toujours . . . amis prêts à venir à son aide.

h. . . . ses amis ne l'ont pas abandonnée.

9. Complétez les phrases suivantes en ajoutant l'adjectif indéfini qui s'impose.

a. Un . . . acteur aime tourner les films du Far West.

b. Il est prêt à accepter . . . rôle pourvu que ce rôle lui permette de monter à cheval et de s'en aller au galop vers l'horizon.

c. La dernière fois qu'il a joué le héros du Far West, tout n'a pas bien marché. On lui a offert un cheval très . . .

d. Mais . . . aient été ses problèmes, l'acteur les a surmontés.

e. Dans . . . scène du film, on peut le voir, le sourire aux lèvres, bien perché sur son cheval.

10. Complétez les phrases suivantes en ajoutant l'adjectif indéfini qui s'impose.

a. Ces deux étudiantes portent le . . . nom. Elles ont les . . . goûts. Elles- . . . l'avouent.

b. La semaine dernière, par exemple, elles se sont acheté, chacune, une voiture bleu foncé de la . . . marque.

c. Une . . . fois elles se sont acheté deux chaînes de stéréo identiques.

d. Elles se ressemblent aussi; elles sont toutes les deux grandes, minces et elles ont les cheveux roux. Une . . . ressemblance ne manque pas de frapper.

e. Je vous présente les faits . . . qu'ils le sont.

f. Car, après tout, je suis l'honnêteté . . .

g. Je peux vous en donner . . . la preuve. Mais à quoi bon? Tout le monde sait que ce sont des jumelles.

▌Lecture

▌**Question d'identité**   Texte extrait d'*Un Québécois au Far West* de Paul Morisset.[2] L'article a paru dans *L'Actualité*.

Will James n'était pas un cow-boy mais LE cow-boy. Dompteur de chevaux, artiste, romancier, il incarna le mythe du Far West des années 20 aux années 40, avec ses récits de mustangs fougueux et de cavaliers solitaires, de vents brûlants et de grands espaces inconnus. Ses livres illustrés enflammèrent l'imagination de millions de lecteurs. Il   5
devint une légende américaine.

Américaine ? Will James était un Québécois pure laine baptisé Ernest Dufault ! Né à Saint-Nazaire, près de Saint-Hyacinthe, il partit à la conquête de l'Ouest à 15 ans sans savoir l'anglais, changea de nom, s'inventa un passé western, fit fortune et mourut à Hollywood en   10
1942. La vérité sur ses origines n'éclata au grand jour qu'un quart de siècle plus tard.

---

[2] Paul Morisset, journaliste au magazine *L'Actualité*.

Qui, au Québec, a entendu parler de Will James ? Personne. Ses livres ont été traduits en plusieurs langues — japonais, russe, néerlandais, etc. — mais jamais en français ! 15

J'ai appris l'histoire incroyable du cow-boy de Saint-Nazaire en rendant visite au chanteur canadien Ian Tyson, anciennement du célèbre duo Ian and Sylvia, à son ranch du sud de l'Alberta. Will James est une sorte d'idole pour Tyson, et pour beaucoup d'autres connaisseurs de la culture western. Il possède plusieurs livres de James, et a composé une chanson touchante à sa mémoire. «Ses récits, m'a-t-il dit, ont beaucoup marqué ma jeunesse.» 20

Quand il arriva dans l'Ouest américain, Ernest Dufault voulut se faire passer pour un authentique cow-boy, un vrai de vrai qui avait grandi parmi les cactus et les coyotes. Pour expliquer le reste d'accent français dont il ne put jamais se départir, il racontait qu'il était né dans le Montana de parents américains, morts peu après sa naissance, et qu'il avait été pris en charge par un vieux trappeur canadien-français! Avec ce Jean Beaupré, disait-il, il avait parcouru l'Ouest canadien et américain pendant 10 ans, jusqu'au jour où le pauvre «Bopy» disparut dans les flots d'une rivière en crue. C'était une belle histoire, romantique à souhait, et tout le monde y crut, même son épouse. 25 30

Mais la réalité était plus fascinante encore. Né dans le village de
Saint-Nazaire, où son père était commerçant, le jeune Ernest Dufault
étonne son entourage dès l'âge de quatre ans avec ses dessins d'ani-   35
maux. À neuf ans, il déménage avec ses cinq frères et soeurs à Montréal, où ses parents deviennent propriétaires d'un hôtel. Garçon solitaire plongé dans ses revues illustrées, Ernest rêve de plus en plus au
Far West, se passionne pour les chevaux, s'achète un revolver en
cachette . . . À 15 ans, il part en train pour la Saskatchewan avec la   40
bénédiction réticente de ses parents, 10 dollars en poche et un sac de
biscuits Village.

Pendant trois ans, il va d'un ranch à l'autre dans l'Ouest canadien,
apprenant l'anglais et le métier de cow-boy. Un jour, il tire sur un
homme au cours d'une rixe de taverne. La police montée l'enferme   45
pour une nuit. Il part alors pour les États-Unis, adoptant un faux nom
pour mieux s'intégrer à cette terre de langue américaine où tous les
rêves semblent permis. Désormais, il sera Will James . . .

Le jeune cow-boy excelle comme dompteur de chevaux et finit par
se faire une solide réputation. Il erre du Montana au Nouveau-Mexi-   50
que, semant ses croquis de chevaux sur les murs des ranchs et des
camps — car il ne cesse de dessiner.

Il travaille quelque temps à Hollywood comme cow-boy-cascadeur
de films muets, fait un bref stage dans l'armée américaine vers la fin de
la guerre, puis regagne sa chère prairie.   55

À l'été de 1919, un cheval particulièrement fringant le projette tête
première sur un rail de chemin de fer. James, qui n'en est pas à son
premier accident grave, décide alors de mettre un terme à sa carrière
de dompteur pour se lancer dans les arts.

C'est à cette époque qu'il épouse la jolie Alice Conradt de Reno, et   60
s'installe au Nevada. Il a 28 ans, elle en a 16. Alice sera sa stoïque et
indulgente compagne pendant 15 ans.

[*Will James commence par vendre des dessins aux magazines, puis se met à
écrire des textes pour accompagner ses illustrations. Il écrit des articles et un
grand roman intitulé* Smoky *qui a remporté le prix Newbery, décerné à la*   65
meilleure oeuvre littéraire américaine pour jeunes. Son livre, Lone Cow-
boy, My Life Story, *la prétendue "autobiographie" de Will James, a remporté un succès fracassant.*]

L'auteur-illustrateur est au faîte de sa gloire. Séances d'autographes,
tournées de conférences, présentations de rodéos. De partout dans le   70
monde afflue un courrier enthousiaste.

Will James est devenu une légende vivante. Il continue de produire
articles, dessins, livres, se lance dans la peinture à l'huile. Hollywood
achète les droits de certains romans, et en tirera cinq films, dont un
avec la participation de James lui-même. L'argent entre de partout.   75

Au sommet de sa carrière, Will James gagne environ 25 000 dollars américains par année, l'équivalent d'un quart de million aujourd'hui, s'achète un grand ranch près de Billings, dans le Montana.

Il est, selon ses amis, d'un naturel aimable et doux, drôle, modeste et sincère. Quand il boit, il devient cependant odieux, méconnaissable. Will James avait toujours eu un faible pour le whisky. Mais sa réussite sera sa perte. Plus sa renommée déborde des frontières, plus il boit. Pour oublier sa peur. Car le p'tit gars de Saint-Nazaire craint de plus en plus d'être démasqué. 80

Lors d'un voyage clandestin chez Auguste (son frère préféré), à Ottawa, Will James exige tous les dessins, lettres, photos qui le concernent, et s'empresse de les brûler. Mais sa hantise d'être démasqué persiste. Le reste de sa vie sera une longue descente aux enfers. Sa femme le quitte, il perd son ranch. 85

Ravagé par l'alcool, sa fortune dilapidée, Will James a un dernier sursaut. Il conçoit une grandiose saga du cow-boy américain, racontée à travers trois générations. Il s'installe à Hollywood pour l'écrire, car MGM s'intéresse au projet. Mais *The American Cowboy* déçoit tout le monde. Epuisé, déprimé, abandonné de ses proches, Will James meurt dans un hôpital de Hollywood, emporté par une cirrhose du foie à l'âge de 50 ans. Peu après, tandis que 150 amis et admirateurs se recueillent devant la petite maison de pierres qu'il possédait encore près de Billings, un avion disperse ses cendres dans le ciel du Montana. 90 95

Singulière destinée, qui rappelle étrangement celle de l'écrivain Grey Owl, ce faux Métis canadien mort à la fin des années trente et qui était en réalité un pur Britannique arrivé au Canada vers l'âge de 18 ans. Archie Belaney voulait à tout prix devenir Indien, comme Ernest Dufault voulait se faire cow-boy. Tous deux ont changé de peau pour vivre leurs rêves d'enfance jusqu'au bout. Mais, désenchantés par les «saccages du progrès» dans les prairies de l'Ouest et les forêts du Nord, ils se créèrent un Éden romantique où les suivirent des millions de rêveurs de tous âges. 100 105

▌Travaux

1. Faites oralement le portrait du cow-boy dans la photo à la page 489. Utilisez l'article défini aussi bien que l'adjectif possessif.

2. Racontez l'histoire de Will James, peintre. Au cours du récit, utilisez les adjectifs indéfinis suivants: **plusieurs, tel quel, autre, chaque, quel . . . que, aucun.**

3. Racontez l'histoire de Will James, acteur. Utilisez les adjectifs indéfinis suivants: **quelques, quel, quelconque, tout, certain, n'importe quel.**

4. Développez chaque phrase en vous servant d'adjectifs déterminatifs. Développez-les à votre guise en vous inspirant de l'histoire de Will James ou de votre propre imagination.

   Modèle: Il a incarné le mythe du Far West.

   > **Certains écrivains disent qu'il a incarné le mythe du Far West, quelles qu'aient été les difficultés qu'il a éprouvées.**

   a. C'était un Québécois pure laine.

   b. Il n'a jamais pu se départir de son accent français.

   c. Le trappeur a disparu dans la rivière en crue.

   d. Il a étonné son entourage dès l'âge de quatre ans avec ses dessins d'animaux.

   e. Le jeune cow-boy a excellé comme dompteur de chevaux.

   f. Il a été au faîte de sa gloire.

   g. Il est devenu une légende vivante.

   h. Il avait un faible pour le whisky.

   i. Il a peur d'être démasqué.

   j. Grey Owl a changé de peau pour vivre son rêve d'enfance.

   k. Chacun s'est créé un Éden romantique.

5. Employez dans des phrases les expressions suivantes.

   a. faire la connaissance de . . .

   b. se faire passer pour . . .

   c. aller à la recherche de . . .

   d. être désenchanté de . . .

   e. partir à la conquête de . . .

▌Thèmes

1. Traduisez en français les phrases suivantes.

   a. Mme Leblanc, president of the artists' association, came to meet me at the airport.

   b. We went together to the gallery where my pictures were on display.

   c. She told me that several watercolours had already been sold — a few sketches, too.

   d. Frankly, I was disappointed in the gallery. It was very ordinary-looking.

e. I was expecting a big building with hundreds of windows.

f. However, I needed the money and was ready to show my paintings anywhere at all and sell them at any price at all.

g. But the first person me met, on entering the gallery, told us that all my paintings were already sold.

h. "Have you any other canvases?" the art dealer asked.

i. "Yes, but not here. I do have some sketches of various small towns I visited recently."

j. "Excellent! We'll take them — just as they are," exclaimed the dealer.

k. "Everyone likes what you are doing. You're a success!"

2. Traduisez en français le passage suivant.

Until the advent of trains and trucks on the prairies, the cowboy was all-important. He worked hard. Each year, in spring and summer, with his horse who was undoubtedly his best friend, he looked after the cattle as they roamed the plains. Each fall he helped round up the cattle and drive them to the nearest market. Everything he owned had to be utilitarian. Even his clothes, in appearance so picturesque, were chosen to help him in his profession. His high leather boots protected him from thorny bushes when he had to dismount. His wide-brimmed hat shielded him from the sun. But its brim turned up so that he could see in all directions. The brightly coloured scarf, which protected his neck, could be tied over his nose when there was a lot of blowing dust. The lasso, of course, was essential. He needed it to catch calves or rope steers.

He was a solitary person, usually rather taciturn. Because of his work, he was alone for days and months out on the range. And there, perhaps to ease the loneliness, he invented and sang hauntingly beautiful cowboy songs.

À vous la parole

Vocabulaire supplémentaire
Pour parler du cinéma

le cinéphile, le réalisateur, l'écran, le projecteur,
le court métrage, le long métrage, le film muet, le film parlant,
en version originelle, en version doublée, le scénario,
le scénariste, tourner un film, passer un film, le film passe,
réaliser un film, la caméra, le western, le western-spaghetti,
la comédie musicale

Pour parler du Far West

aller (monter) à cheval, monter un cheval, faire du cheval,
se promener à cheval, une promenade à cheval,
faire un tour à cheval, passer toute la journée en selle,
dormir à la belle étoile, dresser un cheval, prendre au lasso,
tirer un pistolet, braquer le pistolet (sur), faire une chevauchée,
les troupeaux, le bétail, l'élevage du bétail, l'éleveur,
un hors-la-loi, mettre hors la loi, lyncher, le shérif

▌Dialogues

Inventez le dialogue d'une des interviews suivantes.

1. **Pourquoi le Far West?**

   Un(e) journaliste interviewe *Will James*, cherchant à comprendre ce qui l'a attiré vers le Far West.

2. **Pourquoi chercher du nouveau?**

   Un(e) journaliste interviewe *une célébrité*, cherchant à lui faire révéler l'histoire de sa jeunesse.

▌Décisions

Essayez de résoudre le problème suivant.

Votre soeur, qui est toujours à l'école secondaire, rêve d'une carrière peu ordinaire. Elle veut se faire médecin et puis s'en aller soigner les malades au Tiers-Monde. Vous savez que ce projet va demander une très longue formation à l'université et dans les hôpitaux de chez nous. Tout cela va coûter très cher et votre famille n'a pas les fonds nécessaires. Certains membres de la famille essaient de la convaincre que son rêve est irréalisable et que ce serait du gaspillage. Votre soeur respecte beaucoup votre opinion. Qu'est-ce que vous allez lui dire? Quel parti prenez-vous?

▌Discussions

Discutez les sujets suivants.

1. Le rôle du cow-boy — historique, littéraire, cinématographique, symbolique.
2. Le western d'aujourd'hui — idéalisme, violence, action — y a-t-il une formule à suivre?

3. Comment les femmes ont-elles contribué à la formation de la nation à l'époque des pionniers?

4. Les rodéos d'hier et d'aujourd'hui.

5. Un western à la mode de chez nous. Inventez un scénario. Distribuez les rôles. Improvisez le dialogue.

6. Problèmes d'un(e) alcoolique.

▌Compositions

Faites une composition sur *un* des sujets suivants. Essayez de captiver, dès le commencement, l'intérêt du lecteur.

1. Un rodéo que j'ai vu — auquel j'ai assisté ou que j'ai vu à la télé.

2. Un cow-boy pas comme les autres. Racontez la vie d'un cow-boy qui a figuré soit dans l'histoire du Far West soit dans un scénario cinématographique.

3. J'aurais bien voulu vivre au Far West à l'époque de Will James parce que . . .

4. Renseignez-vous (à la bibliothèque) sur la vie de Grey Owl. Racontez brièvement, mais avec quand même certains détails pittoresques, l'histoire de sa vie.

5. Mon rêve à moi.

20

Les îles

du Golfe

Éléments de langue

Les adjectifs qualificatifs
  Formation
  Accord
  Place

Les adverbes
  Catégories
  Formation
  Place

Situation

Compte rendu d'un voyage fait dans les îles du Golfe et dans l'Île de Vancouver. Visite à Chemainus.

Texte: **Les îles du Golfe** — extrait de *Vancouver autour de l'Expo* de Francine Montpetit

Activités de communication

Employer les adjectifs qualificatifs et les adverbes

S'exercer à décrire un endroit — ville, plage, île

Faire de la propagande pour les différentes provinces canadiennes

Évaluer les problèmes de certaines petites villes

Chercher des solutions aux problèmes de survie

Les adjectifs qualificatifs

Quel est le rôle des adjectifs qualificatifs? Ils servent à caractériser. Essentiellement descriptifs, ils développent, précisent ou complètent l'image que nous nous faisons d'une chose, d'une personne ou d'une idée.

> **Ici, les monuments sont des montagnes *romanes* ou *gothiques flamboyantes* et les églises, les *grands* arbres de Cathedral Grove.**
>
> **Francine Montpetit**

Les adjectifs qualificatifs sont variables et s'accordent en genre et en nombre avec le nom qu'ils qualifient.

> Elle vient d'acheter une **petite** voiture **verte**.
> *She has just bought a little green car.*

> De **longs** rideaux **blancs** flottaient devant la fenêtre **ouverte**.
> *Long white curtains floated in front of the open window.*

La formation des adjectifs qualificatifs

Les adjectifs féminins au singulier

Les formes régulières

Règle générale: Ajoutez un **e** à la forme masculine.

grand	→	grand**e**
joli	→	joli**e**
petit	→	petit**e**

Les terminaisons irrégulières

Certains adjectifs n'obéissent pas à la règle générale gouvernant la formation du féminin. Mais, comme pour les formes régulières, ces adjectifs féminins se terminent toujours en **e** *muet*.

1. Si le masculin se termine déjà en **e** *muet*, il n'y a aucun changement au féminin.

authentique	→	authenti**que**
facile	→	facile

2. Si la forme masculine se termine en **c** ou **g**, ajoutez un **u** devant l'**e** final. Le **c** se transforme en **q**.

long	→	lon**gue**
public	→	publi**que**

3. Si la forme masculine se termine en **e** + *consonne*, suivez la règle générale mais ajoutez en plus un accent grave à la voyelle qui précède la consonne.

cher	→	ch**è**re
complet	→	compl**è**te

4. Parfois il faut doubler la consonne finale du masculin devant l'**e** *muet* final du féminin.

ancien	→	ancien**ne**
bon	→	bon**ne**
cruel	→	cruel**le**
gras	→	gras**se**
gros	→	gros**se**
pareil	→	pareil**le**

5. Certains adjectifs ont une seconde forme au masculin singulier. Cette forme s'emploie devant un nom commençant par une voyelle ou un **h** *muet*.

devant consonne	devant voyelle ou **h** *muet*
beau	→ bel
fou	→ fol
mou	→ mol
nouveau	→ nouvel
vieux	→ vieil
un beau bateau	→ un bel avion
un vieux livre	→ un vieil homme

Le féminin de l'adjectif se construit à partir de la seconde forme du masculin.

bel	→	bel**le**
fol	→	fol**le**
mol	→	mol**le**
nouvel	→	nouve**lle**
vieil	→	vieil**le**

6. Certains changements orthographiques plus complexes sont à noter.

x	→ **se**	ennuyeux	→ ennuy**euse**
x	→ **sse**	faux	→ fau**sse**
x	→ **ce**	doux	→ dou**ce**
c	→ **che**	blanc	→ blan**che**
f	→ **ve**	naïf	→ naï**ve**
eur	→ **euse**	travailleur	→ travaill**euse**

Notez, toutefois, que certains adjectifs en **-eur** (ceux qui indiquent une comparaison) suivent la règle générale. Il faut simplement ajouter un **e** à la forme masculine.

antérieur, postérieur, ultérieur, extérieur, intérieur, majeur, mineur, supérieur, inférieur, meilleur

C'est la meilleu**re** chose à faire.
It's the best thing to do.

▌Les adjectifs au pluriel

Règle générale: Ajoutez un **s** au singulier (au féminin comme au masculin) pour former le pluriel d'un adjectif.

un joli cèdre → de jolis cèdre**s**
une belle plage → de belles plage**s**

Exceptions:

• Si l'adjectif masculin se termine en **s** ou **z**, il n'y a rien à changer:

un nuage gris → des nuages gris
un homme courageux → des hommes courageux

• Si l'adjectif se termine en **-eau**, ajoutez un **x**:

un livre nouveau → des livres nouveau**x**

• Si l'adjectif masculin se termine en **-al**, mettez **-aux** au pluriel:

un film moral → des films mor**aux**
un capitaine brutal → des capitaines brut**aux**

Mais un petit groupe d'adjectifs en **-al** suivent la règle générale. Vous ajoutez un **s** pour en former le pluriel.

banal, fatal, final, naval

un examen final → des examens fin**als**

L'accord des adjectifs qualificatifs

Les adjectifs s'accordent en genre et en nombre avec le substantif.

un livre passionnant
une pièce passionnante
de bons chemins
de bonnes routes

1. Si les adjectifs se rapportent à des noms de genres différents, mettez-les au masculin pluriel.

Apportez-moi un miroir et une figurine **anciens**.
Bring me an old mirror and figurine.

Les acteurs et les actrices sont très **doués**.
The actors and actresses are very gifted.

2. Les **adjectifs de couleur** obéissent à la règle générale.

des montagnes blan**ches**

Exceptions:

• Si un adjectif de couleur est qualifié par un autre adjectif, les deux sont invariables:

des yeux **bleu foncé**
des chapeaux **vert clair**

• Certains noms, employés comme adjectifs de couleur, sont invariables:

des manteaux **marron**
des rideaux **orange**
des cheveux **poivre et sel**

3. **Demi, nu, mi**, placés devant le substantif qu'ils qualifient, sont invariables. Reliez-les au substantif par un trait d'union.

une **demi**-heure
nu-pieds
à **mi**-chemin
à **mi**-côte

À noter:

• **Demi**, placé après le substantif qu'il qualifie, s'accorde en genre, mais pas en nombre, avec le substantif:

une heure et demie
trois heures et demie

• **Nu,** placé après le substantif, s'accorde régulièrement en genre et en nombre avec le substantif:

> les pieds nu**s**

• **Mi** ne se met *jamais* après le substantif.

4. Mettez l'adjectif qui suit les expressions **quelque chose, quoi, rien, quelqu'un, personne** toujours au masculin singulier. Ajoutez **de** devant l'adjectif.

> quelqu'un **d**'important   Quoi **de** neuf?
> *someone important*   *What's new?*
>
> quelque chose **d**'intéressant
> *something interesting.*

5. Mettez l'adjectif toujours au masculin singulier après **ce** suivi du verbe **être** (voir Chapitre 11).

> Allez voir l'Île de Vancouver si vous êtes **à** Vancouver. **C'est beau** là-bas.
> *Go and see Vancouver Island if you are in Vancouver. It's beautiful there.*

6. L'adjectif qui suit **rendre** et **avoir l'air** est variable.

• **Rendre**: Faites accorder l'adjectif avec le complément d'objet direct du verbe.

> Ces nouvelles la rendent **heureuse.**
> *That news makes her happy.*

Ne confondez pas **rendre** et **faire** *causatif* qui ont, tous les deux, un sens causal. **Rendre** est toujours suivi d'un adjectif: **faire** d'un infinitif.

> Tu l'as **fait pleurer.**
> *You made her cry.*

• **Avoir l'air**: Si vous parlez d'un être, l'adjectif s'accorde avec le sujet ou bien avec **air.**

> Elle a l'air **agacé.**
> Elle a l'air **agacée.**
> *She seems irritated.*

Si vous parlez d'une chose, l'accord se fait avec **air.**

> La ville a l'air **abandonné.**
> *The town seems abandoned.*

La place des adjectifs qualificatifs

Règle générale.   Mettez les adjectifs après le substantif qu'ils qualifient.

une ville **pittoresque**

Si l'adjectif est modifié par un adverbe, l'adverbe le précède.

une décision **extrêmement difficile**

Exceptions.   Certains adjectifs précèdent normalement le nom:

• l'adjectif qui qualifie un nom propre:

l'**ingénieux** Alfred

• les adjectifs très employés dans la langue courante, tels que:

autre, beau, bon, bref, gentil, grand, gros, haut, jeune, joli, long, mauvais, nouveau, petit, premier, vieux

une **longue** histoire

1. Quand deux adjectifs qualifient le même substantif, chacun prend sa place habituelle, avant ou après le nom.

les **jolies** fleurs **sauvages**

• S'il y a deux adjectifs qui suivent ou qui précèdent le nom, il faut les lier par la conjonction **et**.

un **grand et beau** monument
un manteau **blanc et noir**

• Parmi les adjectifs qui précèdent le nom, certains s'unissent étroitement au substantif. Évitez de les séparer du nom.

une **petite fille**   → une jolie **petite fille**
un **jeune homme** → un beau **jeune homme**

2. Certains adjectifs peuvent se mettre avant ou après le nom. Ils changent de sens en changeant de place. Mis *après* le nom, ils expriment un sens objectif; mis *avant* le nom, ils indiquent un sens affectif ou subjectif.

ancien	un **ancien** professeur	*a former professor*
	l'histoire **ancienne**	*ancient history*
brave	une **brave** femme	*a fine woman*
	un capitaine **brave**	*a brave captain*
certain	un **certain** charme	*a certain charm*
	une chose **certaine**	*a sure thing*

cher	ma **chère** amie	*my dear friend*
	une robe **chère**	*an expensive dress*
dernier	le **dernier** jour du mois	*the last day of the month*
	le mois **dernier**	*last month*
différent	à **différentes** reprises	*on various occasions*
	une note **différente**	*a different mark*
divers	les **divers** sens d'un mot	*the different meanings of a word*
	frais **divers**	*miscellaneous expenses*
grand	un **grand** homme	*a great man*
	un homme **grand**	*a tall man*
même	la **même** chose	*the same thing*
	l'honnêteté **même**	*honesty personified*
nouveau	une **nouvelle** présidente	*a new (another) president*
	des pommes de terre **nouvelles**	*new potatoes*
pauvre	Le **pauvre** enfant!	*The poor kid!*
	une famille **pauvre**	*a poor family*
prochain	le **prochain** arrêt de l'autobus	*the next bus stop (dans une série)*
	la semaine **prochaine**	*next week*
propre	sa **propre** robe	*her own dress*
	sa robe **propre**	*her clean dress*
seul	le **seul** gratte-ciel de la ville	*the only skyscraper in the town*
	le maire **seul**	*only the mayor*
simple	un **simple** regard	*a mere look*
	un repas **simple**	*a plain meal*

3. Il est possible de changer le sens d'un adjectif qualificatif qui se met habituellement après le substantif. Mettez-le devant le nom. L'adjectif ainsi transposé acquiert une valeur subjective. Il s'emploie au sens figuré. Et le plus souvent il qualifie un nom abstrait.

un chien **noir** (adjectif descriptif)
a black dog
un **noir** chagrin (adjectif employé au sens figuré)
black despair

une feuille **verte** (adjectif descriptif)
a green leaf
les **vertes** années (adjectif employé au sens figuré)
the years of one's youth

un trou **profond** (adjectif descriptif)
a deep hole
une **profonde** différence (adjectif au sens figuré)
a profound difference

4. Attention aux adjectifs **bon** et **mauvais** dont chacun se traduit de deux façons. C'est le contexte qui en détermine le sens.

C'est une **bonne** chose.
It's a good thing.

Est-ce le **bon** chemin?
Is this the right road?

Quel **mauvais** temps!
What bad weather!

Vous conduisez du **mauvais** côté de la rue.
You're driving on the wrong side of the street.

Cas spéciaux

Certains mots et locutions peuvent s'employer adjectivement.

Le participe passé ou présent peut devenir un adjectif.

1. Le participe passé se met après le nom et s'accorde avec lui en genre et en nombre.

une conversation **animée**
an animated discussion

des portes **fermées**
closed doors

2. Le participe présent, à valeur descriptive, se met également après le nom et s'accorde avec lui en genre et en nombre.

des nouvelles **inquiétantes**
disturbing news

• Le participe présent a souvent une valeur verbale plutôt que descriptive (voir Chapitre 18). Le participe présent à valeur verbale est invariable.

des jeunes **jouant** au hockey
young people playing hockey

• L'orthographe du participe présent (adjectif) diffère parfois de celle du participe à valeur verbale, bien que la prononciation des deux formes reste identique. En général, la terminaison **-ant** du participe se transforme en **-ent**.

>   des étudiants **négligeant** leurs devoirs
>   *students neglecting their homework*
>   (verbe)
>
>   des automobilistes **négligents**
>   *negligent drivers*
>   (adjectif)

• Parfois aussi l'adjectif, bien que provenant du même verbe que le participe, prend une forme différente.

>   un chauffeur **pouvant** me montrer la ville
>   *a driver able to show me the town*
>   (verbe)
>
>   un remède **puissant**
>   *a powerful remedy*
>   (adjectif)

• Changements orthographiques.

verbe	participe présent	adjectif
converger	conver**geant**	conver**gent**
émerger	émer**geant**	émer**gent**
fatiguer	fati**guant**	fati**gant**
intriguer	intri**guant**	intri**gant**
provoquer	provo**quant**	provo**cant**
différer	diffé**rant**	diffé**rent**
exceller	excel**lant**	excel**lent**
précéder	précé**dant**	précé**dent**
savoir	sa**chant**	sa**vant**
fleurir	fleu**rant**	flo**rissant**

Une locution ou une proposition peut avoir une fonction qualificative. Le plus souvent la locution commence par la préposition **à** (voir Chapitre 22).

>   une tasse **à thé**
>   *a tea cup*

la femme **aux cheveux blancs**
the white-haired woman

un homme **comme il faut**
a well-bred man

L'adverbe peut s'employer comme adjectif qualificatif. Il est, bien entendu, invariable.

Elle est **bien**.
She's O.K.

Il n'est pas **mal**.
He's not bad.

L'adjectif peut jouer le rôle d'un adverbe. Dans ces locutions, il est alors invariable.

chanter faux, chanter juste, travailler dur, coûter cher,
voir clair, parler haut, parler bas, parler fort, sentir bon,
filer doux, s'arrêter court, marcher droit, parler net

Ce voyage-là vous **a coûté cher**, n'est-ce pas?
That trip was expensive, wasn't it?

L'adjectif peut devenir substantif.

Où est **la petite**?
Where is the little girl?

Il a stationné la voiture rouge dans la rue. Où a-t-il garé **la jaune**?
He's parked the red car on the street. Where did he park the yellow one?

ALLEZ-Y,   exercices 1, 2, 3, 4

Les adverbes

Que font les adverbes? Ils nous disent *quand* et *où* et *pourquoi* quelque chose a lieu. Ils nous offrent des détails précis qui nous aident à mieux saisir l'action ou le sens de la phrase.

> Chemainus vit de lui-même, *de nouveau* joyeux et, ma foi, *fort* prospère.
>
> **Francine Montpetit**

L'adverbe est un mot (ou une locution) invariable qui modifie un verbe, un adjectif ou un autre adverbe.

> **Peu à peu** il a compris de quoi il s'agissait.
> *Little by little he understood what it was all about.*
> (adverbe + verbe)
>
> C'est **bien** facile.
> *It's very easy.*
> (adverbe + adjectif)
>
> Cela se fait **très** facilement.
> *That's very easily done.*
> (adverbe + adverbe)

Catégories

On peut établir différentes catégories d'adverbes:

1. adverbes de manière:

> à contrecoeur, à propos, à tort, aimablement, ainsi, bien, comme, comment, debout, de bon gré, ensemble, heureusement, mal, mieux, petit à petit, peu à peu, pis, plutôt, vite, volontiers

2. adverbes de quantité:

> assez, aussi, autant, beaucoup, bien, combien, comme, davantage, environ, fort, guère, moins, pas mal, peu, plus, presque, quelque, seulement, si, suffisamment, tant, tellement, très, trop

3. adverbes de temps:

> à la longue, alors, après, à présent, aujourd'hui, auparavant, autrefois, avant, bientôt, déjà, demain, depuis, dorénavant, dernièrement, en même temps, encore, enfin, ensuite, hier, jadis, jamais, longtemps, parfois, quelquefois, sitôt, soudain, souvent, tantôt, tard, tôt, toujours, tout à coup, tout à l'heure, tout de suite

4. adverbes de lieu:

> à droite, à gauche, ailleurs, autour, dedans, dehors, derrière, dessous, dessus, devant, en arrière, en avant, en bas, ici, là, où, loin, partout, près, proche, quelque part

5. adverbes d'affirmation, de négation ou de doute:

> apparemment, assurément, aucunement, bien sûr, certainement, en vérité, jamais, non, oui, parfaitement, peut-être, précisément, probablement, sans doute, si, vraiment, vraisemblablement

6. adverbes d'interrogation:

> combien? comment? où? pourquoi? quand?

La formation des adverbes

Règle générale: Ajoutez le suffixe **-ment** au féminin de l'adjectif.

> heureux, heureuse   → heureus**ement**
> aucun, aucune   → aucun**ement**
> seul, seule   → seul**ement**
> probable, probable   → probabl**ement**
> fou, folle   → foll**ement**

Il faut parfois ajouter un accent aigu à l'**e** qui précède le suffixe **-ment**.

> exprès, expresse   → express**ément**
> obscur, obscure   → obscur**ément**
> précis, précise   → précis**ément**
> profond, profonde   → profond**ément**

▌Cas particuliers

Certains adverbes se forment à partir du *masculin* de l'adjectif. Parfois on ajoute un accent aigu ou circonflexe à l'adjectif avant d'ajouter le suffixe **-ment**. Parfois on change l'orthographe de la dernière syllabe de l'adjectif. On y discerne trois groupes.

Les adjectifs se terminant en *-ai, -é, -i, -u, -û*. Ajoutez le suffixe **-ment** sans rien changer à l'adjectif.

vrai	→	vrai**ment**
posé	→	posé**ment**
poli	→	poli**ment**
résolu	→	résolu**ment**
dû	→	dû**ment**

Exceptions:

impuni	→	impun**ément**
assidu	→	assid**ûment**
cru	→	cr**ûment**

Les adjectifs se terminant en *-ant*. Rayez la terminaison **-ant** et ajoutez **-amment**. Le suffixe se prononce [amã].

brillant	→	brill**amment**
constant	→	const**amment**
instant	→	inst**amment**

Les adjectifs se terminant en *-ent*. Rayez la terminaison **-ent**. Ajoutez le suffixe **-emment** qui se prononce également [amã].

prudent	→	prud**emment**
violent	→	viol**emment**

Exceptions:

lent	→	lent**ement**
présent	→	présent**ement**
véhément	→	véhément**ement**

▌La place des adverbes

▌Adverbes en général

De façon générale, voici comment placer les adverbes par rapport aux autres éléments de la phrase.

Verbes conjugués et infinitifs

1. Mettez l'adverbe *après le verbe* à un temps simple.

> Il lit **beaucoup.**
> *He reads a lot.*

2. Mettez-le *après l'auxiliaire* à un temps composé ou au passif.

> Il a **beaucoup** parlé.
> *He did a lot of talking.*

> Les bateaux ont **finalement** été vendus.
> *The boats were finally sold.*

Vous pouvez placer un adverbe plutôt long *après le participe*.

> Elle a voyagé **constamment.**
> *She travelled constantly.*

3. Mettez l'adverbe *avant ou après l'infinitif* qu'il modifie.

> Personne ne saurait lui plaire **dorénavant.**
> Personne ne saurait **dorénavant** lui plaire.
> *No one could please him from now on.*

Adjectifs et adverbes

Mettez l'adverbe *avant l'adjectif ou l'adverbe* qu'il modifie.

> J'ai visité des villages **très** pittoresques.
> *I've visited very picturesque villages.*

> Elle est **bien** en retard.
> *She is very late.*

▎Adverbes de temps, de lieu et d'interrogation

Adverbes de temps. Mettez-les soit *au commencement de la proposition,* soit *après le verbe ou le participe,* soit *à la fin de la proposition*.

> **Hier** il nous a téléphoné chez nous.
> Il nous a téléphoné **hier** chez nous.
> Il nous a téléphoné chez nous **hier.**
> *He phoned us at home yesterday.*

Exceptions: **Déjà, souvent** et **toujours** *suivent l'auxiliaire* à un temps composé.

> Nous l'avons **déjà** fait.
> *We've already done that.*

Adverbes de lieu. Placez-les *après le participe* à un temps composé.

> Je l'ai cherchée **partout**.
> *I looked for her everywhere.*

Adverbes d'interrogation. Mettez-les *au début* de la proposition.

> **Où** êtes-vous allée?
> *Where did you go?*

> **Pourquoi** fait-il cela?
> *Why is he doing that?*

▌Nuances
Effets stylistiques

1. Pour *mettre un adverbe en valeur* vous le placez au début ou à la fin de la proposition — et non pas à sa place normale.

> **Vite** il a saisi le volant.
> *He quickly took hold of the steering wheel.*

2. Certains adverbes (**peut-être, sans doute, à peine, en vain**), mis en tête de la proposition, exigent l'*inversion du sujet et du verbe*. C'est une tournure assez élégante.

> **Peut-être viendra-t-il** nous voir demain.
> *Perhaps he'll come and see us tomorrow.*

> **En vain a-t-elle cherché** à nous convaincre.
> *In vain she tried to convince us.*

Dans le style plus courant, vous pouvez éviter l'inversion en mettant l'adverbe après le verbe ou à la fin de la proposition.

> Il viendra **peut-être** nous voir.
> Il viendra nous voir **peut-être**.
> *Perhaps he will come and see us.*

Vous pouvez également mettre **peut-être** et **sans doute** en tête de la proposition sans l'inversion du sujet et du verbe. Mais il faut les faire suivre de **que**.

> **Sans doute qu'**elle vous parlera de la lettre.
> *No doubt she will talk to you about the letter.*

Sens de l'adverbe

Certains adverbes changent de sens en changeant de place. À sa place normale, **aussi** veut dire *also, too*.

> J'ai **aussi** de très bons amis.
> *I also have some very good friends.*

> Il a de l'argent **aussi**.
> *He has money too.*

Mis au début de la proposition, l'adverbe signifie *and so, therefore*. L'inversion du sujet et du verbe est obligatoire.

> Elle a beaucoup voyagé, **aussi est-elle** à même de nous aider.
> *She has travelled a lot, and so she is well able to help us.*

Variantes

Certains adverbes peuvent être remplacés par:

• un substantif abstrait précédé d'une préposition:

> patiemment → avec patience
> soigneusement → avec soin
> impitoyablement → sans pitié

• l'expression **d'une façon** ou **d'une manière** suivie d'un adjectif:

> franchement → d'une façon franche
> aisément → d'une façon aisée
> ouvertement → d'une manière ouverte
> complaisamment → d'une manière complaisante

ALLEZ-Y, exercices 5, 6

Maintenant, c'est à vous!

▌Allez-y!

▌**D**ans tous les exercices suivants, rivalisez avec votre voisin(e). Qui va gagner?

1. Mettez au féminin l'adjectif en italiques.

   a. une tradition (*canadien*)
   b. une fête (*américain*)
   c. la littérature (*anglais*)
   d. une guitare (*espagnol*)
   e. une lettre (*authentique*)
   f. une danse (*grec*)
   g. une vente (*public*)
   h. une pièce (*ennuyeux*)
   i. une robe (*bleu*)
   j. une élève (*travailleur*)
   k. une cour (*intérieur*)
   l. une voiture (*nouveau*)
   m. une conversation (*animé*)
   n. une femme (*savant*)
   o. une victime (*malheureux*)
   p. une tâche (*difficile*)
   q. une note (*excellent*)
   r. une bibliothèque (*complet*)
   s. une histoire (*naïf*)
   t. une porte (*extérieur*)

2. Placez comme il faut (avant ou après le nom) les adjectifs suivants. L'adjectif doit s'accorder avec le nom.

   a. un chat   noir
   b. un chant   religieux
   c. une bicyclette   rouge
   d. un homme   courageux
   e. l'an   nouveau
   f. la langue   maternel
   g. un cours   difficile
   h. un air   populaire
   i. un livre   ouvert
   j. une maison   vieux
   k. un enfant   négligent
   l. un silence   absolu
   m. un repas   bon
   n. un moment   petit
   o. un baiser   gros
   p. une fois   premier

3. Placez comme il faut les adjectifs suivants. Faites-les accorder avec le nom.

a. une perruche	joli, petit
b. une interview	long, difficile
c. une maison	beau, vieux
d. une ville	pittoresque, moyenâgeux
e. un chemin	étroit, tortueux
f. une femme	jeune, sportif
g. une robe	blanc, noir
h. un portrait	authentique, vieux
i. un arbre	beau, centenaire
j. un éléphant	petit, timide
k. un chien	gentil, gros
l. un panorama	vaste, inoubliable
m. une île	sauvage, désert
n. une mer	calme, tranquille
o. un ciel	nuageux, menaçant

4. Mettez au pluriel les expressions suivantes.

a. un compte rendu intéressant

b. un roman nouveau

c. un chapeau noir

d. un manteau marron

e. un rideau rose foncé

f. un examen final

g. un accident fatal

h. une revue mensuelle

i. un journal quotidien

j. une analyse approfondie

k. une belle affaire

l. un bel arc-en-ciel

5. Indiquez l'adverbe formé à partir des adjectifs suivants:

a. lent	g. savant
b. vraisemblable	h. gentil
c. malheureux	i. gratuit
d. seul	j. vrai
e. probable	k. fou
f. secret	l. brillant

m. profond	q. résolu
n. instant	r. joli
o. éperdu	s. actuel
p. ardent	t. aucun

6. Mettez l'adverbe au bon endroit dans la phrase.

   a. Il nous a parlé. (*hier*)

   b. Elle est venue nous voir. (*souvent*)

   c. Nous serons avec vous. (*tout à l'heure*)

   d. Il a lu cela quelque part. (*sûrement*)

   e. Je te parlerai. (*bientôt*)

   f. Elle est arrivée. (*de bonne heure*)

   g. Tu n'as pas dormi. (*assez*)

   h. Il a réfléchi avant de nous répondre. (*longtemps*)

   i. C'est une réaction naturelle. (*bien*)

   j. Il m'a répondu. (*immédiatement*)

   k. Elle m'a aimé. (*toujours*)

   l. Je vous suis reconnaissante. (*infiniment*)

   m. Il vivait en Chine. (*autrefois*)

   n. On lui avait défendu de stationner ici. (*formellement*)

▌Lecture

▌Les îles du Golfe   Texte extrait de *Vancouver autour de l'Expo* de Francine Montpetit.[1] L'article a paru dans *Châtelaine*.

Il serait dommage de repartir sans explorer ne serait-ce qu'un peu les environs de Vancouver. Ici, les monuments sont des montagnes romanes ou gothiques flamboyantes et les églises, les grands arbres de Cathedral Grove. Tous les plaisirs sont liés à la nature, belle entre les belles, et mettent tout de suite en état de passion.   5

Les îles du Golfe[2]

Voici un Ouest méconnu de paysages très doux sur fond de mer turquoise, terres minuscules taillées en dentelle, serrées les unes contre

---

[1] Francine Montpetit, journaliste au magazine *Châtelaine*. Ancienne rédactrice en chef de ce magazine.

[2] Le Golfe: le détroit qui sépare l'Île de Vancouver de la Colombie-Britannique continentale.

les autres, formant baies profondes et passages étroits sur fond de
montagnes rondes, de ciels bleu tendre, de conifères pointus et longs
comme des jours sans pain. Ces îles sont un peu . . . le Sud de l'Ouest,   10
tant leurs habitants ont le sourire facile, le regard chaleureux et l'invitation toujours au bord des lèvres.

À la manière des explorateurs espagnols d'il y a 200 ans, pourquoi ne
pas prendre le bateau qui relie le continent à la grande Île de Vancouver et à la capitale Victoria, via les îles du Golfe. Elles forment chape-   15
let entre les points de départ et d'arrivée du traversier: Galiano, Salt-
spring, Saturna, Mayne sont autant de points oubliés, bons pour la
flânerie et les tête-à-tête avec les gens du cru. On s'y arrête au gré d'un
horaire commode qui assure la régularité des liaisons d'un grain à l'autre du rosaire. Une voiture est cependant préférable pour se les offrir à   20
leur meilleur, parcourir leurs routes sinueuses, se glisser entre deux
maisons de cèdre gris afin d'en découvrir la vue sur l'eau transparente
ou sur les hautes montagnes embrumées de l'Île de Vancouver.

Galiano est la plus fascinante et la plus accessible. Fine et longue,
elle semble s'étirer comme une belle paresseuse entre les bras du dé-   25
troit de Géorgie, à l'entrée même de l'archipel. Son nom espagnol lui
vient de ce seigneur commandant de navire qui, au XVIIIᵉ siècle, sil-
lonnait ses rives alanguies en admirant — rapporte la petite histoire —
les vols des aigles, des grands herons bleus et les ébats des baleines. Elles sont toujours là, paraît-il. L'île compte 726 habitants, pas plus, pas   30

moins. Très sérieusement, on vous dira au pub, sans du tout tenir compte de sa minuscule surface de dix-sept milles carrés, qu'elle est davantage sauvage au nord qu'au sud.

L'Île de Vancouver

Le plus souvent, on se contente de visiter la capitale. Pourtant, quelles extraordinaires promenades cachent les routes qui longent d'abord la   35
partie est de l'Île de Vancouver pour la percer ensuite en plein ventre. L'une d'elles aboutit de l'autre côté sur des rives de bout du monde, à la fois sauvages et veloutées selon qu'elles se font âpres falaises ou plages de sable pêche. Au loin, sur les petites îles plus perdues encore, on peut observer, à l'aide de jumelles, les jeux des baleines grises, des ota   40
ries, des phoques et même des épaulards.

«Avant de reprendre le bateau, me dit une femme de pêcheur, allez à Chemainus. Vous y verrez quelque chose d'unique.»

Aller là-bas, c'est reprendre la traversée de l'île en sens inverse, mais aussi poursuivre au-delà de Nanaïmo, point de départ du traversier   45
pour Vancouver. Je l'ai écoutée. . .

Les paysages revus et corrigés changent comme par magie. Ici, les pics aigus des montagnes m'ont semblé plus glacés et plus lumineux. J'ai vu les squelettes des arbres piqués à leurs flancs, témoins figés de leur destruction, mais aussi les cèdres vivants dont les troncs montent   50
en fûts de colonne pour former cathédrale. Les rayons de soleil s'y glissent comme par une verrière. J'ai entendu le chuchotement des cascades et les colères sourdes des chutes de l'Englishman et de la Little Qualicum. Enfin, un peu au-delà de Parksville, j'ai vu Chemainus.   55

En 1983, Chemainus se meurt. Son unique industrie, un moulin à papier qui procure pain et beurre à près de 800 ouvriers, fait entendre pour la dernière fois, un certain soir d'automne, le hurlement aigu de son sifflet à vapeur. On ne veut pas quitter, on cherche tous ensemble, membres de la Chambre de commerce et gens du pays, un moyen as   60
tucieux de remettre la petite ville sur la carte sans recourir à l'État providence. Et on trouve une idée. . . géniale. En deux ans, grâce finalement à une mince subvention, les murs des maisons deviennent murales et la ville tout entière se transforme en musée qu'on parcourt à pied, le nez dans l'air marin et la tête au soleil. Des artistes appelés à   65
la rescousse, mais tenus malgré cela de soumettre leurs projets, sont venus d'un peu partout y traiter de sujets reliés à l'histoire ou à la vie quotidienne des travailleurs du bois sur un mode le plus souvent hyper-réaliste, de manière, n'est-ce pas, que chacun s'y retrouve. De-

puis, quantité de petits commerces se sont établis à Chemainus, une   70
galerie, des restaurants, des boutiques et, il faut le voir pour le croire,
un moulin à papier tout neuf qui emploie une partie des anciens ouvriers. Cette année, la ville a remporté un prix donné par l'État de
New York pour le projet communautaire le plus astucieux d'Amérique. Chemainus vit de lui-même, de nouveau joyeux et ma foi, fort   75
prospère.

▌Travaux

1. Répondez aux questions suivantes.
   - a. Qu'est-ce qui a surtout impressionné l'auteur quand elle a visité les îles du Golfe et l'Île de Vancouver?
   - b. À quoi compare-t-elle les îles du Golfe? Expliquez la comparaison.
   - c. À quel sort la ville de Chemainus a-t-elle été condamnée en 1983? Pourquoi?
   - d. Quel est l'état de la ville aujourd'hui? Pourquoi? Expliquez en détail.

2. Refaites les phrases suivantes en intégrant les adjectifs indiqués. Faites les accords nécessaires.

   Modèle: L'artiste a pris le traversier pour se rendre à l'Île de Vancouver.
   (**vieux, petit, mystérieux, lointain**)
   Le **vieil** artiste a pris le **petit** traversier pour se rendre à l'île de Vancouver, **mystérieuse et lointaine**.

   - a. Hier, j'ai pris le traversier pour aller voir les îles du Golfe. (*petit, mystérieux*)
   - b. C'est ici un pays où on peut admirer les montagnes et la mer. (*méconnu, bleu foncé, turquoise*)
   - c. Les conifères qui couvrent les montagnes m'enchantent. (*grand, pointu, noir*)
   - d. Quel panorama! (*beau, splendide, inoubliable*)
   - e. À l'horizon, les montagnes de l'Île de Vancouver m'attirent. (*arrondi*)
   - f. L'Île de Vancouver m'offre des beautés. (*inouï*)
   - g. Il y a des falaises, des plages de sable, des champs de fleurs. (*imposant, immense, argenté, parsemé, sauvages*)
   - h. Des enfants gambadent dans l'eau de la mer et courent le long de la plage. (*nu, tête, froid, pied*)

    i. J'ai voulu grimper en haut de ces falaises pour mieux jouir du specta-
        cle. (*rocheux*)

    j. Là-haut, des champs s'étendaient jusqu'à l'orée de la forêt. (*vert,
       parfumé*)

    k. Des arbres se penchaient comme pour protéger une maison. (*grand,
       touffu, petit, peint, blanc*)

    l. Ils avaient été tordus par les vents du Pacifique. (*fort, incessant*)

  m. Il y avait un jardin où se trouvaient des tomates, des citrouilles, des
      haricots. (*joli, petit, gros, rouge, orange, vert*)

    n. Un arbre avait toujours quelques pommes. (*vieux, branche squeletti-
      que, jaunâtre*)

    o. Deux chats, près de la porte, n'ont pas bougé à mon approche. (*noir,
      endormi, ouvert*)

    p. Enchantée par cette beauté, j'ai vite sorti ma boîte à couleurs et me
      suis mise à peindre. (*calme, inattendu*)

    q. J'y ai passé deux heures. (*demi, bien, tranquille*)

    r. Voilà! me suis-je dit enfin, j'ai bien fait quelque chose. (*beau*)

    s. J'ai dû descendre à la plage, reprendre ma voiture en bas, et filer au
      port où se trouvait le traversier. (*désert, abandonné, minuscule*)

3. Placez les adverbes ou les expressions adverbiales comme il faut, en mo-
   difiant au besoin la structure de la phrase.

   Modèle: Je suis allé voir Victoria. (**hier**)
           Hier, je suis allé voir Victoria.
           Je suis allé voir Victoria **hier**.
           Je suis allé **hier** voir Victoria.

    a. On a cru à la survie de la ville de Chemainus. (*fermement*)

    b. On a travaillé pendant de longues années au moulin à papier et on ne
      voulait pas que tout s'arrête et que la ville meure. (*dur, court*)

    c. On avait présenté aux propriétaires des arguments contre la fermeture
      de l'usine. (*en vain*)

    d. Ceux-ci avaient perdu trop d'argent et se désintéressaient du projet.
      (*peut-être, déjà, entièrement*)

    e. C'était décidé. (*en tout cas, bel et bien*)

    f. Le moulin, l'unique usine de la ville, ne tournerait plus. (*jamais*)

    g. Les habitants de Chemainus avaient eu une idée géniale. (*mais,
      subitement*)

    h. Ils allaient transformer la ville en musée. (*tout de suite*)

    i. Ils ont dressé la liste des artistes connus et ont invité ces artistes à ve-
      nir faire des murales dans la ville. (*patiemment, assez, bien, partout*)

j. Les artistes ont répondu à l'appel. (*heureusement, unanimement*)

k. Ils ont peint sur les murs des maisons et des immeubles l'histoire de l'industrie du bois et la vie quotidienne des travailleurs de Chemainus. (*immédiatement*)

l. Le musée en plein air a attiré l'attention des touristes. (*vite*)

m. La ruée des touristes a entraîné des commerçants. (*inévitablement*)

n. On a ouvert des restaurants, des boutiques, une galerie. (*d'abord, ensuite, en fin de compte*)

o. La ville de Chemainus a accepté une subvention du gouvernement. (*aussi, très volontiers*)

p. Et on a ouvert un moulin à papier. (*enfin, de nouveau*)

q. Ce n'est pas l'ancien moulin qui avait été fermé par ses propriétaires. (*une fois pour toutes*)

r. Mais c'est une usine neuve, propre, équipée de façon à rendre prospères les habitants de Chemainus. (*tout, tout, tout, fort*)

4. Employez dans des phrases les expressions suivantes.

a. une bonne histoire

b. le bon chemin

c. un simple mot

d. le seul traversier

e. l'année dernière

f. ses propres efforts

g. une nouvelle voiture

h. à mi-chemin

i. un grand homme

j. un spectacle différent

k. à diverses reprises

l. la bonté même

m. avoir l'air

n. rendre malade

o. à la mi-décembre

5. Mettez à la forme voulue (participe présent ou adjectif) l'infinitif qui se trouve entre parenthèses. Faites accorder l'adjectif avec le nom.

Modèles: L'année (**précéder**), il avait été dans le Yukon.
L'année **précédente**, il avait été dans le Yukon.

(**précéder**) tous les autres athlètes, la petite portant le drapeau s'est avancée vers nous.
Précédant tous les autres athlètes, la petite portant le drapeau s'est avancée vers nous.

a. (*Oublier*) de faire renouveler son passeport, elle n'a pas pu partir avec nous pour le Japon.

b. La semaine (*précéder*), elle avait écrit à sa soeur, (*annoncer*) son arrivée.

c. Elle a acheté un billet aller et retour, (*savoir*) qu'elle ne pouvait pas rester longtemps.

d. Que c'était (*fatiguer*)! J'ai dû faire la queue pendant deux heures.

e. Quelle expérience (*décevoir*)! On a annulé notre vol et nous avons attendu plus de vingt-quatre heures à l'aéroport.

f. Nous avons eu le temps de bien observer nos voisins. L'enfant de cinq ans, (*se croire*) perdu, cherchait sa mère partout.

g. (*Pleurer*) à chaudes larmes, il s'est jeté enfin dans ses bras.

h. Elle a, apparemment, des idées tout à fait (*différer*) des nôtres et elle l'a beaucoup grondé.

i. Surpris, nous avons essayé de lui dire qu'elle ne devait pas faire cela. Nous lui avons offert des arguments bien (*convaincre*).

j. Elle nous a répondu (*dire*) qu'elle avait réagi sans penser.

k. Elle avait été très inquiète, (*ne pas savoir*) si l'enfant allait revenir.

l. Pour la réconforter, j'ai proposé: "Allons dîner au restaurant!" "(*Exceller*) idée!" se sont écriés les autres voyageurs.

m. Des serveuses (*sourir*) nous ont accueillis et malgré la chaleur (*étouffer*) à l'intérieur du restaurant, tout le monde s'est bien amusé.

Thèmes

1. Traduisez en français les phrases suivantes.

a. Her new T.V. set is making her happy.

b. From now on, she can watch all the evening news — everything that is going on anywhere in the world — and the weather forecast, too.

c. Frankly, I'm surprised that such things interest her.

d. She spends at least two and a half hours a day getting first-hand information on world events.

e. Moreover, she has several tall black filing cabinets completely filled with little white cards.

f. On each card she has written down little-known facts.

g. Perhaps she is going to write a book? Has she said anything to you about that recently?

h. No. She's probably trying to create a new game — something new but rather like Trivial Pursuit.

2. Traduisez en français le passage suivant.

The Spanish came first. In the late eighteenth century, white sails shining in the sun, they swept up the rugged western coastline, finding the intricate mosaic of islands, big and small, which lie across the forty-ninth parallel. They saw the high peaks of the huge island (now known as Vancouver Island) which forms a long, oblong shield protecting the B.C. coast. They sailed around the lower part of this shield and headed towards the mainland, fascinated by the tree-covered islands which filled the strait. They watched the snow-covered mountains of the mainland gleam in the rays of the setting sun. All this fabulous country the Spanish captain, Perez, claimed for Spain. Then they sailed north, following the west coast of Vancouver Island, braving the heavy rain, the grey mists and the wild storms of the Pacific, to Nootka. Later the Spaniards relinquished their claim to all this territory. But they can never be forgotten. Their names live on — the Strait of Juan de Fuca, Galiano Island, Quadra Street — exotic names that ring out through the years recalling our debt to the Spanish adventurers who long ago explored the Canadian West Coast.

À vous la parole

Vocabulaire supplémentaire

Pour parler de la côte

la plage, la grève, le sable, les galets, le littoral, la marée basse,
à marée haute, le brouillard, la brume, le phare,
la corne (la sirène) de brume, la bouée, le bord des eaux, la baie,
le fiord, le détroit, les vagues, les montagnes (boisées), la cime,
le sommet, les chutes

les bateaux de plaisance, les bateaux à voile, la marina,
le traversier, le bac, le ferry-boat, le voyage d'agrément,
l'excursion, le naufrage, le vaisseau naufragé, le port de pêche,
la pêche, la flotille de pêche, le filet, la canne à pêche,
la barque de pêche, la scierie, les rondins, le radeau, le bois

Pour parler de l'état-providence

les impôts, les assurances sociales, les prestations, le bénéficiaire,
le montant, l'admissibilité, la pension d'invalidité,
la pension de retraite, la sécurité sociale, le régime des pensions,
la formule, toucher des prestations sociales,
vivre aux dépens de l'État, les défavorisés,
les économiquement faibles, la survie

▌Dialogues

Collaborez avec votre voisin(e) à un des projets suivants.

1. Préparez une brochure qui présentera des descriptions détaillées de la ville où vous vous trouvez.
2. Interrogez un photographe sur un voyage qu'il a fait en vue d'un documentaire sur une des provinces canadiennes.
3. Interrogez votre copine sur un voyage qu'elle a fait quelque part au Canada pour trouver du travail.

▌Décisions

Avec votre voisin(e), essayez de résoudre le problème suivant.

Vous êtes content(e) du poste que vous avez. On vous paie bien. Vous vivez près de votre famille et entouré(e) de vos amis. Votre fiancé(e) habite tout près et vous comptez vous marier sous peu. Soudain on vous offre un poste extrêmement intéressant. Comme salaire, on vous offre le double de ce que vous recevez maintenant. Seulement, il faut vous déplacer. La ville où se trouve ce poste est à plus de deux mille kilomètres de celle où vous demeurez à présent. Allez-vous accepter ce poste?

▌Discussions

Discutez les sujets suivants.

1. Problèmes de survie d'une petite ville. Solutions à ces problèmes.
2. Vivre sur la côte Pacifique? Oui ou non?
3. Richesses de la Colombie-Britannique.
4. Le tourisme au Canada.
5. Êtes-vous pour ou contre l'état-providence? Pour quelles raisons?

▌Compositions

Faites une composition bien organisée sur *un* des sujets suivants.

1. Renseignez-vous sur la vie du capitaine Vancouver. Racontez un de ses voyages de découverte.
2. Quand je pense à la côte Pacifique du Canada, je vois. . .
3. Décrivez une croisière que vous avez faite.
4. Écrivez une lettre à un(e) ami(e) pour lui décrire un petit voyage que vous venez de faire.

21 Analogique

et numérique

Éléments de langue

Le comparatif et le superlatif
   L'adjectif
   Le nom
   L'adverbe
   Question d'usage

Situation

La révolution provoquée dans notre société
par les chiffres

Texte: **Analogique et numérique** — extrait de
   L'Homme informatisé d'Yves Leclerc

Activités de communication

Employer à bon escient le comparatif et le
superlatif

Porter un jugement sur les transformations
qui se sont effectuées au vingtième siècle au
Canada — le système métrique, les montres
numériques, les ordinateurs. Avantages et
inconvénients.

Discuter des problèmes moraux et financiers
suscités par la reproduction facile de textes et
de disques

Exprimer des vues personnelles sur les effets
sociaux du code numérique

Le comparatif et le superlatif — adjectifs, noms, adverbes

Comment peut-on faire des comparaisons ou indiquer les degrés de signification d'un adjectif, d'un nom ou d'un adverbe? C'est facile grâce à certains adverbes.

> *. . . de plus en plus*, des éléments de notre vie, *des plus banals, aux plus cruciaux*, sont changés en chiffres. . .
>
> **Yves Leclerc**

Il y a des comparisons qui expriment l'*égalité* et d'autres qui marquent l'*inegalité*. Il faut indiquer deux degrés: le *comparatif* (**plus. . . moins**) et le *superlatif* (**le plus. . . le moins**).

Vous pouvez comparer des personnes, des objets, des idées à l'aide des adverbes — **plus, moins, aussi, si, autant**. La comparaison que vous établissez se compose de deux éléments:

1. un énoncé où vous décrivez quelqu'un ou quelque chose en indiquant des valeurs relatives:

> Vous êtes **plus** habile. . .
> *You are more skilful. . .*

2. l'élément de référence:

> . . . qu'eux.
> *. . . than them.*

L'élément de référence peut être explicite — exprimé par un pronom, un nom ou même une proposition. Ou bien, il peut être implicite.

> Elle est moins instruite **que sa soeur.**
> *She is less educated than her sister.*
> (référence explicite)

> C'est lui qui court **le plus vite.**
> *He's the one who runs the fastest.*
> (référence implicite)

L'adjectif

Le comparatif de l'adjectif

Le comparatif de l'adjectif vous permet de comparer, d'évaluer et de marquer des rapports entre deux groupes, deux objets, deux idées.

Formes du comparatif

Il existe *deux* formes du comparatif de l'adjectif — le comparatif qui exprime l'*égalité* des gens ou des choses comparées et le comparatif qui marque l'*inégalité*. Introduisez l'élément de référence (nom, pronom ou proposition) par la conjonction **que**.

Le comparatif d'égalité (*as. . . as*). Si le verbe est à l'*affirmatif*, mettez **aussi** devant l'adjectif.

> Elle est **aussi** intelligente **que** son frère.
> *She is as intelligent as her brother.*

Si le verbe est au *négatif*, mettez **aussi** ou bien **si** devant l'adjectif.

> Il n'est pas **aussi** altruiste **que** vous.
> Il n'est pas **si** altruiste **que** vous.
> *He isn't as altruistic as you.*

Le comparatif d'inégalité (*more. . . than, less. . . than*). Mettez **plus** devant l'adjectif pour indiquer qu'une personne ou une chose est supérieure à une autre. Employez **moins** pour indiquer l'infériorité.

> Il était **plus** impatient **que** vous.
> *He was more impatient than you.*

> Elle est **moins** perfectionniste **que** lui.
> *She is less of a perfectionist than he (is).*

Détails

1. Dans les comparaisons d'inégalité (supériorité et infériorité), le verbe de la subordonnée (s'il est exprimé) est précédé de **ne** *explétif* — qui ne se traduit pas (voir Chapitre 14).

> Vous êtes moins fortes que je **ne** pensais.
> *You are not as strong as I thought.*

2. N'oubliez pas les adjectifs tels que **supérieur, inférieur, antérieur, postérieur.** Ces mots ont déjà une valeur comparative. Vous ne devez pas employer ici **plus. . . que** ou **moins. . . que.**

> C'est un vin **inférieur.**
> *It's an inferior wine.*

- Mettez la préposition **à** devant l'élément de référence.

> Cette bière est **supérieure à** l'autre.
> *This beer is superior to the other.*

> Ces événements sont **antérieurs à** ceux dont nous avons parlé.
> *These events predate those we spoke about.*

- Vous pouvez toutefois renforcer la comparaison au moyen d'un adverbe tel que **bien, infiniment, tout à fait.**

> C'est un vin **très inférieur.**
> *It's a very inferior wine.*

`ALLEZ-Y,   exercice 1`

▌Le superlatif de l'adjectif
Formes du superlatif

Il existe *deux* formes du superlatif: le superlatif de *supériorité* (*the most*) et le superlatif d'*infériorité* (*the least*). Pour les former, mettez l'article défini devant le comparatif d'inégalité de l'adjectif:

- supériorité = **le/la/les** + **plus** + adjectif
- infériorité = **le/la/les** + **moins** + adjectif

> Notre ville est **la plus belle.**
> *Our city is the most beautiful.*

> C'est la tâche **la moins désagréable.**
> *It's the least disagreable task.*

L'élément de référence

1. Si l'élément de référence est un *nom* ou un *pronom*, introduisez-le par la préposition **de.**

> C'est l'enfant la plus douée **de la classe.**
> *She's the most gifted child in the class.*

C'est la fête la plus importante **de l'année.**
It's the most important holiday of the year.

C'est le plus fort **de nous tous.**
He's the strongest of all of us.

2. Si l'élément de référence est une *proposition*, introduisez-le par **que.** Le verbe subordonné est presque toujours au subjonctif (voir Chapitre 10).

C'est l'homme le plus fort **que je connaisse.**
He's the strongest man I know.

Rôle de l'article

1. L'article s'accorde en genre et en nombre avec le nom.

C'était **la période la plus difficile** de sa vie.
It was the most difficult time of his life.

Il a passé ici **les années les plus difficiles** de sa vie.
He spent the most difficult years of his life here.

2. S'il y a plusieurs adjectifs, répétez l'article devant chaque adjectif au superlatif.

C'est la rue **la plus longue et la plus animée** de la ville.
It's the longest and busiest street in the town.

3. Si un adjectif possessif précède l'adjectif, supprimez l'article.

Elle va porter **sa plus belle robe.**
She is going to wear her most beautiful dress.

Mais si l'adjectif qualificatif suit le nom, il vous faut et l'adjectif possessif et l'article défini.

Elle va porter **sa robe la plus élégante.**
She is going to wear her most elegant dress.

▮Place de l'adjectif

L'adjectif au comparatif et au superlatif se met à sa place normale, avant ou après le substantif. N'oubliez pas, au superlatif, de mettre l'article défini devant l'adjectif.

Un seul adjectif. Mettez-le à sa place normale, précédé de l'adverbe qui marque le comparatif ou le superlatif.

Des chaussures plus pratiques sont en vente.
The more practical shoes are on sale.
(comparatif)

Le manteau le plus cher ne me plaît pas.
The most expensive coat doesn't appeal to me.
(superlatif)

Ma robe la plus élégante a coûté 300 dollars.
My most elegant dress cost 300 dollars.
(superlatif)

Plusieurs adjectifs. Vous les mettez normalement après le substantif. Faites-les précéder tous de **plus** ou de **moins** et, dans le cas des adjectifs au superlatif, de l'*article défini*. Si le substantif est qualifié de plusieurs adjectifs, mettez les adverbes de comparaison devant chaque adjectif.

Des jeans **plus** pratiques et **moins** chers se vendent au sous-sol.
More practical and cheaper jeans are sold in the basement.

Il vient d'acheter le manteau **le plus** élégant et **le plus** cher du magasin.
He has just bought the most elegant and most expensive coat in the store.

Cas ambigus. Quand l'adjectif qualificatif précède le substantif, il est difficile de distinguer le comparatif du superlatif.

La plus jeune fille s'appelle Marie.
The younger girl is called Marie.
The youngest girl is called Marie.

1. Normalement, c'est le contexte qui vous aide à les identifier:
   - si vous parlez de deux jeunes filles:

     La plus jeune fille s'appelle Marie.
     The younger girl is called Marie.

   - si vous parlez de trois ou quatre jeunes filles:

     La plus jeune fille s'appelle Marie.
     The youngest girl is called Marie.

2. Pour marquer la distinction sans équivoque, mettez l'adjectif au superlatif après le nom (même si ce n'est pas sa place normale) et répétez l'article.

   La fille la plus jeune s'appelle Marie.
   The youngest girl is called Marie.

TABLEAU 21-1   Le comparatif et le superlatif de l'adjectif

		adjectif	élément de référence
comparatif			
égalité	à l'affirmatif	**aussi fidèle(s)**	
	au négatif	**aussi fidèle(s)** **si fidèle(s)**	**que + *nom/pronom*** **que + *proposition***
inégalité		**plus fidèle(s)** **moins fidèle(s)**	
superlatif		**le/la/les plus fidèle(s)** **le/la/les moins fidèle(s)**	**de + *nom/pronom*** **que + *proposition***

ALLEZ-Y,   exercice 2

▌Formes irrégulières

Trois adjectifs — **bon, mauvais, petit** — présentent des formes irrégulières au comparatif d'inégalité et au superlatif de supériorité. Les autres formes sont régulières. On dit, par exemple:

> Ce gâteau est **meilleur que** le vôtre.
> *This cake is better than yours.*
> (comparatif d'inégalité)

Mais:
> Ce gâteau au chocolat est **aussi bon que** celui de ma mère.
> *This chocolate cake is as good as my mother's.*
> (comparatif d'égalité)

TABLEAU 21-2   *Bon, mauvais, petit:* le comparatif et le superlatif de supériorité

	comparatif		superlatif	
	formes régulières	formes irrégulières	formes régulières	formes irrégulières
bon(ne) bon(ne)s		**meilleur(e)** **meilleur(e)s**		**le/la meilleur(e)** **les meilleur(e)s**
mauvais(e) mauvais(e)s	**plus mauvais(e)** **plus mauvais(e)s**	**pire** **pires**	**le/la plus mauvaise(e)** **les plus mauvaise(e)s**	**le/la pire** **les pires**
petit(e) petit(e)s	**plus petit(e)** **plus petit(e)s**	**moindre** **moindres**	**le/la plus petit(e)** **les plus petit(e)s**	**le/la moindre** **les moindres**

Adjectifs à deux formes

Notez que deux de ces adjectifs ont deux formes au comparatif et au super-latif de supériorité — la forme régulière et la forme irrégulière.

Mauvais. La forme régulière (**plus mauvais, le plus mauvais**) s'emploie pour marquer un sens concret, positif; la forme irrégulière (**pire, les pires**) a un sens plus abstrait ou moral. Les formes irrégulières se trouvent presque toujours dans le style littéraire.

> Pour la santé, les cigarettes sont **plus mauvaises que** l'alcool.
> *Cigarettes are worse than alcohol for your health.*

> L'hiver a été **pire que** les précédents.
> *The winter was worse than the preceding ones.*

Petit. La forme régulière marque le sens concret; la forme irrégulière indique un sens plus abstrait ou moral.

> Ce jardin est **plus petit que** le mien.
> *This garden is smaller than mine.*

> C'est l'enfant **le plus petit de** la classe.
> *He's the smallest child in the class.*

> C'est **le moindre** mal.
> *It's the lesser evil.*

> Je n'ai pas **la moindre envie** de le faire.
> *I haven't the least desire to do that.*

Bon. Il n'y a qu'une seule forme au comparatif et au supérlatif de supério-rité.

> Ce tableau-ci est **meilleur que** celui-là.
> *This picture is better than that one.*

> Ces pièces sont **les meilleures que** nous ayons vues.
> *These plays are the best we have seen.*

ALLEZ-Y, exercice 3

Le nom

Le comparatif du nom

Il y a deux formes du comparatif du nom — le comparatif d'*égalité* et le comparatif d'*inégalité*. Mettez la conjonction **que** devant l'élément de réfé-rence (nom, pronom ou proposition).

Le comparatif d'égalité (*as much. . . as*).   Si le verbe est à l'*affirmatif*, employez **autant de** + nom.

> Elle a **autant d'argent que** sa cousine.
> *She has as much money as her cousin.*

Si le verbe est au *négatif*, utilisez **tant de** + nom.

> Elle n'a pas **tant d'argent que** vous.
> *She hasn't as much money as you.*

Le comparatif d'inégalité.   Pour exprimer la *supériorité* (*more. . . than*), employez **plus de** + nom.

> Vous avez **plus d'amis que** je ne le croyais.
> *You have more friends than I thought you had.*

Pour exprimer l'*infériorité* (*less. . . than*), utilisez **moins de** + nom.

> J'ai **moins d'énergie que** vous ce matin.
> *I have less energy than you this morning.*

▌Le superlatif du nom

Mettez l'article défini (**le**) devant *le comparatif d'inégalité du nom*. **Le** est invariable. L'élément de référence (nom ou pronom) est introduit par la préposition **de**. Pour indiquer la supériorité (*the most. . .*) ou l'infériorité (*the least. . .*) employez **le plus de** + *nom* ou **le moins de** + *nom*.

> C'est elle qui a **le plus d'argent.**
> *She's the one who has the most money.*

> C'était à ce moment-là qu'il avait **le moins de confiance.**
> *It was at that moment that he had the least confidence.*

> C'est lui qui a **le plus de confiance de nous tous.**
> *He has the most confidence of all of us.*

TABLEAU 21-3   Le comparatif et le superlatif du nom

	nom	élément de référence
comparatif		
égalité	{ **autant d'argent** { **tant d'argent**	**que** + *nom/pronom* **que** + *proposition*
inégalité	{ **plus d'argent** { **moins d'argent**	
superlatif	**le plus d'argent** **le moins d'argent**	**de** + *nom/pronom*

ALLEZ-Y,   exercice 4

L'adverbe

Le comparatif de l'adverbe

Formes du comparatif

Il existe *deux* formes du comparatif de l'adverbe — le comparatif d'*égalité* et le comparatif d'*inégalité*. L'élément de référence (nom, pronom ou proposition) est introduit par la conjonction **que**.

Le comparatif d'égalité (*as. . . as*). Si le verbe est à l'*affirmatif*, mettez **aussi** devant l'adverbe.

> Vous m'écrivez **aussi** souvent **que** lui.
> *You write me as often as he (does).*

Si le verbe est au *négatif*, mettez **aussi** ou bien **si** devant l'adverbe.

> Elle ne répond pas **aussi** souvent **que** vous.
> Elle ne répond pas **si** souvent **que** vous.
> *She doesn't answer as often as you (do).*

Le comparatif d'inégalité. Si vous exprimez la supériorité (*more. . . than*), mettez **plus** devant l'adverbe. Si vous marquez l'infériorité (*less. . . than*), mettez **moins** devant l'adverbe.

> Je lui parle **plus** souvent **que** vous ne le croyez.
> *I talk to him more often than you think.*

> Vous faites du jogging **moins** souvent **que** les autres.
> *You jog less frequently than the others.*

Le superlatif de l'adverbe

Pour former le superlatif de l'adverbe, mettez **le** devant le *comparatif d'inégalité*. Vous indiquez ainsi la *supériorité* (*the most*) ou l'*infériorité* (*the least*). **Le** est invariable, puisque l'adverbe est invariable. L'élément de référence (nom ou pronom) est introduit par **de**.

> C'est lui qui nous a aidés **le plus souvent**.
> *He's the one who helped us the most often.*

> Vous avez réagi **le moins vite de nous tous**.
> *You reacted the least quickly of us all.*

TABLEAU 21-4 Le comparatif et le superlatif de l'adverbe

	adverbe	élément de référence
le comparatif égalité { à l'affirmatif { au négatif inégalité	**aussi lentement** { **aussi lentement** { **si lentement** { **plus lentement** { **moins lentement**	{ **que** + *nom/pronom* { **que** + *proposition*
superlatif	{ **le plus lentement** { **le moins lentement**	**de** + *nom/pronom*

Les formes irrégulières

Certains adverbes se comparent d'une façon irrégulière.

TABLEAU 21-5 Formes irrégulières

	comparatif	superlatif
beaucoup	**plus** **davantage**	**le plus**
mal	**plus mal** **pis**	**le plus mal** **le pis**
bien	**mieux**	**le mieux**
peu	**moins**	**le moins**

Ma soeur chante **mal,** mon frère chante encore **plus mal,** mais c'est vous qui chantez **le plus mal.**
My sister sings badly, my brother sings even worse, but you sing the worst.

Ça ne va ni **mieux** ni **pis** qu'hier.
Things are going no better and no worse than yesterday.

Je sais que vous nagez **bien,** mais moi je nage **mieux** que vous et c'est mon frère qui nage **le mieux.** C'est lui le champion.
I know that you swim well, but I swim better and it's my brother who swims best. He's the champion.

▌Détails

1. **Plus** et **davantage** veulent dire, tous les deux, *more*. Employez **plus** (comparatif de **beaucoup**) dans des comparaisons explicites. Employez **davantage** quand la comparaison est sousentendue. Mettez **davantage** après le verbe.

> Vous parlez **beaucoup** mais lui parle **plus que** vous.
> *You talk a lot but he talks more than you do.*

> Elle aime ce magnétophone-ci mais elle aime l'autre **davantage**.
> *She likes this recorder but she likes the other one more.*

2. **Pis** (tout comme l'adjectif **pire**) a un sens abstrait ou moral. C'est une forme archaïque qui se trouve surtout dans certaines expressions figées.

> Tout va **de mal en pis.**
> *Everything is going from bad to worse.*

> Vous ne pouvez pas être prêt à l'heure? **Tant pis.** Nous partons sans vous.
> *You can't be ready on time? Too bad. We're leaving without you.*

3. Aux anglophones de se méfier. Ne confondez pas **meilleur** et **mieux**. Les deux se traduisent par *better*. Mais **meilleur** (adjectif) doit qualifier un nom ou un pronom. **Mieux** (adverbe) modifie un verbe.

> Cette montre-là est **meilleure** que la mienne.
> *That watch is better than mine.*
> (L'adjectif qualifie le nom **montre**.)

> Votre frère travaille **mieux** que vous.
> *Your brother works better than you do.*
> (L'adverbe modifie le verbe **travaille**.)

> Tu parles **mieux** le français ces jours-ci.
> *You are speaking French better these days.*
> (L'adverbe qualifie le verbe **parle**.)

ALLEZ-Y,   exercices 5, 6

▌Question d'usage

▌Variantes du superlatif

Les tournures suivantes peuvent remplacer un adjectif ou un adverbe au superlatif.

1. Devant l'adjectif ou l'adverbe, mettez un adverbe tel que **bien, très, fort, tout à fait, infiniment, extrêmement.**

> Je vous suis **infiniment** reconnaissant.
> *I'm extremely grateful to you.*

> C'est une femme **tout à fait** remarquable.
> *She's a most remarkable woman.*

> C'est **extrêmement** bien fait.
> *It's extremely well done.*

> Il a **très** vite compris.
> *He understood very quickly.*

2. Mettez l'adjectif au pluriel et faites-le précéder de l'expression **des plus.**

> C'est un match **des plus passionnants.**
> *It's a most fascinating game.*

> C'est une patronne **des plus compétentes.**
> *She's a most competent boss.*

3. Ajoutez à l'adjectif un préfixe (**archi-, extra-, ultra-**) ou bien un suffixe (**-issime**).

> La salle est **archi**pleine.
> *The room is full to overflowing.*

> C'est un décor **ultra**-moderne.
> *It's an ultra-modern setting.*

> C'est un livre rar**issime**.
> *It's a very rare book.*

▌Cas particuliers

1. Les locutions suivantes sont figées. Apprenez-les par coeur.

de plus en plus	*more and more*
de moins en moins	*less and less*
de mieux en mieux	*better and better*
encore plus	*even more*
encore moins	*even less*
encore mieux	*even better*
tant mieux	*so much the better*
tant pis	*so much the worse*
de mal en pis	*from bad to worse*
de plus en plus mal	*worse and worse*

Il va **de mieux en mieux.**
He's getting better and better.

2. **Plus. . . plus, moins. . . moins, plus. . . mieux, plus. . . moins** — ces expressions signifient *the more. . . the more, the less. . . the less, the more. . . the better, the more. . . the less*. Elles ne changent pas l'ordre des mots dans la phrase où on les emploie.

> **Plus** je suis content, **plus** je mange.
> *The happier I am, the more I eat.*
>
> **Plus** je voyage, **plus** je suis contente.
> *The more I travel, the more pleased I am.*
>
> **Plus** je travaille, **mieux** je réussis.
> *The more I work, the better I succeed.*
>
> **Moins** je travaille, **plus je** deviens paresseux.
> *The less I work, the lazier I get.*

L'anglais ajoute l'article défini (*the*).

3. Les expressions **d'autant plus, d'autant moins** (signifiant *all the more, all the less*) ont un sens causal. En outre, elles servent à expliquer pourquoi quelque chose est important.

> Il est **d'autant plus** content de recevoir la médaille d'or qu'il était le seul à représenter son pays.
> *He was all the more pleased to receive the gold medal because he was the only one to represent his country.*

4. **Plus que** et **moins que** marquent une comparaison. **Plus de** et **moins de** indiquent une quantité.

> Il a gagné **moins que** moi.
> *He earned less than me.*
>
> Il a gagné **moins de** cent dollars.
> *He earned less than a hundred dollars.*
>
> Je l'ai rencontrée au théâtre **plus d'**une fois.
> *I met her at the theatre more than once.*

5. Les comparaisons de *grandeur*, de *poids*, ou d'*âge* sont à noter.

- •Ces comparaisons se composent d'un *comparatif* et d'une *expression de quantité*. **Que** introduit l'élément de référence; **de** précise la différence numérique.

> Elle est **plus** jeune **que** sa meilleure amie.
> *She is younger than her best friend.*
>
> Elle est **plus** jeune **de** trois ans **que** sa meilleure amie.
> Elle est **de** trois ans **plus** jeune **que** sa meilleure amie.
> *She is three years younger than her best friend.*

Le bébé pèse **moins que** son frère jumeau.
The baby weighs less than his twin brother.

Le bébé pèse **moins que** son frère jumeau **d'**un kilo.
The baby weighs a kilo less than his twin brother.

Cette galerie est **plus** longue **que** l'autre.
This veranda is longer than the other.

Cette galerie est **de** trois mètres **plus** longue **que** l'autre.
This veranda is three metres longer than the other.

- Si vous employez **avoir** pour exprimer les rapports d'âge, mettez **de plus** ou **de moins** après les chiffres indiquant la différence d'âge.

Vous avez **dix ans de moins que** mon frère.
You are ten years younger than my brother.

Tu as **deux mois de plus que** ma soeur.
You are two months older than my sister.

ALLEZ-Y, exercice 7

6. **Comme** et **comme si** servent à faire des comparaisons.

- **Comme** s'emploie avec un nom ou un pronom.

Elle est très intelligente, **comme** sa soeur aînée.
She is very intelligent, like her older sister.

Comme nous, vous aimez les ordinateurs.
Like us, you like computers.

- **Comme si** introduit une proposition subordonnée. Il marque une comparaison et aussi une condition. Le verbe subordonné se met à l'imparfait ou au plus-que-parfait — même si le verbe principal est au présent.

Elle a baissé les yeux **comme si** elle avait peur de nous.
She lowered her eyes as if she were afraid of us.

Il a hoché la tête **comme s'**il avait tout compris.
He nodded his head as if he had understood everything.

Tu souris **comme si** tu nous avais déjà pardonnés.
You are smiling as if you had already forgiven us.

Maintenant, c'est à vous!

▎Allez-y!

1. Complétez les phrases suivantes.

Modèle: Élise a 15 ans; Pauline a 18 ans.
Élise est. . . âgée. . . Pauline.
Élise est **moins** âgée **que** Pauline.

a. Sameena est grande; Hélène est petite.
Sameena est. . . grande. . . Hélène.
Hélène est. . .grande. . .Sameena.
Hélène n'est pas. . . grande. . . Sameena.
Hélène est. . . petite. . . Sameena.
Sameena n'est pas. . . petite. . . Hélène.

b. Thorsten est sportif; Paul n'est pas sportif.
Thorsten est. . . sportif. . . Paul.
Paul n'est pas. . . sportif. . . Thorsten.
Paul est. . . sportif. . . Thorsten.

c. Mario est beau; Antoine n'est pas très beau.
Mario est. . . beau. . . Antoine.
Antoine est. . . beau. . . Mario.
Antoine n'est pas. . . beau. . . Mario.

d. Tanya est sympa; Louise n'est pas très sympa.
Louise n'est pas. . . sympa. . . Tanya.
Tanya est. . . sympa. . . Louise.
Louise est. . . sympa que Tanya.

2. Complétez les phrases suivantes.

Modèle: Marie se lève à 6 heures; Sylvie à 9 heures; Annette à midi.
Sylvie est. . . matinale. . . Marie.
Annette n'est pas. . . matinale. . . Sylvie.
Sylvie est **moins** matinale **que** Marie.
Annette n'est pas **si** matinale **que** Sylvie.

a. Marie se lève à 6 heures; Sylvie à 9 heures; Annette à midi.
Annette est. . . paresseuse. . . Sylvie.
Marie est. . . paresseuse. . . Annette.
Marie est. . . paresseuse. . . trois.
Annette est. . . paresseuse. . . trois.

   b. Henri a 20 ans; Michel a 23 ans.
     Michel est. . . âgé. . . Henri.
     Henri est. . . âgé. . . Michel.
     Michel est. . . âgé. . . candidats.

   c. Élévations:

le mont Blanc	le mont Everest	le mont Logan
4807 mètres	8802 mètres	5951 mètres

     Le mont Blanc est. . . haut. . . le mont Logan.
     Le mont Everest est. . . haut. . . le mont Blanc.
     Le mont Logan n'est pas. . . haut. . . le mont Everest.
     Le mont Everest est. . . haut. . . trois monts.

3. Complétez les phrases suivantes en mettant l'adjectif indiqué soit au comparatif, soit au superlatif, selon le sens de la phrase.

   Modèle: C'est. . . chose à faire. (**bon**)
          C'est **la meilleure** chose à faire.

   a. Les tomates sont. . . cette année. (*bon*)

   b. Les pommes sont. . . cette année que l'année dernière. (*petit*)

   c. Cet appartement est. . . que le nôtre. (*mauvais*)

   d. C'est. . . étudiante de la classe. (*bon*)

   e. Cette solution au problème est. . . que l'autre. (*mauvais*)

   f. Il n'a pas. . . idée de ce que vous voulez dire. (*petit*)

   g. C'est. . . roman que j'aie lu. (*bon*)

   h. Les routes ici sont. . . que celles dans le sud. (*mauvais*)

   i. A-t-il. . . soupçon de ce qui va se passer? (*petit*)

   j. Tu as fait tout cela dans. . . conditions. (*mauvais*)

4. Complétez les phrases suivantes en tenant compte des renseignements donnés.

   Modèle: Elle a cinq dollars; nous en avons dix.
          Elle a. . . argent que nous.
          Elle a **moins d'**argent que nous.

   a. J'ai dix dollars; vous en avez dix.
     Vous avez. . . argent que moi.

   b. Il a quatre compositions à faire; moi, j'en ai deux.
     Il a. . . compositions à faire que moi.

   c. Elle a deux heures à perdre; nous en avons une heure et demie.
     C'est toujours elle qui a. . . temps à perdre.

d. Toi, tu as dix chances; elle en a six.
   Tu auras. . . chances de réussir qu'elle.
   Elle aura. . . chances que toi.
   C'est toi qui as. . . chances de gagner la médaille d'or.

5. Complétez les phrases suivantes en tenant compte des renseignements fournis.

   a. Jean conduit à 50 km à l'heure, Mathieu à 80 km à l'heure et Raja à 110 km à l'heure.
      Jean conduit. . . vite. . . Mathieu.
      Raja conduit. . . vite. . . Mathieu.
      Mathieu ne conduit pas. . . vite. . . Raja.
      Raja conduit. . . vite. . . trois.
      Jean conduit. . . vite. . . tous.

   b. Prix des magnétophones:

A	B	C	D
25$	50$	100$	200$

      Le magnétophone B coûte cher.
      Le magnétophone C coûte. . . cher.
      Le magnétophone D coûte. . . cher.
      Le magnétophone A est. . . cher. . . autres.
      Le magnétophone C est. . . marché.
      Le magnétophone B est. . . marché.
      Le magnétophone A est. . . marché.

   c. Guy arrive à 7 heures, Frédérick à 7 heures et demie et José à 8 heures.
      La réunion aura lieu à huit heures trente.
      José arrive tôt.
      Frédérick arrive. . . tôt.
      Guy arrive. . . tôt. . . trois.
      José arrive de. . . heure.
      Frédérick arrive de. . . heure.
      Guy arrive de. . . heure. . . Frédérick.

6. Complétez les phrases suivantes en ajoutant **à**, **de**, ou **que**, au besoin.

   a. Ces disques sont supérieurs. . . tous ceux qu'on a faits dernièrement.
   b. Ceux que vous venez de me montrer sont infiniment inférieurs. . . ceux-ci.
   c. Est-ce qu'ils coûtent plus cher. . . les autres?
   d. Au contraire, ils coûtent moins cher. . . les autres.
   e. C'est ici le centre du disque le plus grand. . . monde, n'est-ce pas?

f. Oui, et cet établissement est plus vieux. . . celui du même nom à Paris.

g. Il m'a assuré que les disques enregistrés en Europe sont supérieurs. . . ceux faits aux États-Unis.

h. Ces magnétophones sont les meilleurs. . . nous ayons vus.

i. Cette chanson est la plus mauvaise. . . toutes celles qu'il a enregistrées.

j. Puisque ce disque est supérieur. . . tous les autres, je le prends.

k. Malheureusement il coûte plus cher. . . je ne pensais.

l. Mais voilà ma carte de crédit. Celle-ci est la carte la plus utile. . . toutes celles dont je me sers.

m. Vous-même? Vous ne vous servez pas de carte de crédit? Ah, mais vous êtes beaucoup plus intelligent. . . moi!

7. Complétez les phrases suivantes.

Modèle: Moi j'ai 18 ans et toi tu en as 20.
Alors, moi j'ai. . . et toi tu as. . .
Alors, moi j'ai **deux ans de moins que toi** et toi tu as **deux ans de plus que moi**.

a. Marie-Ange a 16 ans et Aubert en a 17.
Alors Marie-Ange a. . . et Aubert a. . .

b. Janine pèse quarante kilos et Henri en pèse soixante.
Alors Janine pèse. . . et Henri pèse. . .

c. Jean-Luc a un mètre soixante; Jean-Paul a un mètre quatre-vingts.
Alors Jean-Luc a. . . et Jean-Paul a. . .

d. Le livre que je viens d'acheter m'a coûté 25$. Le tien t'a coûté 21$.
Alors le mien a coûté. . . et le tien a coûté. . .

e. Halifax a cent mille habitants et Winnipeg en a quatre cent mille.
Alors Halifax a. . . et Winnipeg a. . .

f. Cet immeuble-ci a 20 mètres de haut et l'immeuble avoisinant en a 30.
Alors cet immeuble-ci a. . . l'immeuble avoisinant a. . .

g. Cette tour-là a 35 étages et celle de l'autre côté de la rue en a 50.
Alors cette tour-là a. . . et celle de l'autre côté de la rue a. . .

h. Son ordinateur lui a coûté deux mille dollars et le vôtre vous a coûté trois mille.
Alors le sien a coûté. . . et le vôtre a coûté. . .

▌Lecture

▌Analogique et numérique   Texte extrait de *L'Homme*
informatisé d'Yves Leclerc

Un autre des courants importants et lourds de conséquences du phénomène de l'informatisation galopante, c'est ce qu'on peut appeler la
«numérisation de la vie quotidienne». Ce qui veut dire, en langage
clair, qu'on regarde de plus en plus les choses autour de nous non pas
dans leur réalité concrète, mais selon des chiffres qui les mesurent en   5
des points bien précis. . . et qui n'en «voient» que certains aspects.
Cette nouvelle façon de faire nous devient si «normale» qu'on ne s'en
rend plus compte.

Un bel exemple de cette tendance, c'est la lecture de l'horloge. Autrefois, les pendules et les montres avaient des aiguilles qui faisaient le   10
tour du cadran, et suivaient, copiaient en quelque sorte, le mouvement
du temps lui-même, d'une manière continue et régulière. Elles nous
donnaient ce qu'on appelle maintenant une image «analogique» (c'est-
à-dire «ressemblante») du temps qu'elles mesuraient.

Nos expressions pour dire l'heure avaient un caractère à la fois dyna-   15
mique et un peu flou: «Il est quatre heures moins le quart. . . Il s'en va

sur cinq heures et demie.» Très rarement, et seulement dans des domaines techniques, entendait-on dire: «Il est huit heures vingt-deux», et encore plus rarement: «Il est quatorze heures quarante-sept.» Cela venait du fait qu'on ne savait jamais exactement où pointaient les aiguilles, mais seulement à peu près dans quelle région du cadran elles se trouvaient. Et ça nous suffisait.

Avec l'arrivée d'abord des horloges, puis des montres «digitales» (un anglicisme, le mot français est «numérique»), peu à peu notre perception du temps a changé. Au début, on continuait à dire l'heure comme jadis, en interprétant les chiffres «à l'ancienne mode»: s'il était 8 h 46, on disait: «Il est passé moins le quart», etc.

Graduellement, sans trop qu'on s'en rende compte, surtout chez les plus jeunes, ce genre d'expression a disparu de notre langage. De plus en plus on dit: «Il est quatre heures dix-neuf. . . Il est dix-sept heures cinquante-huit.» Notre vision de la durée a changé: au lieu que les heures coulent régulièrement d'une manière constante, elles sont découpées en «morceaux» de dimensions définies qui changent brusquement à mesure que les chiffres sur l'affichage de l'horloge sont instantanément remplacés par d'autres. Il n'est plus «et quart allant sur et vingt», il est «et dix-huit.» Au lieu de décrire un mouvement, on se réfère à un chiffre.

Tout ça n'est pas la fin du monde, évidemment. Ce n'est qu'un détail, mais un détail qui montre dans nos vies une tendance bien plus prononcée qu'on n'est porté à le croire. Petit à petit, une foule d'objets et d'appareils et de fonctions «analogiques» autour de nous sont remplacés par des circuits, des machines, des mesures «numériques». Quelques exemples évidents: le cadran circulaire du téléphone cède la place au clavier de boutons; l'allumage «circulaire» de l'automobile est supplanté par l'allumage «électronique»; les cadrans du tableau de bord deviennent des affichages à chiffres lumineux; les «analyses» des situations dans les journaux disparaissent au profit de résultats de sondages et de statistiques.

Voyez comment on nous décrit maintenant la météo: non plus en termes de beau ou mauvais temps, mais en degrés et kilopascals; on ne nous dit plus «il pleuvra» ou «il ne pleuvra pas», mais «la probabilité de précipitations est de l'ordre de 30 p. 100». . .

De façon moins visible, on remplace la transmission continue, analogique de la voix sur le fil de téléphone et les ondes de radio, des images sur les fréquences de la télévision, par des «évaluations» chiffrées. Quand vous téléphonez à l'étranger par satellite, ce n'est plus l'onde de votre voix qui est transmise, mais une série de chiffres qui la représentent tant bien que mal.

Pour ce faire, on prend l'onde, et on la traite «statistiquement», c'est-a-dire qu'on la mesure, par exemple, à tous les dix-millièmes de seconde, et ce sont les chiffres de ces mesures qu'on transmet. À l'autre bout, un «décodeur» lit ces chiffres, et s'en sert pour reconstituer l'onde originale. Au fond, le processus est exactement le même qu'on emploie quand on fait un sondage auprès de mille personnes choisies au hasard pour prédire le comportement commercial ou électoral de cinquante millions de gens. 60 65

Peut-être plus important encore, est ce qu'on voit se produire dans le fonctionnement des systèmes qui composent notre société. C'est là, littéralement, que se réalise rapidement cette vieille peur de notre civilisation individualiste que «chaque personne ne soit plus qu'un numéro». Pour une foule d'institutions, vous n'êtes déjà plus qu'un numéro, numéro de dossier, de compte, de carte d'identité, de «cas». C'est vrai pour votre hôpital, votre banque, votre grand magasin, votre société de carte de crédit, votre bureau des véhicules automobiles. 70

Il y a peu de temps, au Québec, une nouvelle faisait état d'une possible «indiscrétion» dans ce dernier domaine: on avait vendu au secteur privé des informations sur les détenteurs de plaques d'automobiles. En y pensant un instant, qu'est-ce qu'on avait vendu au juste? Des listes permettant de faire le joint entre des noms de personnes (analogiques) et des numéros de plaques (numériques). On permettait à quelqu'un de découvrir les personnes réelles que cachaient des numéros. Ce qui était perçu par les victimes comme un viol de la vie privée était vu par les «perpétrateurs» comme un avantage commercial important. 75 80

En apparence, tout ça n'a rien à voir avec votre nouvelle montre numérique à trente-six fonctions qui joue *Sur le pont d'Avignon* à toutes les heures. Pourtant, au fond, les deux faits participent du même phénomène: de plus en plus, des éléments de notre vie, des plus banals aux plus cruciaux, sont changés en chiffres. . . et cela en grande partie parce que l'ordinateur omniprésent a plus de facilité à traiter des informations «numériques». 85 90

Il faut dire que même pour les individus, cette évolution ne présente pas que des dangers et des désavantages. Toute formule qui a pour effet de simplifier et de faciliter divers aspects de notre vie ne peut qu'avoir aussi de bons côtés, et c'est le cas de la numérisation. Il ne s'agit donc pas de rejeter celle-ci du revers de la main, mais il est au moins important d'être conscient qu'elle existe. . . et d'avoir une idée des raisons pour lesquelles elle tend à s'accentuer. Il n'y a que de cette façon que nous serons à même de décider avec raison jusqu'où il est profitable de la laisser s'étendre, et quelles sont les régions de notre vie qu'elle ne doit pas envahir. 95 100

Travaux

1. Répondez aux questions suivantes.

   a. Comment la *numérisation de la vie quotidienne* a-t-elle transformé la lecture de l'heure?

   b. Comment les systèmes *numériques* sont-ils en train de transformer la vie?

   c. Quels en sont les avantages?

   d. Quels en sont les inconvénients?

   e. Quel problème a été suscité par la vente des informations sur les détenteurs de plaques d'immatriculation?

2. Complétez les phrases suivantes en utilisant **plus, moins** ou **davantage,** au besoin.

   a. L'homme de la rue accepte. . . volontiers les simples bienfaits de la numérisation, et il se sert. . . de montres digitales.

   b. . . . ces appareils lui simplifient la vie, . . . il les approuve.

   c. Pourtant elle le rend. . . enthousiaste quand il se voit menacé du viol de sa vie privée.

   d. Les jeunes tiennent beaucoup à cette liberté qu'ils se croient la leur. Les gens plus âgés y tiennent. . .

   e. . . . on se voit réduit à un simple numéro, . . . on a peur.

   f. Le gouvernement approuve le système sans question. Et le secteur privé l'appuie. . .

   g. Mais. . . le système de numérisation se répand, . . . nous sommes prêts à fermer les yeux devant le problème.

3. Complétez les phrases suivantes en vous servant des comparatifs **plus, autant, moins.** Remplacez l'adjectif par un substantif.

   Modèle: Est-il patient?
   Oui, . . . moi.
   Oui, **il a beaucoup plus de patience que** moi.
   Oui, **il a autant de patience que** moi.

   a. Est-elle ambitieuse?
   Oui, . . . moi.

   b. Est-il énergique?
   Non, . . . son frère.

   c. Sommes-nous libres?
   Non, . . . vous.

   d. Est-elle instruite?
   Oui, . . . moi.

   e. Est-il courageux?
   Oui, . . . nous autres.

4. Avec les éléments donnés, composez des phrases où le substantif se trouve au superlatif. Ajoutez beaucoup de détails.

Modèle: termes / courant / météo / faire voir / numérique

Les termes les plus courants de la météo nous font voir l'influence du numérique.

  a. fonctions / analogiques / complexe / remplacer / montre numérique
  b. chiffres / complexes / décodeur
  c. ordinateur / petit / données / vitesse / extraordinaire
  d. affaires / diverses / carte de crédit
  e. courants / importants / société / chiffres / mesurer
  f. horloges / anciennes / aiguilles / pointer / chiffres
  g. sondages / sommaires / remplacer / analyses / détaillées / situation
  h. détail / insignifiant / vie privée / transformer / chiffres

5. Faites des phrases en employant les expressions suivantes.

  a. davantage
  b. de plus en plus
  c. tant pis
  d. valoir mieux
  e. moindre
  f. d'autant plus que

6. Complétez les phrases suivantes à votre guise en vous servant soit de **comme** soit de **comme si.**

  a. Les aiguilles de la montre font le tour de cadran. . .
  b. On donne à chacun un numéro. . .
  c. On dit: "Il est quatre heures dix-neuf". . .
  d. On fait des sondages. . .
  e. Nous acceptons cette nouvelle façon de regarder la vie. . .
  f. Quand on transmet votre voix par satellite, c'est. . .
  g. Ce processus-là est. . .
  h. Votre montre numérique joue-t-elle un petit air. . . ?
  i. Il ne faut pas rejeter le numérique. . .
  j. Mais il ne faut pas qu'il envahisse certaines régions de la vie. . .
  k. C'est simple. . .

7. Complétez les phrases suivantes en vous servant de **mieux, mal, pis, bien, plus, moins, de moins en moins** au besoin.

  a. Mon stéréo ne marche pas. . . ces jours-ci.
  b. C'est le tourne-disque qui fonctionne. . .
  c. Pouvez-vous le faire réparer pour que ça fonctionne. . .?
  d. Faites-le le. . . vite possible car j'en ai assez.
  e. Ça va de mal en. . .

f. Je suis. . . convaincu que nous vivons dans un monde fou.

g. Les gens ont. . . envie de faire des réparations.

h. . . . j'y pense, . . . je suis découragé.

i. Oui, vous avez. . . dit. Vous avez raison et il faut que je cède à la raison.

j. Il vaudrait. . . que je m'achète un beau stéréo tout neuf.

▌Thèmes

1. Traduisez en français les phrases suivantes.

   a. The more you read the more you realize that numbers are taking control of the whole world.

   b. Things are not getting better and better; they are going from bad to worse.

   c. To understand any situation more completely these days, you have to have a lot of data.

   d. Scientists and economists are the best equipped to analyse all these figures.

   e. But the bureaucrats have taken over. They number everyone and everything.

   f. They have devised the most amazing systems for identifying cars and income tax forms.

   g. Will a number be given to each of us for easy identification? Will it be assigned to us at birth?

   h. Will we remain individuals?

2. Traduisez en français le passage suivant.

   Today we have digital clocks and watches.

   The Egyptians, about 1400 B.C., had water clocks which let water drip from one container to another. The system became more sophisticated under the Greeks and Romans. And waterclocks were used in Europe right up to the sixteenth century.

   Candles, hourglasses and sundials were also used to tell time. The more complex society became, the more people needed something to tell them when to get up, when to go to work, or when to eat. There was even — as if we feared being separated for even a moment from a device which told us where we were — a portable sundial!

   As time became even more valuable, clocks were invented, driven by wheels and weights. Then miniaturization began, and we had watches we could put in a pocket or wear on a wrist. In the twentieth century, electricity made it even easier to have alarm clocks. These you never needed to wind. Continuous service — unless there was a blackout. And now, of course, we have the quartz clock and the quartz watch. Absolute precision.

As we become more and more dependent on clocks and watches which tell us when and what to do, are we less and less concerned with life itself?

À vous la parole

Vocabulaire supplémentaire
Pour parler de l'électronique

le micro-ordinateur, l'ordinateur personnel, les compatibles,
le réseau de télécommunications, les signaux numériques,
le traitement sur ordinateur, la disquette, le lecteur de disquette,
le bâton (le bâtonnet) de commande, la souris, l'informatique,
le bit d'information, le modem, le moniteur,
le courrier électronique, le vidéo, l'audio-visuel,
la vitesse d'accès aux données, l'imprimante (à laser), enregistrer,
le magnétophone, la piste, la tête lectrice, la cassette, le micro,
le sondage, faire un sondage, le sondeur, la statistique,
la photographie électronique, la T.V. haute résolution

Pour parler de l'horlogerie

l'horloge, l'horloge de ville, l'horloge de parquet, l'horloger,
le mécanisme, les rouages, l'horloge à pendule (à balancier),
l'horloge à actionnement électrique, la pendule, les aiguilles,
dans le sens des aiguilles d'une montre, une montre,
une montre-bracelet, remonter une montre, le réveil,
le compte-secondes, la pendule à quartz

Dialogues

Inventez le dialogue d'une des discussions suivantes.

1. **Avantages et inconvénients.**
   Un grand-père (une grand-mère) et *un(e) jeune* discutent de kilos et de montres numériques.

2. **Avantages et inconvénients.**
Un grand-père (une grand-mère) et *un(e) jeune* discutent de kilomètres et de degrés celcius.

▌Décisions

Essayez de résoudre le problème suivant.

Vous avez entendu dire qu'un médecin à la clinique près de chez vous souffre du sida, mais qu'il prend toutes les mesures possibles pour protéger ses clients. Aujourd'hui, en attendant de voir votre médecin à vous, vous découvrez que c'est lui, le médecin atteint du sida. Qu'est-ce que vous faites?

▌Discussions

Discutez des sujets suivants.

1. Chauffeurs et plaques. Jusqu'à quel point doit-on permettre aux gens de nous réduire tous à de simples numéros?

2. Problèmes suscités dans tous les domaines par le nouveau pouvoir des chiffres.

3. Les sondages, à quoi servent-ils? S'y fie-t-on trop? Les sondeurs ont-ils trop de pouvoir?

4. Brevets et droits d'auteur. Qu'est-ce qui est à moi? Mon nom? Le roman que j'écris? La découverte scientifique que je fais? L'article que je fais publier? Les médicaments que j'ai mis au point? Le jeu électronique que j'invente? Le logiciel que j'ai perfectionné? L'organisme biologique que j'ai manufacturé?

5. L'analogique est en train de disparaître. Quels en seront les avantages et les inconvénients? Qu'est-ce qu'on va perdre? Qu'est-ce qu'on va gagner?

▌Compositions

Faites une composition sur *un* des sujets suivants.

1. La nuit, en regardant mon réveil numérique, je regrette mon vieux réveil analogique.

2. Un jour, mon petit (ma petite), tu n'auras plus de nom.

3. Le cadran électronique du tableau de bord de ma voiture m'a coûté cher mais. . .

22 Chanteur

Théâtre de l'Opéra (Paris)

d'opéra

Éléments de langue
Les mots de liaison
  Les prépositions
  Les conjonctions
  En vrac

Situation
Interview avec Gino Quilico, célèbre chanteur canadien, qui parle de sa vie et de sa carrière
Texte: **Chanteur d'opéra** — extrait de
  Quilico, la voix qui monte de Véronique Robert

Activités de participation
Employer, à bon escient, les prépositions et les conjonctions

Suivre la carrière d'un musicien
Échanger des idées au sujet de l'opéra, du jazz, du rock
Déterminer la valeur d'une carrière musicale

Les mots de liaison

Qu'est-ce qu'une *préposition?* Qu'est-ce qu'une *conjonction?* Les prépositions et les conjonctions sont des mots de liaison. Les prépositions établissent le rapport entre des mots ou des groupes de mots; les conjonctions relient et subordonnent des propositions.

> J'ai couru *à* mon père *pour* avoir d'autres leçons, j'ai beaucoup travaillé *et* je suis entré *à* l'Université *de* Toronto.
>
> **Gino Quilico**

▌Les prépositions

En général, les prépositions introduisent un autre mot (nom, pronom, infinitif ou participe). Elles sont invariables et se mettent immédiatement devant le mot qu'elles introduisent. Ce mot devient le complément d'objet de la préposition. Les prépositions servent à décrire, à préciser, à limiter. Elles indiquent le temps, le lieu, la manière, l'agent, et la cause. Elles se prêtent facilement à marquer tous les rapports possibles.

Il y a des prépositions simples et des prépositions composées. Les prépositions simples les plus courantes sont:

> à, après, avant, avec, chez, concernant, contre, dans, de,
> depuis, derrière, dès, devant, durant, en, entre, envers,
> excepté, hors, jusque, outre, par, parmi, pendant, pour, près,
> proche, sans, sauf, selon, sous, suivant, sur, vers, vu

Les prépositions composées les plus courantes sont:

> à cause de, à côté de, à force de, à l'abri de, à la mode de,
> à l'égard de, à l'encontre de, à l'insu de, à moins de,
> au-dessous de, au-dessus de, au lieu de, au milieu de, auprès de,
> autour de, au-delà de, avant de, de façon à, de manière à,
> de peur de, d'après, quant à, en bas de, de crainte de,
> en face de, faute de, grâce à, jusqu'à, loin de, près de, proche de

▥ **Emplois**

Les prépositions se mettent:

1. Devant un *nom* ou un *pronom*.

> Vous m'accompagnerez **jusqu'à l'appartement?**
> *You will go with me (right) to the apartment?*
>
> Il s'est approché **de moi.**
> *He came up to me.*

2. Devant un *infinitif* présent ou passé. Le groupe *préposition* + *infinitif* est alors:

   a. l'équivalent d'un groupe *conjonction* + *proposition subordonnée* (voir Chapitre 18):

   > **Avant de partir,** elle est venue nous voir.
   > *Before leaving, she came to see us.*
   > *Before she left, she came to see us.*
   >
   > **Après nous avoir parlé,** il vous a téléphoné.
   > *After speaking to us, he phoned you.*
   > *After he had spoken to us, he phoned you.*

   b. le complément d'un verbe (voir Chapitre 17):

   > Il a fini **par comprendre.**
   > *He finally understood.*
   >
   > Demandez aux autres **de nous accompagner.**
   > *Ask the others to come with us.*

   c. le complément d'un substantif ou d'un adjectif (voir Chapitre 17):

   > Puis-je me servir de votre machine **à écrire?**
   > *May I use your typewriter?*
   >
   > Êtes-vous prête **à faire** votre présentation?
   > *Are you ready to give your talk?*

▥ **Cas particuliers**

1. La préposition **en** est la seule à être suivie du participe présent (voir Chapitre 18).

> **En corrigeant** les épreuves, il a trouvé des erreurs.
> *While correcting the proofs, he found mistakes.*

En anglais, en revanche, de nombreuses prépositions sont suivies du participe présent.

sans rien **dire** → *without saying anything*
une machine **à coudre** → *a sewing machine*
loin de nous **abandonner** → *far from abandoning us*

2. Dans les énumérations, répétez **à, de** et **en** devant chaque nom ou pronom.

Il faut que vous parliez **à Pierre, à Lucie** et **à leur père**.
You must speak to Peter, Lucy and their father.

En été et **en automne** on le trouve toujours à la campagne.
In summer and in the fall you always find him in the country.

Les autres prépositions se mettent seulement devant le premier nom ou le premier pronom de la série.

Il se promène **sous les pins** et **les érables**.
He is out walking under the pines and the maples.

Ces livres-ci sont **pour vous** et **vos amis**.
These books are for you and your friends.

3. Certaines prépositions (**après, avant, avec, devant**) peuvent s'employer, surtout dans la langue parlée, comme adverbes.

Je veux du thé et du lait pour aller **avec**.
I want some tea and some milk to go with (it).

▌Les prépositions les plus usuelles

Les prépositions **à, de, en, dans** peuvent servir à plusieurs fins et se traduisent de plusieurs façons. En dernière analyse, c'est l'usage qui compte. Voici, à titre d'exemple, les prépositions les plus courantes et le rôle qu'elles jouent dans la langue.

La préposition *à*

1. le lieu ou la direction (*in* ou *to*)

à New York   Au secours!
au Canada   Au feu!
à Terre-Neuve   À table!
À moi!

2. l'heure (moment précis, date)

> à l'heure
> à six heures
> À demain.
> À bientôt.
> au mois de juin
> au seizième siècle

3. la manière ou le moyen

> parler à voix basse
> marcher à toute vitesse
> être à jeun
> faire quelque chose à la main
> à la française
> taper à la machine
> pêcher à la ligne
> aller à pied, à bicyclette
> monter à cheval

4. l'usage

> une tasse à thé (*tea cup*)
> une machine à écrire
> un pot au lait
> une canne à pêche
> un fer à friser

5. la caractérisation (*with*)

> la fille aux cheveux de lin
> l'homme à la barbe noire
> une robe aux manches longues

6. la vitesse

> faire du cent à l'heure

7. la distribution

> vendre au détail, au poids
> un à un, deux à deux
> à trois kilomètres de la ville

8. la possession

> C'est à moi, pas à vous.

9. le complément d'objet indirect du verbe

> Il a offert le livre à sa copine.
> *He gave his friend the book.*

La préposition *de*

1. le lieu d'origine (*from*)

> arriver du Canada, de France
> venir de San Francisco
> les voisins du sixième étage
> une lettre de Marie

2. la possession (*of, by*)

> la maison de ma grand-mère
> le nom de la rue
> un roman de Gabrielle Roy

3. la caractérisation (en général, sans article)

> une robe de soie
> un manteau de fourrure
> quelque chose de beau
> trois jours de libre
> le professeur de français

4. le contenu

> une tasse de thé (*a cup of tea*)
> une boîte de bonbons
> une bouteille de vin

5. le temps (époque, moment)

> de nos jours
> de bonne heure
> de temps en temps
> d'un jour à l'autre

6. la mesure

> un rôti de trois kilos
> une pièce longue de trois mètres
> une attente de trente minutes

7. le moyen, la manière

> faire signe de la main
> vivre de ses romans

marcher d'un bon pas
de cette façon
d'une façon ou d'une autre

8. la cause

mourir d'une pneumonie
pleurer de joie

La préposition *en*

1. le lieu (*in, to*)

en Amérique
en ville
en tête

2. le temps (progression, durée)

en automne
en trois jours
de temps en temps

3. le moyen de transport (en particulier pour les êtres et si on peut entrer dans le véhicule)

en voiture
en avion
en taxi

4. la manière, l'état

en vacances
en flammes
en guerre
en désordre

5. la composition

une montre en or
l'escalier en marbre
en français

6. la matière

en affaires
en peinture
en musique
être fort en thème

La préposition *dans*

En général, **dans** indique qu'une personne ou une chose se trouve à l'intérieur de quelque chose. La préposition marque:

1. le lieu (plus précis que **en**)

> mettre des bonbons dans une boîte
> avoir dans l'esprit
> marcher dans les rues
> lire dans le journal

2. le lieu (extraction: *from, out of*)

> boire du café dans une tasse
> apprendre quelque chose dans un livre
> prendre le chandail dans le tiroir

3. la condition

> être dans les affaires
> vivre dans la misère
> être dans une mauvaise passe

4. le temps (période en cours)

> dans sa vingtième année
> dans le courant de l'année

le temps (marquant le début futur d'une action)

> dans un instant
> dans une semaine

5. l'approximation

> dans les trente francs
> dans les six mois

Cas particuliers

Notez la préposition qui suit les verbes ci-dessous.

> soupirer après quelqu'un
> échanger (troquer) une chose contre une autre
> se précipiter sur
> accrocher à, emprunter à, acheter à
> s'approcher de
> prendre dans

C'est la robe qu'elle a **empruntée** à sa soeur.
That's the dress she borrowed from her sister.

Accrochez le tableau **au** mur.
Hang the picture on the wall.

ALLEZ-Y, exercice 1

Sens précis

Le sens précis de la phrase est souvent déterminé par la préposition qui suit le verbe. Un seul verbe peut gouverner plusieurs prépositions, changeant de signification selon la préposition choisie. Exemples:

comparer, comparer à, comparer avec
se confier à, se confier en, se confier dans, se confier sur
croire, croire à, croire en, se croire, en croire
descendre, descendre de, descendre dans/à
dîner, dîner de, dîner avec
discuter, discuter de
donner, donner à, donner sur
jouer, jouer à, jouer de
manquer, manquer à, manquer de
penser, penser à, penser de
rêver, rêver à, rêver de
servir, servir à, servir de, se servir de

Notez en particulier les différents sens des verbes ci-dessous:

Penser

• **penser** + subordonnée = *croire (to think, to believe)*

Elle pense **qu'il est très honnête.**
She thinks he is very honest.

• **penser** + infinitif = *avoir l'intention de*

Nous pensons **partir** la semaine prochaine.
We are thinking of leaving next week.

• **penser à** + nom, pronom ou subordonnée = *réfléchir à*

Je pense **à toi.**
I'm thinking of you.

Tu penses **à tout ce que tu as à faire**.
You are thinking of all you have to do.

• **penser de** + nom ou pronom = *avoir une opinion sur*. Dans ce sens, **penser** s'emploie surtout dans des questions directes ou indirectes.

Que pensez-vous **de cette affaire?**
What do you think of this business?

Que pense-t-elle **de lui?**
What does she think of him?

Il m'a demandé ce que je pensais **de cette pièce**.
He asked me what I thought of that play.

Croire

• **croire** quelqu'un = *accepter comme vérité ce qu'il dit*

Je vous crois.
I believe you.

• **croire** quelque chose = *l'accepter comme vrai*

Je crois cette histoire.
I believe that story.

• **croire à** une chose = *la tenir pour réelle ou possible*

Elle croit aux promesses qu'il lui a faites.
She believes the promises he made her.

• **croire en** quelqu'un = *avoir confiance en* quelqu'un

Tu crois en Dieu.
You believe in God.

• **croire** + infinitif ou subordonnée = *penser*

Il a cru que tout était fini.
He believed that everything was finished.

Tu as cru bien faire.
You thought you were doing the right thing.

• **en croire** = *s'en rapporter à quelqu'un*

À vous en croire, nous n'avons rien à craindre.
If we believe what you say, we have nothing to fear.

- **se croire** $=$ *s'imaginer*

> Il se croit très fort.
> *He believes he is very strong.*

Manquer

- **manquer** $+$ nom ou pronom $=$ *rater (to miss)*

> Elle a manqué le train.
> *She missed the train.*

- **manquer de** $+$ nom $=$ *ne pas avoir*

> Nous manquons d'argent.
> *We haven't any money.*

- **manquer de** $+$ infinitif $=$ *faillir*

> J'ai manqué **de tomber.**
> (J'ai failli tomber.)
> *I almost fell.*

- **manquer de** $+$ infinitif $=$ *oublier* ou *négliger de*, et s'emploie toujours au négatif.

> Je ne manquerai pas **de vous en informer.**
> *I shall not fail to inform you about that.*

- **manquer à** $+$ nom $=$ *ne pas faire quelque chose*

> Il a manqué **à sa parole.**
> *He didn't do what he promised.*

- **manquer à** $+$ nom/pronom $=$ *to miss*

> Son frère manque **à Llana.**
> *Llana misses her brother.*

À noter: Les anglophones doivent se souvenir ici du fait que le *sujet* de la phrase française est le complément d'objet de la phrase anglaise.

> **Llana** manque à son frère.   **Je** manque à ma mère.
> *Her brother misses Llana.*   *My mother misses me.*
>
> **Ma mère** me manque.
> *I miss my mother.*

Les conjonctions

Les conjonctions relient des phrases et des idées. Elles sont toujours suivies d'un groupe de mots où il y a un verbe; elles sont invariables. Il y a, en effet, deux catégories de conjonctions — les conjonctions de coordination et les conjonctions de subordination.

Les conjonctions de coordination

Celles-ci servent à unir, à coordonner deux propositions de la même valeur. Les conjonctions de coordination les plus courantes sont:

> et, ou, ni, mais, car, or, donc, par conséquent, cependant, pourtant, néanmoins

> Elle m'a écrit **mais** je n'ai pas voulu accepter la lettre.
> *She wrote me but I didn't want to accept the letter.*

> Tu as refusé de travailler; **donc**, tu as échoué à l'examen.
> *You refused to work; so you failed the exam.*

Les conjonctions de subordination

Celles-ci lient la proposition subordonnée à la proposition principale et précisent la nature du rapport.

Sens des conjonctions

Les conjonctions de subordination indiquent:

1. la cause

> comme, parce que, puisque, du moment que, étant donné que, attendu que, vu que

2. le but

> afin que, pour que, de crainte que, de peur que

3. le résultat

> de manière que, de façon que, si bien que, à tel point que, de sorte que

4. l'opposition

   alors que, quand, tandis que, même si, quand même, bien que, quoique, encore que, malgré que

5. le temps

   à présent que, aujourd'hui que, à mesure que, au moment où, après que, aussitôt que, avant que, chaque fois que, comme, depuis que, dès que, en même temps que, en attendant que, jusqu'à ce que, lorsque, maintenant que, pendant que, quand, sitôt que, tandis que, une fois que

6. la condition, la supposition, l'hypothèse

   au cas où, à condition que, dans le cas où, en admettant que, à moins que, à supposer que, pourvu que, en supposant que, soit que . . . soit que, si

7. la restriction

   excepté que, sauf que, si ce n'est que, sans que, autant que

Le mode du verbe subordonné

Le mode du verbe subordonné dépend de la conjonction qui l'introduit.

1. En général, mettez le verbe subordonné à l'*indicatif*.

   Étant donné qu'ils n'**ont** pas **réussi** à s'entendre, vous avez bien fait de nous convoquer.
   Seeing that they haven't succeeded in getting along with one another, you did well to call us together.

   Mettez-le normalement à l'*indicatif* même après **si** dans une phrase conditionnelle (voir Chapitre 13).

   S'il me le **disait,** je ne le croirais pas.
   If he were to tell me that, I would not believe it.

2. Mettez le verbe subordonné au *subjonctif* après les conjonctions exigeant le subjonctif (voir Chapitre 10).

   Bien qu'elle **soit** malade, elle tenait à assister au concert.
   Although she was sick, she insisted on going to the concert.

3. Mettez-le au *conditionnel* après **au cas où, à condition que, dans le cas où, en admettant que**.

   Au cas où il ne **pourrait** pas m'avoir au téléphone, je vais lui envoyer un petit mot.
   In case he can't get me on the phone, I'm going to send him a note.

L'emploi de *que*

Pour éviter la répétition, dans le cas où deux propositions introduites par la même conjonction se suivent, mettez la conjonction **que** devant la seconde proposition.

> **À mesure qu'**il s'approchait de la ville et **qu'**il cherchait à tout voir, il s'émerveillait de la beauté du palais.
> *As he approached the city and (as he) tried to see everything, he was astonished at the beauty of the palace.*

> **Pendant qu'**elle se maquillait dans sa loge et **qu'**elle se préparait à jouer ce rôle difficile, ses admirateurs entraient déjà dans le théâtre.
> *While she was putting on her make-up in her dressing room and while she was getting ready to play that difficult role, her admirers were already coming into the theatre.*

ALLEZ-Y,   exercice 2

▌Variantes

Il est possible de remplacer une subordonnée par une tournure un peu différente — participe, gérondif, infinitif, nom. Nous avons déjà étudié ces procédés dans le chapitre sur les rapports temporels (voir Chapitre 18). Les mêmes tournures peuvent marquer non seulement le temps mais la cause, la manière, le moyen ou la condition. Les variantes indiquées ci-dessous vous offrent la possibilité d'éviter la répétition. En même temps vous arrivez à une meilleure appréciation de l'usage dans la langue parlée et dans la langue écrite.

La proposition subordonnée introduite par une conjonction peut être remplacée par:

Le participe présent

Ce tour se trouve surtout dans le style littéraire.

> **Saisissant** les avirons, elle se mit à ramer contre le courant.
> *Seizing the oars, she began to row against the current.*

> **Sachant** qu'on n'allait pas le comprendre, il refusa de s'expliquer.
> *Knowing that he was not going to be understood, he refused to explain himself.*

Le gérondif (*en* suivi du participe présent)

N'oubliez pas que le sujet de la proposition subordonnée et celui du verbe principal doivent être identiques.

> **En** nous **protégeant** contre l'orage, vous nous avez sauvé la vie.
> *By protecting us from the storm, you saved our lives.*

Le gérondif marque très souvent le moyen. Ainsi, en français, vous pouvez vous servir d'un verbe d'usage très courant et le préciser par un gérondif. Vous aurez alors l'équivalent d'un verbe anglais spécialisé.

> Il sort de la maison hantée **en courant**.
> *He dashes out of the haunted house.*

Le gérondif précédé de *tout*

N'oubliez pas qu'on insiste sur le fait que les deux actions se passent en même temps et aussi sur le fait qu'elles se contredisent.

> Tout en étant malade, elle ne cessa de travailler.
> (bien qu'elle soit malade)
> *Although she was sick, she never stopped working.*
>
> Tout en me parlant, il prenait des notes.
> (pendant qu'il me parlait)
> *All the time he was talking to me, he was taking notes.*

Cette tournure se trouve surtout dans le style littéraire.

L'infinitif, précédé d'une préposition

Deux conditions s'imposent:

1. Le sujet de la subordonnée doit être le même que celui du verbe principal.

> **Pour réussir,** il a fait des efforts inouïs.
> *In order to succeed, he made a great effort.*
>
> **De crainte d'échouer** à l'examen, elle a passé de longues heures à la bibliothèque.
> *Fearing that she would fail the exam, she spent long hours in the library.*

2. La préposition appropriée doit exister. Toutes les conjonctions ne se doublent pas d'une préposition ayant le même sens. Voici les conjonctions et les prépositions les plus courantes.

conjonction	préposition
afin que	afin de
avant que	avant de
à moins que	à moins de
à condition que	à condition de
pour que	pour
sans que	sans
de crainte que	de crainte de
de peur que	de peur de
de façon que	de façon de
jusqu'à ce que	jusqu'à

Rappel. N'oubliez pas que c'est l'infinitif qui suit la préposition en français — et non pas le participe présent. Seule la préposition **en** fait exception à la règle.

Un adjectif

L'adjectif qualifie le sujet du verbe principal. Il y a, en effet, ellipse de la conjonction, du verbe et du sujet de la subordonnée.

> **Fatiguée,** elle s'est excusée et nous a quittés.
> *Since she was tired, she excused herself and left us.*

On met parfois la conjonction devant l'adjectif. Et le verbe subordonné reste toujours en ellipse.

> **Bien que jeune,** elle sait très bien jouer du piano.
> *Although she is young, she knows how to play the piano very well.*

Un participe présent ou passé mis en construction absolue

N'oubliez pas que le sujet de la proposition en construction absolue n'est pas identique à celui du verbe principal, et ne doit pas l'être. Ce tour appartient uniquement au style littéraire (voir Chapitre 18).

> **Les plans acceptés,** l'architecte put faire construire le bâtiment.
> *Once the plans were approved, the architect was able to have the building constructed.*

Un substantif précédé d'une préposition

Attention! Le substantif doit résumer le sens de la proposition. Le plus souvent le substantif est un nom abstrait.

> **Malgré son désespoir,** il a assisté à la cérémonie.
> *In spite of his despair, he was present at the ceremony.*

En vrac

Il y a des locutions à base de prépositions ou de conjonctions qui exigent une attention particulière. En voici des exemples.

en deux jours (*in two days*): durée de l'activité — *en l'espace de deux jours*
dans deux jours (*in two days*): moment futur où l'action commence

> Elle a peint ce tableau **en deux jours.**
> *She painted that picture in two days.*

> **Dans deux jours** il chantera à New York.
> *In two days he will be singing in New York.*

d'or (*gold*): équivalent d'un adjectif qualificatif
en or (*gold*): mise en relief de la matière

> Dans cette vitrine-là il y a beaucoup de montres **d'or.**
> *There are a lot of gold watches in that window.*
> (Il s'agit d'un type de montre.)

> Elle lui a donné une montre **en or.**
> *She gave him a gold watch.*
> (On insiste sur la qualité du métal.)

par avion (*by air, by plane*): marchandises
en avion (*by plane*): personnes

> Nous avons envoyé le colis **par avion.**
> *We sent the package by air.*

> Ils comptent voyager **en avion.**
> *They intend to travel by plane.*

à l'heure (*an hour*): mesure la distance parcourue en une heure
à l'heure (*the hour*): travail accompli en une heure
par heure (*an hour*): fréquence

> Ils ont roulé à cinquante (kilomètres) **à l'heure.**
> *They were going at fifty kilometres an hour.*

Nous serons payés **à l'heure**.
We will be paid by the hour.

Faites ceci trois fois **par heure**.
Do this three times an hour.

en avance (*ahead of time*): avant l'heure prévue
à l'avance (*ahead of time*): avant le moment prévu pour tel ou tel événement
d'avance (*ahead of time*): avant un moment quelconque. L'adverbe se met toujours après le verbe.

Vous êtes **en avance**.
You're ahead of time.

Il faut retenir vos places **à l'avance**.
You must reserve your seats ahead of time.

Nous savons **d'avance** qu'il arrivera en retard.
We know ahead of time that he will be late.

Merci **d'avance**.
Thanks in advance.

vers (*toward*): lieu
envers (*toward*): sentiments

Elles se sont dirigées **vers** la porte.
They went toward the door.

Vous vous êtes montré très gentil **envers** nous.
You were very kind to us.

derrière (*behind*): lieu
en arrière (*behind*): à une certaine distance derrière
en arrière (*behind*): a. direction; b. sens figuré

Tu t'es cachée **derrière** la porte?
You hid behind the door?

Ils sont très **en arrière** des autres.
They are very much behind the others.

Il est resté **en arrière**.
He remained behind.

On a regardé **en arrière**.
People looked back.

Vous êtes très **en arrière** pour vos paiements.
You are very behind in your payments.

durant (*during*): les événements se produisent tout au long de la période
pendant (*during*): l'événement se produit à un moment donné de la période

> **Durant** la campagne électorale, tous les candidats se sont servis de la télé.
> *During the election campaign, all the candidates used television.*

> **Pendant** sa visite à l'université, la candidate s'est adressée aux étudiants.
> *During her visit to the university, the candidate spoke to the students.*

avant (*before*): temps
devant (*before, in front of*): lieu

> Il est arrivé **avant** moi.
> *He arrived before I did.*

> Mettez-vous **devant** la fenêtre.
> *Stand in front of the window.*

avant (*before, until*): se rapporte à un moment prévu où quelque chose va arriver
jusqu'à (*until*): se rapporte à la fin d'une période de temps consacrée à une activité

> Il a travaillé **jusqu'à** 6 heures.
> *He worked until 6 o'clock.*

> Il n'arrivera pas **avant** 7 heures.
> *He'll not arrive until 7 o'clock.*

avant (*before*): préposition + substantif/pronom
avant de (*before*): préposition + infinitif
avant que (*before*): conjonction + verbe

> Tu es arrivé **avant** le coucher du soleil.
> *You arrived before sunset.*

> Tu dois lui parler **avant de** partir.
> *You must speak to him before leaving.*

> Tu dois lui parler **avant qu'**il ne parte.
> *You must speak to him before he leaves.*

hors de (*outside of*): lieu
en dehors de (*outside of*): a. lieu plus précis; b. sens figuré

> Il y a moins de pollution **hors de** la ville.
> *There is less pollution outside the city.*

Ne passez pas la main **en dehors de** la fenêtre.
Don't put your hand outside the window.

En dehors de cela, je n'ai rien à vous dire.
Outside of that, I have nothing to tell you.

parce que (*because*)
car (*because, for*): explique ce qui précède. En général, ne le mettez pas au commencement de la phrase.
à cause de (*because of*)

Parce qu'il est malade, il ne viendra pas.
Because he is sick, he will not come.

Il ne viendra pas, **car** il est malade.
He will not come (won't come), because he is sick.

À cause de sa maladie, il ne peut pas venir.
Because of his illness, he cannot come.

depuis (*since*): rapport temporel — préposition
depuis que (*since*): rapport temporel — conjonction
puisque (*since*): rapport causal — conjonction

Depuis mon arrivée, il ne m'a pas parlé.
Depuis que je suis ici, il ne m'a pas parlé.
Since I've been here, he hasn't spoken to me.

Puisque vous avez beaucoup voyagé, vous savez apprécier le problème.
Since you have travelled a lot, you're able to understand the problem.

tandis que (*while*): indique l'opposition
alors que (*while*): indique l'opposition
pendant que (*while*): durée — sens temporel

Il dormait **tandis que (alors que)** je travaillais.
He was sleeping while I was working.

Pendant qu'il dormait, je suis sorti.
While he was sleeping, I went out.

pour (*for*): sens temporel (voir Chapitre 3)
pendant (*for*): sens temporel
depuis (*for*): période de temps qui continue (voir Chapitres 2 et 3)

Ils sont partis **pour** deux jours.
They have gone (have left) for two days.

Elle a étudié l'électronique **pendant** trois ans.
She studied electronics for three years.

Il est ici **depuis** hier.
He's been here since yesterday.

en revanche (*on the other hand, in return*)
par contre (*on the other hand*)
au contraire (*on the contrary*)
à l'encontre de (*contrary to*)

Vous êtes faible en mathématiques, mais **en revanche** vous êtes fort en langues vivantes.
You are weak in maths, but on the other hand you do well in modern languages.

— Vous ne m'aimez pas du tout. — Non, non. **Au contraire,** je vous aime beaucoup.
"You don't like me at all." "No, no. On the contrary, I like you a lot."

À l'encontre des autres, elle a refusé de nous répondre.
Unlike the others, she refused to answer us.

de fait (*as a matter of fact*)
en fait (*as a matter of fact*)
au fait (*by the way*): à propos; (*Come to the point!*)
en effet (*in fact*): introduit une explication

Il nous a beaucoup parlé de la Chine mais, **de fait (en fait),** il n'a jamais visité ce pays.
He talked to us a lot about China, but as a matter of fact he has never visited that country.

Au fait, vous ne m'avez pas dit où vous étiez allée hier soir.
By the way, you haven't told me where you went yesterday evening.

Je n'ai pas de temps à perdre. Venez **au fait!**
I haven't any time to waste. Come to the point!

En effet elle s'est donné un mal fou pour nous faire inviter au concert.
In fact, she went to a lot of trouble to get us invited to the concert.

Maintenant, c'est à vous!

▌Allez-y!

1. Complétez les phrases suivantes en y ajoutant la préposition voulue.

Modèle: Elle a pris et le train et le bateau . . . venir ici. Elle a dû changer . . . train trois fois. . . . le bateau elle a failli avoir le mal . . . mer.

Elle a pris et le train et le bateau **pour** venir ici. Elle a dû changer **de** train trois fois. **À bord du** bateau elle a failli avoir le mal **de** mer.

a. Nous avons été choqués . . . le bruit sec . . . un coup . . . revolver. Puis l'homme est sorti . . . la maison . . . criant . . . tue-tête: . . . secours!

b. Elle est arrivée . . . France hier. . . . Montréal, elle est descendue . . . un petit hôtel. Le lendemain elle a pris l'autobus . . . Trois-Rivières. . . . l'autobus, elle a rencontré, tout à fait . . . hasard, un ancien ami . . . Paris. Ils ont passé le temps . . . parler politique.

c. . . . deux jours il compte partir . . . Toronto . . . Vancouver. . . . avion, on peut faire ce voyage . . . moins . . . trois heures. . . . une semaine, il reprendra l'avion . . . revenir . . . Ontario. Deux fois . . . an, il visite l'Île . . . Prince-Édouard. Chaque fois, il y va . . . huit jours.

d. Hier nous avons dîné . . . des amis venus . . . Havre. Nous avons dîné . . . un bon rôti . . . boeuf. C'était excellent. Tu as beaucoup manqué . . . ces amis. Ils ont voulu savoir si tu jouais toujours . . . la guitare. Nous avons beaucoup discuté . . . jazz et . . . rock et nous avons essayé . . . comparer les jeunes musiciens canadiens . . . ceux . . . la France. À propos, que penses-tu, toi-même, . . . dernières chansons populaires . . . nous?

e. Elle m'a fait un petit sourire. Puis, très lentement, elle a monté le grand escalier . . . bois et a disparu . . . fond du couloir. Moi, mourant . . . désespoir, je m'en suis allé marcher . . . les rues. J'ai fini . . . trouver un petit café . . . la terrasse duquel je me suis assis. Décidément, je me suis trouvé . . . une mauvaise passe.

f. Tout . . . s'approchant . . . moi, il ne cessait pas . . . regarder . . . la fenêtre qui donnait . . . la rue. À la dernière minute, il a pris . . . sa poche une clef qu'il m'a offerte.

g. J'ai trouvé la maison . . . désordre. Il y avait des livres . . . terre; des documents traînaient . . . sol et la télévision marchait toujours. Je suis sortie . . . l'appartement . . . fermant la porte . . . clef. Je suis descendue . . . la rue et je suis partie . . . la recherche d'un agent . . . police.

h. Il s'y connaît . . . peinture. Il a beaucoup admiré une toile où il y a une jeune fille . . . cheveux blonds. Elle porte une robe . . . taffetas blanc . . . manches courtes et elle tient . . . la main un petit éventail. . . . la table, . . . elle, il y a une théière . . . argent et un vase plein . . . roses rouges.

i. . . . sa jeunesse, il a vécu . . . la misère. Mais, très fort . . . mathématiques, il a fait des études poussées et maintenant il est . . . les affaires. Il n'a pas hésité . . . le choix . . . une profession. Ainsi maintenant, lorsqu'il va . . . ses trente ans, il est déjà millionnaire.

2. Subordonnez la première phrase à la seconde en vous servant de la conjonction indiquée. Attention au mode du verbe subordonné.

Modèle: Elles n'ont pas réussi à s'entendre. Vous avez bien fait de les convoquer chez nous. (**étant donné que**)
Étant donné qu'elles n'ont pas réussi à s'entendre, vous avez bien fait de les convoquer chez vous.

a. J'ai sonné. Il a ouvert la porte. (*au moment où*)
b. Il ne pleut pas. Nous irons au concert en plein air. (*pourvu que*)
c. Il ne peut pas m'avoir au téléphone. Je vais lui envoyer un petit mot. (*au cas où*)
d. Tu es ici. Je peux vous en dévoiler le secret. (*maintenant que*)
e. Il fait beau. Elle n'est pas venue à notre rencontre. (*malgré que*)
f. Il me dirait cela. Je ne le croirais pas. (*si*)
g. Elle travaillait en ville. Lui s'occupait des enfants. (*alors que*)
h. Tu me l'as dit. J'ai compris de quoi il s'agissait. (*sans que*)
i. Vous vous êtes levé tard. Vous avez manqué l'autobus. (*puisque*)
j. Nous comprenons ce qui se passe. Il faut que nous nous renseignions. (*pour que*)
k. Tout est fini. Elle peut nous dire ce qu'elle en pense. (*maintenant que*)
l. Tu arriveras avant moi. Je te donne la clef de la maison. (*au cas où*)

3. Reliez les deux phrases, en vous servant de l'un ou de l'autre des deux termes indiqués. Subordonnez la première phrase à la seconde. Employez *si possible* la préposition suivie de l'infinitif.

Modèle: Elle résoud le problème. Elle se documente. (**afin que, afin de**)
Afin de résoudre le problème, elle se documente.

a. J'ai peur de manquer le train. J'arrive toujours à la gare de bonne heure. (*de peur que, de peur de*)

b. Elle ne m'a pas parlé. Elle s'est précipitée vers la porte. (*sans que, sans*)

c. Vous serez à l'aise. Il invite des amis à venir faire votre connaissance. (*pour que, pour*)

d. Elle se remettra vite. Elle ne pourra pas vous accompagner au concert. (*à moins que, à moins de*)

e. Il s'en ira d'aujourd'hui en huit. Il passera vous voir. (*avant que, avant*)

f. Il pourra faire voir les certificats nécessaires. Je le laisserai s'inscrire au collège. (*à condition que, à condition de*)

g. Elle sera bien reçue à l'examen. Vous l'encouragez à travailler comme il faut. (*de façon que, de façon de*)

4. Refaites les phrases suivantes en remplaçant, *si possible*, la proposition subordonnée par un substantif.

Modèle: En attendant que le beau temps revienne, il est resté à la maison à lire.

En attendant le retour du beau temps, il est resté à la maison à lire.

a. Jusqu'à ce que le rideau se lève, l'assistance ne savait pas que le jeune premier ne jouerait pas ce soir-là.

b. Même avant que le soleil ne soit couché, les étudiants se sont réunis autour du feu de joie.

c. Sans que vous ne lui ayez exprimé votre sympathie, elle se serait sentie très seule.

d. Avant qu'il n'ait démissionné, il avait cru à l'appui de tous les électeurs.

e. Vu qu'on a dépensé énormément d'argent, l'affaire a bien marché.

5. Complétez les phrases suivantes en employant le gérondif du verbe donné entre parenthèses. Pour être sûr(e) que vous saisissez la différence entre l'anglais et le français, traduisez la phrase française en anglais.

Modèle: Tu es entré. (**boîter**)

Tu es entré **en boîtant**.

You limped in.

a. Elle a prononcé ces mots. (*sangloter*)

b. J'ai monté l'escalier. (*trébucher*)

c. Les enfants sont sortis de la maison. (*sautiller*)

d. Après avoir monté la colline, nous étions tout essoufflés. (*courir*)

e. "C'est ça. Tu as raison," a-t-il dit. (*zézayer*)

f. "C'est moi qui ai tort," a-t-il répondu. (*chuchoter*)

Gino Quilico

▌Lecture

▌**Chanteur d'opéra**   Texte extrait de *Gino Quilico, la voix qui monte*.
L'interview a été faite par Véronique Robert, journaliste au magazine
L'Actualité.

*Fils de Louis Quilico, le grand chanteur québécois, et de Lina Pizzolongo,
pianiste torontoise, Gino Quilico est chanteur d'opéra.*

L'Actualité: *Aviez-vous toujours rêvé de suivre les traces de votre père
Louis?*

G. Quilico: Pas du tout, bien que j'aie toujours aimé l'opéra. J'ai eu de grosses difficultés scolaires, dues aux nombreux déménagements et au fait que j'ai étudié en anglais, en français et en italien, et j'ai quitté   5
l'école à 16 ans, avec le désir de travailler. C'était normal, puisque les absences fréquentes de mon père avaient fait de moi, à 10 ans, l'homme de la maison.

J'ai fait tous les métiers: mécanicien, jardinier, ramoneur, peintre en bâtiment . . . J'ai même livré des dentiers! De 17 à 19 ans, j'ai fait par-   10
tie d'un groupe de rock — je jouais de la guitare et je chantais, mais pas avec une voix d'opéra!

L'Actualité: *Comment êtes-vous devenu chanteur d'opéra ?*

G. Quilico: Un jour, j'ai découvert que j'aimais la musique. De plus en plus, la musique populaire me paraissait fausse: grâce à tous les   15
gadgets modernes, elle dispense de la nécessité d'avoir de la voix. À la fin, je me heurtais à un mur. Par curiosité, j'ai demandé à mon père de me donner une leçon. Il a déniché quelques petits sons pas trop vilains et, éventuellement, il m'a conseillé de m'engager comme figurant à la Canadian Opera Company de Toronto. Ce n'est que le soir de la pre-   20
mière (on donnait *Fidelio* de Beethoven), lorsque j'ai fait connaissance avec les costumes, les maquillages, les décors et la mise en scène, que j'ai été conquis par la magie du théâtre. J'étais drogué à vie. J'ai couru à mon père pour avoir d'autres leçons, j'ai beaucoup travaillé et je suis entré à l'Université de Toronto. Mes parents sont restés mes profes-   25
seurs de chant, mais j'y ai étudié l'art dramatique, la pantomine, l'escrime . . . On a longtemps pensé que l'opéra était un événement ennuyeux où un chanteur figé comme une statue aboyait des sons in-compréhensibles. De plus en plus, on se rend compte que l'opéra est l'unification de tous les arts: chant, théâtre, musique d'orchestre, arts   30
visuels, ballet. J'ai déjà converti des «ennemis» de l'opéra en les faisant assister au spectacle assis dans les coulisses. Ils ont vu ces centaines de personnes s'affairant à l'arrière-scène, sur scène, dans la fosse . . . Chaque fois que je sortais de scène, je voyais leurs yeux ronds comme des billes!   35

L'Actualité: *Que ressentez-vous sur scène ?*

G. Quilico: Je me sens chez moi! Avant d'entrer en scène, j'ai un trac fou qui peut durer plusieurs jours. Une fois que j'y suis, c'est terminé. Mais la réaction du public est capitale. On entre en scène plein d'éner-gie et on roule là-dessus toute la soirée. Si le public réagit bien, s'il rit   40
là où c'est drôle, nous chantons et jouons mieux. Sinon, le niveau d'énergie tombe et nous devons nous remonter. Alors je me dis: je dois

conquérir le public, c'est ma faute, je dois faire mieux. Si je n'y parviens pas, je rentre chez moi et je pleure!

L'Actualité: *Que veut voir le public selon vous ?* 45

G. Quilico: De la fantaisie, une histoire, comme au cinéma. On va à l'opéra pour sortir du réel. On veut voir quelque chose de mignon si c'est un opéra mignon, de drôle, si c'est un opéra drôle, des couleurs, une ambiance. À Paris, j'ai chanté dans un *Roméo et Juliette* où tout était noir: les décors, les costumes. Le metteur en scène voulait montrer que l'histoire était condamnée dès le début. C'est son spectacle qu'il a condamné, évidemment! Le public voulait voir une belle histoire d'amour, des chandeliers, Juliette vêtue de blanc pour la scène du bal. 50

L'Actualité: *Que pensez-vous des opéras filmés ?* 55

G. Quilico: L'opéra sur film n'a rien à voir avec l'opéra au théâtre. L'enregistrement est parfait, il manque la fièvre du spectacle en direct. Comme lorsqu'on regarde le *play-back* d'un match de tennis à la télévision: on ne voit plus les risques que McEnroe a pris . . . Cela dit, l'opéra sur film est une bonne idée: il recrute un public nouveau. Bientôt on fera aussi des vidéo-clips. Les réalisateurs croient que ces films resteront, comme *West Side Story*, même s'ils ne sont pas des succès commerciaux à la sortie. La formule a d'ailleurs plus de succès en Europe qu'en Amérique. 60

L'Actualité: *Et les opéras-rock ?* 65

G. Quilico: Pourquoi pas ? C'est nouveau, original. Le rock est un phénomène important. Tout le monde ne peut et ne doit pas aimer l'opéra.

L'Actualité: *Accepteriez-vous de chanter dans un opéra-rock ?*

G. Quilico: Jamais, cela détruirait ma voix. Mais je chante volontiers des airs de Broadway, Gigi, Camelot, j'adore cela et ces chansons s'adaptent à la voix classique. Même chose pour l'opérette. Je passe encore des moments seul avec ma guitare. Mais jamais je ne pourrais retourner au rock. 70

L'Actualité: *Et la vie de famille ?* 75

G. Quilico: C'est difficile, mais j'essaie de suivre l'exemple de mon père lorsque j'étais petit: à la maison, il était présent, chaque retour était une fête. Il m'est arrivé d'être chez moi et d'avoir la tête ailleurs.

Cet été, nous avons passé des vacances dans une île du nord de l'Ontario, sans électricité, eau courante, ni téléphone. Je ne me suis pas rasé   80
pendant 15 jours, j'ai vécu au rythme de la nature. Mon fils et moi
avons refait connaissance. Nous sommes maintenant inséparables.

L'Actualité: *Né à New York, vous avez grandi à Montréal, Toronto,
Paris, Rome, Londres. De quelle nationalité vous sentez-vous ?*

G. Quilico: Lorsqu'on me pose la question, je réponds que je suis   85
américano-canadien d'origine italienne (j'ai la double nationalité américaine et canadienne). Je me sens un peu plus canadien, parce que
c'est au Canada que j'ai vécu le plus longtemps et que mes parents sont
canadiens. Mais je suis très attaché à l'Italie.

En Italie, on me dit: bien sûr que tu es italien, puisque tu chantes   90
l'opéra! Dans la région de Milan, d'où vient ma famille, il y a un village Quilico, un château Quilico, une rue Quilico . . . Ici, on parle de
moi comme d'un baryton montréalais. Cela me fait plaisir: j'adore
Montréal, ma femme aussi, bien qu'elle soit torontoise, et lorsque je
songe à me fixer quelque part, c'est à Montréal que je pense.   95

▌Travaux

1. Répondez aux questions suivantes.

   a. Décrivez la jeunesse de Gino Quilico.

   b. Qu'est-ce qui l'a décidé à devenir chanteur d'opéra?

   c. Pourquoi la réaction du public est-elle importante?

   d. Quel jugement est-ce que Gino Quilico porte sur le rock?

   e. Comment s'entend-il avec ses parents?

2. Avec les éléments donnés ci-dessous, faites des phrases où se trouvent
   des prépositions et des conjonctions. Ajoutez tous les détails que vous
   voudrez.

   Modèle: manteau noir, cheveux bouclés, jouer un rôle, héros

   **C'est lui l'acteur au manteau noir et aux cheveux bouclés
   qui joue le rôle du héros dans la pièce qu'on vient de monter
   en ville.**

   (ou bien)

   **Puisque, sur la scène, il est sans manteau noir et sans
   cheveux bouclés, on ne devinerait jamais que c'est lui qui
   joue le rôle du héros.**

   a. assister, spectacle, salle, coulisses, mise en scène

b. aller, opéra, chanteuse, mots incompréhensibles, statue

c. assister, opéra, arts visuels, musique, ballet, théâtre

d. sortir, réel, public, fantaisie, ambiance

e. jouir, spectacle, direct, jeu d'acteur, costumes, décor

f. voir jouer, premier danseur, histoire, amour, musique, Roméo

g. aimer voir, première danseuse, tutu, pirouette, gestes, pas de deux

h. aller entendre, groupe, rock, concert, parc, été

i. être embauché, figurant, pièce, entrepôt, scène, théâtre

j. interpréter, rôle, actrice, comédie, intrigue, jumeaux

3. Reliez les petites phrases suivantes de façon à faire une seule phrase. Donnez au moins trois variantes.

Modèle: Il a fait de nombreux déménagements. Il a étudié en anglais, en français et en italien. Il a eu des difficultés scolaires.

Ayant fait de nombreux déménagements et ayant étudié en anglais, en français et en italien, il a eu des difficultés scolaires.

À cause de ces nombreux déménagements et du fait qu'il avait étudié en anglais, en français et en italien, il a eu de nombreuses difficultés scolaires.

Ses difficultés scolaires ont été dues à de nombreux déménagements et au fait qu'il avait étudié en anglais, en français et en italien.

a. Il a fait connaissance avec les costumes, les décors et la mise en scène. Il a été conquis par la magie du théâtre.

b. Je jouais de la guitare. La musique populaire me paraissait fausse. Je ne pourrais jamais retourner au rock.

c. J'ai un trac fou. J'entre en scène plein d'énergie.

d. Le public ne réagit pas. Le niveau d'énergie tombe. C'est ma faute. Je dois faire mieux.

e. J'ai été figurant à la *Canadian Opera Company*. J'ai appris à aimer l'opéra. J'ai couru à mon père demander des leçons de chant.

f. Nous avons passé des vacances dans le nord. J'ai refait connaissance avec mons fils. Nous sommes maintenant inséparables, mon fils et moi.

g. C'est au Canada qu'il a vécu le plus longtemps. Il se sent canadien. Ses parents sont canadiens.

h. Sa femme est torontoise. Il adore Montréal. Il aimerait bien se fixer à Montréal.

4. Employez dans des phrases les expressions suivantes. Démontrez claire-ment que vous savez vous en servir comme il faut.

a. par contre	f. en arrière
b. en revanche	g. d'avance
c. alors que	h. en avance
d. donc	i. jusqu'à
e. envers	j. hors de

5. Employez les verbes suivants dans des phrases que vous composerez. Il faut montrer que vous saisissez bien le sens de chaque verbe.

a. servir à	f. se confier sur
b. servir de	g. manquer à
c. jouer à	h. manquer de
d. jouer de	i. se méprendre à
e. se confier à	j. se méprendre sur

▌Thèmes

1. Traduisez en français les phrases suivantes. Évitez la traduction littérale.

   a. Since he must be in good physical health, Gino Quilico plays tennis a lot and rides horses. He also pays attention to what he eats.

   b. When he was young, he tried all sorts of trades. Through the years, he has been a gardener, a house painter, a guitarist — and even a chimney sweep.

   c. At the present time he travels a lot by plane — from Montreal to New York and from London to Paris. He told us something interesting: people don't really believe him when he says he's an opera singer.

   d. He was willing to confide in us, telling us about his secret ambition to sing with his father in an opera in New York. In fact, a few months later, his dream did come true.

2. Traduisez en français le passage suivant. Évitez la traduction littérale.

   Down through the ages, people have been building Opera Houses. And somehow or other, everyone always manages to justify the construction of these immense theatres. In Paris, the first French operas were perfor-med in the seventeenth century, in indoor tennis courts. However, very soon, real theatres were built so that operas could be properly staged. In Paris, today, there is the impressive *Théâtre de l'Opéra* which dates back to 1875. And now another huge Opera House is being built close to the site of the old Bastille. The architect who designed it is Carlos Ott. He's a Canadian and he is directing the construction of the theatre because his plans won first place in an international competition held in France. In Europe, almost every important city has its own Opera House of which it is very proud. In Canada, we too have fallen under the spell of opera. Probably most Canadians don't know too much about opera and maybe we don't really try to understand it. Nevertheless, we appear to realize the importance of this unusual art form. Opera Houses are being built right across the country.

À vous la parole

Vocabulaire supplémentaire
Pour exprimer le contentement ou le mécontentement

Bis! Bravo!
À bas . . .!
Félicitations!
Toutes mes félicitations!
Je vous félicite du très beau concert.
Chapeau!

Pour parler de musique

le micro, le haut-parleur, le projecteur,
diriger les projecteurs sur, sous le feu des projecteurs,
créer l'ambiance, la musique électronique, l'orgue électronique,
le clavier, la batterie, en direct, en différé

Pour parler d'opéra

jouer un rôle, interpréter un rôle, le personnage, entrer en scène,
monter une pièce, l'assistance, les spectateurs, le paradis,
le chef d'orchestre, les applaudissements, la loge, la troupe,
les acteurs, la distribution, l'agence de spectacles,
se munir d'un billet, le critique, la critique, les trois coups

le corps de ballet, la première danseuse, le pas de deux

la soprano (la personne), le soprano (la voix), le contralto,
le ténor, le duo, la répétition (générale), la partition, le libretto

▮ Dialogues

Inventez le dialogue d'*une* des interviews suivantes.

1. Un(e) *journaliste*, représentant le journal publié à votre collège ou à votre université, interviewe *Lina Pizzolongo*.
2. Le/la même *journaliste* interviewe *Louis Quilico*.

▮ Décisions

Essayez de résoudre le problème suivant.

Vous êtes membre d'un groupe de rock et vous avez l'habitude de vous réunir une fois par semaine pour faire de la musique. Votre copine, qui organise tout, vous dit qu'on vient d'offrir au groupe trois engagements très importants. Les répétitions, et les engagements eux-mêmes, prendront beaucoup de temps. Vous êtes en pleine année scolaire, les examens approchent, et vous espérez avoir de bonnes notes. Qu'est-ce que vous allez dire à votre copine?

▮ Discussions

Discutez les sujets suivants.

1. Comment se préparer à être vedette d'opéra. Comment se préparer à être vedette d'un groupe de rock. Ressemblances et différences.
2. L'opéra au Canada. Quel devrait être son rôle à l'avenir? Qu'est-ce qu'on devrait faire pour l'aider à l'atteindre?
3. Le rôle du public — au théâtre, à l'opéra, au concert, au cinéma.
4. L'influence du film, de la télévision, du vidéo-clip sur le théâtre, le ballet, la musique et le cinéma.
5. Comment organiser un groupe pour faire de la musique populaire. Que faut-il faire pour que le groupe réussisse et fasse de l'argent?

▮ Compositions

Faites une composition sur *un* des sujets suivants. Organisez bien vos idées avant de commencer à écrire.

1. Moi, j'aime l'opéra parce que . . .
   Moi, je déteste l'opéra parce que . . .
   Moi, j'ai été converti(e) à l'opéra parce que . . .

2. Portrait de Gino Quilico.
3. Portrait de Maureen Forrester, chanteuse d'opéra et Canadienne célèbre.
4. Ma vedette favorite.

Appendice A
La formation des temps de verbe

▌Radical et terminaison

Chaque forme verbale se compose de deux éléments: le *radical* et la *terminaison*. Le radical (la racine) exprime l'idée fondamentale du verbe; la terminaison marque la personne, le nombre, le temps.

		radical	terminaison
donner	je	donn	e
recevoir	vous	recev	ez

Le radical d'un verbe régulier est invariable — toujours pareil à toutes les personnes et à tous les temps. Le radical d'un verbe irrégulier peut varier.

Dans les pages suivantes, le radical est identifié pour démontrer comment les différents temps de verbe se forment. Les conjugaisons elles-mêmes (Appendice B) indiquent simplement la façon dont chaque verbe se conjugue.

▌Verbes réguliers

Il existe deux groupes (ou conjugaisons) de verbes réguliers, classés d'après la forme de l'infinitif:

- groupe 1: la plupart des verbes en **-er**
- groupe 2: la plupart des verbes en **-ir**

En général, les verbes français appartiennent au premier groupe. Presque tous les verbes nouveaux qu'on crée aujourd'hui se terminent en **-er**: **téléviser, téléguider, radiodiffuser.**

▌Verbes irréguliers

Le troisième groupe comprend les verbes irréguliers. On y trouve:

- deux verbes en **-er**: **aller** et **envoyer**
- certains verbes se terminant en **-ir**
- les verbes en **-oir**
- les verbes en **-re**

▌Temps simples et composés

Les temps simples sont ceux où le verbe, en français, se conjugue seul, sans auxiliaire.

> je parlerai = *I will speak*

Les temps composés sont formés par le participe passé du verbe précédé d'un verbe auxiliaire (**avoir** ou **être**).

> elle était partie = *she had left*

▌L'infinitif

▌L'infinitif présent

L'infinitif présent exprime l'idée d'une action ou d'un état.

> aimer = *to love*
> recevoir = *to receive*

D'après la forme de l'infinitif présent, vous savez à quel groupe le verbe appartient et comment le conjuguer.

▌L'infinitif passé

L'infinitif passé se compose du participe passé du verbe précédé de l'infinitif présent de l'auxiliaire.

> avoir fini = *to have finished*
> être parti = *to have left*

▌Les participes

▌Le participe passé

Le participe passé se forme à partir du radical. On y ajoute la terminaison appropriée.

Verbes réguliers

Le participe passé peut se terminer en **é** ou **i**.

- verbes en **-er**: le radical + **é** → aimé
- verbes en **-ir**: le radical + **i** → fini

Verbes irréguliers

Les terminaisons sont très diverses. Le participe passé peut se terminer en **i, u, û, t, s.**

dormir	→	dormi
valoir	→	valu
croître	→	crû
faire	→	fait
acquérir	→	acquis

Vérifiez toujours le participe passé (Appendice B).

▌Le participe présent

Forme simple

Verbes réguliers. Prenez, comme point de départ, la première personne (pluriel) du présent de l'indicatif. Remplacez la terminaison de la première personne (**-ons**) par celle du participe présent (**-ant**).

	présent	participe présent
aimer	nous aimons	aim**ant**
finir	nous finissons	finiss**ant**

Verbes irréguliers. Vérifiez la forme du participe présent (Appendice B).

savoir	nous savons	sach**ant**

Forme composée

La forme composée du participe présent est formée par le participe passé du verbe précédé du participe présent de l'auxiliaire.

parler	ayant parlé	*(having spoken)*
finir	ayant fini	*(having finished)*

▌Le mode indicatif

▌Le présent de l'indicatif

Verbes réguliers en -*er*

Ajoutez au radical les terminaisons qui indiquent le présent de ce premier groupe.

		radical	terminaisons	transcription phonétique	
chanter	je	chant	e	ʒə	
	tu	chant	es	ty ⎫	
	il	chant	e	il ⎬	ʃɑ̃t
	elle	chant	e	εl ⎭	
	nous	chant	ons	nu	ʃɑ̃tɔ̃
	vous	chant	ez	vu	ʃɑ̃te
	ils	chant	ent	il ⎫	ʃɑ̃t
	elles	chant	ent	εl ⎭	

On voit d'après la notation phonétique qu'il y a seulement trois formes orales: [ʃɑ̃t] [ʃɑ̃tɔ̃] [ʃɑ̃te]. La première [ʃɑ̃t] vaut pour toutes les personnes du singulier (**je**, **tu**, **il**, **elle**) et la troisième personne du pluriel (**ils**, **elles**). Les deux autres formes [ʃɑ̃tɔ̃] [ʃɑ̃te] correspondent à la première et à la deuxième personnes du pluriel. Les terminaisons écrites (**-e**, **-es**, **-ent**) qui ne se prononcent pas sont les terminaisons *muettes*.

Verbes réguliers en -*ir*

Ajoutez au radical les terminaisons qui caractérisent le présent de ce deuxième groupe.

		radical	terminaisons	transcription phonétique	
réfléchir	je	réfléch	is	ʒə ⎫	
	tu	réfléch	is	ty ⎬	refleʃi
	il	réfléch	it	il ⎪	
	elle	réfléch	it	εl ⎭	
	nous	réfléch	issons	nu	refleʃisɔ̃
	vous	réfléch	issez	vu	refleʃise
	ils	réfléch	issent	il ⎫	refleʃis
	elles	réfléch	issent	εl ⎭	

Notez qu'il existe ici *quatre* formes orales. Dans la deuxième conjugaison, la troisième personne du pluriel (**ils**, **elles**) a sa propre forme orale.

Verbes irréguliers

Les détails suivants sont à noter.

1. Grâce au radical variable, certains verbes sont caractérisés par un changement de voyelle à toutes les personnes sauf à la première et à la deuxième personnes du pluriel.

recevoir	je reçois	nous recevons
	tu reçois	vous recevez
	il reçoit	ils reçoivent
	elle reçoit	elles reçoivent

2. Un petit nombre de verbes en **-ir** adoptent les terminaisons de la première conjugaison (**courir, offrir, ouvrir, souffrir**) ou celles de la deuxième conjugaison mais sans **-iss** au pluriel (**courir, offrir, partir, sortir**).

ouvrir	j'ouvre	nous ouvrons
	tu ouvres	vous ouvrez
	il ouvre	ils ouvrent
	elle ouvre	elles ouvrent
partir	je pars	nous partons
	tu pars	vous partez
	il part	ils partent
	elle part	elles partent

3. En général, les terminaisons des verbes en **-oir** et en **-re** sont, au singulier: **-s, -s, -t; -x, -x, -t,** ou bien **-s, -s, -d.** Au pluriel, les terminaisons
sont toujours **-ons, -ez, -ent.**

voir	je vois	nous voyons
	tu vois	vous voyez
	il vois	ils voient
	elle voit	elles voient
pouvoir	je peux	nous pouvons
	tu peux	vous pouvez
	il peut	ils peuvent
	elle peut	elles peuvent
rendre	je rends	nous rendons
	tu rends	vous rendez
	il rend	ils rendent
	elle rend	elles rendent

▌ Le futur simple de l'indicatif
Verbes réguliers

Ajoutez à l'infinitif les terminaisons du futur: **-ai, -as, -a, -ons, -ez, -ont.**

chanter	je chanterai	nous chanterons
	tu chanteras	vous chanterez
	il chantera	ils chanteront
	elle chantera	elles chanteront
finir	je finirai	nous finirons
	tu finiras	vous finirez
	il finira	ils finiront
	elle finira	elles finiront

Verbes irréguliers

Suivez le même procédé que pour les verbes réguliers.

• Attention aux verbes en **-re**. Rayez la dernière voyelle de l'infinitif avant d'ajouter les terminaisons du futur.

vendre	je vendrai	nous vendrons
	tu vendras	vous vendrez
	il vendra	ils vendront
	elle vendra	elles vendront

• Vérifiez toujours le radical avant d'ajouter les terminaisons du futur.

aller	j'irai	nous irons
	tu iras	vous irez
	il ira	ils iront
	elle ira	elles iront

▌Le futur antérieur de l'indicatif

Le temps est formé par le participe passé du verbe précédé du futur de l'auxiliaire.

comprendre	j'aurai compris	nous aurons compris
	tu auras compris	vous aurez compris
	il aura compris	ils auront compris
	elle aura compris	elles auront compris

▌L'imparfait de l'indicatif

Prenez, comme point de départ, la première personne (pluriel) du présent de l'indicatif. Remplacez la terminaison **-ons** par les terminaisons de l'imparfait: **-ais, -ais, -ait, -ions, -iez, -aient.**

Verbes réguliers

Verbes en -er.

	présent	imparfait	
parler	nous **parl**ons	je parlais	nous parlions
		tu parlais	vous parliez
		il parlait	ils parlaient
		elle parlait	elles parlaient

Verbes en -ir.

	présent	imparfait	
finir	nous **finiss**ons	je finissais	nous finissions
		tu finissais	vous finissiez
		il finissait	ils finaissaient
		elle finissait	elles finissaient

Verbes irréguliers

Verifiez la forme de la première personne du pluriel au présent (Appendice B). Remplacez la terminaison **-ons** par les terminaisons qui indiquent l'imparfait.

	présent	imparfait	
boire	nous **buv**ons	je buvais	nous buvions
		tu buvais	vous buviez
		il buvait	ils buvaient
		elle buvait	elles buvaient

▌Le passé composé de l'indicatif

Le passé composé de l'indicatif est formé par le participe passé du verbe précédé du présent de l'auxiliaire.

	j'ai chanté	nous avons chanté
chanter	tu as chanté	vous avez chanté
	il a chanté	ils ont chanté
	elle a chanté	elles ont chanté

▌Le passé simple de l'indicatif

Ajoutez au radical du verbe les terminaisons indiquant le passé simple. L'accent circonflexe se met toujours à la première et à la deuxième personnes du pluriel.

Verbes réguliers

Verbes en -*er*. Terminaisons: **-ai, -as, -a, -âmes, -âtes, -èrent**

chanter	je chantai	nous chantâmes
	tu chantas	vous chantâtes
	il chanta	ils chantèrent
	elle chanta	elles chantèrent

Verbes en -*ir*. Terminaisons: **-is, -is, -it, -îmes, -îtes, -irent**

finir	je finis	nous finîmes
	tu finis	vous finîtes
	il finit	ils finirent
	elle finit	elles finirent

Verbes irréguliers

Les terminaisons peuvent être: **-is, -is, -it, -îmes, -îtes, -irent** (comme pour les verbes réguliers du deuxième groupe); **-us, -us, -ut, -ûmes, -ûtes, -urent; -ins, -ins, -int, -înmes, -întes, -inrent.**

prendre	je pris	nous prîmes
	tu pris	vous prîtes
	il prit	ils prirent
	elle prit	elles prirent
connaître	je connus	nous connûmes
	tu connus	vous connûtes
	il connut	ils connurent
	elle connut	elles connurent
venir	je vins	nous vînmes
	tu vins	vous vîntes
	il vint	ils vinrent
	elle vint	elles vinrent

▋Le plus-que-parfait de l'indicatif

Le temps se compose du participe passé du verbe précédé de l'imparfait de l'auxiliaire.

venir	j'étais venu(e)	nous étions venu(e)s
	tu étais venu(e)	vous étiez venue(e)(s)
	il était venu	ils étaient venus
	elle était venue	elles étaient venues

▌Le passé surcomposé de l'indicatif

Le passe surcomposé est formé par le participe passé du verbe précédé du passé composé de l'auxiliaire.

finir	j'ai eu fini	nous avons eu fini
	tu as eu fini	vous avez eu fini
	il a eu fini	ils ont eu fini
	elle a eu fini	elles ont eu fini

▌Le passé antérieur de l'indicatif

Le temps se compose du participe passé du verbe précédé du passé simple de l'auxiliaire.

partir	je fus parti(e)	nous fûmes parti(e)s
	tu fus parti(e)	vous fûtes parti(e)(s)
	il fut parti	ils furent partis
	elle fut partie	elles furent parties

▌Le conditionnel présent de l'indicatif

Ajoutez à l'infinitif les terminaisons de l'imparfait: **-ais, -ais, -ait, -ions, -iez, -aient.**

Verbes réguliers

sortir	je sortirais	nous sortirions
	tu sortirais	vous sortiriez
	il sortirait	ils sortiraient
	elle sortirait	elles sortiraient

Verbes irréguliers

Suivez le même procédé que pour les verbes réguliers.

• Attention aux verbes en **-re**. Rayez la dernière voyelle avant d'ajouter les terminaisons de l'imparfait.

vendre	je vendrais	nous vendrions
	tu vendrais	vous vendriez
	il vendrait	ils vendraient
	elle vendrait	elles vendraient

• Vérifiez toujours le radical.

savoir	je saurais	nous saurions
	tu saurais	vous sauriez
	il saurait	ils sauraient
	elle saurait	elles sauraient

▌Le conditionnel passé de l'indicatif

Le temps se compose du participe passé du verbe précédé du conditionnel de l'auxiliaire.

danser	j'aurais dansé	nous aurions dansé
	tu aurais dansé	vous auriez dansé
	il aurait dansé	ils auraient dansé
	elle aurait dansé	elles auraient dansé

▌Le mode impératif

▌Verbes réguliers

1. Les formes de l'impératif au *pluriel* des verbes en -**er** et en -**ir** sont identiques à celles du présent de l'indicatif.

indicatif	impératif
Vous parlez.	Parlez!
Vous finissez.	Finissez!

2. Le *singulier* de l'impératif d'un verbe en -**er** diffère du singulier du présent. Il n'y a pas de **s**.

Tu donnes.	Donne!

3. Le *singulier* de l'impératif d'un verbe en -**ir** est identique au présent de l'indicatif.

Tu finis.	Finis!

▌Verbes irréguliers

1. En général, l'impératif (au singulier comme au pluriel) a les mêmes formes que le présent de l'indicatif.

Tu viens.	Viens!
Vous venez.	Venez!

Nous cueillons.	Cueillons!
Vous cueillez.	Cueillez!

2. Certains verbes en **-ir** (**courir, offrir, ouvrir, souffrir**) ressemblent, à l'impératif, aux verbes en **-er**. Au singulier de l'impératif, il n'y a pas de **s**.

Tu ouvres.	Ouvre!
Tu souffres.	Souffre!

3. Quatre verbes (**avoir, être, savoir, vouloir**) n'ont pas d'impératif proprement dit. Il faut alors emprunter les formes au présent du subjonctif.

Tu es gentil.	Sois gentil!

Vérifiez toujours les formes de l'impératif des verbes irréguliers (Appendice B).

Le mode conditionnel

Le conditionnel présent du mode conditionnel est identique au conditionnel présent de l'indicatif.

donner	je donnerais	nous donnerions
	tu donnerais	vous donneriez
	il donnerait	ils donneraient
	elle donnerait	elles donneraient

Le conditionnel passé du mode conditionnel est identique au conditionnel passé de l'indicatif.

aimer	j'aurais aimé	nous aurions aimé
	tu aurais aimé	vous auriez aimé
	il aurait aimé	ils auraient aimé
	elle aurait aimé	elles auraient aimé

Le mode subjonctif

Le présent du subjonctif

Formez le présent du subjonctif à partir du pluriel de la troisième personne de l'indicatif. Remplacez la terminaison **-ent** par les terminaisons qui indiquent le présent du subjonctif: **-e, -es, -e, -ions, -iez, -ent**.

Verbes réguliers

	présent de l'indicatif	présent du subjonctif	
aimer	ils **aim**ent	que j'aime	que nous aimions
		que tu aimes	que vous aimiez
		qu'il aime	qu'ils aiment
		qu'elle aime	qu'elles aiment
finir	ils **finiss**ent	que je finisse	que nous finissions
		que tu finisses	que vous finissiez
		qu'il finisse	qu'ils finissent
		qu'elle finisse	qu'elles finissent

Verbes irréguliers

En général, employez le même procédé que pour les verbes réguliers. Mais il faut toujours consulter le tableau de verbes irréguliers pour être sûr(e) de la forme qu'il faut.

	présent de l'indicatif	présent du subjonctif	
résoudre	ils **résolv**ent	que je résolve	que nous résolvions
		que tu résolves	que vous résolviez
		qu'il résolve	qu'ils résolvent
		qu'elle résolve	qu'elles résolvent

▌ Le passé du subjonctif

Ce temps se compose du participe passé du verbe précédé du présent du subjonctif de l'auxiliaire.

partir	que je sois parti(e)	que nous soyons parti(e)s
	que tu sois parti(e)	que vous soyez parti(e)(s)
	qu'il soit parti	qu'ils soient partis
	qu'elle soit partie	qu'elles soient parties
résoudre	que j'aie résolu	que nous ayons résolu
	que tu aies résolu	que vous ayez résolu
	qu'il ait résolu	qu'ils aient résolu
	qu'elle ait résolu	qu'elles aient resolu

▎L'imparfait du subjonctif

Ajoutez au radical les terminaisons de l'imparfait du subjonctif. Notez que l'accent circonflexe se met à la troisième personne du singulier. La voyelle de base de la terminaison est celle de la terminaison correspondante du passé simple.

Verbes réguliers

Verbes en -*er*. Terminaisons: **-asse, -asses, -ât, -assions, -assiez, -assent**

donner	que je donnasse	que nous donnassions
	que tu donnasses	que vous donnassiez
	qu'il donnât	qu'ils donnassent
	qu'elle donnât	qu'elles donnassent

Verbes en -*ir*. Terminaisons: **-ise, -isses, -ît, -issions, -issiez, -issent**

punir	que je punisse	que nous punissions
	que tu punisses	que vous punissiez
	qu'il punît	qu'ils punissent
	qu'elle punît	qu'elles punissent

Verbes irréguliers

Il faut vous rapporter au tableau de verbes irréguliers pour être sûr(e) de la bonne forme de chaque verbe. Les terminaisons peuvent être: **-isse, -isses, -ît, -issions, -issiez, -issent** (comme pour les verbes réguliers en -ir); **-usse, -usses, -ût, -ussions, -ussiez, -ussent; -insse, -insses, -înt, -inssions, -inssiez, -inssent.**

cueillir	que je cueillisse	que nous cueillissions
	que tu cueillisses	que vous cueillissiez
	qu'il cueillît	qu'ils cueillissent
	qu'elle cueillît	qu'elles cueillissent
recevoir	que je reçusse	que nous reçussions
	que tu reçusses	que vous reçussiez
	qu'il reçût	qu'ils reçussent
	qu'elle reçût	qu'elles reçussent
tenir	que je tinsse	que nous tinssions
	que tu tinsses	que vous tinssiez
	qu'il tînt	qu'ils tinssent
	qu'elle tînt	qu'elles tinssent

▌Le plus-que-parfait du subjonctif

Le temps est formé par le participe passé du verbe précédé de l'imparfait du subjonctif de l'auxiliaire. N'oubliez pas l'accent circonflexe à la troisième personne du singulier de l'auxiliaire.

regarder	que j'eusse regardé	que nous eussions regardé
	que tu eusses regardé	que vous eussiez regardé
	qu'il eût regardé	qu'ils eussent regardé
	qu'elle eût regardé	qu'elles eussent regardé
résoudre	que j'eusse résolu	que nous eussions résolu
	que tu eusses résolu	que vous eussiez résolu
	qu'il eût résolu	qu'ils eussent résolu
	qu'elle eût résolu	qu'elles eussent résolu

▌Changements orthographiques: verbes en -*er*

▌Les changements orthographiques qui caractérisent certains verbes réguliers du premier groupe sont à noter.

▌Verbes en *e* + consonne + *er*

L'avant-dernière voyelle de l'infinitif est **e** ou **é**.

> acheter, appeler, mener, précéder

Laissez la voyelle telle quelle si la voyelle qui suit la consonne est prononcée.

> men**ant**
> men**é**
> je men**ais**

Modifiez la voyelle ou la consonne si la voyelle qui suit la consonne est muette.

> je me prom**ène**
> il s'app**elle**

La modification se fait de trois façons.

1. Si la voyelle est un **e**, ajoutez un accent grave.

   peser (acheter, lever, mener, promener, semer)

présent	je pèse	nous pesons
	tu pèses	vous pesez

	il pèse	ils pèsent
	elle pèse	elles pèsent
impératif		pesons
	pèse	pesez
futur	je pèserai	nous pèserons
	tu pèseras	vous pèserez
	il pèsera	ils pèseront
	elle pèsera	elles pèseront
conditionnel	je pèserais	nous pèserions
	tu pèserais	vous pèseriez
	il pèserait	ils pèseraient
	elle pèserait	elles pèseraient
présent du subjonctif	que je pèse	que nous pesions
	que tu pèses	que vous pesiez
	qu'il pèse	qu'ils pèsent
	qu'elle pèse	qu'elles pèsent

2. Si la voyelle est un **é**, changez-la en **è**.

céder (espérer, différer, déléguer, préférer)

présent	je cède	nous cédons
	tu cèdes	vous cédez
	il cède	ils cèdent
	elle cède	elles cèdent
impératif		cédons
	cède	cédez
présent du subjonctif	que je cède	que nous cédions
	que tu cèdes	que vous cédiez
	qu'il cède	qu'ils cèdent
	qu'elle cède	qu'elles cèdent

Mais, au futur et au conditionnel, on garde toujours l'accent aigu.

futur	je céderai	nous céderons
	tu céderas	vous céderez
	il cédera	ils céderont
	elle cédera	elles céderont
conditionnel	je céderais	nous céderions
	tu céderais	vous céderiez
	il céderait	ils céderaient
	elle céderait	elles céderaient

3. Si la consonne qui suit la voyelle est un **l** ou un **t**, doublez la consonne.

appeler (chanceler, ficeler, renouveler, jeter, rejeter, feuilleter)

présent	j'appelle	nous appelons
	tu appelles	vous appelez
	il appelle	ils appellent
	elle appelle	elles appellent
impératif		appelons
	appelle	appelez
futur	j'appellerai	nous appellerons
	tu appelleras	vous appellerez
	il appellera	ils appelleront
	elle appellera	elles appelleront
conditionnel	j'appellerais	nous appellerions
	tu appellerais	vous appelleriez
	il appellerait	ils appelleraient
	elle appellerait	elles appelleraient
présent du subjonctif	que j'appelle	que nous appelions
	que tu appelles	que vous appeliez
	qu'il appelle	qu'ils appellent
	qu'elle appelle	qu'elles appellent

▌Verbes en -*cer* ou -*ger*

Certains changements orthographiques sont nécessaires pour que la dernière consonne du radical se prononce à toutes les formes du verbe de la même façon qu'à l'infinitif. N'oubliez pas que, en français:

c se prononce [k] devant **a, o, u,**
et [s] devant **i** et **e**;

g se prononce [g] devant **a, o, u,**
et [ʒ] devant **i** et **e**.

Pour que **s** se prononce [s] devant **a, o, u,** il faut ajouter une cédille. Pour que **g** se prononce [ʒ] devant **a, o, u,** il faut ajouter un **e**.

commencer [kɔmãse] (effacer, forcer, menacer, placer)

participe présent	commençant	
présent	je commence	nous commen**ç**ons
	tu commences	vous commencez
	il commence	ils commencent
	elle commence	elles commencent

impératif		commen**çons**
	commence	commencez
imparfait	je commen**çais**	nous commencions
	tu commen**çais**	vous commenciez
	il commen**çait**	ils commen**çaient**
	elle commen**çait**	elles commen**çaient**
passé simple	je commen**çai**	nous commen**çâmes**
	tu commen**ças**	vous commen**çâtes**
	il commen**ça**	ils commencèrent
	elle commen**ça**	elles commencèrent

manger [mãʒe] (arranger, longer, plonger, songer)

participe présent	man**geant**	
présent	je mange	nous man**geons**
	tu manges	vous mangez
	il mange	ils mangent
	elle mange	elles mangent
impératif		man**geons**
	mange	mangez
imparfait	je man**geais**	nous mangions
	tu man**geais**	vous mangiez
	il man**geait**	ils man**geaient**
	elle man**geait**	elles man**geaient**
passé simple	je man**geai**	nous man**geâmes**
	tu man**geas**	vous man**geâtes**
	il man**gea**	ils mangèrent
	elle man**gea**	elles mangèrent

▌Verbes en -*oyer*, -*uyer*, -*ayer*

En général, changez le **y** en **i** devant un **e** *muet*. Mais noter que, pour les verbes en -**ayer**, cette transformation est facultative. On écrit je **paie** et aussi je **paye**.

nettoyer (employer, ennuyer, essuyer, payer)

présent	je nett**oie**	nous nettoyons
	tu nett**oies**	vous nettoyez
	il nett**oie**	ils nett**oient**
	elle nett**oie**	elles nett**oient**

impératif		nettoyons
	nett**oie**	nettoyez
futur	je nett**oie**rai	nous nett**oie**rons
	tu nett**oie**ras	vous nett**oie**rez
	il nett**oie**ra	ils nett**oie**ront
	elle nett**oie**ra	elles nett**oie**ront
conditionnel	je nett**oie**rais	nous nett**oie**rions
	tu nett**oie**rais	vous nett**oie**riez
	il nett**oie**rait	ils nett**oie**raient
	elle nett**oie**rait	elles nett**oie**raient
présent du subjonctif	que je nett**oie**	que nous nettoyions
	que tu nett**oie**s	que vous nettoyiez
	qu'il nett**oie**	qu'ils nett**oie**nt
	qu'elle nett**oie**	qu'elles nett**oie**nt

Appendice B
La conjugaison de verbes irréguliers

La liste suivante présente la conjugaison de plusieurs verbes irréguliers des plus communs. Certains infinitifs apparentés (verbes composés ou pronominaux ou verbes qui se conjuguent de la même façon que le modèle) sont indiqués là où c'est approprié. N'oubliez pas que chacun de ces verbes conserve l'auxiliaire qui lui est propre. Ainsi **s'asseoir** et **venir** se conjuguent avec l'auxiliaire **être** (et font accorder le participe passé), bien qu'ils soient indiqués avec **asseoir** et **tenir** qui se conjuguent avec **avoir**.

Infinitif		Indicatif						
participe présent participe passé		présent	imparfait	passé simple	futur simple	passé composé	plus-que-parfait	passé antérieur
acquérir acquérant acquis	j' tu il/elle nous vous ils/elles	acquiers acquiers acquiert acquérons acquérez acquièrent	acquérais acquérais acquérait acquérions acquériez acquéraient	acquis acquis acquit acquîmes acquîtes acquirent	acquerrai acquerras acquerra acquerrons acquerrez acquerront	ai acquis as acquis a acquis avons acquis avez acquis ont acquis	avais acquis avais acquis avait acquis avions acquis aviez acquis avaient acquis	eus acquis eus acquis eut acquis eûmes acquis eûtes acquis eurent acquis
aller allant allé en aller(s')	je tu il/elle nous vous ils/elles	vais vas va allons allez vont	allais allais allait allions alliez allaient	allai allas alla allâmes allâtes allèrent	irai iras ira irons irez iront	suis allé(e) es allé(e) est allé(e) sommes allé(e)s êtes allé(e)(s) sont allé(e)s	étais allé(e) étais allé(e) était allé(e) étions allé(e)s étiez allé(e)(s) étaient allé(e)s	fus allé(e) fus allé(e) fut allé(e) fûmes allé(e)s fûtes allé(e)(s) furent allé(e)s
asseoir asseyant **ou** assoyant assis asseoir(s')	j' tu il/elle nous vous ils/elles j' tu il/elle nous vous ils/elles	assois assois assoit assoyons assoyez assoient **ou** assieds assieds assied asseyons asseyez asseyent	assoyais assoyais assoyait assoyions assoyiez assoyaient **ou** asseyais asseyais asseyait asseyions asseyiez asseyaient	assis assis assit assîmes assîtes assirent	assoirai assoiras assoira assoirons assoirez assoiront **ou** assiérai assiéras assiéra assiérons assiérez assiéront	ai assis as assis a assis avons assis avez assis ont assis	avais assis avais assis avait assis avions assis aviez assis avaient assis	eus assis eus assis eut assis eûmes assis eûtes assis eurent assis
avoir ayant eu	j' tu il/elle nous vous ils/elles	ai as a avons avez ont	avais avais avait avions aviez avaient	eus eus eut eûmes eûtes eurent	aurai auras aura aurons aurez auront	ai eu as eu a eu avons eu avez eu ont eu	avais eu avais eu avait eu avions eu aviez eu avaient eu	eus eu eus eu eut eu eûmes eu eûtes eu eurent eu
battre battant battu abattre combattre rabattre	je tu il/elle nous vous ils/elles	bats bats bat battons battez battent	battais battais battait battions battiez battaient	battis battis battit battîmes battîtes battirent	battrai battras battra battrons battrez battront	ai battu as battu a battu avons battu avez battu ont battu	avais battu avais battu avait battu avions battu aviez battu avaient battu	eus battu eus battu eut battu eûmes battu eûtes battu eurent battu
boire buvant bu	je tu il/elle nous vous ils/elles	bois bois boit buvons buvez boivent	buvais buvais buvait buvions buviez buvaient	bus bus but bûmes bûtes burent	boirai boiras boira boirons boirez boiront	ai bu as bu a bu avons bu avez bu ont bu	avais bu avais bu avait bu avions bu aviez bu avaient bu	eus bu eus bu eut bu eûmes bu eûtres bu eurent bu
bouillir bouillant bouilli	je tu il/elle nous vous ils/elles	bous bous bout bouillons bouillez bouillent	bouillais bouillais bouillait bouillions bouilliez bouillaient	bouillis bouillis bouillit bouillîmes bouillîtes bouillirent	bouillirai bouilliras bouillira bouillirons bouillirez bouilliront	ai bouilli as bouilli a bouilli avons bouilli avez bouilli ont bouilli	avais bouilli avais bouilli avait bouilli avions bouilli aviez bouilli avaient bouilli	eus bouilli eus bouilli eut bouilli eûmes bouilli eûtes bouilli eurent bouilli

	Impératif	Conditionnel		Subjonctif			
futur antérieur	présent	présent	passé	présent	passé	imparfait	plus-que-parfait
aurai acquis	acquiers	acquerrais	aurais acquis	acquière	aie acquis	acquisse	eusse acquis
aura acquis	acquérons	acquerrais	aurais acquis	acquières	aies acquis	acquisses	eusses acquis
auras acquis	acquérez	acquerrait	aurait acquis	acquière	ait acquis	acquît	eût acquis
aurons acquis		acquerrions	aurions acquis	acquérions	ayons acquis	acquissions	eussions acquis
aurez acquis		acquerriez	auriez acquis	acquériez	ayez acquis	acquissiez	eussiez acquis
auront acquis		acquerraient	auraient acquis	acquièrent	aient acquis	acquissent	eussent acquis
serai allé(e)	va	irais	serais allé(e)	aille	sois allé(e)	allasse	fusse allé(e)
seras allé(e)	allons	irais	serais allé(e)	ailles	sois allé(e)	allasses	fusses allé(e)
sera allé(e)	allez	irait	serait allé(e)	aille	soit allé(e)	allât	fût allé(e)
serons allé(e)s		irions	serions allé(e)s	allions	soyons allé(e)s	allassions	fussions allé(e)s
serez allé(e)(s)		iriez	seriez allé(e)(s)	alliez	soyez allé(e)(s)	allassiez	fussiez allé(e)(s)
seront allé(e)s		iraient	seront allé(e)s	aillent	soient allé(e)s	allassent	fussent allé(e)s
aurai assis	assois	assoirais	aurais assis	assoie	aie assis	assisse	eusse assis
auras assis	assoyons	assoirais	aurais assis	assoies	aies assis	assisses	eusses assis
aura assis	assoyez	assoirait	aurait assis	assoie	ait assis	assît	eût assis
aurons assis		assoirions	aurions assis	assoyions	ayons assis	assissions	eussions assis
aurez assis		assoiriez	auriez assis	assoyiez	ayez assis	assissiez	eussiez assis
auront assis		assoiraient	auraient assis	assoient	aient assis	assissent	eussent assis
	ou	**ou**		**ou**			
	assieds	assiérais		asseye			
	asseyons	assiérais		asseyes			
	asseyez	assiérait		asseye			
		assiérions		asseyions			
		assiériez		asseyiez			
		assiéraient		asseyent			
aurai eu	aie	aurais	aurais eu	aie	aie eu	eusse	eusse eu
auras eu	ayons	aurais	aurais eu	aies	aies eu	eusses	eusses eu
aura eu	ayez	aurait	aurait eu	ait	ait eu	eût	eût eu
aurons eu		aurions	aurions eu	ayons	ayons eu	eussions	eussions eu
aurez eu		auriez	auriez eu	ayez	ayez eu	eussiez	eussiez eu
auront eu		auraient	auraient eu	aient	aient eu	eussent	eussent eu
aurai battu	bats	battrais	aurais battu	batte	aie battu	battisse	eusse battu
auras battu	battons	battrais	aurais battu	battes	aies battu	battisses	eusses battu
aura battu	battez	battrait	aurait battu	batte	ait battu	battît	eût battu
aurons battu		battrions	aurions battu	battions	ayons battu	battissions	eussions battu
aurez battu		battriez	auriez battu	battiez	ayez battu	battissiez	eussiez battu
auront battu		battraient	auraient battu	battent	aient battu	battissent	eussent battu
aurai bu	bois	boirais	aurais bu	boive	aie bu	busse	eusse bu
auras bu	buvons	boirais	aurais bu	boives	aies bu	busses	eusses bu
aura bu	buvez	boirait	aurait bu	boive	ait bu	bût	eût bu
aurons bu		boirions	aurions bu	buvions	ayons bu	bussions	eussions bu
aurez bu		boiriez	auriez bu	buviez	ayez bu	bussiez	eussiez bu
auront bu		boiraient	auraient bu	boivent	aient bu	bussent	eussent bu
aurai bouilli	bous	bouillirais	aurais bouilli	bouille	aie bouilli	bouillisse	eusse bouilli
auras bouilli	bouillons	bouillirais	aurais bouilli	bouilles	aies bouilli	bouillisses	eusses bouilli
aura bouilli	bouillez	bouillirait	aurait bouilli	bouille	ait bouilli	bouillît	eût bouilli
aurons bouilli		bouillirions	aurions bouilli	bouillions	ayons bouilli	bouillissions	eussions bouilli
aurez bouilli		bouilliriez	auriez bouilli	bouilliez	ayez bouilli	bouillissiez	eussiez bouilli
auront bouilli		bouilliraient	auraient bouilli	bouillent	aient bouilli	bouillissent	eussent bouilli

Infinitif		Indicatif						
participe présent participe passé		présent	imparfait	passé simple	futur simple	passé composé	plus-que- parfait	passé antérieur
conclure concluant conclu	je tu il/elle nous vous ils/elles	conclus conclus conclut concluons concluez concluent	concluais concluais concluait concluions concluiez concluaient	conclus conclus conclut conclûmes conclûtes conclurent	conclurai concluras conclura conclurons conclurez concluront	ai conclu as conclu a conclu avons conclu avez conclu ont conclu	avais conclu avais conclu avait conclu avions conclu aviez conclu avaient conclu	eus conclu eus conclu eut conclu eûmes conclu eûtes conclu eurent conclu

conduire
conduisant
conduit
 	
  reconduire
  construire
  cuire
  luire
  nuire
	je
	tu
	il/elle
	nous
	vous
	ils/elles
		conduis
		conduis
		conduit
		conduisons
		conduisez
		conduisent
			conduisais
			conduisais
			conduisait
			conduisions
			conduisiez
			conduisaient
				conduisis
				conduisis
				conduisit
				conduisîmes
				conduisîtes
				conduisirent
					conduirai
					conduiras
					conduira
					conduirons
					conduirez
					conduiront
						ai conduit
						as conduit
						a conduit
						avons conduit
						avez conduit
						ont conduit
							avais conduit
							avais conduit
							avait conduit
							avions conduit
							aviez conduit
							avaient conduit
								eus conduit
								eus conduit
								eut conduit
								eûmes conduit
								eûtes conduit
								eurent conduit

connaître
connaissant
connu
 	
  paraître
  apparaître
  disparaître
  reconnaître
	je
	tu
	il/elle
	nous
	vous
	ils/elles
		connais
		connais
		connaît
		connaissons
		connaissez
		connaissent
			connaissais
			connaissais
			connaissait
			connaissions
			connaissiez
			connaissaient
				connus
				connus
				connut
				connûmes
				connûtes
				connurent
					connaîtrai
					connaîtras
					connaîtra
					connaîtrons
					connaîtrez
					connaîtront
						ai connu
						as connu
						a connu
						avons connu
						avez connu
						ont connu
							avais connu
							avais connu
							avait connu
							avions connu
							aviez connu
							avaient connu
								eus connu
								eus connu
								eut connu
								eûmes connu
								eûtes connu
								eurent connu

coudre
cousant
cousu
 	
  découdre
  recoudre
	je
	tu
	il/elle
	nous
	vous
	ils/elles
		couds
		couds
		coud
		cousons
		cousez
		cousent
			cousais
			cousais
			cousait
			cousions
			cousiez
			cousaient
				cousis
				cousis
				cousit
				cousîmes
				cousîtes
				cousirent
					coudrai
					coudras
					coudra
					coudrons
					coudrez
					coudront
						ai cousu
						as cousu
						a cousu
						avons cousu
						avez cousu
						ont cousu
							avais cousu
							avais cousu
							avait cousu
							avions cousu
							aviez cousu
							avaient cousu
								eus cousu
								eus cousu
								eut cousu
								eûmes cousu
								eûtes cousu
								eurent cousu

courir
courant
couru
 	
  discourir
  parcourir
  secourir
	je
	tu
	il/elle
	nous
	vous
	ils/elles
		cours
		cours
		court
		courons
		courez
		courent
			courais
			courais
			courait
			courions
			couriez
			couraient
				courus
				courus
				courut
				courûmes
				courûtes
				coururent
					courrai
					courras
					courra
					courrons
					courrez
					courront
						ai couru
						as couru
						a couru
						avons couru
						avez couru
						ont couru
							avais couru
							avais couru
							avait couru
							avions couru
							aviez couru
							avaient couru
								eus couru
								eus couru
								eut couru
								eûmes couru
								eûtes couru
								eurent couru

craindre
craignant
craint
 	
  plaindre
  contraindre
	je
	tu
	il/elle
	nous
	vous
	ils/elles
		crains
		crains
		craint
		craignons
		craignez
		craignent
			craignais
			craignais
			craignait
			craignions
			craigniez
			craignaient
				craignis
				craignis
				craignit
				craignîmes
				craignîtes
				craignirent
					craindrai
					craindras
					craindra
					craindrons
					craindrez
					craindront
						ai craint
						as craint
						a craint
						avons craint
						avez craint
						ont craint
							avais craint
							avais craint
							avait craint
							avions craint
							aviez craint
							avaient craint
								eus craint
								eus craint
								eut craint
								eûmes craint
								eûtes craint
								eurent craint

croire croyant cru	je tu il/elle nous vous ils/elles	crois crois croit croyons croyez croient	croyais croyais croyait croyions croyiez croyaient	crus crus crut crûmes crûtes crurent	croirai croiras croira croirons croirez croiront	ai cru as cru a cru avons cru avez cru ont cru	avais cru avais cru avait cru avions cru aviez cru avaient cru	eus cru eus cru eut cru eûmes cru eûtes cru eurent cru

	Impératif	Conditionnel		Subjonctif			
futur antérieur	présent	présent	passé	présent	passé	imparfait	plus-que-parfait
aurai conclu	conclus	conclurais	aurais conclu	conclue	aie conclu	conclusse	eusse conclu
auras conclu	concluons	conclurais	aurais conclu	conclues	aies conclu	conclusses	eusses conclu
aura conclu	concluez	conclurait	aurait conclu	conclue	ait conclu	conclût	eût conclu
aurons conclu		conclurions	aurions conclu	concluions	ayons conclu	conclussions	eussions conclu
aurez conclu		concluriez	auriez conclu	concluiez	ayez conclu	conclussiez	eussiez conclu
auront conclu		concluraient	auraient conclu	concluent	aient conclu	conclussent	eussent conclu
aurai conduit	conduis	conduirais	aurais conduit	conduise	aie conduit	conduisisse	eusse conduit
auras conduit	conduisons	conduirais	aurais conduit	conduises	aies conduit	conduisisses	eusses conduit
aura conduit	conduisez	conduirait	aurait conduit	conduise	ait conduit	conduisît	eût conduit
aurons conduit		conduirions	aurions conduit	conduisions	ayons conduit	conduisissions	eussions conduit
aurez conduit		conduiriez	auriez conduit	conduisiez	ayez conduit	conduisissiez	eussiez conduit
auront conduit		conduiraient	auraient conduit	conduisent	aient conduit	conduisissent	eussent conduit
aurai connu	connais	connaîtrais	aurais connu	connaisse	aie connu	connusse	eusse connu
auras connu	connaissons	connaîtrais	aurais connu	connaisses	aies connu	connusses	eusses connu
aura connu	connaissez	connaîtrait	aurait connu	connaisse	ait connu	connût	eût connu
aurons connu		connaîtrions	aurions connu	connaissions	ayons connu	connussions	eussions connu
aurez connu		connaîtriez	auriez connu	connaissiez	ayez connu	connussiez	eussiez connu
auront connu		connaîtraient	auraient connu	connaissent	aient connu	connussent	eussent connu
aurai cousu	couds	coudrais	aurais cousu	couse	aie cousu	cousisse	eusse cousu
auras cousu	cousons	coudrais	aurais cousu	couses	aies cousu	cousisses	eusses cousu
aura cousu	cousez	coudrait	aurait cousu	couse	ait cousu	cousît	eût cousu
aurons cousu		coudrions	aurions cousu	cousions	ayons cousu	cousissions	eussions cousu
aurez cousu		coudriez	auriez cousu	cousiez	ayez cousu	cousissiez	eussiez cousu
auront cousu		coudraient	auraient cousu	cousent	aient cousu	cousissent	eussent cousu
aurai couru	cours	courrais	aurais couru	coure	aie couru	courusse	eusse couru
auras couru	courons	courrais	aurais couru	coures	aies couru	courusses	eusses couru
aura couru	courez	courrait	aurait couru	coure	ait couru	courût	eût couru
aurons couru		courrions	aurions couru	courions	ayons couru	courussions	eussions couru
aurez couru		courriez	auriez couru	couriez	ayez couru	courussiez	eussiez couru
auront couru		courraient	auraient couru	courent	aient couru	courussent	eussent couru
aurai craint	crains	craindrais	aurais craint	craigne	aie craint	craignisse	eusse craint
auras craint	craignons	craindrais	aurais craint	craignes	aies craint	craignisses	eusses craint
aura craint	craignez	craindrait	aurait craint	craigne	ait craint	craignît	eût craint
aurons craint		craindrions	aurions craint	craignions	ayons craint	craignissions	eussions craint
aurez craint		craindriez	auriez craint	craigniez	ayez craint	craignissiez	eussiez craint
auront craint		craindraient	auraient craint	craignent	aient craint	craignissent	eussent craint
aurai cru	crois	croirais	aurais cru	croie	aie cru	crusse	eusse cru
auras cru	croyons	croirais	aurais cru	croies	aies cru	crusses	eusses cru
aura cru	croyez	croirait	aurait cru	croie	ait cru	crût	eût cru
aurons cru		croirions	aurions cru	croyions	ayons cru	crussions	eussions cru
aurez cru		croiriez	auriez cru	croyiez	ayez cru	crussiez	eussiez cru
auront cru		croiraient	auraient cru	croient	aient cru	crussent	eussent cru

Infinitif participe présent participe passé		Indicatif						
		présent	imparfait	passé simple	futur simple	passé composé	plus-que-parfait	passé antérieur
croître croissant crû, crue accroître décroître	je tu il/elle nous vous ils/elles	crois crois croît croissons croissez croissent	croissais croissais croissait croissions croissiez croissaient	crûs crûs crût crûmes crûtes crûrent	croîtrai croîtras croîtra croîtrons croîtrez croîtront	ai crû as crû a crû avons crû avez crû ont crû	avais crû avais crû avait crû avions crû aviez crû avaient crû	eus crû eus crû eut crû eûmes crû eûtes crû eurent crû
cueillir cueillant cueilli accueillir recueillir	je tu il/elle nous vous ils/elles	cueille cueilles cueille cueillons cueillez cueillent	cueillais cueillais cueillait cueillions cueilliez cueillaient	cueillis cueillis cueillit cueillîmes cueillîtes cueillirent	cueillerai cueilleras cueillera cueillerons cueillerez cueilleront	ai cueilli as cueilli a cueilli avons cueilli avez cueilli ont cueilli	avais cueilli avais cueilli avait cueilli avions cueilli aviez cueilli avaient cueilli	eus cueilli eus cueilli eut cueilli eûmes cueilli eûtes cueilli eurent cueilli
devoir devant dû, due	je tu il/elle nous vous ils/elles	dois dois doit devons devez doivent	devais devais devait devions deviez devaient	dus dus dut dûmes dûtes durent	devrai devras devra devrons devrez devront	ai dû as dû a dû avons dû avez dû ont dû	avais dû avais dû avait dû avions dû aviez dû avaient dû	eus dû eus dû eut dû eûmes dû eûtes dû eurent dû
dire disant dit contredire interdire prédire redire	je tu il/elle nous vous ils/elles	dis dis dit disons dites disent	disais disais disait disions disiez disaient	dis dis dit dîmes dîtes dirent	dirai diras dira dirons direz diront	ai dit as dit a dit avons dit avez dit ont dit	avais dit avais dit avait dit avions dit aviez dit avaient dit	eus dit eus dit eut dit eûmes dit eûtes dit eurent dit
dormir dormant dormi endormir(s') rendormir	je tu il/elle nous vous ils/elles	dors dors dort dormons dormez dorment	dormais dormais dormait dormions dormiez dormaient	dormis dormis dormit dormîmes dormîtes dormirent	dormirai dormiras dormira dormirons dormirez dormiront	ai dormi as dormi a dormi avons dormi avez dormi ont dormi	avais dormi avais dormi avait dormi avions dormi aviez dormi avaient dormi	eus dormi eus dormi eut dormi eûmes dormi eûtes dormi eurent dormi
écrire écrivant écrit décrire inscrire(s') transcrire	j' tu il/elle nous vous ils/elles	écris écris écrit écrivons écrivez écrivent	écrivais écrivais écrivait écrivions écriviez écrivaient	écrivis écrivis écrivit écrivîmes écrivîtes écrivirent	écrirai écriras écrira écrirons écrirez écriront	ai écrit as écrit a écrit avons écrit avez écrit ont écrit	avais écrit avais écrit avait écrit avions écrit aviez écrit avaient écrit	eus écrit eus écrit eut écrit eûmes écrit eûtes écrit eurent écrit
envoyer envoyant envoyé renvoyer	j' tu il/elle nous vous ils/elles	envoie envoies envoie envoyons envoyez envoient	envoyais envoyais envoyait envoyions envoyiez envoyaient	envoyai envoyas envoya envoyâmes envoyâtes envoyèrent	enverrai enverras enverra enverrons enverrez enverront	ai envoyé as envoyé a envoyé avons envoyé avez envoyé ont envoyé	avais envoyé avais envoyé avait envoyé avions envoyé aviez envoyé avaient envoyé	eus envoyé eus envoyé eut envoyé eûmes envoyé eûtes envoyé eurent envoyé

	Impératif	Conditionnel		Subjonctif			
futur antérieur	présent	présent	passé	présent	passé	imparfait	plus-que-parfait
aurai crû	crois	croîtrais	aurais crû	croisse	aie crû	crûsse	eusse crû
auras crû	croissons	croîtrais	aurais crû	croisses	aies crû	crûsses	eusses crû
aura crû	croissez	croîtrait	aurait crû	croisse	ait crû	crût	eût crû
aurons crû		croîtrions	aurions crû	croissions	ayons crû	crûssions	eussions crû
aurez crû		croîtriez	auriez crû	croissiez	ayez crû	crûssiez	eussiez crû
auront crû		croîtraient	auraient crû	croissent	aient crû	crûssent	eussent crû
aurai cueilli	cueille	cueillerais	aurais cueilli	cueille	aie cueilli	cueillisse	eusse cueilli
auras cueilli	cueillons	cueillerais	aurais cueilli	cueilles	aies cueilli	cueillisses	eusses cueilli
aura cueilli	cueillez	cueillerait	aurait cueilli	cueille	ait cueilli	cueillît	eût cueilli
aurons cueilli		cueillerions	aurions cueilli	cueillions	ayons cueilli	cueillissions	eussions cueilli
aurez cueilli		cueilleriez	auriez cueilli	cueilliez	ayez cueilli	cueillissiez	eussiez cueilli
auront cueilli		cueilleraient	auraient cueilli	cueillent	aient cueilli	cueillissent	eussent cueilli
aurai dû	dois	devrais	aurais dû	doive	aie dû	dusse	eusse dû
auras dû	devons	devrais	aurais dû	doives	aies dû	dusses	eusses dû
aura dû	devez	devrait	aurait dû	doive	ait dû	dût	eût dû
aurons dû		devrions	aurions dû	devions	ayons dû	dussions	eussions dû
aurez dû		devriez	auriez dû	deviez	ayez dû	dussiez	eussiez dû
auront dû		devraient	auraient dû	doivent	aient dû	dussent	eussent dû
aurai dit	dis	dirais	aurais dit	dise	aie dit	disse	eusse dit
auras dit	disons	dirais	aurais dit	dises	aies dit	disses	eusses dit
aura dit	dites	dirait	aurait dit	dise	ait dit	dît	eût dit
aurons dit		dirions	aurions dit	disions	ayons dit	dissions	eussions dit
aurez dit		diriez	auriez dit	disiez	ayez dit	dissiez	eussiez dit
auront dit		diraient	auraient dit	disent	aient dit	dissent	eussent dit
aurai dormi	dors	dormirais	aurais dormi	dorme	aie dormi	dormisse	eusse dormi
auras dormi	dormons	dormirait	aurais dormi	dormes	aies dormi	dormisses	eusses dormi
aura dormi	dormez	dormirait	aurait dormi	dorme	ait dormi	dormît	eût dormi
aurons dormi		dormirions	aurions dormi	dormions	ayons dormi	dormissions	eussions dormi
aurez dormi		dormiriez	auriez dormi	dormiez	ayez dormi	dormissiez	eussiez dormi
auront dormi		dormiraient	auraient dormi	dorment	aient dormi	dormissent	eussent dormi
aurai écrit	écris	écrirais	aurais écrit	écrive	aie écrit	écrivisse	eusse écrit
auras écrit	écrivons	écrirais	aurais écrit	écrives	aies écrit	écrivisses	eusses écrit
aura écrit	écrivez	écrirait	aurait écrit	écrive	ait écrit	écrivît	eût écrit
aurons écrit		écririons	aurions écrit	écrivions	ayons écrit	écrivissions	eussions écrit
aurez écrit		écririez	auriez écrit	écriviez	ayez écrit	écrivissiez	eussiez écrit
auront écrit		écriraient	auraient écrit	écrivent	aient écrit	écrivissent	eussent écrit
aurai envoyé	envoie	enverrais	aurais envoyé	envoie	aie envoyé	envoyasse	eusse envoyé
auras envoyé	envoyons	enverrais	aurais envoyé	envoies	aies envoyé	envoyasses	eusses envoyé
aura envoyé	envoyez	enverrait	aurait envoyé	envoie	ait envoyé	envoyât	eût envoyé
aurons envoyé		enverrions	aurions envoyé	envoyions	ayons envoyé	envoyassions	eussions envoyé
aurez envoyé		enverriez	auriez envoyé	envoyiez	ayez envoyé	envoyassiez	eussiez envoyé
auront envoyé		enverraient	auraient envoyé	envoient	aient envoyé	envoyassent	eussent envoyé

Infinitif participe présent participe passé		Indicatif						
		présent	imparfait	passé simple	futur simple	passé composé	plus-que- parfait	passé antérieur
être étant été	je tu il/elle nous vous ils/elles	suis es est sommes êtes sont	étais étais était étions étiez étaient	fus fus fut fûmes fûtes furant	serai seras sera serons serez seront	ai été as été a été avons été avez été ont été	avais été avais été avait été avions été aviez été avaient été	eus été eus été eut été eûmes été eûtes été eurent été

faire
faisant
fait
   contrefaire
   défaire
   refaire
   satisfaire
	je
	tu
	il/elle
	nous
	vous
	ils/elles
		fais
		fais
		fait
		faisons
		faites
		font
			faisais
			faisais
			faisait
			faisions
			faisiez
			faisaient
				fis
				fis
				fit
				fîmes
				fîtes
				firent
					ferai
					feras
					fera
					ferons
					ferez
					feront
						ai fait
						as fait
						a fait
						avons fait
						avez fait
						ont fait
							avais fait
							avais fait
							avait fait
							avions fait
							aviez fait
							avaient fait
								eus fait
								eus fait
								eut fait
								eûmes fait
								eûtes fait
								eurent fait

falloir fallu	il	faut	fallait	fallut	faudra	a fallu	avait fallu	eut fallu
fuir fuyant fui enfuir(s')	je tu il/elle nous vous ils/elles	fuis fuis fuit fuyons fuyez fuient	fuyais fuyais fuyait fuyions fuyiez fuyaient	fuis fuis fuit fuîmes fuîtes fuirent	fuirai fuiras fuira fuirons fuirez fuiront	ai fui as fui a fui avons fui avez fui ont fui	avais fui avais fui avait fui avions fui aviez fui avaient fui	eus fui eus fui eut fui eûmes fui eûtes fui eurent fui
haïr haïssant haï	je tu il/elle nous vous ils/elles	hais hais hait haïssons haïssez haïssent	haïssais haïssais haïssait haïssions haïssiez haïssaient	haïs haïs haït haïmes haïtes haïrent	haïrai haïras haïra haïrons haïrez haïront	ai haï as haï a haï avons haï avez haï ont haï	avais haï avais haï avait haï avions haï aviez haï avaient haï	eus haï eus haï eut haï eûmes haï eûtes haï eurent haï

joindre
joignant
joint
   enjoindre
   rejoindre
	je
	tu
	il/elle
	nous
	vous
	ils/elles
		joins
		joins
		joint
		joignons
		joignez
		joignent
			joignais
			joignais
			joignait
			joignions
			joigniez
			joignaient
				joignis
				joignis
				joignit
				joignîmes
				joignîtes
				joignirent
					joindrai
					joindras
					joindra
					joindrons
					joindrez
					joindront
						ai joint
						as joint
						a joint
						avons joint
						avez joint
						ont joint
							avais joint
							avais joint
							avait joint
							avions joint
							aviez joint
							avaient joint
								eus joint
								eus joint
								eut joint
								eûmes joint
								eûtes joint
								eurent joint

lire
lisant
lu
   élire
   réélire
   relire
	je
	tu
	il/elle
	nous
	vous
	ils/elles
		lis
		lis
		lit
		lisons
		lisez
		lisent
			lisais
			lisais
			lisait
			lisions
			lisiez
			lisaient
				lus
				lus
				lut
				lûmes
				lûtes
				lurent
					lirai
					liras
					lira
					lirons
					lirez
					liront
						ai lu
						as lu
						a lu
						avons lu
						avez lu
						ont lu
							avais lu
							avais lu
							avait lu
							avions lu
							aviez lu
							avaient lu
								eus lu
								eus lu
								eut lu
								eûmes lu
								eûtes lu
								eurent lu

mettre
mettant
mis
   admettre
   commettre
   omettre
   promettre
   transmettre
	je
	tu
	il/elle
	nous
	vous
	ils/elles
		mets
		mets
		met
		mettons
		mettez
		mettent
			mettais
			mettais
			mettait
			mettions
			mettiez
			mettaient
				mis
				mis
				mit
				mîmes
				mîtes
				mirent
					mettrai
					mettras
					mettra
					mettrons
					mettrez
					mettront
						ai mis
						as mis
						a mis
						avons mis
						avez mis
						ont mis
							avais mis
							avais mis
							avait mis
							avions mis
							aviez mis
							avaient mis
								eus mis
								eus mis
								eut mis
								eûmes mis
								eûtes mis
								eurent mis

	Impératif	**Conditionnel**		**Subjonctif**			
futur antérieur	présent	présent	passé	présent	passé	imparfait	plus-que-parfait
aurai été	sois	serais	aurais été	sois	aie été	fusse	eusse été
auras été	soyons	serais	aurais été	sois	aies été	fusses	eusses été
aura été	soyez	serait	aurait été	soit	ait été	fût	eût été
aurons été		serions	aurions été	soyons	ayons été	fussions	eussions été
aurez été		seriez	auriez été	soyez	ayez été	fussiez	eussiez été
auront été		seraient	auraient été	soient	aient été	fussent	eussent été
aurai fait	fais	ferais	aurais fait	fasse	aie fait	fisse	eusse fait
auras fait	faisons	ferais	aurais fait	fasses	aies fait	fisses	eusses fait
aura fait	faites	ferait	aurait fait	fasse	ait fait	fît	eût fait
aurons fait		ferions	aurions fait	fassions	ayons fait	fissions	eussions fait
aurez fait		feriez	auriez fait	fassiez	ayez fait	fissiez	eussiez fait
auront fait		feraient	auraient fait	fassent	aient fait	fissent	eussent fait
aura fallu	—	faudrait	aurait fallu	faille	ait fallu	fallût	eût fallu
aurai fui	fuis	fuirais	aurais fui	fuie	aie fui	fuisse	eusse fui
auras fui	fuyons	fuirais	aurais fui	fuies	aies fui	fuisses	eusses fui
aura fui	fuyez	fuirait	aurait fui	fuie	ait fui	fuît	eût fui
aurons fui		fuirions	aurions fui	fuyions	ayons fui	fuissions	eussions fui
aurez fui		fuiriez	auriez fui	fuyiez	ayez fui	fuissiez	eussiez fui
auront fui		fuiraient	auraient fui	fuient	aient fui	fuissent	eussent fui
aurai haï	hais	haïrais	aurais haï	haïsse	aie haï	haïsse	eusse haï
auras haï	haïssons	haïrais	aurais haï	haïsses	aies haï	haïsses	eusses haï
aura haï	haïssez	haïrait	aurait haï	haïsse	ait haï	haït	eût haï
aurons haï		haïrions	aurions haï	haïssions	ayons haï	haïssions	eussions haï
aurez haï		haïriez	auriez haï	haïssiez	ayez haï	haïssiez	eussiez haï
auront haï		haïraient	auraient haï	haïssent	aient haï	haïssent	eussent haï
aurai joint	joins	joindrais	aurais joint	joigne	aie joint	joignisse	eusse joint
auras joint	joignons	joindrais	aurais joint	joignes	aies joint	joignisses	eusses joint
aura joint	joignez	joindrait	aurait joint	joigne	ait joint	joignît	eût joint
aurons joint		joindrions	aurions joint	joignions	ayons joint	joignissions	eussions joint
aurez joint		joindriez	auriez joint	joigniez	ayez joint	joignissiez	eussiez joint
auront joint		joindraient	auraient joint	joignent	aient joint	joignissent	eussent joint
aurai lu	lis	lirais	aurais lu	lise	aie lu	lusse	eusse lu
auras lu	lisons	lirais	aurais lu	lises	aies lu	lusses	eusses lu
aura lu	lisez	lirait	aurait lu	lise	ait lu	lût	eût lu
aurons lu		lirions	aurions lu	lisions	ayons lu	lussions	eussions lu
aurez lu		liriez	auriez lu	lisiez	ayez lu	lussiez	eussiez lu
auront lu		liraient	auraient lu	lisent	aient lu	lussent	eussent lu
aurai mis	mets	mettrais	aurais mis	mette	aie mis	misse	eusse mis
auras mis	mettons	mettrais	aurais mis	mettes	aies mis	misses	eusses mis
aura mis	mettez	mettrait	aurait mis	mette	ait mis	mît	eût mis
aurons mis		mettrions	aurions mis	mettions	ayons mis	missions	eussions mis
aurez mis		mettriez	auriez mis	mettiez	ayez mis	missiez	eussiez mis
auront mis		mettraient	auraient mis	mettent	aient mis	missent	eussent mis

Infinitif participe présent participe passé		Indicatif						
		présent	imparfait	passé simple	futur simple	passé composé	plus-que- parfait	passé antérieur
mourir mourant mort	je tu il/elle nous vous ils/elles	meurs meurs meurt mourons mourez meurent	mourais mourais mourait mourions mouriez mouraient	mourus mourus mourut mourûmes mourûtes moururent	mourrai mourras mourra mourrons mourrez mourront	suis mort(e) es mort(e) est mort(e) sommes mort(e)s êtes mort(e)(s) sont mort(e)s	étais mort(e) étais mort(e) était mort(e) étions mort(e)s étiez mort(e)(s) étaient mort(e)s	fus mort(e) fus mort(e) fut mort(e) fûmes mort(e)s fûtes mort(e)(s) furent mort(e)s
naître naissant né renaître	je tu il/elle nous vous ils/elles	nais nais naît naissons naissez naissent	naissais naissais naissait naissions naissiez naissaient	naquis naquis naquit naquîmes naquîtes naquirent	naitrai naîtras naîtra naîtrons naîtrez naîtront	suis né(e) es né(e) est né(e) sommes né(e)s êtes né(e)(s) sont né(e)s	étais né(e) étais né(e) était né(e) étions né(e)s étiez né(e)(s) étaient né(e)s	fus né(e) fus né(e) fut né(e) fûmes né(e)s fûtes né(e)(s) furent né(e)s

peindre
peignant
peint
    atteindre
    feindre
    geindre
    éteindre
    teindre
	je
	tu
	il/elle
	nous
	vous
	ils/elles
		peins
		peins
		peint
		peignons
		peignez
		peignent
			peignais
			peignais
			peignait
			peignions
			peigniez
			peignaient
				peignis
				peignis
				peignit
				peignîmes
				peignîtes
				peignirent
					peindrai
					peindras
					peindra
					peindrons
					peindrez
					peindront
						ai peint
						as peint
						a peint
						avons peint
						avez peint
						ont peint
							avais peint
							avais peint
							avait peint
							avions peint
							aviez peint
							avaient peint
								eus peint
								eus peint
								eut peint
								eûmes peint
								eûtes peint
								eurent peint

plaire
plaisant
plu
    déplaire
    taire
	je
	tu
	il/elle
	nous
	vous
	ils/elles
		plais
		plais
		plaît
		plaisons
		plaisez
		plaisent
			plaisais
			plaisais
			plaisait
			plaisions
			plaisiez
			plaisaient
				plus
				plus
				plut
				plûmes
				plûtes
				plurent
					plairai
					plairas
					plaira
					plairons
					plairez
					plairont
						ai plu
						as plu
						a plu
						avons plu
						avez plu
						ont plu
							avais plu
							avais plu
							avait plu
							avions plu
							aviez plu
							avaient plu
								eus plu
								eus plu
								eut plu
								eûmes plu
								eûtes plu
								eurent plu

pleuvoir pleuvant plu	il	pleut	pleuvait	plut	pleuvra	a plu	avait plu	eut plu
pouvoir pouvant pu	je tu il/elle nous vous ils/elles	peux/puis peux peut pouvons pouvez peuvent	pouvais pouvais pouvait pouvions pouviez pouvaient	pus pus put pûmes pûtes purent	pourrai pourras pourra pourrons pourrez pourront	ai pu as pu a pu avons pu avez pu ont pu	avais pu avais pu avait pu avions pu aviez pu avaient pu	eus pu eus pu eut pu eûmes pu eûtes pu eurent pu

prendre
prenant
pris
    apprendre
    comprendre
    entreprendre
    reprendre
    surprendre
	je
	tu
	il/elle
	nous
	vous
	ils/elles
		prends
		prends
		prend
		prenons
		prenez
		prennent
			prenais
			prenais
			prenait
			prenions
			preniez
			prenaient
				pris
				pris
				prit
				prîmes
				prîtes
				prirent
					prendrai
					prendras
					prendra
					prendrons
					prendrez
					prendront
						ai pris
						as pris
						a pris
						avons pris
						avez pris
						ont pris
							avais pris
							avais pris
							avait pris
							avions pris
							aviez pris
							avaient pris
								eus pris
								eus pris
								eut pris
								eûmes pris
								eûtes pris
								eurent pris

	Impératif	**Conditionnel**		**Subjonctif**			
futur antérieur	**présent**	**présent**	**passé**	**présent**	**passé**	**imparfait**	**plus-que-parfait**
serai mort(e)	meurs	mourrais	serais mort(e)	meure	sois mort(e)	mourusse	fusse mort(e)
seras mort(e)	mourons	mourrais	serais mort(e)	meures	sois mort(e)	mourusses	fusses mort(e)
sera mort(e)	mourez	mourrait	serait mort(e)	meure	soit mort(e)	mourût	fût mort(e)
serons mort(e)s		mourrions	serions mort(e)s	mourions	soyons mort(e)s	mourussions	fussions mort(e)s
serez mort(e)(s)		mourriez	seriez mort(e)(s)	mouriez	soyez mort(e)(s)	mourussiez	fussiez mort(e)(s)
seront mort(e)s		mourraient	seraient mort(e)s	meurent	soient mort(e)s	mourussent	fussent mort(e)s
serai né(e)	nais	naîtrais	serais né(e)	naisse	sois né(e)	naquisse	fusse né(e)
seras né(e)	naissons	naîtrais	serais né(e)	naisses	sois né(e)	naquisses	fusses né(e)
sera né(e)	naissez	naîtrait	serait né(e)	naisse	soit né(e)	naquît	fût né(e)
serons né(e)s		naîtrions	serions né(e)s	naissions	soyons né(e)s	naquissions	fussions né(e)s
serez né(e)s		naîtriez	seriez né(e)(s)	naissiez	soyez né(e)(s)	naquissiez	fussiez né(e)(s)
seront né(e)s		naîtraient	seraient né(e)s	naissent	soient né(e)s	naquissent	fussent né(e)s
aurai peint	peins	peindrais	aurais peint	peigne	aie peint	peignisse	eusse peint
auras peint	peignons	peindrais	aurais peint	peignes	aies peint	peignisses	eusses peint
aura peint	peignez	peindrait	aurait peint	peigne	ait peint	peignît	eût peint
aurons peint		peindrions	aurions peint	peignions	ayons peint	peignissions	eussions peint
aurez peint		peindriez	auriez peint	peigniez	ayez peint	peignissiez	eussiez peint
auront peint		peindraient	auraient peint	peignent	aient peint	peignissent	eussent peint
aurai plu	plais	plairais	aurais plu	plaise	aie plu	plusse	eusse plu
auras plu	plaisons	plairais	aurais plu	plaises	aies plu	plusses	eusses plu
aura plu	plaisez	plairait	aurait plu	plaise	ait plu	plût	eût plu
aurons plu		plairions	aurions plu	plaisions	ayons plu	plussions	eussions plu
aurez plu		plairiez	auriez plu	plaisiez	ayez plu	plussiez	eussiez plu
auront plu		plairaient	auraient plu	plaisent	aient plu	plussent	eussent plu
aura plu	—	pleuvrait	aurait plu	pleuve	ait plu	plût	eût plu
aurai pu	—	pourrais	aurais pu	puisse	aie pu	pusse	eusse pu
auras pu		pourrais	aurais pu	puisses	aies pu	pusses	eusses pu
aura pu		pourrait	aurait pu	puisse	ait pu	pût	eût pu
aurons pu		pourrions	aurions pu	puissions	ayons pu	pussions	eussions pu
aurez pu		pourriez	auriez pu	puissiez	ayez pu	pussiez	eussiez pu
auront pu		pourraient	auraient pu	puissent	aient pu	pussent	eussent pu
aurai pris	prends	prendrais	aurais pris	prenne	aie pris	prisse	eusse pris
auras pris	prenons	prendrais	aurais pris	prennes	aies pris	prisses	eusses pris
aura pris	prenez	prendrait	aurait pris	prenne	ait pris	prît	eût pris
aurons pris		prendrions	aurions pris	prenions	ayons pris	prissions	eussions pris
aurez pris		prendriez	auriez pris	preniez	ayez pris	prissiez	eussiez pris
auront pris		prendraient	auraient pris	prennent	aient pris	prissent	eussent pris

Infinitif participe présent participe passé		Indicatif						
		présent	imparfait	passé simple	futur simple	passé composé	plus-que-parfait	passé antérieur
recevoir recevant reçu apercevoir concevoir décevoir percevoir	je tu il/elle nous vous ils/elles	reçois reçois reçoit recevons recevez reçoivent	recevais recevais recevait recevions receviez recevaient	reçus reçus reçut reçûmes reçûtes reçurent	recevrai recevras recevra recevrons recevrez recevront	ai reçu as reçu a reçu avons reçu avez reçu ont reçu	avais reçu avais reçu avait reçu avions reçu aviez reçu avaient reçu	eus reçu eus reçu eut reçu eûmes reçu eûtes reçu eurent reçu
rendre rendant rendu défendre descendre fendre tendre entendre prétendre vendre	je tu il/elle nous vous ils/elles	rends rends rend rendons rendez rendent	rendais rendais rendait rendions rendiez rendaient	rendis rendis rendit rendîmes rendîtes rendirent	rendrai rendras rendra rendrons rendrez rendront	ai rendu as rendu a rendu avons rendu avez rendu ont rendu	avais rendu avais rendu avait rendu avions rendu aviez rendu avaient rendu	eus rendu eus rendu eut rendu eûmes rendu eûtes rendu eurent rendu
résoudre résolvant résolu	je tu il/elle nous vous ils/elles	résous résous résout résolvons résolvez résolvent	résolvais résolvais résolvait résolvions résolviez résolvaient	résolus résolus résolut résolûmes résolûtes résolvrent	résoudrai résoudras résoudra résoudrons résoudrez résoudront	ai résolu as résolu a résolu avons résolu avez résolu ont résolu	avais résolu avais résolu avait résolu avions résolu aviez résolu avaient résolu	eus résolu eus résolu eut résolu eûmes résolu eûtes résolu eurent résolu
rire riant ri sourire	je tu il/elle nous vous ils/elles	ris ris rit rions riez rient	riais riais riait riions riiez riaient	ris ris rit rîmes rîtes rirent	rirai riras rira rirons rirez riront	ai ri as ri a ri avons ri avez ri ont ri	avais ri avais ri avait ri avions ri aviez ri avaient ri	eus ri eus ri eut ri eûmes ri eûtes ri eurent ri
savoir sachant su	je tu il/elle nous vous ils/elles	sais sais sait savons savez savent	savais savais savait savions saviez savaient	sus sus sut sûmes sûtes surent	saurai sauras saura saurons saurez sauront	ai su as su a su avons su avez su ont su	avais su avais su avait su avions su aviez su avaient su	eus su eus su eut su eûmes su eûtes su eurent su
servir servant servi	je tu il/elle nous vous ils/elles	sers sers sert servons servez servent	servais servais servait servions serviez servaient	servis servis servit servîmes servîtes servirent	servirai serviras servira servirons servirez serviront	ai servi as servi a servi avons servi avez servi ont servi	avais servi avais servi avait servi avions servi aviez servi avaient servi	eus servi eus servi eut servi eûmes servi eûtes servi eurent servi
suivre suivant suivi	je tu il/elle nous vous ils/elles	suis suis suit suivons suivez suivent	suivais suivais suivait suivions suiviez suivaient	suivis suivis suivit suivîmes suivîtes suivirent	suivrai suivras suivra suivrons suivrez suivront	ai suivi as suivi a suivi avons suivi avez suivi ont suivi	avais suivi avais suivi avait suivi avions suivi aviez suivi avaient suivi	eus suivi eus suivi eut suivi eûmes suivi eûtes suivi eurent suivi

	Impératif	Conditionnel		Subjonctif			
futur antérieur	présent	présent	passé	présent	passé	imparfait	plus-que-parfait
aurai reçu	reçois	recevrais	aurais reçu	reçoive	aie reçu	reçusse	eusse reçu
auras reçu	recevons	recevrais	aurais reçu	reçoives	aies reçu	reçusses	eusses reçu
aura reçu	recevez	recevrait	aurait reçu	reçoive	ait reçu	reçût	eût reçu
aurons reçu		recevrions	aurions reçu	recevions	ayons reçu	reçussions	eussions reçu
aurez reçu		recevriez	auriez reçu	receviez	ayez reçu	reçussiez	eussiez reçu
auront reçu		recevraient	auraient reçu	reçoivent	aient reçu	reçussent	eussent reçu
aurai rendu	rends	rendrais	aurais rendu	rende	aie rendu	rendisse	eusse rendu
auras rendu	rendons	rendrais	aurais rendu	rendes	aies rendu	rendisses	eusses rendu
aura rendu	rendez	rendrait	aurait rendu	rende	ait rendu	rendît	eût rendu
aurons rendu		rendrions	aurions rendu	rendions	ayons rendu	rendissions	eussions rendu
aurez rendu		rendriez	auriez rendu	rendiez	ayez rendu	rendissiez	eussiez rendu
auront rendu		rendraient	auraient rendu	rendent	aient rendu	rendissent	eussent rendu
aurai résolu	résous	résoudrais	aurais résolu	résolve	aie résolu	résolusse	eusse résolu
auras résolu	résolvons	résoudrais	aurais résolu	résolves	aies résolu	résolusses	eusses résolu
aura résolu	résolvez	résoudrait	aurait résolu	résolve	ait résolu	résolût	eût résolu
aurons résolu		résoudrions	aurions résolu	résolvions	ayons résolu	résolussions	eussions résolu
aurez résolu		résoudriez	auriez résolu	résolviez	ayez résolu	résolussiez	eussiez résolu
auront résolu		résoudraient	auraient résolu	résolvent	aient résolu	résolussent	eussent résolu
aurai ri	ris	rirais	aurais ri	rie	aie ri	risse	eusse ri
auras ri	rions	rirais	aurais ri	ries	aies ri	risses	eusses ri
aura ri	riez	rirait	aurait ri	rie	ait ri	rît	eût ri
aurons ri		ririons	aurions ri	riions	ayons ri	rissions	eussions ri
aurez ri		ririez	auriez ri	riiez	ayez ri	rissiez	eussiez ri
auront ri		riraient	auraient ri	rient	aient ri	rissent	eussent ri
aurai su	sache	saurais	aurais su	sache	aie su	susse	eusse su
auras su	sachons	saurais	aurais su	saches	aies su	susses	eusses su
aura su	sachez	saurait	aurait su	sache	ait su	sût	eût su
aurons su		saurions	aurions su	sachions	ayons su	sussions	eussions su
aurez su		sauriez	auriez su	sachiez	ayez su	sussiez	eussiez su
auront su		sauraient	auraient su	sachent	aient su	sussent	eussent su
aurai servi	sers	servirais	aurais servi	serve	aie servi	servisse	eusse servi
auras servi	servons	servirais	aurais servi	serves	aies servi	servisses	eusses servi
aura servi	servez	servirait	aurait servi	serve	ait servi	servît	eût servi
aurons servi		servirions	aurions servi	servions	ayons servi	servissions	eussions servi
aurez servi		serviriez	auriez servi	serviez	ayez servi	servissiez	eussiez servi
auront servi		serviraient	auraient servi	servent	aient servi	servissent	eussent servi
aurai suivi	suis	suivrais	aurais suivi	suive	aie suivi	suivisse	eusse suivi
auras suivi	suivons	suivrais	aurais suivi	suives	aies suivi	suivisses	eusses suivi
aura suivi	suivez	suivrait	aurait suivi	suive	ait suivi	suivît	eût suivi
aurons suivi		suivrions	aurions suivi	suivions	ayons suivi	suivissions	eussions suivi
aurez suivi		suivriez	auriez suivi	suiviez	ayez suivi	suivissiez	eussiez suivi
auront suivi		suivraient	auraient suivi	suivent	aient suivi	suivissent	eussent suivi

Infinitif participe présent participe passé		Indicatif						
		présent	imparfait	passé simple	futur simple	passé composé	plus-que-parfait	passé antérieur

tenir
tenant
tenu
 	
   appartenir
   maintenir
   contenir
   obtenir
   venir
   devenir
   prévenir
   souvenir(se)
	je
	tu
	il/elle
	nous
	vous
	ils/elles
		tiens
		tiens
		tient
		tenons
		tenez
		tiennent
			tenais
			tenais
			tenait
			tenions
			teniez
			tenaient
				tins
				tins
				tint
				tînmes
				tîntes
				tinrent
					tiendrai
					tiendras
					tiendra
					tiendrons
					tiendrez
					tiendront
						ai tenu
						as tenu
						a tenu
						avons tenu
						avez tenu
						ont tenu
							avais tenu
							avais tenu
							avait tenu
							avions tenu
							aviez tenu
							avaient tenu
								eus tenu
								eus tenu
								eut tenu
								eûmes tenu
								eûtes tenu
								eurent tenu

vaincre vainquant vaincu convaincre	je tu il/elle nous vous ils/elles	vaincs vaincs vainc vainquons vainquez vainquent	vainquais vainquais vainquait vainquions vainquiez vainquaient	vainquis vainquis vainquit vainquîmes vainquîtes vainquirent	vaincrai vaincras vaincra vaincrons vaincrez vaincront	ai vaincu as vaincu a vaincu avons vaincu avez vaincu ont vaincu	avais vaincu avais vaincu avait vaincu avions vaincu aviez vaincu avaient vaincu	eus vaincu eus vaincu eut vaincu eûmes vaincu eûtes vaincu eurent vaincu

valoir
valant
valu
 	
   équivaloir
   prévaloir
	je
	tu
	il/elle
	nous
	vous
	ils/elles
		vaux
		vaux
		vaut
		valons
		valez
		valent
			valais
			valais
			valait
			valions
			valiez
			valaient
				valus
				valus
				valut
				valûmes
				valûtes
				valurent
					vaudrai
					vaudras
					vaudra
					vaudrons
					vaudrez
					vaudront
						ai valu
						as valu
						a valu
						avons valu
						avez valu
						ont valu
							avais valu
							avais valu
							avait valu
							avions valu
							aviez valu
							avaient valu
								eus valu
								eus valu
								eut valu
								eûmes valu
								eûtes valu
								eurent valu

vêtir
vêtant
vêtu
 	
   dévêtir
   revêtir
	je
	tu
	il/elle
	nous
	vous
	ils/elles
		vêts
		vêts
		vêt
		vêtons
		vêtez
		vêtent
			vêtais
			vêtais
			vêtait
			vêtions
			vêtiez
			vêtaient
				vêtis
				vêtis
				vêtit
				vêtîmes
				vêtîtes
				vêtirent
					vêtirai
					vêtiras
					vêtira
					vêtirons
					vêtirez
					vêtiront
						ai vêtu
						as vêtu
						a vêtu
						avons vêtu
						avez vêtu
						ont vêtu
							avais vêtu
							avais vêtu
							avait vêtu
							avions vêtu
							aviez vêtu
							avaient vêtu
								eus vêtu
								eus vêtu
								eut vêtu
								eûmes vêtu
								eûtes vêtu
								eurent vêtu

vivre
vivant
vécu
 	
   revivre
   survivre
	je
	tu
	il/elle
	nous
	vous
	ils/elles
		vis
		vis
		vit
		vivons
		vivez
		vivent
			vivais
			vivais
			vivait
			vivions
			viviez
			vivaient
				vécus
				vécus
				vécut
				vécûmes
				vécûtes
				vécurent
					vivrai
					vivras
					vivra
					vivrons
					vivrez
					vivront
						ai vécu
						as vécu
						a vécu
						avons vécu
						avez vécu
						ont vécu
							avais vécu
							avais vécu
							avait vécu
							avions vécu
							aviez vécu
							avaient vécu
								eus vécu
								eus vécu
								eut vécu
								eûmes vécu
								eûtes vécu
								eurent vécu

voir
voyant
vu
 	
   entrevoir
   revoir
   prévoir
	je
	tu
	il/elle
	nous
	vous
	ils/elles
		vois
		vois
		voit
		voyons
		voyez
		voient
			voyais
			voyais
			voyait
			voyions
			voyiez
			voyaient
				vis
				vis
				vit
				vîmes
				vîtes
				virent
					verrai
					verras
					verra
					verrons
					verrez
					verront
						ai vu
						as vu
						a vu
						avons vu
						avez vu
						ont vu
							avais vu
							avais vu
							avait vu
							avions vu
							aviez vu
							avaient vu
								eus vu
								eus vu
								eut vu
								eûmes vu
								eûtes vu
								eurent vu

vouloir voulant voulu	je tu il/elle nous vous ils/elles	veux veux veut voulons voulez veulent	voulais voulais voulait voulions vouliez voulaient	voulus voulus voulut voulûmes voulûtes voulurent	voudrai voudras voudra voudrons voudrez voudront	ai voulu as voulu a voulu avons voulu avez voulu ont voulu	avais voulu avais voulu avait voulu avions voulu aviez voulu avaient voulu	eus voulu eus voulu eut voulu eûmes voulu eûtes voulu eurent voulu

futur antérieur	Impératif présent	Conditionnel présent	passé	Subjonctif présent	passé	imparfait	plus-que-parfait
aurai tenu	tiens	tiendrais	aurais tenu	tienne	aie tenu	tinsse	eusse tenu
auras tenu	tenons	tiendrais	aurais tenu	tiennes	aies tenu	tinsses	eusses tenu
aura tenu	tenez	tiendrait	aurait tenu	tienne	ait tenu	tînt	eût tenu
aurons tenu		tiendrions	aurions tenu	tenions	ayons tenu	tinssions	eussions tenu
aurez tenu		tiendriez	auriez tenu	teniez	ayez tenu	tinssiez	eussiez tenu
auront tenu		tiendraient	auraient tenu	tiennent	aient tenu	tinssent	eussent tenu
aurai vaincu	vaincs	vaincrais	aurais vaincu	vainque	aie vaincu	vainquisse	eusse vaincu
auras vaincu	vainquons	vaincrais	aurais vaincu	vainques	aies vaincu	vainquisses	eusses vaincu
aura vaincu	vainquez	vaincrait	aurait vaincu	vainque	ait vaincu	vainquît	eût vaincu
aurons vaincu		vaincrions	aurions vaincu	vainquions	ayons vaincu	vainquissions	eussions vaincu
aurez vaincu		vaincriez	auriez vaincu	vainquiez	ayez vaincu	vainquissiez	eussiez vaincu
auront vaincu		vaincraient	auraient vaincu	vainquent	aient vaincu	vainquissent	eussent vaincu
aurai valu	vaux	vaudrais	aurais valu	vaille	aie valu	valusse	eusse valu
auras valu	valons	vaudrais	aurais valu	vailles	aies valu	valusses	eusses valu
aura valu	valez	vaudrait	aurait valu	vaille	ait valu	valût	eût valu
aurons valu		vaudrions	aurions valu	valions	ayons valu	valussions	eussions valu
aurez valu		vaudriez	auriez valu	valiez	ayez valu	valussiez	eussiez valu
auront valu		vaudraient	auraient valu	vaillent	aient valu	valussent	eussent valu
aurai vêtu	vêts	vêtirais	aurais vêtu	vête	aie vêtu	vêtisse	eusse vêtu
auras vêtu	vêtons	vêtirais	aurais vêtu	vêtes	aies vêtu	vêtisses	eusses vêtu
aura vêtu	vêtez	vêtirait	aurait vêtu	vête	ait vêtu	vêtît	eût vêtu
aurons vêtu		vêtirions	aurions vêtu	vêtions	ayons vêtu	vêtissions	eussions vêtu
aurez vêtu		vêtiriez	auriez vêtu	vêtiez	ayez vêtu	vêtissiez	eussiez vêtu
auront vêtu		vêtiraient	auraient vêtu	vêtent	aient vêtu	vêtissent	eussent vêtu
aurai vécu	vis	vivrais	aurais vécu	vive	aie vécu	vécusse	eusse vécu
auras vécu	vivons	vivrais	aurais vécu	vives	aies vécu	vécusses	eusses vécu
aura vécu	vivez	vivrait	aurait vécu	vive	ait vécu	vécût	eût vécu
aurons vécu		vivrions	aurions vécu	vivions	ayons vécu	vécussions	eussions vécu
aurez vécu		vivriez	auriez vécu	viviez	ayez vécu	vécussiez	eussiez vécu
auront vécu		vivraient	auraient vécu	vivent	aient vécu	vécussent	eussent vécu
aurai vu	vois	verrais	aurais vu	voie	aie vu	visse	eusse vu
auras vu	voyons	verrais	aurais vu	voies	aies vu	visses	eusses vu
aura vu	voyez	verrait	aurait vu	voie	ait vu	vît	eût vu
aurons vu		verrions	aurions vu	voyions	ayons vu	vissions	eussions vu
aurez vu		verriez	auriez vu	voyiez	ayez vu	vissiez	eussiez vu
auront vu		verraient	auraient vu	voient	aient vu	vissent	eussent vu
aurai voulu	veux	voudrais	aurais voulu	veuille	aie voulu	voulusse	eusse voulu
auras voulu	voulons	voudrais	aurais voulu	veuilles	aies voulu	voulusses	eusses voulu
aura voulu	voulez	voudrait	aurait voulu	veuille	ait voulu	voulût	eût voulu
aurons voulu		voudrions	aurions voulu	voulions	ayons voulu	voulussions	eussions voulu
aurez voulu		voudriez	auriez voulu	vouliez	ayez voulu	voulussiez	eussiez voulu
auront voulu		voudraient	auraient voulu	veuillent	aient voulu	voulussent	eussent voulu

Appendice C
Nombres

Les nombres cardinaux

Ces adjectifs indiquent un nombre précis.

1	un/une	20	vingt	70	soixante-dix
2	deux	21	vingt et un	71	soixante et onze
3	trois	22	vingt-deux ...	72	soixante-douze ...
4	quatre				
5	cinq	30	trente	80	quatre-vingts
6	six	31	trente et un	81	quatre-vingt-un
7	sept	32	trente-deux ...	82	quatre-vingt-deux ...
8	huit				
9	neuf	40	quarante	90	quatre-vingt-dix
10	dix	41	quarante et un	91	quatre-vingt-onze
11	onze	42	quarante-deux ...	92	quatre-vingt-douze ...
12	douze				
13	treize	50	cinquante		
14	quatorze	51	cinquante et un		
15	quinze	52	cinquante-deux ...		
16	seize				
17	dix-sept	60	soixante		
18	dix-huit	61	soixante et un		
19	dix-neuf	62	soixante-deux ...		

100	cent	210	deux cent dix
200	deux cents	217	deux cent dix-sept

---

1 000	mille
1 001	mille un
1 300	treize cents; mille trois cents
1 350	treize cent cinquante; mille trois cent cinquante
1 900	dix-neuf cents; mille neuf cents
1 990	dix-neuf cent quatre-vingt-dix, mille neuf cent quatre-vingt-dix

---

2 000	deux mille	100 000	cent mille
2 200	deux mille deux cents	1 000 000	un million
2 220	deux mille deux cent vingt	1 000 000 000	un milliard

1. Les adjectifs numéraux composés en dessous de cent s'écrivent avec un trait d'union.

> cinquante-cinq   cent cinquante-cinq

Exception: Ceux qui se composent avec la conjonction n'ont pas de trait d'union.

> trente **et** un   cinquante **et** un

2. Quand **vingt** et **cent** sont multipliés, ils se mettent au pluriel.

> quatre-vingt**s** caniches
> trois cent**s** dollars

Mais s'ils sont suivis d'un autre nombre, ils restent au singulier.

> quatre-**vingt**-trois bouledogues
> trois **cent** dix participants

3. Les adjectifs numéraux où se trouve le nombre **un** s'accordent en genre avec le nom qu'ils modifient.

> vingt et **un** coups de canon
> trente et **une** chaises

4. Ne mettez pas l'article indéfini (**un**) devant **cent** ou **mille**.

> J'ai cent dollars.
> *I have a hundred dollars.*

Mais mettez l'article devant **million** et **milliard**, et ajoutez **de** devant le nom qui suit le nombre.

> Il a gagné **un** million **de** dollars à la loterie.
> *He won a million dollars in the lottery.*

5. **Mille** est invariable.

> dix **mille** ans

Mais dans les dates on emploie **mil**.

> Il est né en **mil** neuf cent soixante-quinze.
> *He was born in 1975.*

6. Un espace marque les mille; une virgule marque les décimaux.

> 10 300 $ dix mille trois cents dollars
> 7,6 cm   sept virgule six centimètres

Les nombres ordinaux

Ces adjectifs indiquent l'ordre.

1. On crée les nombres ordinaux en ajoutant **-ième** au nombre cardinal correspondant (*exceptions*: **premier, second**). Si le nombre cardinal se termine en **e**, l'**e** disparaît. Certains autres changements orthographiques sont à noter (*exemples*: cinqu**i**ème, neuvième). Les nombres ordinaux s'accordent en genre et en nombre avec le nom.

1	premier/première	14	quatorzième
2	second/seconde (dans une série de deux)	15	quinzième
	deuxième (dans une série de plus de deux)	16	seizième
3	troisième	17	dix-septième
4	quatrième	18	dix-huitième
5	cinquième	19	dix-neuvième
6	sixième		
7	septième	20	vingtième
8	huitième	21	vingt et unième
9	neuvième	22	vingt-deuxième . . .
10	dixième		
11	onzième	100	centième
12	douzième	1 000	millième
13	treizième		

2. Un nombre cardinal marque le rang des souverains. Il n'y a pas d'article.

> Louis XIV = Louis Quatorze = *Louis the Sixteenth*
> Henri VI = Henri Six = *Henry the Sixth*

Exception:

> Elisabeth I = Elisabeth Première = *Elizabeth the First*

Les nombres collectifs

Ces nombres indiquent une valeur approximative. On ajoute la terminaison **-aine** à certains nombres cardinaux pour former des substantifs féminins. Si le nombre cardinal se termine en **e**, l'**e** disparaît. Puisque les nombres collectifs marquent la quantité, on met **de** devant le nom qui les suit.

> une vingtaine d'années   une centaine de voyageurs
> une trentaine de projets

À noter:

1. **Dix** et **mille** ne se forment pas d'après la règle générale.

   dix → une dizaine
   mille → un millier

2. **Une douzaine** a un sens précis, pas approximatif.

   une douzaine d'oranges = douze oranges exactement,
   pas à peu près

Les fractions

1. Normalement le numérateur est un nombre cardinal, le dénominateur un nombre ordinal.

   $\frac{5}{8}$ = cinq huitièmes $\frac{9}{10}$ = neuf dixièmes

2. Les fractions courantes ont des noms spéciaux.

$\frac{1}{2}$	=	un demi	$\frac{3}{4}$	=	trois quarts
$\frac{1}{3}$	=	un tiers	$3\frac{1}{4}$	=	trois (et) un quart
$\frac{2}{3}$	=	deux tiers	$5\frac{1}{2}$	=	cinq et demi
$\frac{1}{4}$	=	un quart			

3. Le nom correspondant à la fraction $\frac{1}{2}$ est **la moitié**.

   Donne-moi une demi-bouteille d'eau.
   Give me half a bottle of water.

   Il va en boire **la moitié**.
   He will drink half of it.

Calculs

Addition: 5 et 9 font (égalent) 14
                10 plus 15 font (égalent) 25

Soustraction: 7 moins 3 font (égalent) 4

Multiplication: 2 fois 9 font (égalent) 18

Division: 40 divisé par 5 fait (égale) 8

Appendice D
Règles de la versification

Le vers français, comme la phrase française, est basé sur la syllabe et le groupe rythmique. Il s'oppose ainsi au vers anglais qui est scandé.

Voici quelques règles simplifiées qui vous aideront à comprendre et à apprécier les vers français.

▌Le compte des syllabes

En analysant un poème on compte les syllabes prononcées de chaque vers. Une syllable est une voyelle combinée ou non avec une consonne. Le poème se compose de vers de cinq syllabes, de huit syllabes, de douze syllabes et ainsi de suite. Il importe de noter le rôle de l'**e** *muet*. On compte tous les **e** *muets* sauf les suivants:

1. l'**e** *muet* qui précède une voyelle ou un **h** *muet* — même si la voyelle ou le **h** *muet* commence un autre mot;
2. l'**e** *muet* à la fin du vers.

Exemples:

>   J'ai fait mon plus long voyagé
>   • • • • • ••
>   Sur uné herbe d'un roseau.
>   • • • • • • •
>   (7 syllabes)   Vigneault: *Chanson*

>   Respecte dans la bêté un esprit agissant;
>   • • • • • • • • • • • •
>   Chaque fleur est uné âmé à la Naturé éclosé;
>   • • • • • • • • • • • •
>   (12 syllabes)   Nerval: *Vers dorés*

▌Groupe rythmiques

Chaque vers se divise en groupes rythmiques, tout comme n'importe quelle phrase française. La dernière syllabe prononcée du groupe rythmique porte l'accent tonique.

Enténds, ma chére, enténds la douce Nuit qui márche.

(12 syllabes)

Baudelaire: *Recueillement*

▍La rime

La rime joue un rôle important dans la prosodie française. Normalement la rime se trouve à la fin du vers. Puisqu'il y a presque toujours un groupe rythmique qui se termine à la fin du vers, l'accent tonique et la rime se renforcent mutuellement.

Des règles complexes gouvernent la rime en français mais ce qui compte c'est la voyelle. Quand la dernière voyelle de deux mots se prononce de façon identique, on dit que les deux mots riment. La voyelle se trouve normalement dans une syllabe où elle est précédée ou suivie d'une ou de plusieurs consonnes.

Exemples:

bonté	[bõte]	vie	[vi]
vérité	[verite]	ravie	[ravi]
fête	[fɛt]	sombre	[sõbr]
tempête	[tãpɛt]	nombre	[nõbr]
daim	[dɛ̃]	maître	[mɛtr]
dédain	[dedɛ̃]	prêtre	[prɛtr]

▍À l'heure actuelle

Autrefois les poètes étaient obligés d'obéir aux règles de la versification. Aujourd'hui ils prennent de plus en plus de libertés. Certains poètes insistent sur la rime; d'autres ne s'en servent plus. Il y a des poètes qui composent des versets ou des paragraphes ressemblant, à première vue, à de la prose. D'autres font des poèmes sans majuscules, et sans ponctuation.

Appendice E
Alphabet phonétique

▌voyelles

[i] île
[e] été
[ɛ] cette
[a] ma
[ɑ] âme
[ɔ] botte
[o] beau
[u] **où**
[y] sur
[ø] **eux**
[œ] **fleur**
[ə] le
[ɛ̃] **fin**
[ɑ̃] dans
[ɔ̃] tomber
[œ̃] parf**um**

▌consonnes

[p] **p**ersonne
[t] **t**on
[k] **qu**i
[b] **b**on**b**on
[d] **d**ent
[g] **g**ant
[f] **f**ort
[s] **s**on
[ʃ] **ch**ant
[v] **v**rai
[z] po**s**er
[ʒ] **j**'ai
[l] **l**ong
[r] **r**ose
[m] **m**atin
[n] **n**on
[ɲ] monta**gn**e
[ŋ] campi**ng**

▌semi-voyelles

[j] feuille
[w] **oui**
[ɥ] puis

Appendice F
Allez-y!: Corrigés

▌Chapitre 1

1. a. visitez b. fais c. prenons d. parlez e. allons f. descendez g. entre h. visitez
i. regarde j. pars k. rentrez

2. a. Comme/Que le pays est grand! b. Comme/Que les lacs sont beaux! c. Que de rivières nous descendons! d. Que de fois nous avons admiré les montagnes!
e. Comme/Qu'elles sont magnifiques! f. Que de villes nous allons visiter!
g. Comme/Que les villes anciennes nous plaisent! h. Que de gens on y voit!
i. Comme/Que la vie y est animée!

3. a. Est-ce que Georges et ses amis aiment le jazz? b. Est-ce qu'Annette préfère la chanson country? c. Est-ce qu'on dit que sa voix et sa façon de chanter ressemblent à celles de k.d. lang? d. Est-ce qu'elle admet qu'elle imite cette vedette? e. Les jeunes passent-ils des heures à écouter le rock? f. Yvonne aime-t-elle mieux la chanson d'amour? g. Compose-t-elle, elle-même, de très jolies chansons? h. Les entend-on déjà à la radio? i. Ce sont des jeunes très doués, n'est-ce pas? j. On entendra parler de ces deux-là à l'avenir, n'est-ce pas? k. Il vont jouir d'un succès fou, n'est-ce pas?
l. En attendant, on peut les voir tous les soirs au Café de la Lune, n'est-ce pas?

4. a. Quand Robert se lève-t-il? Il se lève de bonne heure. b. Où fait-il beau? Il fait beau à Vancouver. c. Avec qui a-t-il pris rendez-vous? Il a pris rendez-vous avec Jacques qui est photographe. d. Quand doit-il le retrouver à la plage? Il doit le retrouver à la plage à midi. e. Où descend-il prendre un café? Il descend prendre un café à la cuisine. f. À qui dit-il "À tantôt"? Il dit "À tantôt" à sa mère et à sa soeur.
g. Comment se rend-il à la plage? Il se rend à la plage à bicyclette. h. Où Jacques l'attend-il? Il l'attend près de la mer. i. Pourquoi Jacques a-t-il son appareil photo? Il a son appareil photo parce qu'il veut prendre des photos des oiseaux.

5. a. . . . si vous aimez vivre loin des villes. b. . . . si vous avez un atelier dans les montagnes. c. . . . pourquoi vous y allez même en hiver. d. . . . si vous faites beaucoup de tableaux. e. . . . quand vous allez les exposer en ville. f. . . . que les tableaux sont très beaux. g. . . . qui vous a conseillé de les faire photographier. h. . . . ce que cela signifie. i. . . . que le photographe sera ici bientôt. j. . . . de quel appareil il va se servir. k. . . . de nous montrer les tableaux que vous préférez. l. . . . de décrire les circonstances dans lesquelles vous les avez peints. m. . . . si vous avez vendu des tableaux récemment. n. . . . de parler plus fort.

▌Chapitre 2

1. a. appelle b. présente c. veux d. ai e. tiens f. sais, ai g. suis, perfectionne
h. préfère i. hais, dois j. permet, plaisent k. perds l. habite, viens m. doit
n. crois, vaut o. remercie

2. a. nous répondons   b. nous prononçons   c. nous offrons   d. nous rédigeons   e. nous ne protégeons pas   f. nous ne sortons pas   g. nous ne prenons pas   h. nous profitons   i. nous nous déplaçons   j. nous ne voyageons pas

3. a. il vient d'entrer   b. il est en train de faire un appel   c. il est en train de signer le courrier   d. je suis en train de taper   e. Alain vient d'arriver   f. il est sur le point de partir   g. il vient de sortir

4. a. quatre ans   b. le premier mai   c. quatre semaines   d. l'année dernière   e. le printemps   f. six mois   g. les dernières épreuves écrites

5. a. depuis six ans   b. depuis un an   c. pendant plusieurs heures   d. depuis midi   e. pour deux mois   f. pendant les vacances de Noël   g. pour deux jours   h. depuis cinq ans

6. a. pleuvra, fuirai   b. attendrai   c. sera rempli, s'en iront   d. emporteront, auront remplies   e. perdront, auront mis   f. partirai, serai   g. serai arrivé(e)   h. aura fallu, porterai, je n'aurai pas caché, on ne m'aura pas ennuyé(e)   i. se précipiteront, courront, pleureront   j. mourrai, voudrai   k. lèverai, aura   l. pourrai, résignerai   m. essayerai   n. prendra   o. offrira   p. aura, mettra   q. retournerai, dira   r. boirai, ferai, espérerai

▌Chapitre 3

1. a. était, habitait   b. se levait, dormaient, partait   c. examinait   d. Allait-il   e. se hâtait   f. préférait, était   g. attendait   h. étaient

2. a. Depuis combien de temps était-elle secrétaire? (Elle était secrétaire) depuis trois ans.   b. Depuis quand le chercheur voyageait-il en Europe? (Il voyageait en Europe) depuis Noël.   c. Depuis combien de temps visitait-il certaines bibliothèques? (Il les visitait) depuis 6 mois.   d. Depuis quand suivait-elle des cours? (Elle les suivait) depuis le mois de septembre.   e. Depuis combien de temps comptait-elle rejoindre son frère? (Elle comptait le rejoindre) depuis plusieurs mois.   f. Depuis quand lui envoyait-il une lettre par semaine? (Il lui envoyait une lettre par semaine) depuis son départ.

3. a. ai demandé   b. ai trouvé, était   c. a apporté   d. était, ai accepté   e. a toujours intéressé   f. ai commencé   g. ai rendu   h. suis sorti(e), avais faim

4. a. avons visitée, se trouvait   b. il y avait   c. a montré, marchaient   d. avons examinées   e. sortait, a attiré   f. a regardé(e)s   g. a dit, inquiète   h. avons répondu, pensez   i. a-t-il dit, se multiplie   j. augmente, a-t-il ajouté, dit, baissent   k. avons-nous répondu, pense

5. a. elle croyait, tout allait   b. est arrivée, a fait   c. annonçait/a annoncé, allait   d. est venue, a invité(e)s   e. pleuvait   f. sommes allé(e)s   g. avons quitté

6. a. a commencé   b. travaillaient   c. avait   d. pouvait, voulait   e. voyageait   f. a changé   g. se sont fermées, ont fait   h. m'a salué(e), a répondu   i. m'a dit, avait   j. allait, étaient   k. comptait

▌Chapitre 4

1. a. Le chef du syndicat a fait un discours qu'il avait très bien préparé. b. Nous avons assisté à la réunion que le chef avait convoquée. c. Il a parlé aux ouvriers qui s'étaient plaints des conditions de travail. d. Il a étudié les plans que les ouvriers avaient formulés. e. Tout le monde a applaudi le chef qui était venu de loin pour leur offrir des conseils.
2. a. Quand la présidente avait fait l'appel, le secrétaire a lu le compte rendu. b. La présidente s'est adressée aux délégués après que le secrétaire avait fait circuler l'ordre du jour. c. On a mis la question au vote une fois qu'on avait parlé de la grève du zèle. d. Lorsqu'on avait mis au point tous les préparatifs, la présidente a déclaré la séance fermée.
3. a. . . . qu'Yves organiserait b. . . . que tout le monde serait c. . . . qu'on distribuerait d. . . . que les grévistes les porteraient e. . . . que Marie-Claire parlerait, aurait réunis f. . . . qu'on défilerait, serait formée g. . . . qu'il y aurait, serait terminée
4. a. L'ouvrier annonce que le chef du syndicat arrivera à midi. b. Il dit qu'il va négocier une convention collective avec le patron. c. On demande si les ouvriers veulent une augmentation de salaire. d. Les ouvriers répondent que c'est la sécurité qu'ils veulent.
5. a. Une jeune ouvrière a expliqué que le patron avait cherché à donner le moins possible. b. Les autres ont affirmé que le patron et le chef du syndicat s'étaient présentés comme deux adversaires. c. Une femme a demandé si le chef du syndicat finirait par négocier une convention collective. d. Un jeune dactylo a déclaré qu'il fallait analyser le contrat, mot par mot. e. Il a ajouté que les employés syndiqués comptaient sur le chef. f. Les ouvriers ont affirmé qu'il s'était toujours arrangé pour les aider.
7. a. le lendemain b. ce jour-là c. cette nuit-là d. le mois précédent e. l'année suivante f. l'année précédente

▌Chapitre 5

1. a. Les membres du jury sont-ils déjà assis? b. Vont-ils faire de leur mieux? c. Les témoins ne sont-ils pas dans la salle? d. Y a-t-il beaucoup de monde aujourd'hui? e. Les avocats ne se sont-ils pas parlé?
2. a. "L'enquête est-elle terminée?" a demandé le juge. b. "Les témoins sont-ils tous ici?" a-t-il continué. c. "Je suis prêt à commencer," ajoute-t-il. d. "Un moment, s'il vous plaît. Je n'ai pas de stylo," dit la secrétaire.
3. a. Elle l'a déjà fait. b. Je le connais. c. Les média cherchent à les influencer. d. J'aimerais les visiter. e. On la fait préparer. f. Je vais les lui envoyer. g. Je veux bien vous l'expliquer. h. Il a fini d'y répondre.
4. a. Parlez-m'en. b. Dis-le-moi. c. Assieds-toi près de moi. d. Parlez-lui.

e. Donnez-la-lui. f. Offrez-le-leur. g. Va-t'en. h. Ne l'oubliez pas. i. Ne lui défends pas de partir. j. Ne visitez pas les grands magasins. k. Ne viens pas nous voir. l. Ne vous taisez pas. m. Rends-le-lui. n. Dépêchez-vous de tout terminer. o. Ne lui permettez pas de partir.

5. a. L'avocate y entre. b. Tout en y réfléchissant c. Elle lui lance d. Elle commence à lui poser e. Elle n'en a pas besoin. f. Le témoin a du mal à y répondre. g. L'avocate leur en parle longuement. h. Elle lui dit que i. L'accusée la regarde

6. a. Il en faut douze. b. J'en ai suivi trois. c. J'en approve deux ou trois. d. J'en ai terminé deux. e. J'en ai assez. f. J'en ai consulté une vingtaine. g. J'en ai une demi-douzaine. h. On en commet une cinquantaine. i. J'en arrange cinq. j. J'en ai revu la moitié.

7. a. elle en parle. b. il ne les a pas accusés. c. il les a arrêtés. d. elle va le réclamer. e. on ne l'y a pas envoyé. f. elle a été mise . . . g. ils n'ont pas été bien choisis. h. on ne les a pas acceptées. i. ils y sont déjà. j. il ne l'a pas levée . . . k. elle l'a commis.

8. a. se b. vous c. s' d. se e. nous f. nous g. vous h. te i. se j. t'

▌Chapitre 6

1. a. Toi, tu vas lire ce poème. b. Nous, nous ne vous écoutons plus. c. Lui composera une chanson. d. Elle va la chanter. e. Moi, je n'en serai pas content. f. Vous, vous allez les féliciter. g. Elle est poétesse. Lui est musicien. h. Eux ne me l'ont jamais dit.

2. a. plus fort qu'eux/qu'elles b. moins agiles qu'eux/elles c. moins courageux qu'eux/elles d. mieux connue que lui e. chez lui f. chez elle g. à elle h. à elles

3. a. Vous et moi nous irons b. Lui et elle partiront c. Mon frère et moi nous apprendrons d. Elle et sa soeur réussiront e. Vous et votre frère vous travaillerez f. Toi et ta petite cousine, vous voudrez g. Toi et elle vous vous en irez

4. a. Nous nous adressons à vous. b. Je me présente à lui. c. Je ne le leur présente jamais. d. Elle s'y intéresse. e. Elle s'intéresse à nous. f. Vous ne vous fiez plus à eux. g. Tu te la rappelles? h. Vous ne me le rappelez pas. i. Je me le demande. j. Il ne se le demande pas. k. Vous vous en souvenez? l. Nous nous souvenons d'elle.

5. a. je lui écris. b. je n'y pense pas. c. je pense à elle. d. je ne le crois pas. e. elle l'est. f. j'en ai besoin. g. je parle souvent de lui. h. j'en parle souvent.

6. a. Les nôtres b. Le vôtre c. La nôtre d. La sienne e. Les siens f. des siens

7. a. C'est le sien. b. Ce sont les leurs. c. Ce sont les vôtres. d. C'est la tienne. e. C'est la sienne. f. Ce sont les nôtres. g. C'est la sienne. h. C'est la mienne.

▌Chapitre 7

1. a. que b. que c. qui d. qu' e. qui f. ce qui, que g. ce que h. que i. qui
2. a. lequel (où) b. laquelle (où) c. lesquels d. lesquels e. qui/lesquels f. laquelle (où) g. laquelle h. desquels i. lesquels (où) j. laquelle (où)

3. a. dont/de qui/duquel   b. dont/de qui/duquel   c. dont/desquels   d. dont/duquel
e. dont/desquelles   f. dont/desquels   g. dont/desquels   h. dont/duquel   i. dont/de
laquelle   j. dont/de laquelle   k. dont/de qui/duquel

4. a. ce qui   b. Ce qui   c. Ce dont   d. Ce que   e. ce que   f. ce que   g. Ce qui   h. ce
qu'   i. ce qui   j. Ce dont

5. a. Lui est historien; toi, tu es sociologue.   b. Lui sait déjà ce qu'il va faire.   c. Moi, je
ne vais pas vous influencer.   d. On sait que lui est mathématicien.   e. Ses affaires à
lui/elle marchent bien ces jours-ci.   f. Est-ce que leurs affaires à eux/elles réussissent
aussi bien?

6. a. C'est mon père qui m'a conseillé de le faire.   b. C'est le professeur qui a beaucoup
encouragé mes copains.   c. Ce sont mes copains que le professeur a voulu féliciter.
d. Ce sont les archéologues qui sont partis faire des fouilles.   e. Ce sont les fouilles
qui attirent les archéologues.   f. C'est l'ingénieur qui a parlé aux journalistes.
g. C'est à l'expédition que les journalistes se sont intéressés.   h. Ce sont les journalistes qui nous en ont donné des détails.   i. C'est moi qui peux vous renseigner sur ce
sujet.   j. C'est toi qui n'en sais rien.

▎Chapitre 8

1. a. le, l', l', les   b. l'   c. les   d. les, la   e. l'   f. L', le, les, les   g. le, le   h. Le, le
i. Le   j. —

2. a. Je n'ai pas de parents . . .   b. Elle ne fait jamais de voyages . . .   c. Elle ne tient pas
de livre . . .   d. Il ne reste plus de places . . .   e. Je n'ai plus les brochures . . .   f. Je
n'ai pas oublié l'adresse . . .

3. a. d'   b. des   c. de   d. de la   e. Les   f. de   g. de   h. du   i. de   j. de(s)   k. des
l. de   m. des   n. de   o. un, de   p. de, de l'   q. une, de   r. des, des   s. de

4. a. —   b. —   c. —   d. —   e. —   f. l'   g. —   h. l'   i. —   j. —, des   k. d', —

5. a. de, à, en   b. le, du, au, en, en, en, aux   c. une, en, la, l', —, la   d. de, en   e. —,
à. à. à, à, à l'   f. de, du, au, les   g. la, en, la   h. Le, les, le   i. des, des, les, du, le
j. de, de la   k. en, À, au, à

▎Chapitre 9

1. a. donniez   b. savez   c. ont   d. boive   e. fasse nettoyer   f. vous occupiez   g. aie
h. n'est   i. mentiez   j. soit   k. puissent   l. aimions   m. ait

2. a. n'aimez pas   b. haïsse   c. ont   d. compreniez   e. craignez   f. n'ont rien   g. ne
doit pas   h. soient   i. allez

3. a. au, de   b. —, à   c. à, de   d. —, d'   e. —, de   f. —, de   g. aux, d'   h. aux, de
i. aux, de   j. —, à   k. à, —, d'

4. a. Que l'agneau entre   b. Qu'on lui donne   c. Donne-lui   d. Obéissez-moi.
e. Faites   f. Dépêchons-nous   g. Prends   h. Qu'on termine   i. Aie   j. Qu'ils soient
k. Qu'elles ne soient pas   l. Allez-vous-en.   m. Qu'ils s'en aillent.

▌Chapitre 10

1. a. ait b. sachions c. l'avons vue d. avait pris e. comptions f. ait eu, ait voulu g. dise h. soit partie i. puissent

2. a. fassent b. aient c. soient d. soit e. sache f. avons visitée g. j'aille h. soit construite i. aura fait j. ait

3. a. aura fondu b. vivent c. se mettent d. ayons e. arrivera (sera arrivé) f. aura raconté g. ait appris, ait pris h. a pu i. soient j. se fatiguent k. s'en aille l. ne disparaissent m. se fasse

4. a. disparaisse b. vivent, soit c. vienne d. avait été e. arrive f. est enfin arrivé g. s'est excusé (s'était excusé) h. ait appris, ait pris i. avaient mangé j. dorment k. ayons fait l. se lève

▌Chapitre 11

1. a. Celui b. Celles c. Celui d. Celle e. Ceux f. Celui g. Celles h. Ceux

2. a. J'ai pris celle de ma mère. b. J'ai emprunté celui de Janine. c. Je me sers de celle de Michel. d. J'ai raconté celle du village enchanté. e. Je parle de celui que j'ai fait l'année dernière. f. J'ai besoin de ceux qui m'aideront. g. Je m'intéresse à celui de la signalisation routière. h. Je pense à celle que ma soeur vient d'acheter. i. Je m'occupe de ceux qui ont lieu sur l'autoroute.

3. a. Ça b. C' c. Ç' d. C' e. Ça (Cela) f. C' g. Ç' (Cela) h. C' i. Ç' (Cela) j. Ça (Cela) k. Ça (Cela) l. Ça (Cela) m. C' n. Ce o. Ç'

4. a. C' b. Il c. C'/Il d. Il e. C' f. Il g. C' h. Il i. Il j. Il k. Il l. C' m. Il n. Il o. C' p. C' q. Il

5. a. quelque chose b. Quelqu'un c. On d. quelques-unes e. plusieurs (quelques-unes)

6. a. tous b. Plusieurs/Quelques-uns c. L'une/Chacune d. toutes e. Chacune f. tout

7. a. une autre b. encore une autre c. L'une, l'autre d. Les uns, les autres (quelques-uns, d'autres) e. les uns aux autres

▌Chapitre 12

1. a. n'importe quoi b. N'importe qui c. n'importe lequel/n'importe lesquels d. quiconque e. Quoi que f. Quoi qu' g. n'importe quoi h. Quiconque/Celui qui/Qui i. Qui que j. n'importe lequel/n'importe lesquels k. qui que ce soit

2. a. Rien b. Personne c. Aucun d. Personne e. Aucune f. Personne

3. a. qui b. quoi c. Que d. Qu' e. Que f. qui g. quoi h. qui i. qui j. Qu' k. Qu'

4. a. À qui est-ce que tu parlais? b. De quoi est-ce que vous avez parlé? c. Qu'est-ce qu'il vous a dit? d. Qu'est-ce que tu as à la main? e. Qu'est-ce que tu vas faire? f. À qui est-ce que tu penses? g. À quoi est-ce qu'elle doit réfléchir? h. À qui est-ce que tu réponds? i. Qui est-ce qui va prendre l'autobus? j. Qu'est-ce que nous allons commander? k. Qu'est-ce que vous allez prendre?

5. a. Lequel b. Lesquelles c. Auquel d. Duquel/Desquels e. Lequel f. Laquelle g. laquelle

6. a. Je me demande ce qu'il a fait. b. Savez-vous à quoi elle pense? c. Je ne sais pas ce que c'est. d. Dites-moi de quoi (ce dont) vous avez besoin. e. Je ne sais pas sur qui elle compte. f. Il se demande à qui elle ressemble. g. Savez-vous qui va être nommé à ce poste? h. Dites-mois de qui vous avez besoin. i. Je me demande ce qu'il vous a dit. j. Je vous demande de quoi elle se souvient. k. Nous savons ce que vous avez oublié de faire. l. Vous ne m'avez jamais dit à quoi vous vous préparez. m. Elle ne sait pas à qui vous répondez. n. Allez-vous me dire ce que vous ferez demain? o. Expliquez-moi ce que c'est (que ça).

▌Chapitre 13

1. a. se réuniraient b. aurait approuvé c. ouvrirait d. se seraient réunis e. auraient protesté f. promettrait g. aurait beaucoup impressionné h. seraient i. seraient
2. a. travaille b. arriviez c. aurait su/saurait d. détestions e. avait critiqué f. l'a mis g. ferez h. a fait i. étaient j. n'avaient pas critiqué k. serait l. avait voulu m. offre
3. a. se réunira b. avait changé c. avait manqué d. assisterait e. viendra f. n'avait pas g. allions h. commandions i. livre j. faisais k. téléphonera l. répondrait m. mangeait
4. a. Le comité se réunira-t-il bientôt? b. — c. — d. Assistera-t-il à la réunion? e. Viendra-t-il? f. g. Allons dîner. h. Commandons des sandwichs et du café. i. Livre-t-on à domicile? j. Fais-leur un coup de téléphone. k. Le patron nous téléphonera-t-il ce soir? l. — m. Mangeons!
5. a. ferait b. ferait c. fasse d. pleut e. pleuvrait f. pleuve g. aurait pu h. décidaient i. feraient j. proposait

▌Chapitre 14

1. a. L'histoire . . . ne la passionne plus. b. Ne suit-elle pas toutes les émissions . . .? c. Elle ne s'intéresse pas du tout aux avions . . . d. Elle n'a plus de livres sur l'histoire . . . e. Elle ne donne jamais de conférences . . . f. N'écrit-elle plus d'articles sur les héros . . .? g. Elle ne nous parlera jamais plus du "miracle" . . . h. Elle ne publie pas de livre . . . i. Ne nous fait-elle pas comprendre l'angoisse . . . j. Elle ne loue jamais les exploits . . . k. Elle ne justifie point les bombardements . . . l. Elle ne s'inscrira pas dans les forces armées . . .
2. a. Tu ne t'es pas intéressé(e) aux rapports . . . b. Ne nous as-tu pas parlé des traités . . . c. Tu ne nous as jamais dit le pourcentage . . . d. Tu ne nous as pas expliqué pourquoi . . . e. Ne nous as-tu jamais fait comprendre les problèmes . . . f. Tu ne nous as point fait voir . . . g. Tu ne nous avais jamais annoncé la participation . . . h. Ne t'étais-tu pas rappelé les premiers jours . . . i. Tu ne nous avais jamais raconté les exploits . . .
3. a. Je n'ai rien mis . . . b. Rien ne m'intéresse. c. Personne ne m'a parlé . . . d. Aucun/Pas un de ces volumes n'a été publié . . . e. Personne ne me l'a expliqué. f. Je n'en ai étudié aucune. g. Je n'en ai lu aucune. h. Je ne vais rien faire . . .

4. a. Je n'ai lu aucun journal intime. b. Aucun chercheur ne m'intéresse. (Je ne m'intéresse à aucun chercheur.) c. Aucune publication n'a été nécessaire. d. Aucun historien n'a parlé du problème de l'analphabétisme.

5. a. Elle ne veut que nous parler. b. Il n'a parlé qu'à sa soeur. c. Tu ne réponds qu'aux questions faciles. d. Vous n'êtes venu nous voir qu'après avoir terminé vos études. e. À midi, elle ne mange qu'un bout de pain et une pomme. f. Lui ne prend que du café noir. g. Ils ne s'absentent que le samedi.

6. a. Il n'est ni anthropologue ni philosophe. b. Elle ne se fie ni aux classes aisées ni à l'aristocratie. c. Il ne s'intéresse ni aux batailles ni aux villes assiégées. d. Ni la religion ni l'alphabétisation ne compte/comptent plus. e. Ni lui ni elle ne nous a remerciés de ces lettres.

7. a. Rien. b. Personne. c. Personne. d. Rien. e. Jamais. f. Personne.

8. a. Elle n'a pas de gros chien. b. Il n'a pas de voitures à vendre. c. Nous n'avons pas de devoirs à faire. d. Il n'est pas historien. e. Ce n'est pas un historien. f. Elle n'ose lui parler. g. Vous n'avez pas de cousines? h. Tu n'as pas d'argent. i. Ce n'est pas un professeur bien connu. j. Ce n'est pas une folie. k. Ce n'est pas de la folie. l. Tu n'as pas de stylo.

9. a. Je n'ai pas encore lu ces documents. b. Il n'a voyagé nulle part. c. Il ne se sont jamais consacrés à leurs recherches. d. Elle n'a rien écrit sur la vie au 16e siècle. e. Personne ne vous a compris. f. Rien d'intéressant n'est arrivé. g. Aucun de ces livres n'est à lui. h. Rien n'a été bien organisé. i. Je ne l'ai jamais vue à la bibliothèque. j. Personne ne m'a dit de vous suivre. k. Est-ce qu'ils ne nous ont jamais critiqués?

Chapitre 15

1. a. brillait (intransitif) b. avons marché (int) c. poussaient (int) d. jouaient (int) e. jouaient (transitif) f. sautaient (int), criaient (int), lançaient (tr) g. avons trouvé (tr) h. sommes entrés (int) i. nous sommes installés (tr), avons commandé (tr) j. soufflait (int) k. avons suivi (tr), a proposé (tr) l. avons quitté (tr), nous a trouvé (tr) m. ont plu (int) n. nous sommes dit (tr)

2. a. Il fait b. Il y a c. Il est/Il se fait d. Il est e. Il fait f. Il s'agit g. Il y a h. Il commence i. Il faut

3. a. attendait/attendaient b. étaient, venait c. allait d. vous vous trouviez, sommes arrivés e. nous avions, étions venus, il avait fallu f. cherchaient g. j'allais h. j'avais, brûlait i. a dit/disait, étaient j. cherchait k. s'amusaient l. ont voulu/ avaient voulu

4. a. une image, un roi, un coq, une chance, une science, une prière, une histoire, une allée, un fabricant, un sarcasme, un alcool, un banc, un bar, une chemise, un problème, un objet, un cinéma, une ceinture, une conjugaison, un musée, un paquet, un accueil, un docteur, une feuille, un papier, un néant, un changement, un traité, une chanson, un son, un printemps, un appartement, un élément, une guerre, une roue, un bureau, un secret, un recueil, un ingénieur, une chaleur, un savoir-faire, un langage, un journal, une enfance, une patience, un mal, un rouge, un blanc, un compro-

mis, une poésie, un chef-d'oeuvre, un mardi, un tête-à-tête, un honneur, une vie, un jour, une journée, une amitié, une réflexion, un aller et retour, une amie, un kilomè- tre, une durée, une rue

b. des vitraux
des nièces
des hiboux
des chapeaux
des voix
des bals
des maladies
des nez
des neveux
des joujoux
des travaux

des moineaux
des généraux
des chandails
des clous
des détails
des leçons
des avenues
des cieux/des ciels
des récitals
des danseuses
des idéals/des idéaux

c. des porte-monnaie
des timbres-poste
des passeports
des grands-pères
des arrière-grands-pères
des chemins de fer
des pommes de terre
des coffres-forts
Mesdemoiselles
Mesdames
Messieurs
des casse-tête
des haut-parleurs
des bains-marie

des aides-cuisiniers
des clins d'oeil (des clins d'yeux)
des années-lumière
des pied-à-terre
des chefs-d'oeuvre
des chasse-neige
des perce-neige
des couvre-feux
des pique-niques
des passe-partout
des gagne-pain
des porte-bonheur
des arrière-boutiques
des pots de confiture

d. la Saskatchewan, la Nouvelle-Écosse, le Manitoba, l'Ontario (m), Terre-Neuve (f), le Nouveau-Brunswick, les Territoires du Nord-Ouest, le Québec, l'Alberta (m), la Colombie-Britannique, la Floride, le Texas, le Maine, le New York, la Californie, la Louisiane, l'Orégan (m), le Massechusetts, la Caroline du Nord, la France, le Dane- mark, l'Angleterre (f), l'Écosse (f), Cuba (f), l'Egypte (f), le Tiers-Monde, le Moyen- Orient, la Chine, le Japon, l'Australie (f), la Nouvelle-Zélande, la Corée, l'U.R.S.S. (f)

▌Chapitre 16

1. a. L'annonce a été mise dans le journal . . . b. Annette a été priée par le secrétaire de soumettre . . . c. Le courrier est trié par le secrétaire . . . d. Tous ceux qui . . . sont rejetés. e. Les candidats . . . sont invités à venir au bureau . . . f. Tous ceux qui ont les qualités requises seront interviewés par la patronne. g. La candidature d'Annette a été acceptée. h. Le poste lui est offert par la patronne.

2. a. . . . les cerisiers sont couverts de petites fleurs blanches. b. Les parterres sont remplis de tulipes rouges et de jonquilles jaunes. c. Le jardin est entouré de hautes haies . . . d. Les haies sont taillées par le jardinier. e. La porte du jardin est ouverte par la femme. f. Elle est accompagnée par un gros chien noir. g. Elle est toujours accompagnée de ce gros chien noir. h. La balle rouge est lancée en l'air par la femme. i. La balle est attrappée par le gros chien noir. j. Les fleurs sont cueillies par la femme . . .

3. a. Maia s'est souvenue de son premier poste. b. Elle s'est rendue au bureau . . . c. Les autres employés se sont précipités . . . d. Ils se sont tous présentés à elle. e. Ils se sont parlé les uns aux autres. f. Ils se sont offert des brioches . . . g. Maia s'est installée . . . h. La patronne . . . s'est arrêtée . . . i. Maia s'est levée. j. — Ah, mon dieu! s'est-elle écriée. k. Elle s'est rendu compte . . . qu'elle portait . . .

4. a. On a trié le courrier. b. On a vite fait l'examen du dossier. c. On a éliminé trois candidats. d. Le patron a refusé une demande d'emploi. e. On a déjà dicté la réponse à la lettre. f. On l'a tapée à la machine. g. On ne nous a pas découverts. h. On résoudra le poblème. i. On ne refera pas la lettre. j. Est-ce qu'on en a détruit le brouillon? k. Est-ce qu'on a vidé la boîte aux lettres? l. On a encouragé tous les candidats. m. Tout le monde admire cet homme.

▌Chapitre 17

1. a. — b. à, de c. à, — d. de e. de f. de g. de h. par i. de j. d' k. de l. de m. — n. de o. à p. à q. à r. —, — s. à

2. a. aux visiteurs, de b. aux fonctionnaires, de c. —, de d. à e. au vétérinaire, de f. —, d' g. —, —, de h. —, de i. —, —, de

3. a. devra b. devriez c. aurait dû d. doit e. as dû f. faut

4. a. Savez b. Connaissez c. peut d. Savez e. sais, peux f. connaît, sait g. Puis h. l'ai su

5. a. Nous les faisons monter dans les arbres. b. Vous les faites sauter d'un arbre à l'autre. c. Tu lui fais soigner les pingouins. d. Tu fais examiner la lionne à/par la vétérinaire. e. Nous la faisons examiner à/par la vétérinaire. f. Elle fait jouer les dorades dans l'eau. g. Tu lui fais acheter des cacahuètes. h. Faites-les s'en aller. i. Je fais lire les affiches aux/par les touristes.

6. a. Est-ce que tu entends rugir les lions? b. Vous regardez s'envoler les oies. c. Je les vois partir pour le nord. d. Elle fait manger le singe. e. Je fais manger une banane au singe. f. Vous lui faites manger une orange et des raisins. g. Je sens venir le printemps. h. Tu vois bailler l'ours polaire. i. Je le vois nager dans l'eau froide. j. Elle entend croasser les corbeaux. k. Elles voient arriver les giraffes. l. Je laisse dormir les serpents. m. Vois-tu la tigresse marcher à pas lents? n. Nous regardons circuler les cygnes. o. Vous les voyez circuler lentement sur le lac.

7. a. que nous avons vus nager . . . b. que vous avez entendu pousser . . . c. que tu as fait préparer . . . d. que j'ai vus venir . . . e. que la musicienne a entendu chanter . . . f. que nous avons fait venir . . .

▌Chapitre 18

1. a. En s'installant devant le petit écran, elle compte . . . b. En voyant arriver . . ., elle nous dit . . . c. (Tout) en ouvrant la porte, elle nous dit . . . d. (Tout) en nous demandant . . . elle s'en va . . . e. (Tout) en nous offrant . . . elle nous explique . . . f. En nous installant . . . nous lui cachons . . . g. (Tout) en grignotant les cacahuètes, on a passé . . . h. En lui disant au-revoir, nous nous sommes promis . . .

2. a. En prenant le train, nous espérons . . . b. Quand le train arrive à la gare, nous découvrons . . . c. En nous dépêchant, nous trouvons . . . d. En s'asseyant/s'asseoiant par terre, les petits peuvent . . . e. Dès que nous voyons venir les clowns, tout le monde se met à applaudir. f. En lançant en l'air . . ., les clowns font . . . g. Quand la fanfare se fait entendre, tous les spectateurs applaudissent. h. En voyant venir le char du Père Noël, les enfants poussent . . . i. En les saluant de la main, le Père Noël sourit . . .

3. a. J'entends sonner les choches. J'entends les cloches qui sonnent. b. Avez-vous entendu crier les enfants? Avez-vous entendu les enfants qui criaient? c. Nous avons vu arriver les chars tout décorés . . . Nous avons vu les chars qui arrivaient tout décorés . . . d. Ce jour-là elle a entendu jouer les cuivres. Ce jour-là elle a entendu les cuivres qui jouaient. e. Avez-vous vu le maire monter sur l'estrade? Avez-vous vu le maire qui est monté sur l'estrade? f. Nous regardons passer devant nous les chevaux pomponnés. Nous regardons les chevaux pomponnés qui passent devant nous.

4. a. Après avoir bien préparé le projet, le secrétaire l'a présenté . . . b. Après que le secrétaire lui a tout expliqué, le maire réussit à convaincre . . . c. Après s'être entendu avec les fermiers et les marchands, il sait que tout le monde . . . d. Après avoir travaillé dur pendant l'été on sera content . . . e. Après avoir délibéré longtemps, les marchands sont prêts . . . f. Après avoir beaucoup hésité, les fermiers contribueront . . . g. Après que les musiciens ont approuvé le projet, le chef d'orchestre promet . . . h. Après que les villageois ont assisté à plusieurs répétitions, les musiciens se montrent . . . i. Après que les journalistes auront fait de la publicité, on verra . . . j. Après avoir passé l'été à tout préparer, on aura . . .

5. a. Avant que la petite voiture bleue n'ait cogné la rouge, la calme régnait. b. Avant que le chauffeur ne soit sorti de sa voiture, une foule s'est formée. c. En attendant que l'agent arrive, les passants sont restés sur le trottoir. d. Jusqu'à ce que l'agent arrive, le chauffeur a refusé de répondre aux questions. e. Avant de demander aux témoins de s'identifier, l'agent a pris la déposition du chauffeur. f. Avant de questionner les témoins, l'agent a examiné les deux voitures. g. Jusqu'à ce que l'agent ait terminé l'interview, les deux chauffeurs ont été obligés de rester sur place . . .

▌Chapitre 19

1. a. cette b. Ce c. cet d. Ces fleurs-ci (-là), ces fleurs-là (-ci) e. ces f. cette g. ce h. cette

2. a. ma b. leur c. leurs d. vos e. ses f. sa g. votre h. ses i. ses

3. a. Leurs chansons vous ont-elles plu? b. Ses films sont étonnants d'authenticité. c. Leurs succès sont à noter. d. Son orgueil est extraordinaire. e. Leur audace nous étonne. f. Son habileté est surprenante. g. Son scénario a été bien reçu. h. Leurs projets vont coûter cher. i. Sa pièce a déjà rapporté beaucoup d'argent.

4. a. les, les b. son, le, sa c. les, les, les d. sa e. la, au, mon f. la, la, les g. vos h. aux

5. a. les vingt dollars b. les deux derniers films c. ses trois soeurs d. les vingt et une toiles e. les trois premières toiles

6. a. trois cents b. trois cent cinquante c. quatre-vingts d. quatre-vingt-cinq e. deux mille f. seizième g. vingt et unième h. cinquante et un i. soixante et onze

7. a. Quelles b. quel c. Quelle d. Quels e. quels

8. a. Chaque b. Toutes c. certains/plusieurs d. plusieurs/diverses/différentes e. mêmes f. aucun g. quelques h. Tous

9. a. certain b. n'importe quel c. quelconque d. quels qu' e. chaque

▌Chapitre 20

1. a. canadienne b. américaine c. anglaise d. espagnole e. authentique f. grecque g. publique h. ennuyeuse i. bleue j. travailleuse k. intérieure l. nouvelle m. animée n. savante o. malheureuse p. difficile q. excellente r. complète s. naïve t. extérieure

2. a. un chat noir b. un chant religieux c. une bicyclette rouge d. un homme courageux e. le nouvel an f. la langue maternelle g. un cours difficile h. un air populaire i. un livre ouvert j. une vieille maison k. un enfant négligent l. un silence absolu m. un bon repas n. un petit moment o. un gros baiser p. une première fois

3. a. une jolie petite perruche b. une longue interview difficile/une interview longue et difficile c. une belle vieille maison d. une ville pittoresque et moyenâgeuse e. un chemin étroit et tortueux f. une jeune femme sportive g. une robe blanche et noire h. un vieux portrait authentique i. un bel arbre centenaire j. un petit éléphant timide k. un gros chien gentil l. un panorama vaste et inoubliable (un vaste panorama inoubliable) m. une île sauvage et déserte n. une mer calme et tranquille o. un ciel nuageux et menaçant

4. a. des comptes rendus intéressants b. des romans nouveaux c. des chapeaux noirs d. des manteaux marron e. des rideaux rose foncé f. des examens finals g. des accidents fatals h. des revues mensuelles i. des journaux quotidiens j. des analyses approfondies k. de belles affaires l. de beaux arcs-en-ciel

5. a. lentement b. vraisemblablement c. malheureusement d. seulement e. probablement f. secrètement g. savamment h. gentiment i. gratuitement j. vraiment k. follement l. brillamment m. profondément n. instamment o. éperdument p. ardemment q. résolument r. joliment s. actuellement t. aucunement

6. a. Il nous a parlé hier. b. Elle est souvent venue nous voir. c. Nous serons avec vous tout à l'heure. d. Il a sûrement lu cela quelque part. e. Je te parlerai bientôt. f. Elle est arrivée de bonne heure. g. Tu n'a pas assez dormi. h. Il a réfléchi long-

temps avant de nous répondre. i. C'est une réaction bien naturelle. j. Il m'a répondu immédiatement. k. Elle m'a toujours aimé. l. Je vous suis infiniment reconnaissante. m. Il vivait autrefois en Chine./Autrefois, il vivait . . . n. On lui avait défendu formellement de stationner ici.

Chapitre 21

1. a. plus, qu'; moins, que; aussi/si, que; plus, que; aussi/si, qu' b. plus, que; aussi/si, que; moins, que c. plus, qu'; moins, que; aussi/si, que d. aussi/si, que; plus, que; moins, que

2. a. plus, que; moins, qu'; la moins, des; la plus, des b. plus, qu'; moins, que; le plus, des c. moins, que; plus, que; aussi/si, que; le plus, des

3. a. meilleures b. plus petites/moins petites c. plus mauvais/moins mauvais d. la meilleure e. pire f. la moindre g. le meilleur h. plus mauvaises/moins mauvaises i. le moindre soupçon j. les pires/les plus mauvaises

4. a. autant d' b. plus de c. le plus de d. plus de; moins de; le plus de

5. a. moins, que; plus, que; aussi/si, que; le plus, des; le moins, des b. plus; le plus; moins, que les; bon; meilleur; le meilleur c. plus; le plus; bonne; meilleure; meilleure, que

6. a. à b. à c. que d. que e. du f. que g. à h. que i. de j. à k. que l. de m. que

7. a. un an de moins qu'Aubert; un an de plus que Marie-Ange b. 20 kilos de moins qu'Henri; 20 kilos de plus que Janine c. 20 centimètres de moins que Jean-Paul; 20 centimètres de plus que Jean-Luc d. 4$ de plus que le tien; 4$ de moins que le mien e. trois cent mille habitants de moins que Winnipeg; trois cent mille habitants de plus que Halifax f. 10 mètres de moins que l'immeuble avoisinant; 10 mètres de plus que cet immeuble-ci g. 15 étages de moins que celle de l'autre côté de la rue; 15 étages de plus que celle-là h. mille dollars de moins que le vôtre; mille dollars de plus que le sien

Chapitre 22

1. a. par le bruit, d'un coup, de revolver; de la maison, en criant, à tue-tête, Au secours! b. de France; À Montréal, dans un hôtel; de Trois-Rivières; Dans l'autobus, par hasard, de Paris; à parler politique. c. Dans deux jours; de Toronto; pour Montréal; En avion; en moins; de deux jours; Dans une semaine; pour revenir; en Ontario; par an; du Prince-Édouard; pour huit jours. d. avec des amis; venus du Havre; d'un bon rôti; de boeuf; à ces amis; de la guitare; du jazz; du rock; de comparer; à/avec ceux; de la France; des dernières chansons; chez nous. e. de bois; au fond du couloir; de désespoir; dans les rues; par trouver; sur la terrasse; dans une mauvaise passe. f. en s'approchant; de moi; de regarder; par la petite fenêtre; sur la rue; dans sa poche. g. en désordre; par terre; au sol; de l'appartement; en fermant la porte; à clef; dans la rue; à la recherche; de police. h. en peinture; aux cheveux blonds; de taffetas; aux manches courtes; à la main; Sur la table; devant/ derrière/ près d'/ à côté d'; en argent; de roses. i. Dans sa jeunesse; dans la misère; en mathématiques; dans les affaires; sur le choix; d'une profession; sur ses trente ans.

2. a. Au moment où j'ai sonné, il a ouvert . . .   b. Pourvu qu'il ne pleuve pas, nous irons . . .   c. Au cas où il ne pourrait pas m'avoir au téléphone, je vais lui envoyer . . .   d. Maintenant que tu es ici, je peux . . .   e. Malgré qu'il fasse beau, elle n'est pas venue . . .   f. S'il me disait cela, je ne le croirais pas.   g. Alors qu'elle travaillait en ville, lui s'occupait . . .   h. Sans que tu me le dises, j'ai compris . . .   i. Puisque vous vous êtes levé tard, vous avez manqué . . .   j. Pour que nous comprenions ce qui se passe, il faut que . . .   k. Maintenant que tout est fini, elle peut . . .   l. Au cas où tu arriverais avant moi, je te donne . . .

3. a. De peur de manquer le train, j'arrive . . .   b. Sans me parler, elle s'est précipitée . . .   c. pour que vous soyez à l'aise, il invite des amis . . .   d. À moins de se remettre vite, elle ne pourra pas . . .   e. Avant de s'en aller . . ., il passera . . .   f. À condition qu'il puisse faire voir les certificats nécessaires, je le laisserai . . .   g. De façon qu'elle soit bien reçue . . ., vous l'encouragez . . .

4. a. Jusqu'au lever du rideau . . .   b. Même avant le coucher du soleil . . .   c. Sans l'expression de votre sympathie . . .   d. Avant sa démission . . .   e. Vu la dépense énorme . . .

5. a. Elle a prononcé ces mots en sanglotant. She sobbed out these words.   b. J'ai monté l'escalier en trébuchant. I stumbled up the stairs.   c. Les enfants sont sortis de la maison en sautillant. The children went skipping out of the house.   d. Après avoir monté la colline en courant, nous étions tout essoufflés. After running up the hill, we were out of breath.   e. "C'est ça. Tu as raison," a-t-il dit en zézayant. "That's it. You're right," he lisped.   f. "C'est moi qui ai tort," a-t-il répondu en chuchotant. "I'm the one who's wrong," he whispered.

Remerciements

Nous reproduisons les extraits suivants avec, dans chaque cas, la permission gracieuse de l'éditeur.

Doric Germain, *Le Trappeur du Kabi*, Éditions Prise de Parole, Sudbury, 1981.

Pierre Daninos, *Made in France*, Éditions Juillard, Paris, 1977.

René Barjavel, *La Tempête*, Éditions Denoël, Paris, 1982.

Gérard Bessette, *La Bagarre*, Le Cercle du Livre de France, Ottawa, 1969.

Michèle Lalonde, "Définition de la poésie", dans *La Poésie canadienne-française*, Fides, Ottawa, 1969.

Gilles Vigneault, *Étraves*, L'Édition de l'Arc, Montréal, 1959.

Marguerite Yourcenar, *Les Yeux ouverts* (entretien avec Mathieu Galey), Éditions du Centurion, Bayard Presse, Paris, 1980.

Collette, "Le Voyage", dans *Dialogue de bêtes*, Collection Folio, Mercure de France, Paris, 1964.

Ringuet, *Trente Arpents*, Fides, Montréal et Paris, 1938.

Gabrielle Roy, *La Route d'Altamont*, Éditions Hurtubise HMH (Collection l'Arbre), Montréal, 1969. Copyright, Fonds Gabrielle Roy.

Claire Martin, "Rupture", dans *Avec ou sans amour*, Le Cercle du Livre de France, Ottawa, 1970.

Roger Viau, "Le Déclin", dans *Au milieu la montagne*, Éditions Beauchemin, Montréal, 1951.

Sylvie Halpern, "Quand la vie privée devient publique: entretien avec Michel Winock", *L'Actualité*, Montréal, mars 1986.

Françoise Kayler, "L'appétissant miracle des micro-ondes", *L'Actualité*, Montréal, février 1985.

Geneviève Lamoureux, "Recrutement: la leçon d'anatomie", *L'Express*, Paris, 17-23 mai, 1983.

Louise Desautels, "Les zoos se libèrent", *Québec Science*, Presses de l'Université du Québec, août 1985.

Félix Leclerc, *Les pieds nus dans l'aube*, Fides, Montréal, 1946.

Paul Morisset, "Un Québécois au Far West", *L'Actualité*, Montréal, décembre 1986.

Francine Montpetit, "Vancouver autour de l'expo", *Châtelaine*, Montréal, mars 1986.

Véronique Robert, "Gino Quilico, la voix qui monte", *L'Actualité*, Montréal, décembre 1984.

▌Illustrations

Nous reproduisons les photographies suivantes avec, dans chaque cas, l'autorisation gracieuse du photographe, de la société ou du ministère nommés.

Index